시작해요, 커서
Cursor

시작해요, 커서
Cursor

시작해요, 커서

Cursor 설치부터 포트폴리오 웹사이트, AI 챗봇 제작, 깃 & 깃허브 활용까지!

초판 1쇄 발행 2025년 11월 14일

지은이 리브로웍스 옮긴이 **김성훈** 펴낸이 **한기성** 기획·편집 **김나희** 교정 **이언주**
표지 디자인 **오필민** 내지 디자인 **윤영준** 제작·관리 **이유현** 영업·마케팅 **김진불** 경영지원 **박미경**
용지 **유피에스** 인쇄·제본 **천광인쇄사**

펴낸곳 **(주)도서출판인사이트** 등록번호 제2002-000049호 등록일자 2002년 2월 19일
주소 서울특별시 마포구 연남로5길 19-5 전화 02-322-5143 팩스 02-3143-5579
이메일 insight@insightbook.co.kr

Copyright © (주)도서출판인사이트 ISBN 978-89-6626-499-5 93000

시작해요, 커서 Cursor

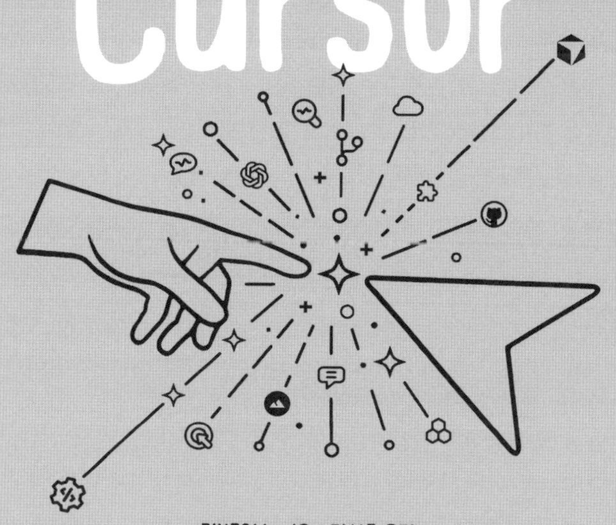

리브로웍스 지음 | 김성훈 옮김

Cursor 설치부터 포트폴리오 웹사이트,
AI 챗봇 제작, 깃 & 깃허브 활용까지!

인사이트

이 책의 특징

『시작해요, 커서』는 프로그래밍 초보자의 속도에 맞춘 단계별 커서 매뉴얼입니다. 600여 개의 그림으로 커서 설치, 계정 생성부터 확장 기능 활용까지 안내하여 비전공자, AI에 익숙하지 않은 초보 개발자도 부담 없이 따라갈 수 있습니다.

한 권에 커서 설치, 계정 생성, 기본 작동 방법, 포트폴리오 웹사이트, AI 챗봇 제작, 깃 & 깃허브 활용까지 연결해 다뤘습니다. 장별 구성이 뚜렷해 필요한 부분만 골라 살펴봐도 좋고 차례대로 학습해도 좋습니다.

커서의 특징

같은 프롬프트여도 결과가 달라질 수 있습니다

커서는 생성형 AI를 활용하는 편집기입니다. 같은 질문에 다르게 대답하는 AI의 특성상 같은 프롬프트를 입력하더라도 결과가 조금씩 다르게 생성될 수 있으며 이 책에서 볼 수 있는 결과물은 하나의 예입니다. 책과 결과물이 다르더라도 동일한 기능이 구현되면 올바르게 따라온 것입니다.

막히면 AI에 바로 물어보세요

책을 따라 했는데도 막히거나 비슷하게 나타나지 않는다면 챗 패널에 해결 방법을 문의하며 생성형 AI를 적극적으로 활용해 보세요. LLM 모델을 변경하거나 프롬프트를 조금씩 바꾸는 등 여러 번 시도하며 나만의 결과물을 만드는 재미를 누리길 바랍니다.

사용한 커서 버전

이 책에서 사용한 커서의 버전: Cursor v1.4.4

커서의 업데이트에 따라 일부 UI 또는 기능이 변경되어 최신 업데이트된 커서와 도서의 설명에 다른 부분이 있을 수 있습니다. 그렇지만 기본 작동 방식은 유사할 것입니다. 만약 책에서 언급한 기능이 사라졌다면 유사한 기능으로 대체하거나 챗 패널을 활용하는 등 유연하게 접근해 보길 바랍니다.

대상 독자

커서는 AI 기능을 결합한 편집기로 비전공자, AI에 익숙하지 않은 초보 개발자도 쉽게 사용할 수 있도록 설계되었습니다. 설치와 초기 설정이 간단하며 직관적인 인터페이스를 제공해 복잡한 명령어나 환경 설정에 대한 부담이 적습니다. 기본 코드 작성, 자동 완성, 오류 감지 등 다양한 기능이 내장되어 있어 별도의 복잡한 환경 구성 없이도 바로 개발을 시작할 수 있습니다.

예제 프로젝트

웹사이트, AI 챗봇

웹사이트와 AI 챗봇을 만들려면 프롬프트 한 줄로 초안을 만들고, 원하는 결과가 나올 때까지 반복해서 다듬으면 됩니다. 웹사이트는 "나의 포트폴리오 사이트를 만들어 줘", 챗봇은 "챗봇 앱을 만들고 싶어"라고 간단히 입력하면 구조가 생성됩니다.

지금 한 줄로 대화를 시작해 나만의 웹사이트와 AI 챗봇을 차근차근 완성해 보세요.

차례

---

chapter 6　　**커서에서 깃 사용해 보기**　　**203**

옮긴이의 글

커서(Cursor)를 처음 접한 것은 이 책의 번역을 맡으면서였습니다.

이전부터 "바이브 코딩(Vibe Coding)"이나 "AI가 코딩을 도와준다"라는 이야기를 듣긴 했지만 과연 얼마나 실용적일까, 그저 멋진 홍보 문구에 불과한 것은 아닐까 반신반의했습니다.

그러나 번역을 시작하며 직접 사용해 보니 생각이 완전히 바뀌었습니다. 마침 번역 일정이 겹치고 프로젝트 관리가 복잡해지던 시점이라 여러 작업의 진행 상황을 한눈에 관리할 도구가 절실했습니다. 엑셀을 사용할까 고민하던 중 "이왕 커서 입문서를 번역하는 김에 직접 만들어 보자"라는 마음으로 간단한 프로젝트 관리 앱을 만들어 보기로 결심했습니다.

놀랍게도 정말로 만들 수 있었습니다. 프로그래밍에 익숙하지 않은 제가 필요한 기능들을 설명하자 커서는 마치 제 의도를 읽은 듯이 코드를 생성했습니다. 또한 부족한 부분을 수정해 달라고 요청하면 즉시 반영해 주었습니다. AI와 대화하듯 코드를 만들어 가는 경험은 매우 인상적이었습니다.

며칠 동안 직접 써 보며 꼭 필요한 기능만 담은 간단한 앱을 완성할 수 있었고 덕분에 여러 번역 프로젝트를 무사히 마칠 수 있었습니다. 물론 욕심이 생겨 기능을 덧붙이다 보니 코드가 몇 배로 늘어났고 무료 크레딧이 금세 소진되어 결국 유료 결제까지 하게 되었지만 그만큼 값어치는 충분했습니다.

프로그래머가 아니더라도 자신에게 꼭 필요한 기능을 직접 설계하고 구현할 수 있다는 점에서 커서는 기술의 문턱을 크게 낮추어 줍니다. 저자가 서문에서 언급했듯이 AI의 활용은 더 이상 먼 미래의 이야기가 아닙니다. 특히 커서 같은 도구는 IT 엔지니어뿐만 아니라 비전공자에게도 새로운 가능성을 열어 줍니다.

이 책은 커서의 기본 사용법부터 AI 기능의 응용까지 단계적으로 친절하게 안내하고 있어 프로그래밍 경험이 많지 않은 분들도 충분히 따라 할 수 있을 것입니다.

끝으로 커서의 빠른 버전업 속에서도 꼼꼼히 교정과 편집을 진행해 주신 담당 편집자님께 깊이 감사드립니다. 또한 이 책을 통해 커서를 처음 접하시는 독자 여러분께서도 AI와 함께 개발의 새로운 흐름을 경험하고 실무에 바로 적용할 수 있는 영감과 아이디어를 얻을 수 있길 기대합니다.

2025년 10월
옮긴이 김성훈

들어가는 글

커서(Cursor)라는 이름, 들어 봤나요? 프로그래밍이나 웹 개발을 하면서 AI 기술에 관심이 있다면 이미 한 번쯤 접해 보셨을지도 모릅니다.

최근 AI 기술이 눈부시게 발전하면서 AI를 활용한 제품과 서비스가 일상에 빠르게 스며들고 있습니다. 얼마 전까지만 해도 AI는 "아직 인간의 능력에 미치지 못한다", "거짓말도 태연하게 한다"라는 인식이 지배적이어서 아직은 갈 길이 멀다고 여겨졌습니다. 하지만 이제는 그런 단계에서 벗어나 실질적인 도움을 주는 AI 서비스들이 속속 등장하고 있습니다.

AI 활용의 물결은 프로그래머나 웹 크리에이터 같은 IT 엔지니어들에게도 예외는 아닙니다. 이제 많은 IT 엔지니어가 사실상 표준으로 사용하는 Visual Studio Code(이하 VS Code)는 생성 AI 기반의 코딩 지원 기능인 깃허브 코파일럿(GitHub Copilot)과 연동되어 프로그래밍 경험을 한층 향상시켰습니다.

이처럼 AI 활용이 본격화되는 흐름 속에서 등장한 커서는 애니스피어(Anysphere)가 개발한 AI 기반 코드 편집기입니다. 스타트업으로 시작한 애니스피어는 챗GPT를 만든 OpenAI로부터 초기 투자를 유치하며 빠르게 성장했습니다. 커서는 VS Code를 포크(소스 코드를 통째로 복사해 새로운 프로젝트로 분기하는 방식)하여 개발되었기 때문에 VS Code의 장점을 거의 그대로 이어받았다는 특징이 있습니다.

커서를 사용하면 코드 생성, 코딩 지원, 오류 분석 및 해결까지 코딩 프로세스의 전 단계에서 AI의 도움을 받을 수 있습니다. 나아가 프로젝트 전체 코드를 검토하거나 외부 문서를 참조하는 등 사람이 직접 처리해야 하는 업무도 AI가 대신 처리해 줍니다.

이 책은 VS Code에서 이어받은 텍스트 편집기의 기본 사용법을 바탕으로 커서 고유의 AI 기능 사용법도 함께 소개하며 사용 방법을 그림과 함께 자세히 설명합니다. 사용법과 함께 편집기 커스터마이징 방법과 AI 기능을 언제 어떻게 활용하면 좋을지도 안내해 누구나 쉽게 따라 할 수 있습니다.

각 장의 구성은 다음과 같습니다. 1장은 커서 설치, 계정 생성 방법 등의 도입부터 시작합니다. 2, 3장은 편집기의 기본 조작 방법, 기능, 커스터마이징 방법을 설명합니다. 4, 5장에서는 간단한 웹 페이지 제작이나 AI 챗봇 개발을 소재로 하여 커서의 AI 기능 활용법을 설명합니다. 코드를 거의 직접 입력하지 않고도 코드가 완성되는 경험을 꼭 해 보기를 바랍니다. 6장에서는 버전 관리의 표준이 된 깃(Git)이나 깃허브(GitHub)를 커서에서 사용하는 방법을 설명합니다.

- 1장: 커서 사용해 보기
- 2장: 기본 파일 편집하기
- 3장: 설정과 커스터마이징 살펴보기
- 4장: 웹사이트 제작하기
- 5장: AI 챗봇 개발하기 - 커서를 더욱 편리하게 사용하기
- 6장: 커서에서 깃 사용해 보기

이 책을 읽고 AI를 개발에 활용하여 여러분의 업무 효율이 크게 향상되기를 바랍니다.

커서 사용해 보기

#개요 #강력한AI지원

코닝 효율을 높이는 커서

💡 **커서의 특징**

커서는 AI를 활용해 코드를 더욱 효율적으로 작성할 수 있도록 돕는 AI 코드 편집기입니다. 개발자의 작업 효율을 크게 높여 주는 도구로 주목받고 있습니다.

AI의 강력한 지원

커서는 애니스피어에서 개발해 지원하는 AI 기반 코드 편집기입니다. 이 편집기는 AI를 활용해 코딩 작업을 더욱 효율적으로 수행할 수 있도록 돕습니다. 인공지능(AI)이 코드를 정확하게 이해하고 자동 완성은 물론 리팩터링 기능까지 제공하므로 AI 코드 편집기라고도 불립니다.

또한 커서는 마이크로소프트에서 제공하는 비주얼 스튜디오 코드(이하 VS Code)를 포크(fork)하여 개발되었다는 점도 주요 특징 중 하나입니다. 포크란 소스 코드를 가져와 자체적으로 발전시키는 방식을 의미합니다. 이로 인해 커서는 VS Code의 기본 기능과 UI를 고스란히 이어받으면서도 강력한 AI 기능이라는 뚜렷한 특징을 갖추게 되었습니다.

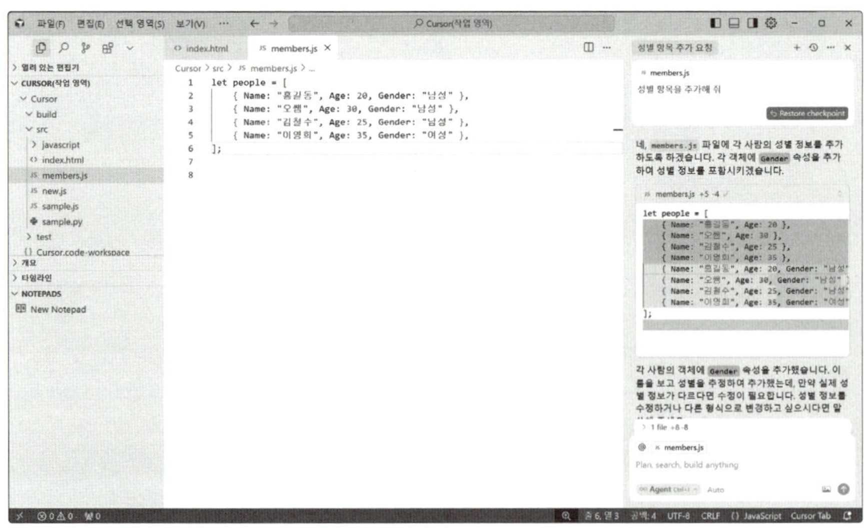

커서의 사용자 인터페이스

VS Code를 사용해 본 경험이 있다면 커서로 전환하더라도 학습 비용이 거의 들지 않습니다. 오히려 커서의 AI 기능을 활용해 더 효율적으로 개발할 가능성이 큽니다. 커서가 제공하는 AI 기능으로 할 수 있는 작업은 다음과 같습니다.

- 자연어로 대화하며 코드 작성, 수정
- Tab 키를 이용해 코드 자동 완성
- 자동 리팩터링
- 오류 검출과 수정
- 문서 자동 생성

커서와 깃허브 코파일럿의 차이점

깃허브 코파일럿에서도 AI 기능을 활용한 코드 생성과 리팩터링을 할 수 있지만, 커서와는 다음과 같은 차이점이 있습니다.

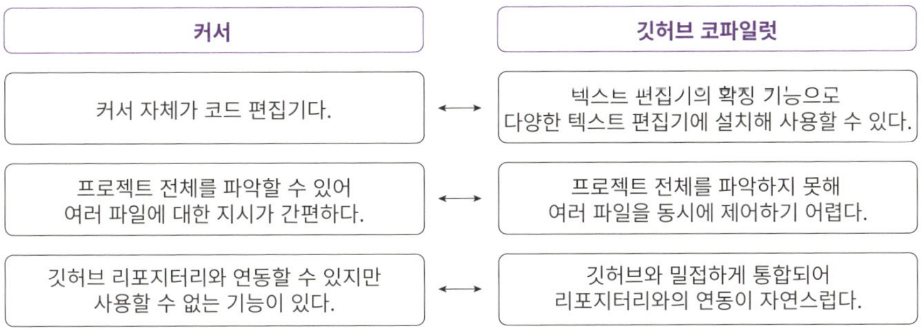

깃허브 코파일럿은 텍스트 편집기의 확장 기능으로 다양한 텍스트 편집기에 AI 기능을 추가할 수 있습니다. 특히 깃허브와 밀접하게 통합되어 있다는 점이 특징입니다. 다만 깃허브 코파일럿은 프로젝트 전체를 파악하지 못해 전반적인 리팩터링을 수행하는 데 한계가 있습니다. 반면 커서는 프로젝트 전체를 인식할 수 있어 전반적인 리팩터링과 코드의 일관성 향상을 지원합니다. 즉, 깃허브 코파일럿이 개별 파일이나 특정 상황에서 코딩을 보조하는 데 강점이 있는 도구라면 커서는 프로젝트 전체를 고려한 고급 리팩터링과 개발 효율성 향상에 기여하는 도구라고 할 수 있습니다.

커서의 다섯 가지 요금제

커서의 AI 기능은 선택한 요금제에 따라 사용 범위가 달라집니다. 요금제마다 어떤 차이가 있는지 살펴보겠습니다. 커서에는 무료로 제공되는 Hobby 요금제, 유료로 제공되는 Pro, Ultra, Teams, Enterprise 요금제가 있습니다. 이 중 Teams, Enterprise 요금제는 주로 팀이나 조직에서의 사용을 고려해 설계되었습니다. 다섯 가지 요금제의 차이점을 알아보겠습니다.

요금제에 따른 차이점(월간 기준)

요금제	Hobby	Pro	Ultra	Teams	Enterprise
요금	무료	$20	$200	유저 당 $40	맞춤형
사용량 정책	매우 소량	프리미엄 모델 $20 상당 크레딧	Pro 대비 20배 사용량	팀/개인 지출 한도 설정	맞춤형
Auto 모드	제한적	무제한	무제한	무제한	무제한
프리미엄 모델	-	$20 상당 크레딧	Pro 대비 20배 사용량	팀/개인 지출 한도 설정	맞춤형
초과 사용	-	모델별 API 단가로 종량 과금	모델별 API 단가로 종량 과금	모델별 API 단가로 종량 과금(팀 정책)	맞춤형
조직 관리 기능	-	-	-	관리 대시보드 이용 가능	관리 대시보드 이용 가능

※2025년 10월 기준

커서는 LLM(Large Language Models, 대규모 언어 모델)이라고 불리는 AI 모델을 사용합니다. 커서에서 활용하는 대표적인 모델은 다섯 가지입니다. 최신 모델 지원 여부는 커서 공식 웹사이트에서 확인해 보세요.

- Claude 4 Sonnet
- Claude 4.1 Opus
- GPT-5
- Genimi 2.5 flash
- Grok Code

위 모델은 프리미엄 모델로 분류되며 대규모 프로젝트에는 프리미엄 모델 사용을 권장합니다. 커서는 크레딧/컴퓨트 기반으로 요금이 책정되며 Auto 모드는 수요에 따라 모델을 자동으로 선택합니다. Pro에서 무제한이지만 향후 바뀔 수 있습니다.

　이 책에서는 Pro 요금제를 기준으로 커서 사용법을 설명하지만 무료 요금제라도 회원 가입 후 2주간은 Pro 요금제를 체험해 볼 수 있습니다. 그 기간 동안 커서의 편리함을 충분히 경험해 볼 수 있을 것입니다. Hobby 요금제로도 책의 내용을 실습할 수 있으나 AI 사용 횟수에 제한이 있으므로 체험 기간이 끝난 후에는 Pro 요금제로 전환하기를 권장합니다.

API로 생성 AI 서비스 이용하기

커서는 생성 AI 서비스에서 제공하는 API를 이용할 수 있습니다. 이미 사용 중인 생성 AI 서비스가 있다면 Hobby 요금제를 구독할 때 API를 이용해 비용을 줄일 수 있습니다. 사용 중인 생성 AI 서비스의 API 키를 설정해 커서에서 활용해 보세요.

- OpenAI
- Anthropic
- Azure
- Google

API 키는 Cursor Settings 화면에서 설정합니다. 화면 오른쪽 위의 **톱니바퀴 아이콘**을 클릭하면 Cursor Settings 화면이 표시됩니다.

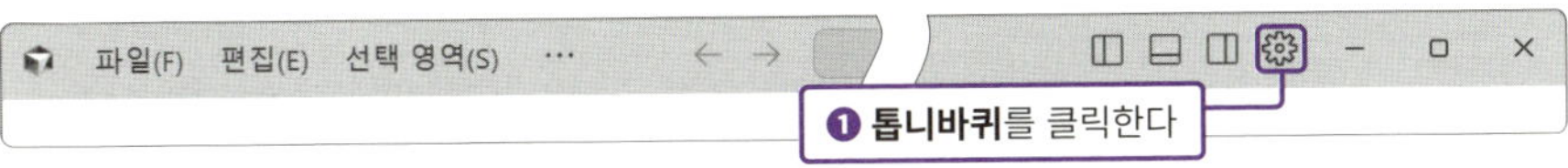

Cursor Settings에서 Models를 클릭합니다. API Keys를 클릭하면 생성 AI 서비스의 API 키를 입력하는 화면이 나타납니다.

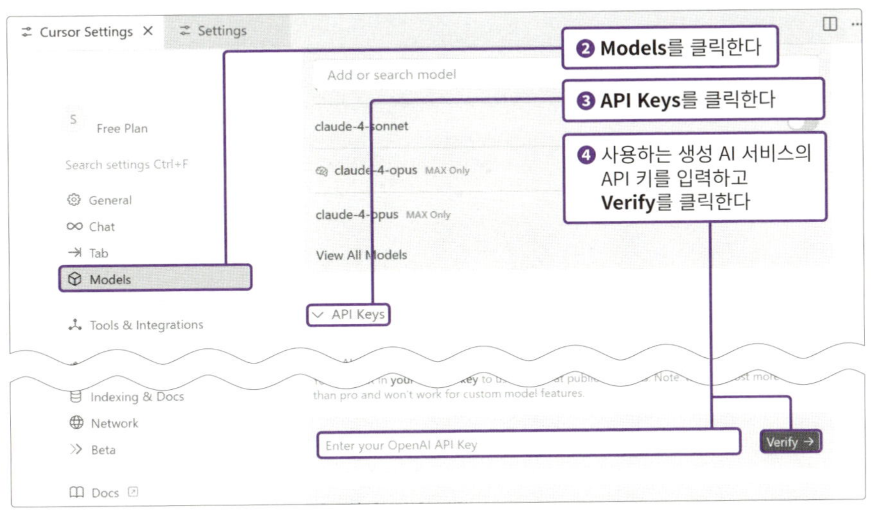

커서 실시아기

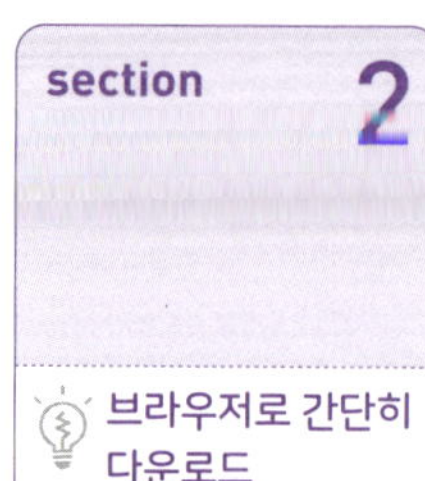

브라우저로 간단히 다운로드

이제부터 커서를 설치하는 순서와 계정을 만드는 방법을 알아봅시다. 유료 요금제로 전환하는 방법도 설명합니다.

설치 프로그램 다운로드

커서를 설치하려면 우선 공식 웹사이트에서 설치 프로그램을 다운로드해야 합니다. 아래 URL에 접속하세요.

- Cursor
  🌐 *https://www.cursor.com*

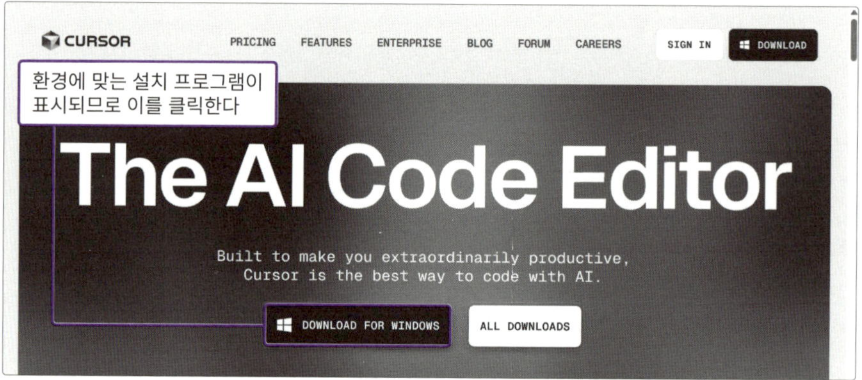

설치 순서

설치 프로그램의 다운로드가 끝나면 설치 파일을 엽니다. Windows 버전과 macOS 버전 모두 설치 파일을 열면 설치가 시작되고 설치가 끝나면 커서가 실행됩니다.

다음 이미지는 마이크로소프트 엣지 브라우저에서 다운로드가 끝난 후의 화면입니다.

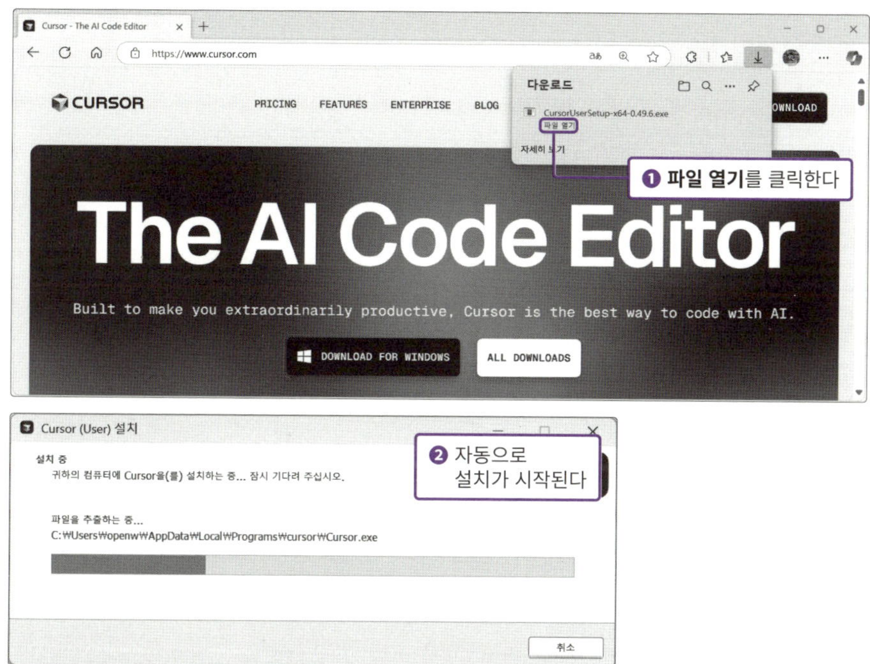

설치가 끝나면 커서가 실행되고 계정 설정을 진행합니다. 참고로 macOS에서 설치 프로그램을 열면 다음과 같이 경고 창이 나타납니다. **열기**를 클릭하세요.

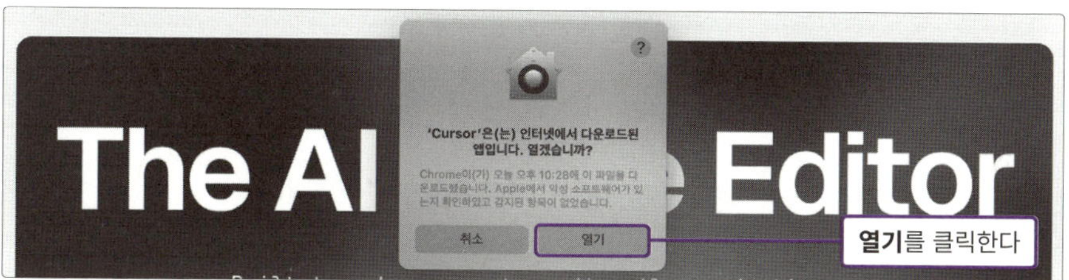

macOS라면 런치패드(Launch-pad)에서 실행할 수 있도록 Applications 폴더에 설치합니다.

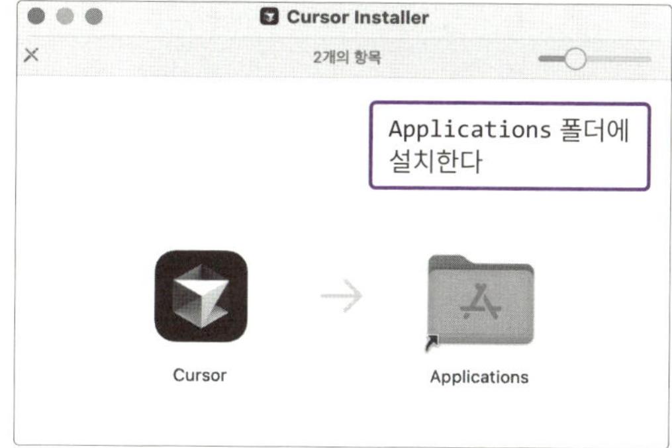

계정 만들기

커서를 이용하려면 계정이 필요합니다. 먼저 계정을 만드는 방법을 설명하겠습니다.

설치가 끝나고 커서가 실행되면 새로운 화면이 나타납니다. 브라우저에 Sign in 페이지가 열립니다. 여기서 Sign Up을 클릭하세요.

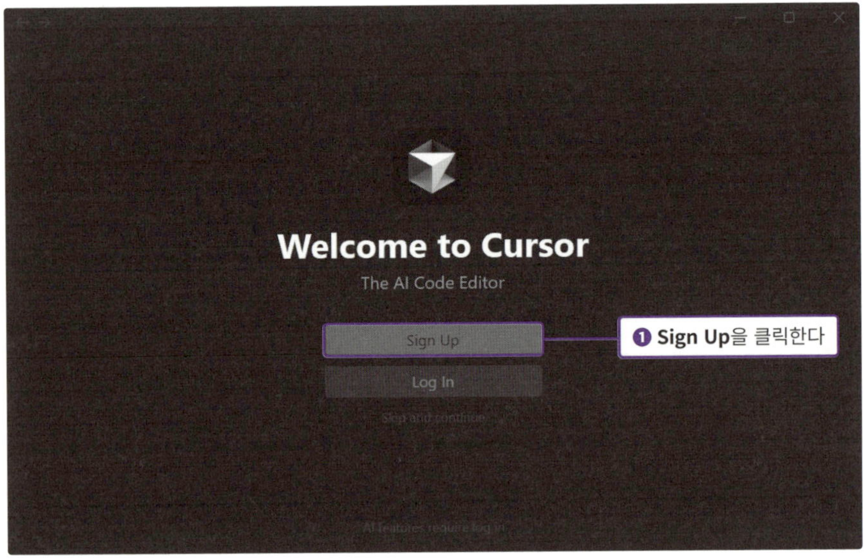

Sign in 페이지가 나타나면 아래에 보이는 Sign Up을 클릭합니다.

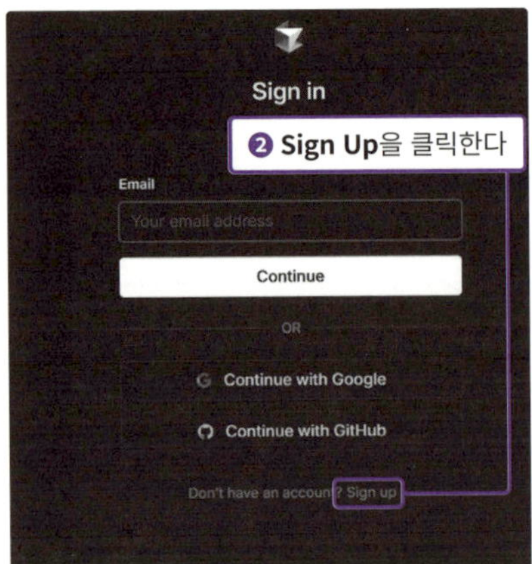

이름, 이메일 주소, 비밀번호를 설정합니다.

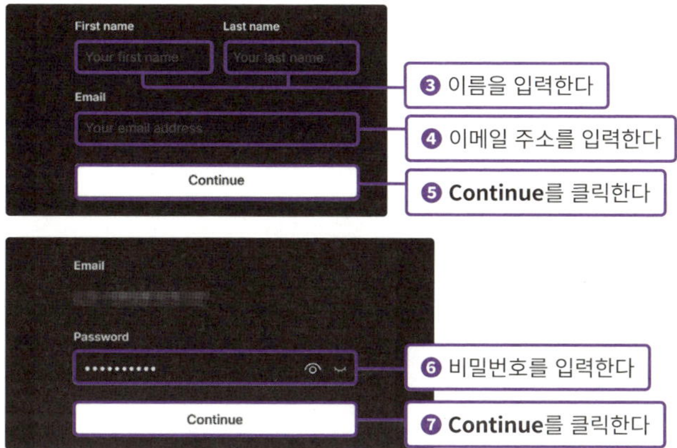

설정한 이메일 주소로 전송된 확인 코드를 입력합니다.

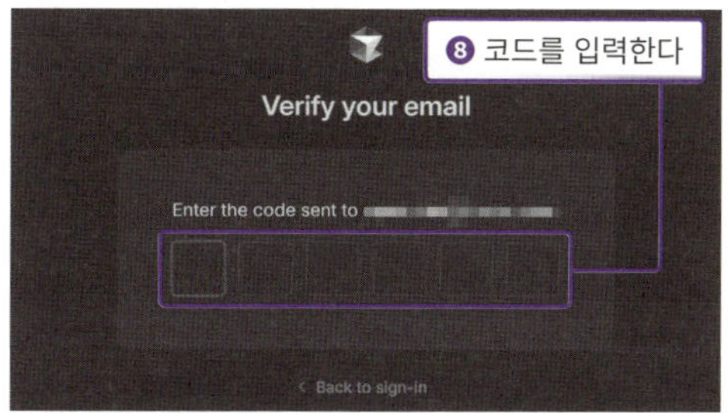

코드를 바르게 입력하면 다음 화면으로 전환됩니다. YES, LOG IN을 클릭하세요. "All set! Feel free to return to Cursor"라고 표시되면 회원 가입과 로그인이 완료된 것입니다. 다음에 커서를 실행하면 로그인된 상태로 사용할 수 있습니다.

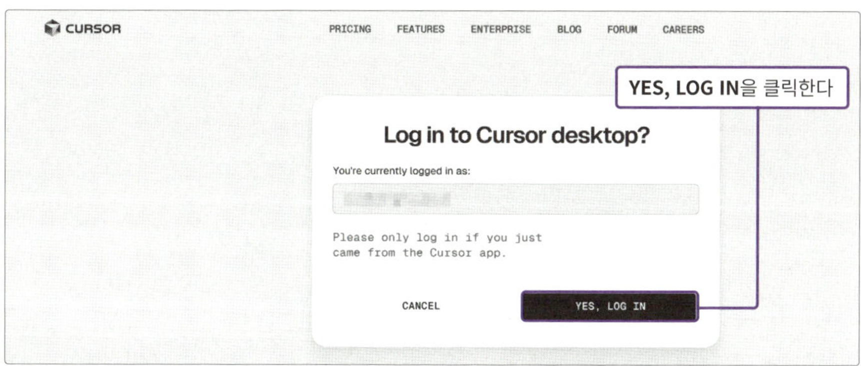

참고로 지금은 무료인 Hobby 요금제가 설정된 상태입니다. 유료인 Pro 요금제
로 변경하려면 별도로 설정해야 합니다.

마무리 설정하기

계정을 만들고 로그인해서 커서를 처음 시작하면 커서 사용에 필요한 몇 가지 설
정 과정이 추가로 진행됩니다. 우선 사용할 테마를 선택합니다. 여기서는 기본
설정대로 진행합니다. Continue를 클릭합니다.

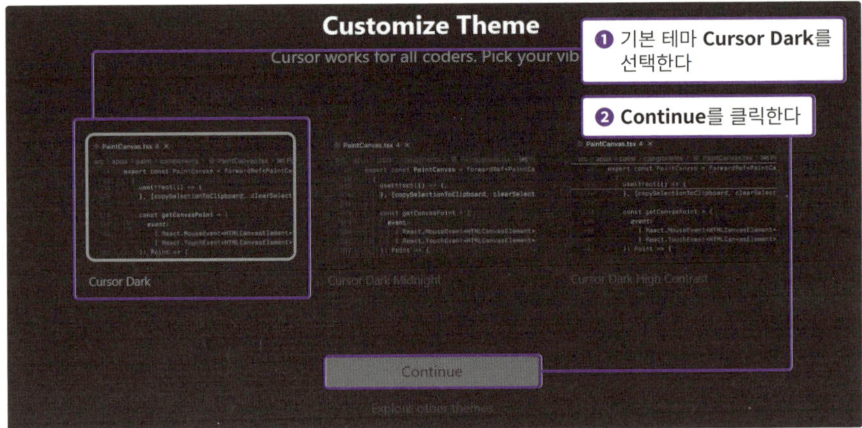

Quick Start에서는 기본 키바인딩을 선택합니다. 기본 설정은 VS Code이며 VS
Code를 사용한 경험이 있다면 커서에도 쉽게 적응할 수 있습니다. 이 책에서는
VS Code를 사용합니다. Continue를 클릭합니다.

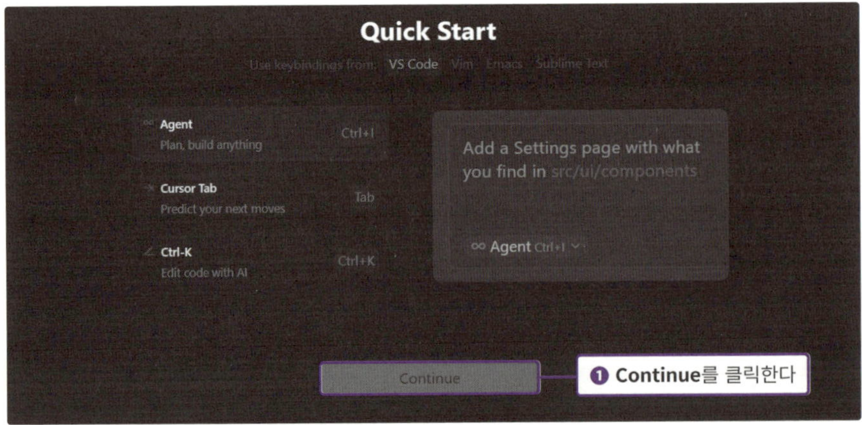

다음으로 커서의 서비스 향상을 위해 대화나 코드 등을 공유할지 묻습니다. Privacy Mode를 클릭합니다.

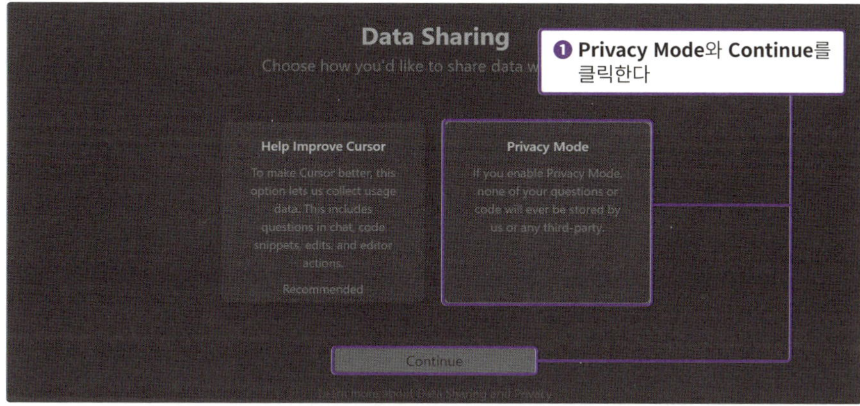

마지막으로 사용할 언어를 선택합니다. Lauguage for AI를 Korean으로 설정하고 Continue를 클릭합니다. 이렇게 설정하면 커서를 사용할 때 AI 모델이 한국어로 반응합니다.

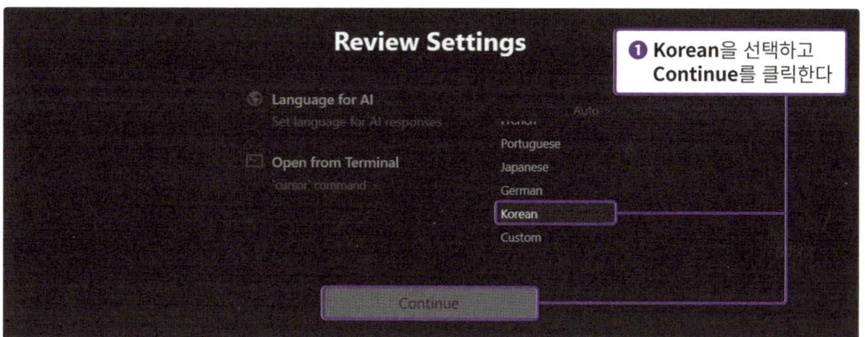

Pro 요금제 구독하기

다음으로 Pro 요금제로 변경하는 방법을 설명하겠습니다. Pro 요금제에 대한 자세한 설명은 4쪽을 참고하세요.

  계정 상태는 커서에서 확인할 수 있으며 해당 화면에서 선택한 요금제도 확인할 수 있습니다. 화면 오른쪽 위의 **톱니바퀴 아이콘**을 클릭하고 Cursor Settings의 Gereral에서 계정 정보를 확인합니다.

Pro 요금제를 체험판으로 사용 중이라면 계정 아래에 Pro Trial이 표시됩니다. General의 Upgrade to Pro에서 Upgrade를 클릭할 수 있습니다. Upgrade를 클릭하면 브라우저에 요금제를 선택하는 화면이 나타납니다.

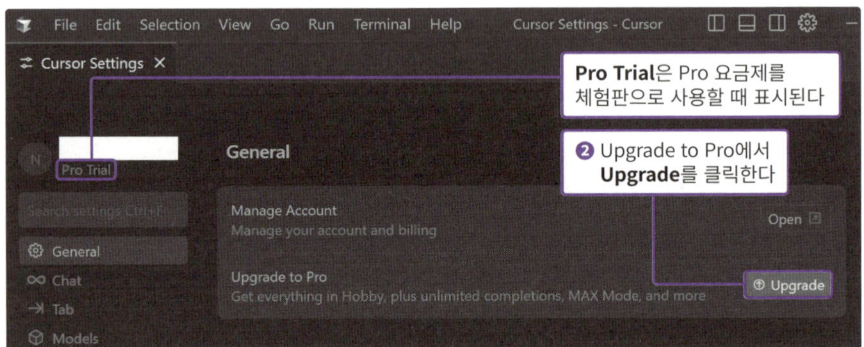

커서에서 제공하는 요금제는 다섯 가지로 개인 요금제 Hobby·Pro·Ultra, 팀 요금제 Teams·Enterprise가 있습니다. Hobby 요금제를 구독하면 첫 2주간 Pro 요금제를 체험해 볼 수 있습니다. Pro 요금제를 선택한 후 Cursor Pro 구독하기 화면이 나타나면 결제 방식을 선택합니다.

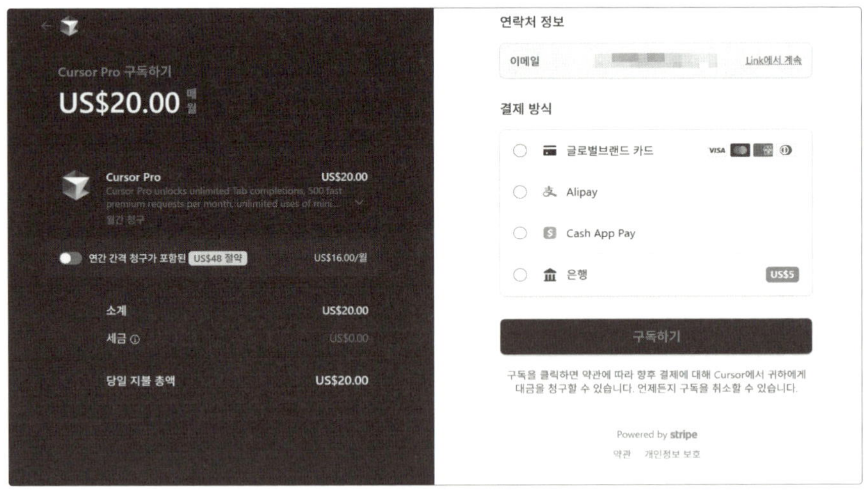

결제 방식을 선택한 후 **구독하기**를 클릭합니다.

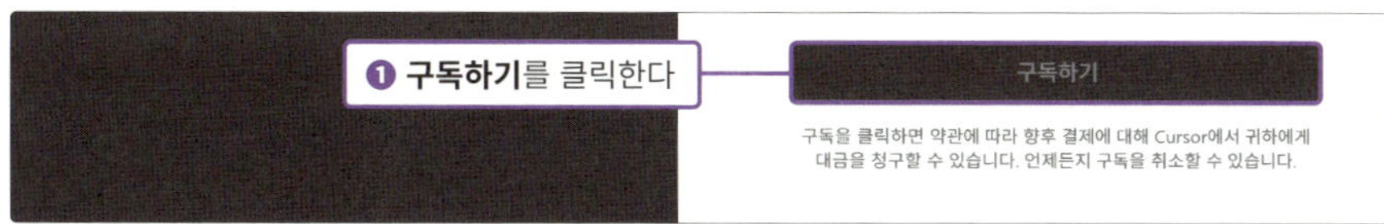

결제가 끝난 뒤 Cursor Settings에서 계정 정보를 확인하면 Pro Trial이 Pro로 바뀐 것을 확인할 수 있습니다. 이제 Pro 요금제 구독이 완료되었으며 커서의 AI 기능을 마음껏 이용할 수 있습니다.

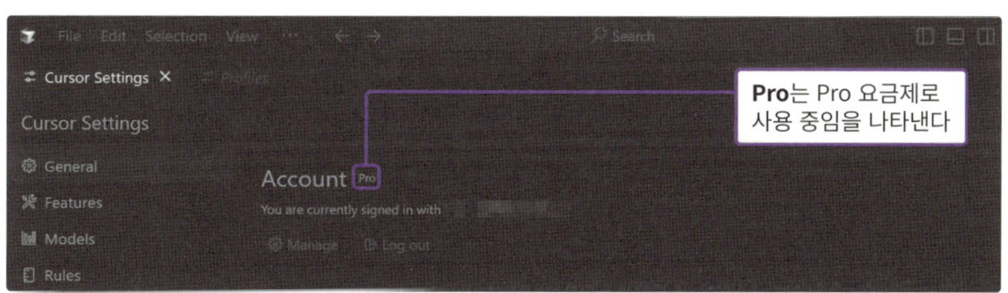

 Pro 요금제 구독 해지 방법

언제든지 Pro 요금제 구독을 해지할 수 있습니다. **Cursor settings**의 General에서 Manage Account의 **Open**을 클릭하면 Dashboard 브라우저가 나타납니다. 왼쪽 바에서 **Billing & Invoices**를 클릭한 후 오른쪽에 있는 **Manage Subscription**를 클릭하면 결제 청구 브라우저가 나타납니다. 이 브라우저에서 구독을 갱신하거나 취소할 수 있습니다.

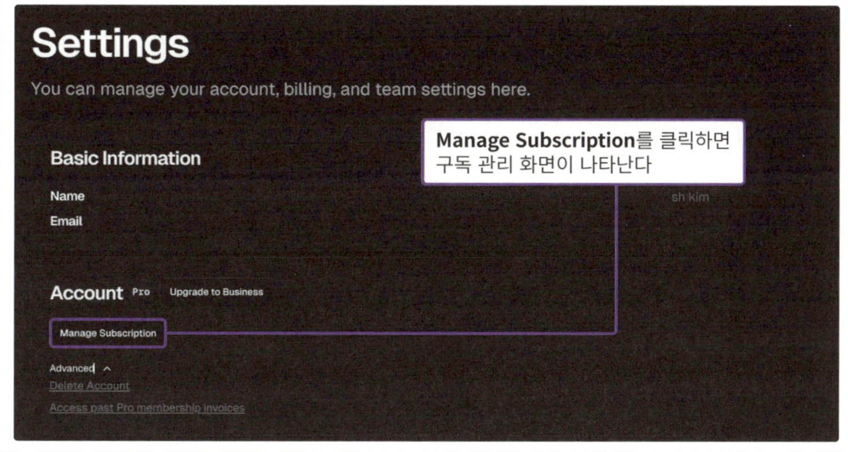

#기본기능 #초기설정

조기 설정하기

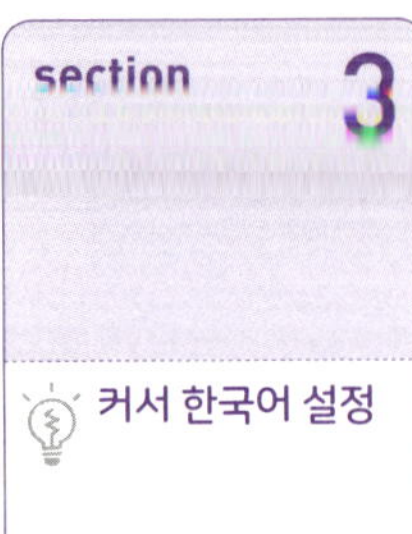

💡 커서 한국어 설정

커서 초기 설정 순서를 설명합니다. 확장 기능을 설치하는 방법, 설정 화면을
여는 방법도 함께 설명합니다.

커서 화면을 한국어로 표시하기

커서 화면은 영어로 표시됩니다. 이를 한국어로 바꾸려면 마이크로소프트에서
제공하는 Korean Language Pack for Visual Studio Code 확장 기능을 설치해야 합
니다.

명령 팔레트를 이용하여 표시 언어를 한국어로 변경할 수도 있지만 여기서는
확장 기능을 이용하는 방법을 먼저 설명합니다. 여기부터는 스크린샷 이미지를
보기 편하게 Light+ 색 테마로 변경했습니다. 색 테마 변경 방법은 82쪽을 참고하
세요.

확장 기능을 설치하려면 메뉴에서 View 〉 Extensions를 클릭해 마켓플레이스
를 엽니다.

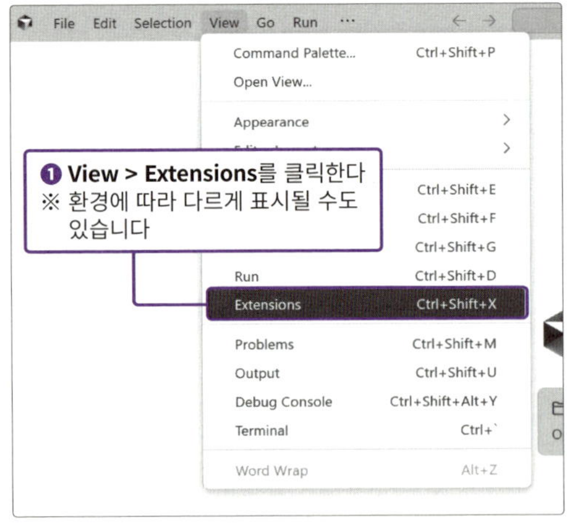

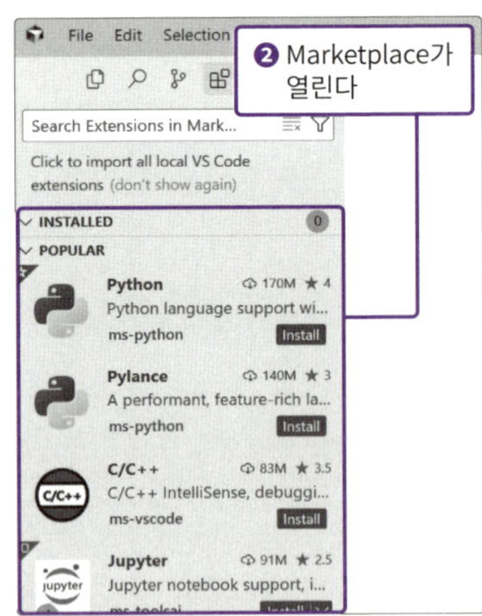

마켓플레이스에서는 커서에 다양한 기능을 추가하는 확장 기능을 찾을 수 있습니다. 확장 기능의 종류는 광범위하며 자신이 만든 확장 기능을 공개할 수도 있습니다.

마켓플레이스 검색 창에 korean이라고 입력해 Korean Language Pack for Visual Studio Code를 찾아봅시다. 확장 기능을 찾았으면 Install을 클릭해 커서에 설치합니다. 설치 시 경고 창이 표시되면 Trust Publisher & Install을 클릭해서 설치를 계속합니다.

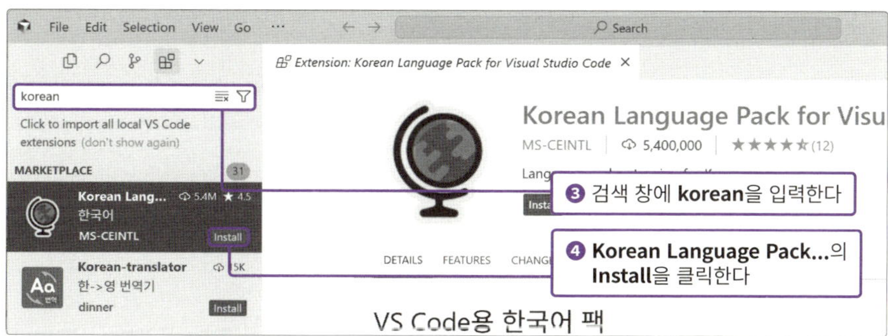

확장 기능 설치가 끝난 뒤 언어를 한국어로 변경하려면 재시작하라는 대화창이 왼쪽 아래에 나타납니다. Change Language and Restart를 클릭하세요.

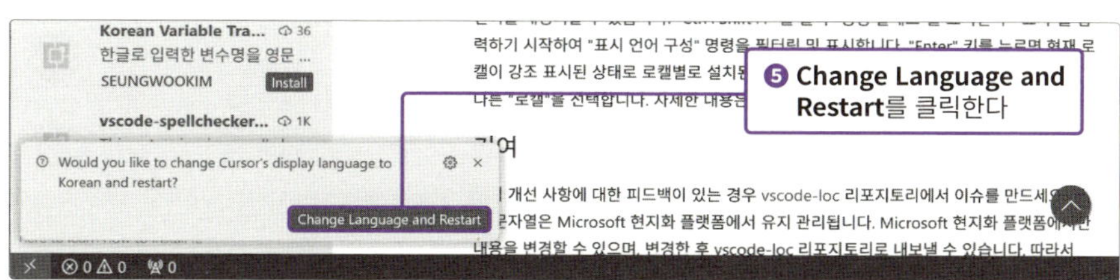

커서가 다시 실행되면 메뉴 등이 한국어로 바뀐 것을 볼 수 있습니다.

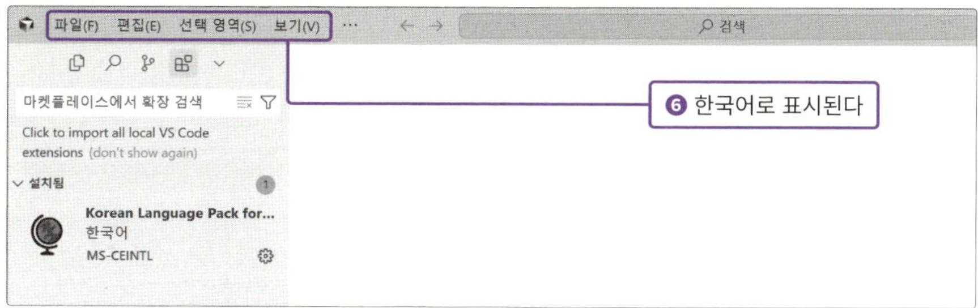

명령 팔레트로 표시 언어 변경하기

이어서 명령 팔레트에서 표시할 언어를 변경하는 방법을 설명하겠습니다. 거기에 는 복사나 붙여 넣기 같은 간단한 작업부터 디버그 실행 같은 복잡한 작업까지 다양한 조작이 명령으로 등록되어 있습니다. 명령 팔레트에서만 할 수 있는 작업 도 있으므로 사용법을 알아 둡시다.

확장 기능인 Korean Language Pack…을 설치했더라도 커서를 실행할 때 표시 언어가 영어로 되돌아가는 경우가 종종 있습니다. 다음 순서를 따르면 표시 언어 를 한국어로 간단하게 되돌릴 수 있습니다.

먼저 Ctrl + Shift + P 키를 눌러 명령 팔레트를 시작합니다. macOS를 사용한다 면 Ctrl 키 대신 command 키를 누르세요. 이 책에서는 Windows 단축키를 기준으 로 설명합니다. macOS에서 Ctrl 키는 command 키, Alt 키는 option 키, Enter 키는 return 키에 각각 대응합니다. 이외에 차이점이 있다면 macOS 단축키에 대한 설 명을 보충하겠습니다.

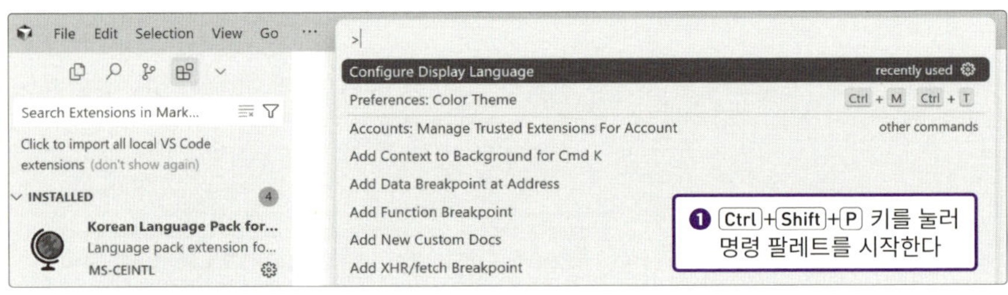

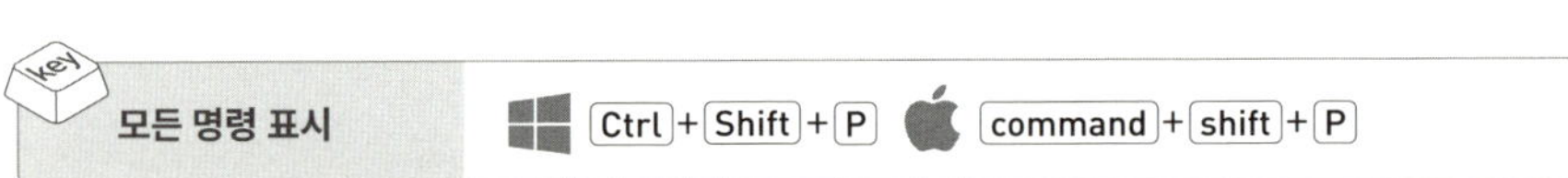

명령 팔레트를 열었으면 실행하고 싶은 명령을 검색합니다. 이번에는 언어와 관 련된 설정을 해야 하니 language라고 입력해 봅시다. 표시된 명령 중에서 Con- figure Display Language가 표시할 언어를 설정하는 명령이므로 이를 클릭하여 실행합니다.

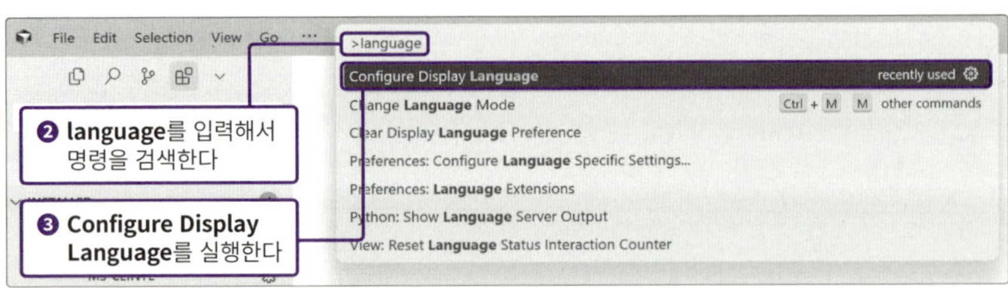

이어서 표시할 언어를 선택합니다. 목록에서 **한국어 (ko)**를 찾아 클릭하세요.

언어 설정을 변경하기 위해 커서를 다시 시작해야 한다는 대화 상자가 나타나면 Restart를 클릭합니다. 커서를 다시 시작하면 메뉴 등이 한국어로 변경됩니다.

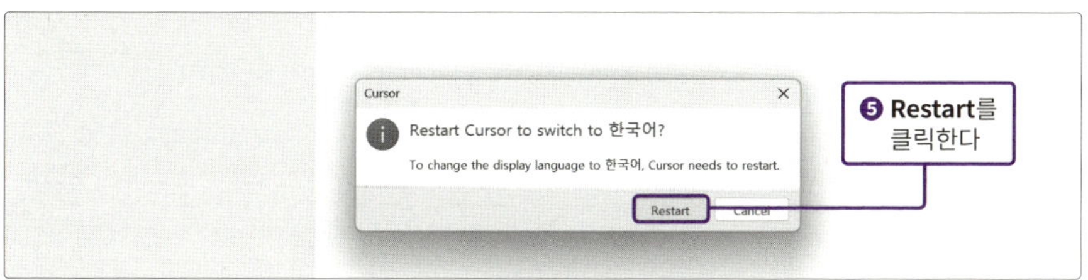

참고로 명령 팔레트는 3장에서도 다룹니다.

설정 화면 열기

커서에서 설정은 설정 화면에서 각종 항목을 조정하는 방법과 settings.json 파일을 직접 편집하는 방법이 있습니다.

커서는 설정할 수 있는 항목이 매우 많아서 설정 화면에서 모든 항목에 접근하기 어렵습니다. 익숙해지면 settings.json을 직접 편집할 때 더 폭넓고 유연하게 설정할 수 있지만 여기서는 설정 화면을 이용하는 방법을 알아보겠습니다.

이번에는 편집 중인 파일을 자동으로 저장하는 Auto Save 기능을 켜 보겠습니다. 이 기능을 활성화하면 편집기에서 작업 중인 파일을 전환할 때마다 자동으로 저장됩니다.

설정 화면은 파일 〉 기본 설정(macOS의 경우 Cursor 〉 기본 설정) 〉 설정을 클릭하면 열 수 있습니다.

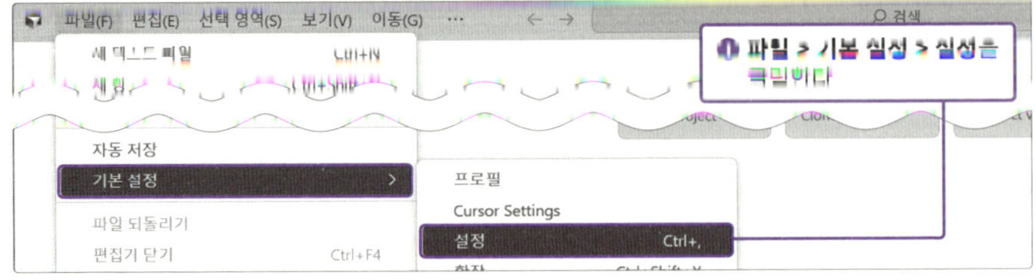

편집기에 설정 화면이 표시됩니다.

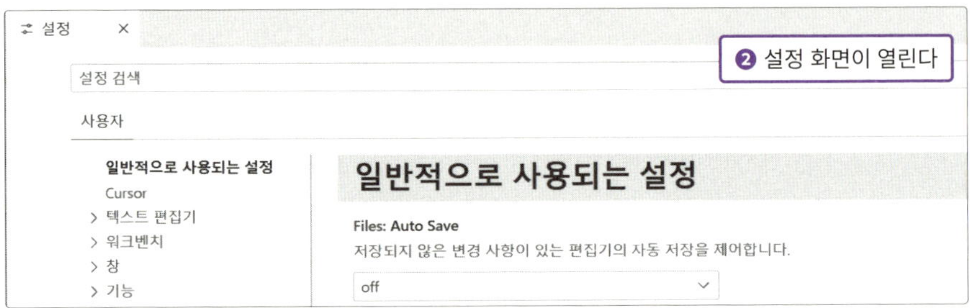

설정 화면에 보이는 항목은 settings.json의 일부인데 스크롤만 해 봐도 설정할 수 있는 항목이 굉장히 많습니다. 그래서 설정을 검색할 수 있는 입력 창이 있습니다. 첫 줄에 바로 보이긴 하지만 입력 창에 auto save를 입력하면 해당 항목을 검색할 수 있습니다.

표시 언어가 한국어면 한국어로 검색할 수 있지만 설정 ID 자체는 영어이므로 영어로 검색할 때 더 정확한 결과를 얻을 수 있습니다.

검색 결과가 표시되면 Files: Auto Save의 값을 off에서 onFocusChange로 변경하세요.

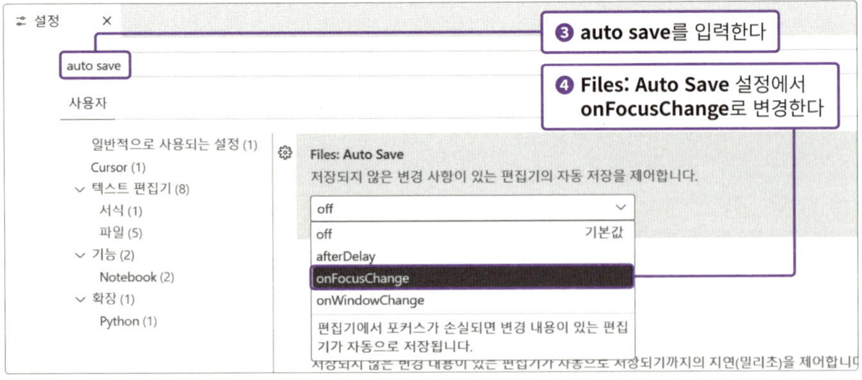

커서의 설정 방법은 두 가지입니다. 하나는 설정 화면에서 직접 조작하는 방법이고 다른 하나는 settings.json 파일을 편집하는 방법입니다. 사실 어느 방법을 이용하더라도 settings.json에 설정 내용이 반영됩니다.

그러므로 settings.json을 직접 편집하면 설정 화면에서 할 수 있는 모든 설정을 할 수 있습니다. settings.json 파일을 편집하는 방법은 90쪽에서 설명합니다.

입력 내용에 관한 설정

커서를 설치할 때 설정한 Data Sharing(11쪽 참고)는 언제든지 설정에서 변경할 수 있습니다. Data Sharing에 대해 조금 더 자세히 설명하겠습니다.

커서는 AI 기반 편집기입니다. 커서는 AI 기능의 정확도 향상을 위해 사용자의 프롬프트와 코드를 수집합니다. Cursor Settings의 Privacy에서 Privacy Mode로 설정하면 사용자 데이터를 수집하지 않습니다. 기본 설정은 Privacy Mode (Legacy)이며 이보다 한층 강화된 설정이 Privacy Mode입니다.

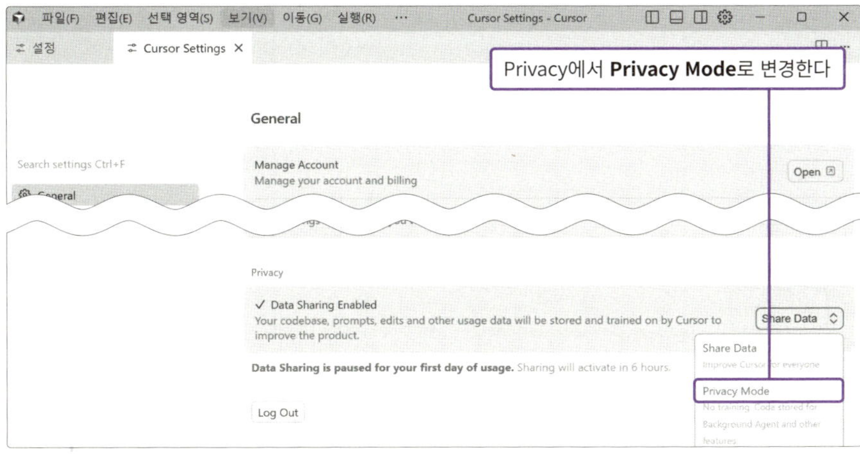

#기본기능 #화면구성

커서의 화면 구성

편집기를 분할하여 병행 작업하기

커서의 화면은 여섯 가지 영역으로 구분할 수 있습니다. 크기나 배치를 자유롭게 조정하여 작업하기 편한 화면으로 구성할 수 있습니다.

여섯 가지 화면 영역

커서를 본격적으로 다루기 전에 화면 구성에 대해 알아봅시다. 다음 화면은 폴더나 파일을 연 상태입니다. 폴더나 파일을 여는 방법은 2장에서 설명합니다.

커서 화면은 여섯 개의 영역으로 나눌 수 있습니다. 이 중 패널에 대해서는 174쪽에서, 상태 표시줄에 대해서는 28쪽에서 자세히 설명합니다.

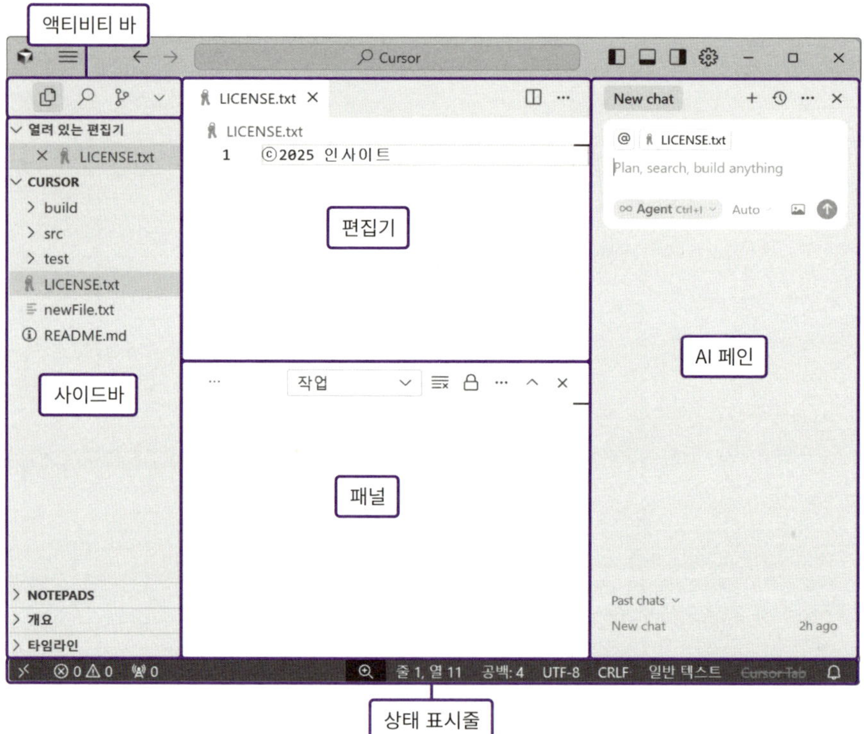

액티비티 바

탐색기, 검색 등 액티비티 바에 표시되는 기능으로 전환할 수 있는 아이콘이 배치되어 있습니다.

액티비티 바에 표시된 아이콘

아이콘	이름	설명
	탐색기	열려 있는 파일이나 폴더, 작업 영역(45쪽 참고)을 표시한다.
	검색	파일, 폴더에서 지정한 키워드를 검색한다.
	소스 제어	소스 관리 도구인 깃(204쪽 참고)과의 연계 기능이 모여 있다.
	확장	새로운 확장 기능을 설치하거나 설치한 기능을 관리한다.
	실행 및 디버그	프로그램을 실행, 디버그한다.

사이드바

액티비티 바에서 선택한 내용에 따라 탐색기 뷰, 검색 뷰 등으로 전환됩니다. 여기서는 탐색기 뷰의 다섯 가지 구성 요소를 살펴보겠습니다.

탐색기 뷰는 다섯 가지, **열려 있는 편집기, 폴더, 개요, 타임라인,** Notepads로 구성됩니다. **열려 있는 편집기,** Notepads는 기본으로 표시되지 않지만 사이드바를 우클릭해 해당 항목을 체크하거나 해제함으로써 표시/숨기기로 전환할 수 있습니다.

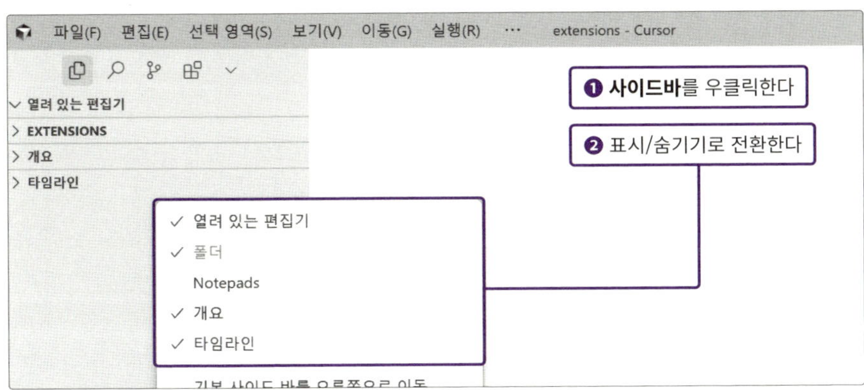

탐색기 뷰의 기능

이름	설명
열려 있는 편집기	편집기 부분에 열려 있는 파일이 목록으로 표시된다. 파일이 여러 개 열려 있을 때 도움이 된다.
폴더	열려 있는 폴더가 계층 구조로 표시된다.
개요	편집기에서 선택된 파일의 개요를 표시한다. 예를 들어 마크다운 파일(56쪽 참고)에서는 헤더 계층이 표시된다.
타임라인	최근 변경 이력이 표시된다.
Notepads	작성한 노트가 표시된다.

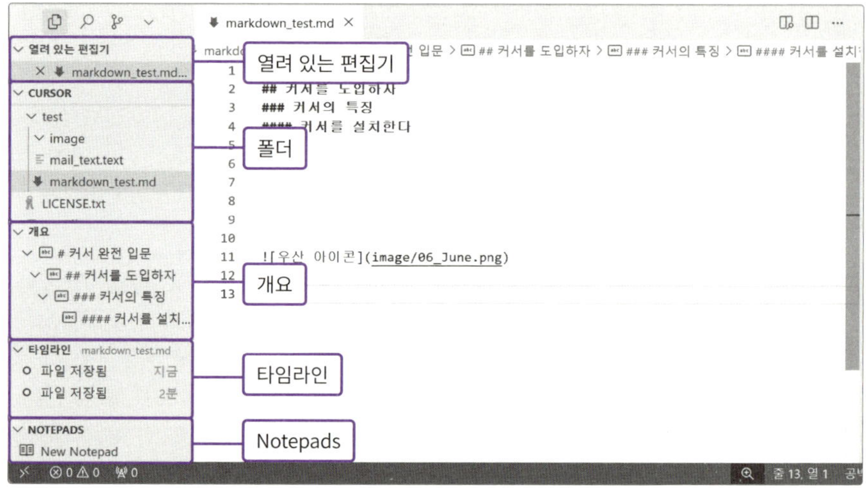

편집기

편집기는 파일을 편집하는 기본 영역으로 열려 있는 파일이 탭으로 표시됩니다. 커서에서는 편집기 영역을 세로 또는 가로로 분할하여 여러 파일을 한 번에 표시할 수 있습니다.

편집기를 분할하는 방법은 몇 가지가 있습니다. 마우스로 작업하려면 편집기의 오른쪽 위에 있는 ▥ 편집기를 오른쪽으로 분할 아이콘을 클릭합니다.

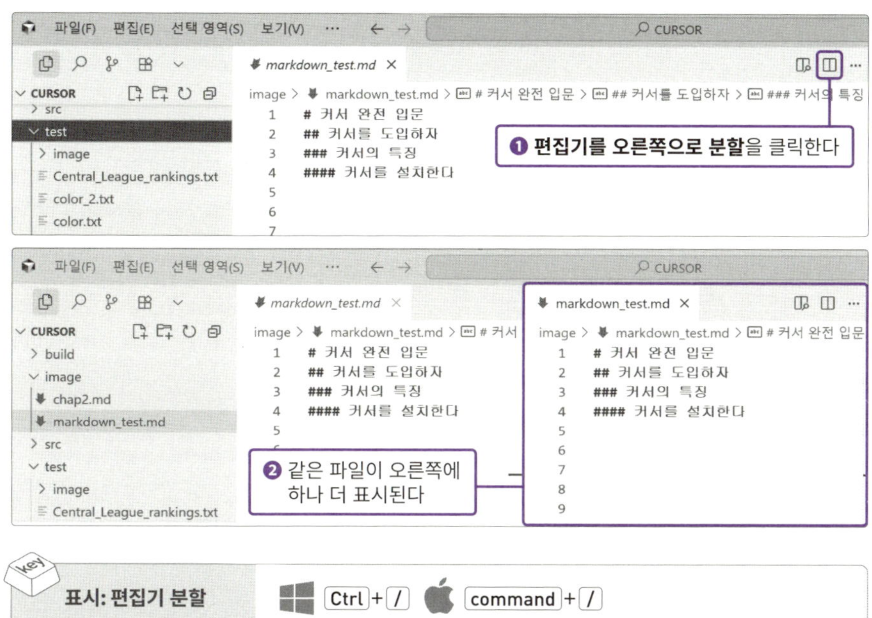

탐색기 뷰에서 편집기 영역으로 파일을 드래그 앤 드롭하는 방법으로도 편집기를 분할할 수 있습니다. 열려 있는 탐색기 뷰에서 선택한 파일을 편집기의 오른쪽 아래로 끌어 놓으면 편집기 영역에서 오른쪽 절반의 색상이 바뀝니다. 이 상태에서 파일을 드롭하면 편집기가 좌우로 분할됩니다.

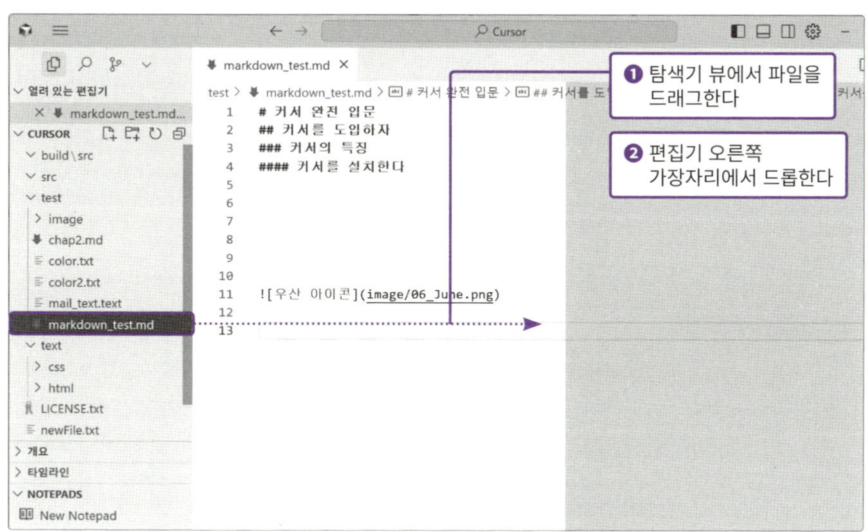

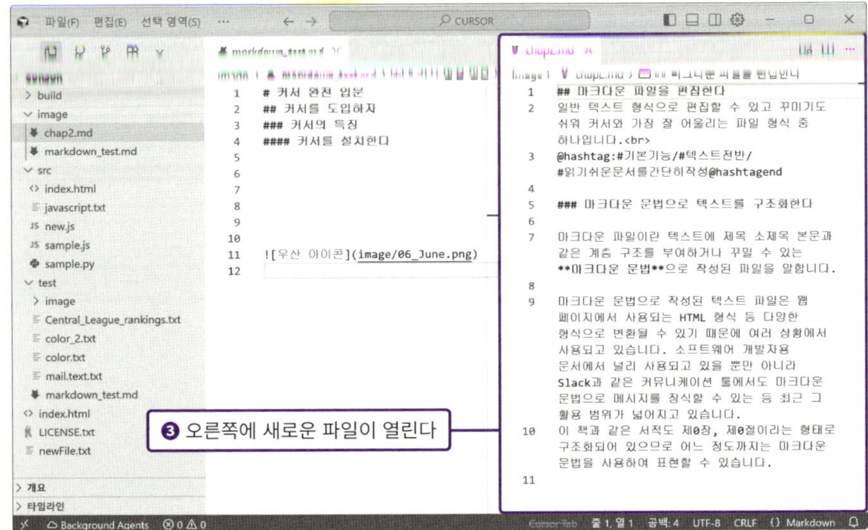

파일을 어디에 드롭하는지에 따라 오른쪽뿐만 아니라 왼쪽이나 위아래에도 새로운 편집기를 둘 수 있습니다.

가로 레이아웃을 세로로 또는 세로 레이아웃을 가로로 변경하고 싶다면 탐색기 뷰의 열려 있는 편집기 부분에 표시된 세로/가로 편집기 레이아웃 설정/해제 아이콘을 클릭하세요.

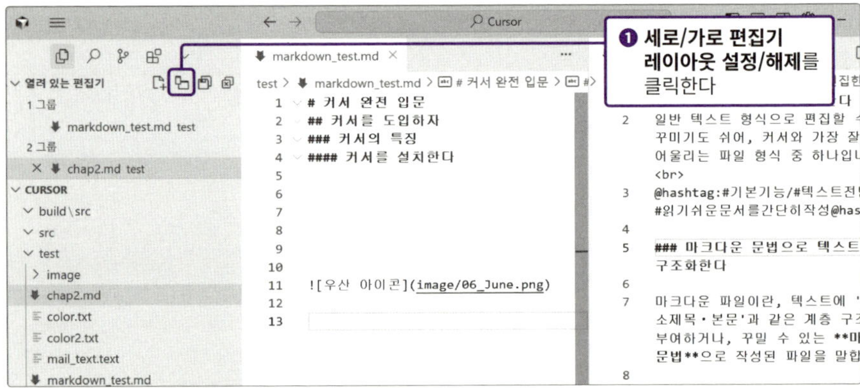

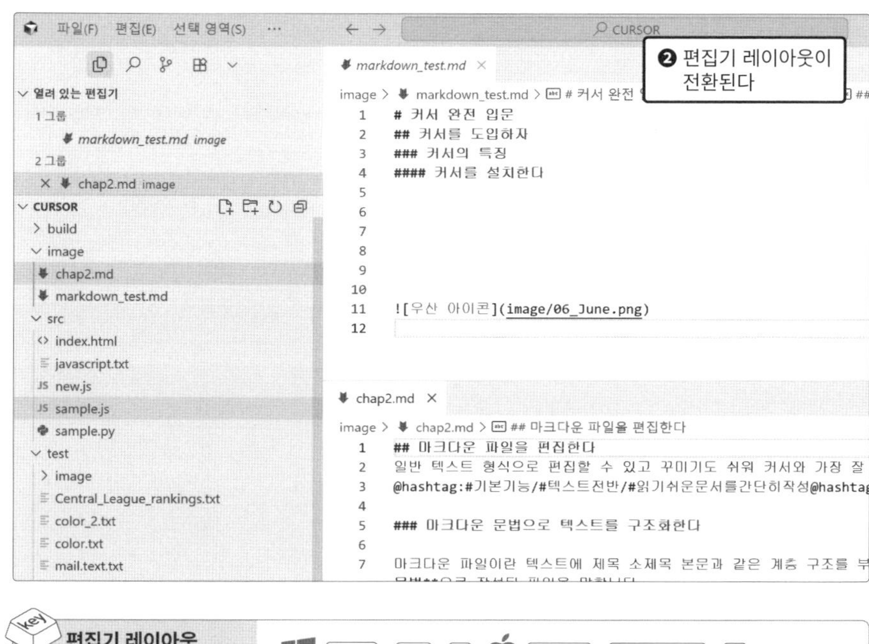

편집기를 분할하면 각각의 편집기 묶음이 **열려 있는 편집기** 영역에 1그룹, 2그룹으로 표시됩니다. 이 편집기 묶음을 **편집기 그룹**이라고 합니다.

    편집기 탭을 드래그 앤 드롭하면 편집기를 다른 편집기 그룹으로 옮길 수 있습니다.

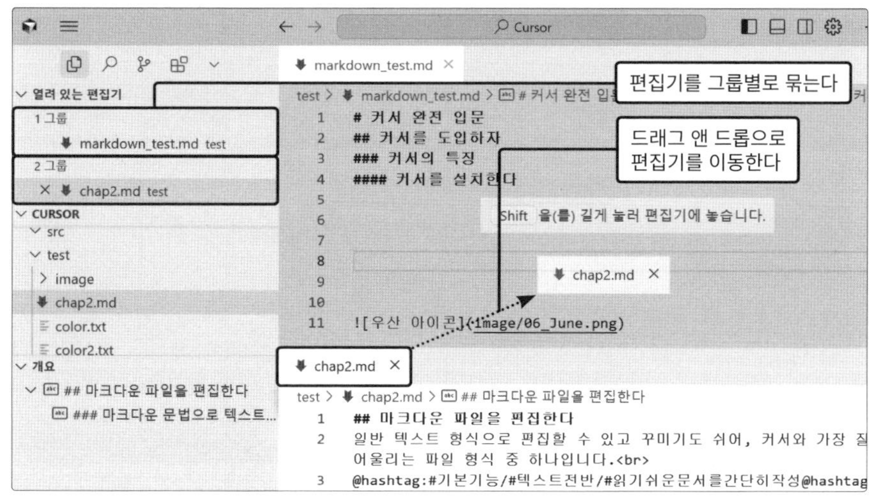

AI 페인

AI 페인(Pane)은 커서의 특징 중 하나로 생성 AI와 대화할 수 있는 공간입니다. 코드에 관해 질문하거나 작성 중인 코드를 이어서 작성하도록 지시할 수 있습니다. 메뉴의 Toggle AI Pane 아이콘을 클릭하거나 Ctrl + Alt + B 키를 누르면 표시됩니다.

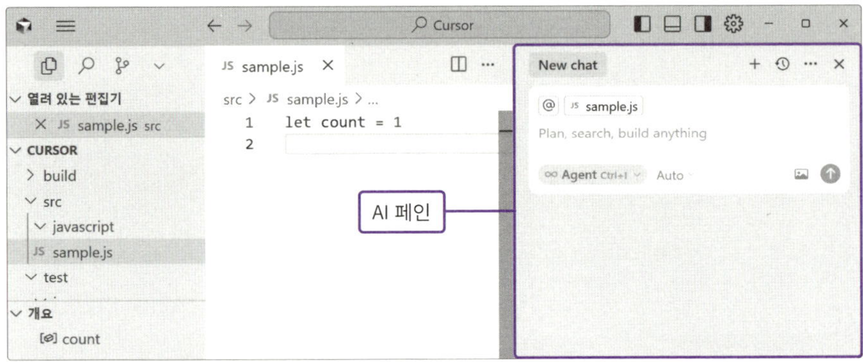

미니맵으로 파일 전체 확인하기

메뉴의 보기 > 모양 > 미니맵을 클릭하면 편집기의 오른쪽 끝에서 파일 전체를 축소하여 표시한 미니맵(MiniMap)을 볼 수 있습니다. 커서의 위치를 확인하거나 미니맵을 클릭해 원하는 위치로 이동할 수 있어 코드 줄 수가 많은 파일을 편집할 때 유용합니다.

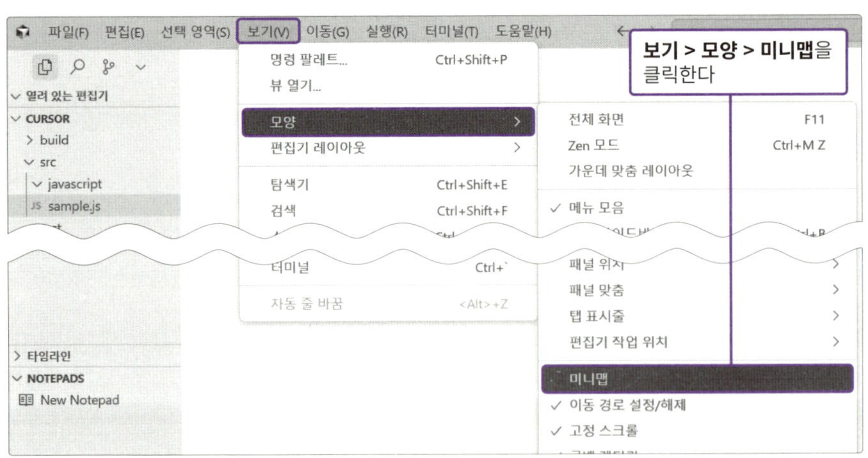

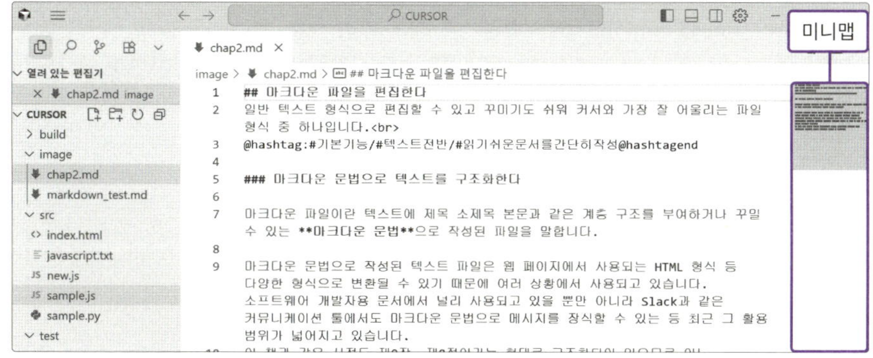

젠 모드로 파일 편집에 집중하기

편집기에서 파일을 편집할 때 집중하고 싶다면 편집기 이외의 모든 영역을 숨기는 젠(Zen) 모드를 활용해 보세요.

메뉴의 보기 〉 모양 〉 Zen 모드를 클릭하거나 Ctrl + M 키를 누른 후 Z 키를 누르면 젠 모드로 전환할 수 있습니다.

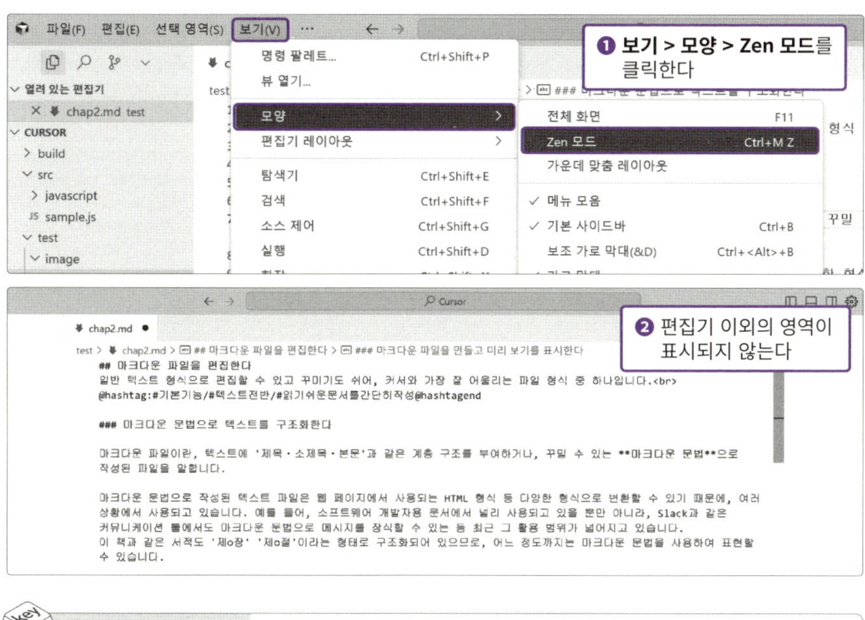

상태 표시줄에서 파일 설정을 변경하기

줄 바꿈 코드 및 들여쓰기를 쉽게 변경하기

화면 아래에 있는 상태 표시줄에서 파일 설정을 확인할 수 있습니다. 문자 코드, 들여쓰기를 변경할 일이 많으니 잘 기억해 둡시다.

상태 표시줄에 표시되는 정보

커서 화면 아래에 표시된 상태 표시줄에는 커서가 있는 줄 번호, 열 번호, 들여쓰기 폭, 인코딩된 문자 코드, 사용된 줄 바꿈 코드, 확장자에서 감지된 파일 종류 같은 정보가 표시됩니다.

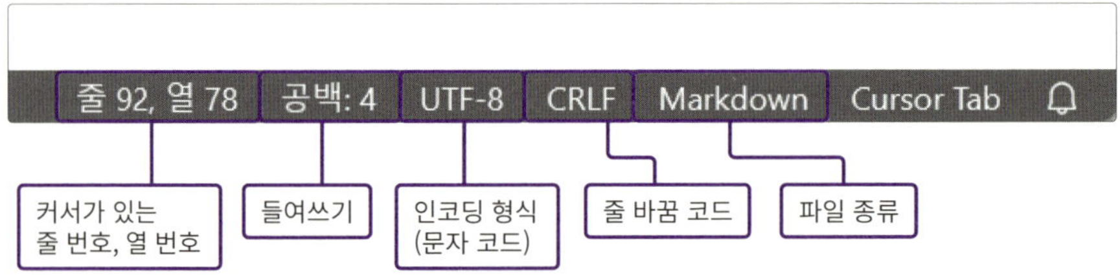

문자 코드 지정 후 파일 열기/저장하기

커서는 기본적으로 문자 인코딩이 UTF-8로 설정되어 있기 때문에 EUC-KR 등 다른 문자 인코딩으로 저장된 파일을 열면 글자가 깨질 수 있습니다. 이럴 때 올바른 문자 인코딩으로 해당 파일을 다시 열면 글자가 깨지는 현상을 해결할 수 있습니다.

다른 문자 코드로 파일을 다시 열려면 먼저 상태 표시줄에 있는 인코딩 선택을 클릭하세요.

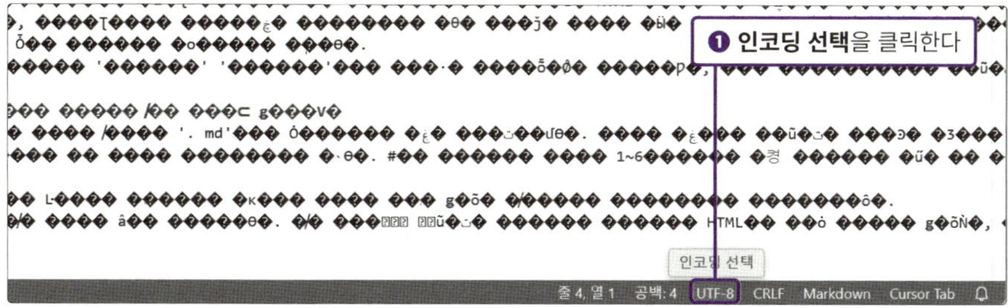

화면 위에 명령 팔레트가 나타나면 **인코딩하여 다시 열기**를 클릭합니다. 이어서 문자 코드를 지정하면 지정한 문자 코드로 파일이 인코딩되어 다시 열립니다.

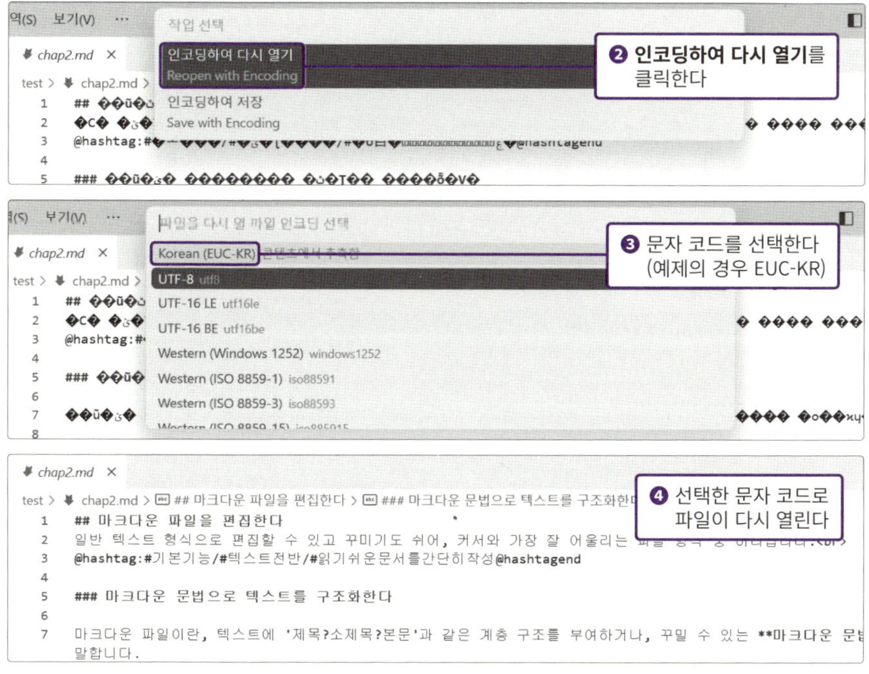

들여쓰기 방식 변경하기

프로그램을 작성할 때 들여쓰기를 어떻게 할지는 사용하는 프로그래밍 언어나 코드 규칙에 따라 다릅니다. 커서에서는 상태 표시줄에서 파일 내 들여쓰기 방식을 변경할 수 있습니다.

들여쓰기를 설정하려면 상태 표시줄의 **들여쓰기 선택**(공백 수가 표시된 부분)을 클릭하세요.

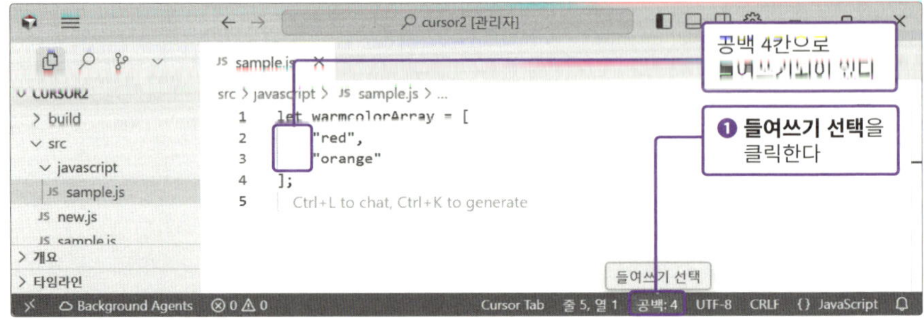

화면 위의 명령 팔레트에서 공백을 사용한 들여쓰기 또는 탭을 사용한 들여쓰기를 선택하고 들여쓰기에 공백을 몇 칸 넣을지 지정합니다.

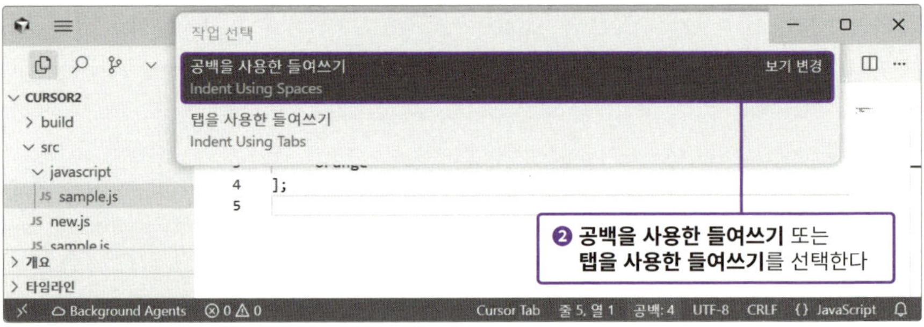

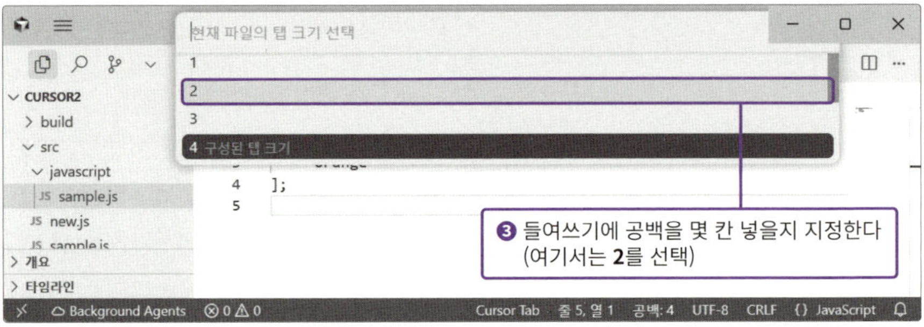

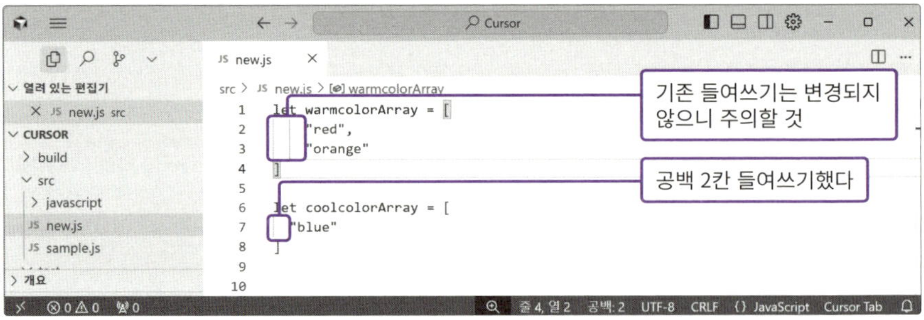

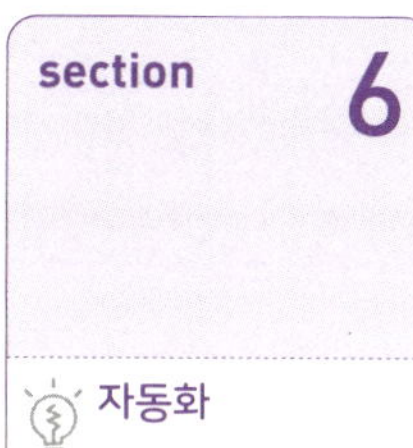

#대표적인AI기능 #AI기능종류

코딩을 지원하는 커서 고유의 기능

커서는 AI와 상호 작용하며 코딩합니다. 커서에 어떤 AI 기능이 있는지 살펴보겠습니다.

AI 기능 개요

커서가 제공하는 주요 AI 기능 중 여섯 가지를 알아봅시다.

- Cursor Tab
- Agent
- Ask
- Command K
- @Symbols
- 오류 자동 수정

구체적인 사용 방법은 2장부터 조금씩 설명하겠습니다. 여기서는 주요 기능의 개요만 파악해도 충분합니다.

Cursor Tab

커서 탭(Cursor Tab)은 코드를 입력할 때 AI가 추천 코드를 제시하여 입력 효율을 높여 주는 기능(AI 자동 완성 기능)입니다. 커서 탭을 줄여서 간단히 탭이라고 부르기도 합니다. 추천 코드가 표시되었을 때 [Tab] 키를 누르면 코드에 적용되고 [Esc] 키를 누르면 적용되지 않습니다.

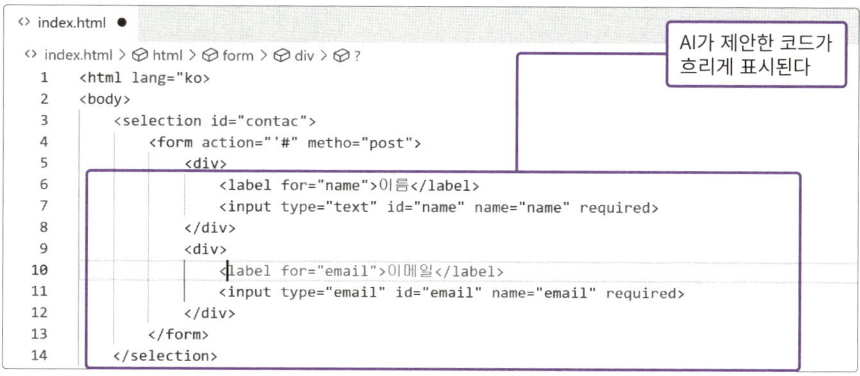


```
1    <html lang="ko">
2    <body>
3        <selection id="contac">
4            <form action="'#" metho="post">
5                <div>
6                    <label for="name">이름</label>
7                    <input type="text" id="name" name="name" required>
8                </div>
9                <div>
10                   <label for="email">이메일</label>
11                   <input type="email" id="email" name="email" required>
12                </div>
13           </form>
14       </selection>
```

AI는 편집 중인 파일뿐만 아니라 프로젝트 전체 내용을 파악해 적절한 코드를 제
안합니다.

참고로 Cursor Settings의 Tab에 있는 Cursor Tab을 선택 해제하면 Cursor Tab
이 비활성화됩니다.

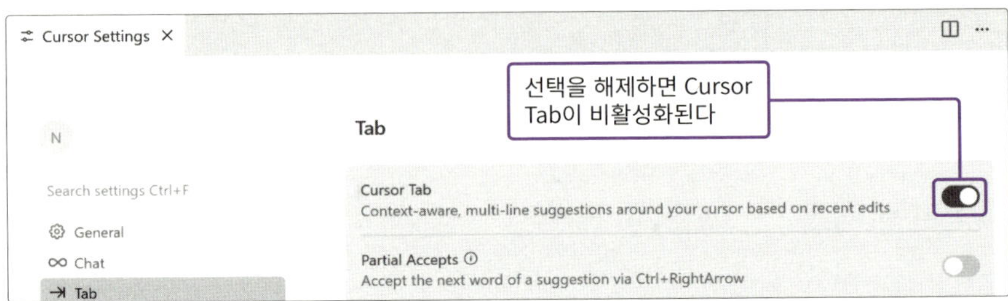

Agent

에이전트(Agent)는 커서에서 AI 페인을 열면 표시되는 기본 모드입니다. 챗
(Chat) 패널에 프롬프트를 입력해 AI와 대화하듯 작업을 진행할 수 있습니다. 에
이전트 모드는 프로젝트 전체의 코드 구조와 사용자의 목표를 이해하여 복잡한
작업을 자율적이고 연속적으로 수행합니다. 여러 파일을 동시에 생성하거나 직
접 수정할 수 있으며 터미널 명령도 실행할 수 있는 강력한 기능을 갖췄습니다.
기능 추가, 리팩터링 등 복잡한 코딩이나 프로젝트 수정 작업에 특히 효과적입니
다. 단축키 Ctrl + I 로 에이전트 모드를 열 수 있습니다.

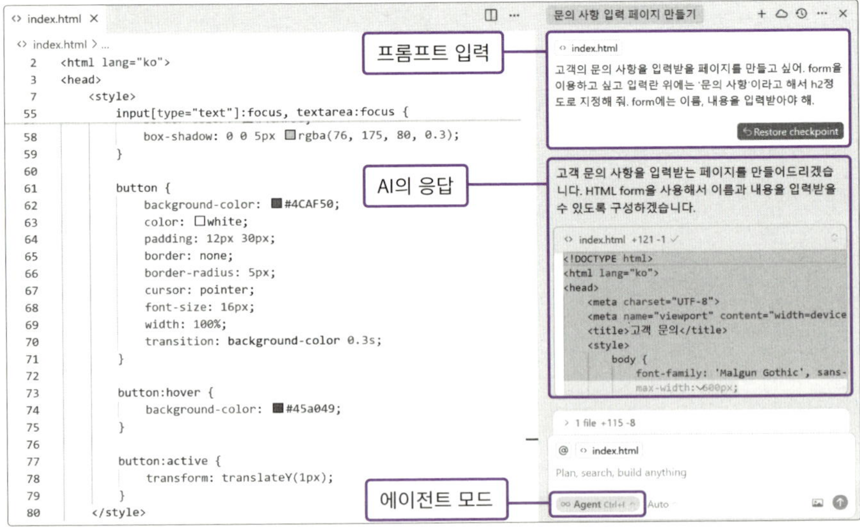

Ask

애스크(Ask) 모드는 프로젝트 코드뿐만 아니라 개발과 관련된 다양한 주제에 대해 질문할 수 있는 대화형 모드입니다. 하나의 질문과 그에 대한 답변을 주고받는 방식으로 답변을 즉시 제공합니다. 현재 열려 있는 파일이나 첨부한 파일의 내용을 이해하고 이에 따른 답변을 제공할 수 있습니다. 특정 함수의 기능을 묻거나 설계 아이디어를 얻을 때 유용하며 실행 결과가 예상과 다를 때 원인을 분석하거나 최적화할 수 있는 방법을 문의하는 데도 사용할 수 있습니다. 다만 에이전트 모드와 달리 파일을 자동으로 생성하거나 코드를 직접 수정하지는 않고 먼저 코드 수정을 제안합니다. 단축키 Ctrl + I 로 에이전트 모드를 열고 Ctrl + . 으로 애스크 모드를 선택할 수 있습니다.

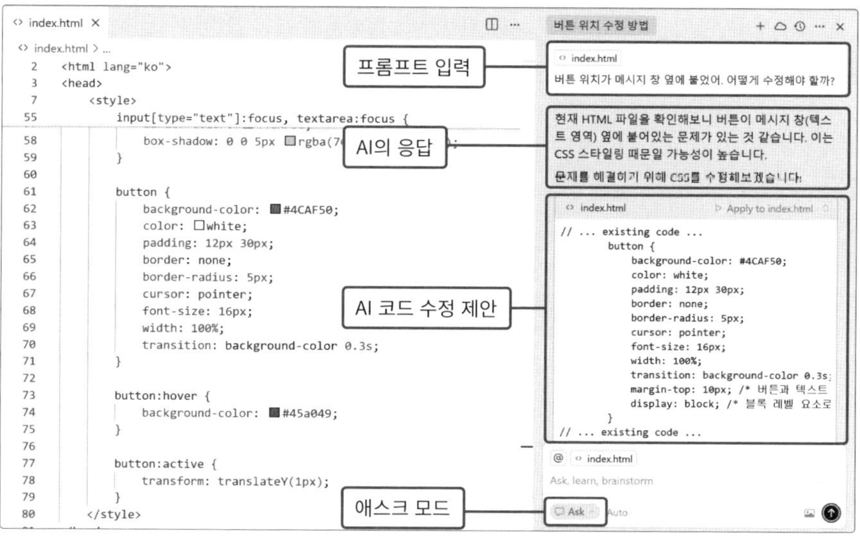

Command K

Command K는 선택한 범위의 코드를 AI에 수정하도록 하거나 질문하는 기능입니다. 범위를 선택한 후 Ctrl + K 키를 누르면 **프롬프트** 바가 나타납니다. 수정할 내용을 프롬프트 바에 입력하면 수정 결과가 코드에 반영됩니다.

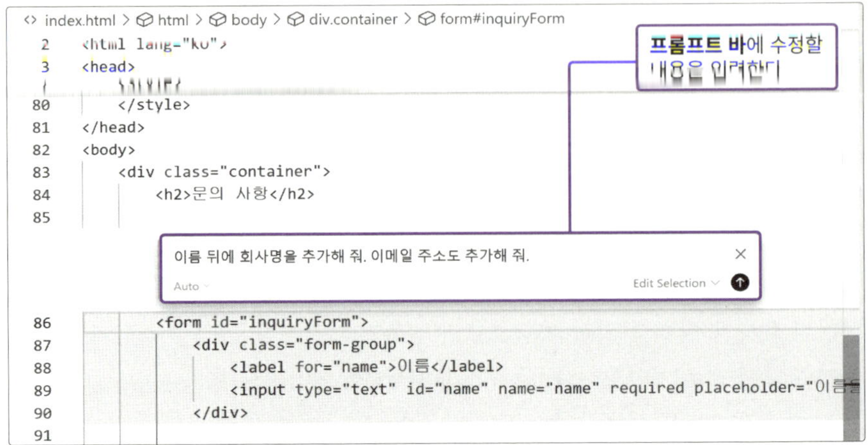

코드를 부분적으로 수정하고 싶을 때는 Command K를 이용하는 편이 편리합니다.

@Symbols

@Symbols는 애스크 또는 Command K 등에서 프롬프트를 입력할 때 참조하거나 조작할 대상을 지정하는 기능입니다. @ 뒤에 종류를 입력하면 AI가 해당 대상을 적절하게 처리하거나 제안합니다. 자주 사용하는 항목은 다음과 같습니다.

- @Docs: 문서 파일을 참조하거나 조작할 때(126쪽 참고)
- @Git: 깃 리포지터리를 조작할 때(220쪽 참고)
- @Code: 프로젝트 전체를 참조하거나 조작할 때

오류 자동 수정

코드에 오류가 있으면 AI가 이를 감지해 수정 방법을 제안합니다. 문법 오류와 같은 정적 오류(Lint 오류)가 있을 때 물결선이 표시된 부분에 커서를 올리면 팝업이 표시됩니다. 여기서 Fix in Chat을 클릭하면 챗 패널에 오류 원인에 대한 간략한 설명이 나타납니다. Send 버튼을 클릭하면 챗 패널에 오류 원인에 대한 자세한 설명이 나타나고 코드가 자동으로 수정됩니다. 이러한 기능은 Fix Lints라고 불리며 코드의 품질 향상에 도움을 줍니다.

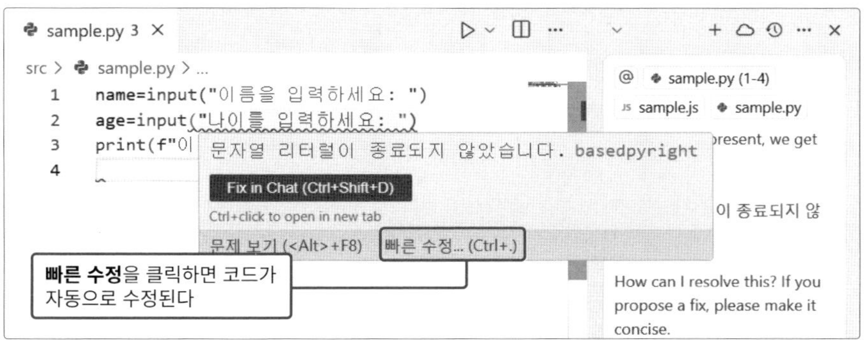

참고로 실행 시 발생한 오류를 자동으로 수정하는 Auto-Debug 기능이 있습니다. Cursor Settings 〉 Chat 〉 Auto-Fix Lints를 클릭하면 Auto-Debug가 작동합니다.

기본 파일 편집하기

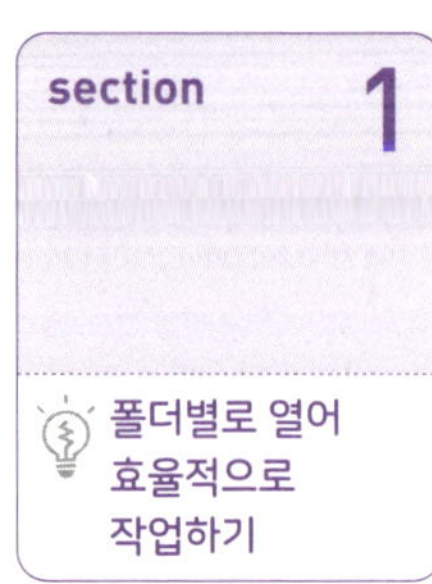

#기본기능 #파일다루기

폴더와 파일을 열어 편집하기

폴더별로 열어
효율적으로
작업하기

커서(Cursor)의 탐색기 창은 이름 그대로 탐색기처럼 파일이나 폴더를 열 수 있을 뿐만 아니라 다양한 기능도 갖추고 있습니다.

폴더 열기

웹 제작이나 프로그래밍에서는 프로젝트별로 필요한 파일을 모아 폴더를 만드는 것이 일반적입니다. 커서로 웹 제작이나 프로그래밍을 할 때도 파일을 개별적으로 여는 것보다 폴더를 열어 작업하는 것이 더 효율적입니다.

커서에서 폴더를 열려면 메뉴에서 **파일 › 폴더 열기**를 클릭하거나 사이드바의 탐색기 뷰에서 **폴더 열기**를 클릭해 폴더 선택 화면을 엽니다.

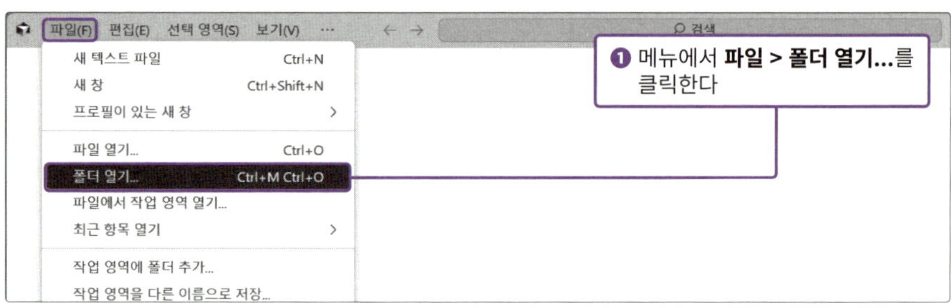

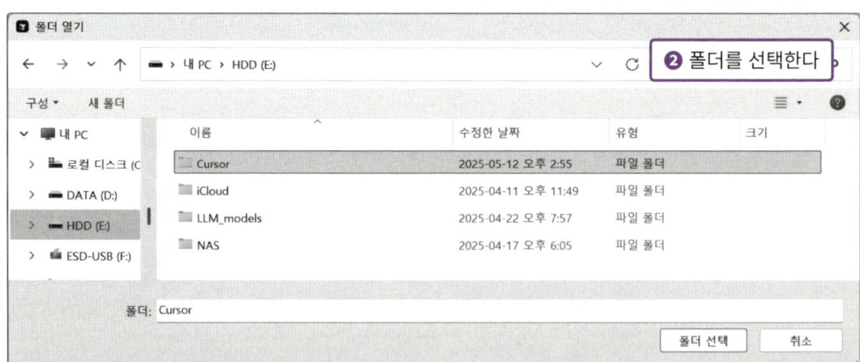

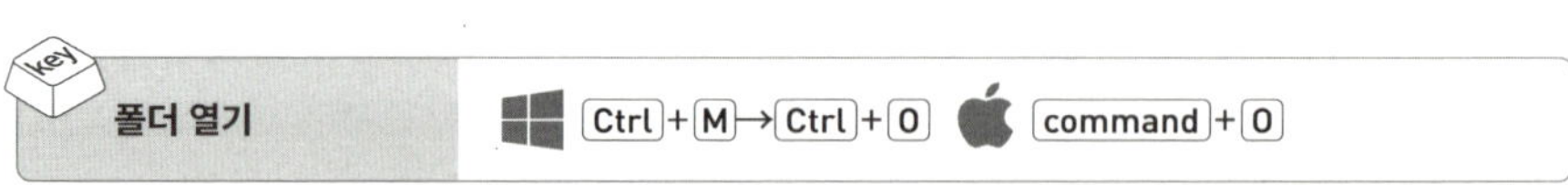

폴더를 열면 사이드바의 탐색기 뷰에 현재 열려 있는 폴더가 계층 구조로 표시됩니다.

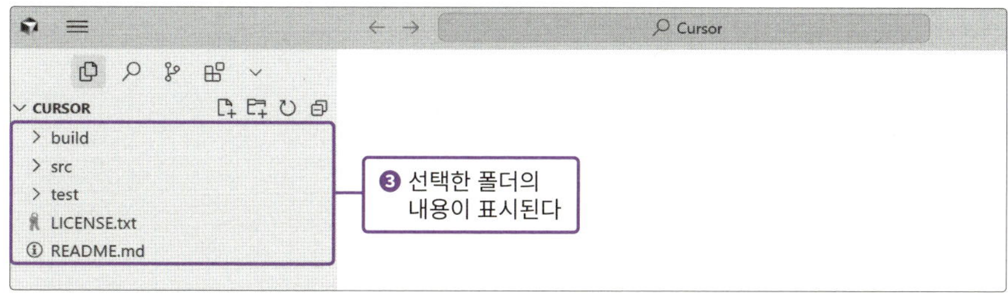

폴더 내 파일 열기

탐색기 뷰에서 파일 이름을 클릭하면 편집기 영역에 해당 파일의 내용이 미리 보기 모드로 표시됩니다. 미리 보기 모드는 열람용 표시 방식이므로 파일을 편집할 수 없습니다. 다른 파일을 미리 보기 모드로 열면 먼저 열려 있던 파일은 자동으로 닫힙니다.

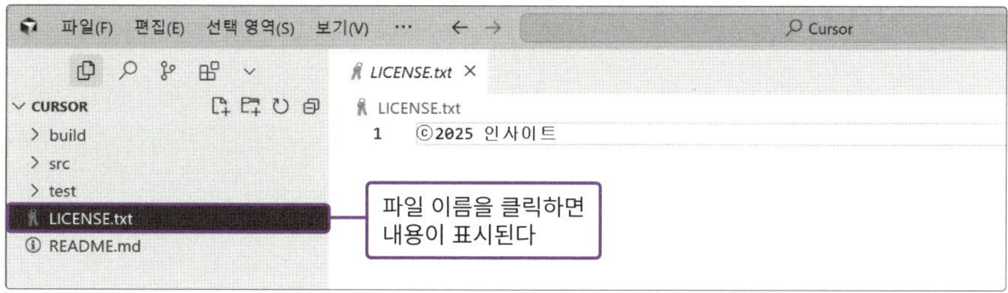

파일을 편집할 때는 파일 이름을 더블클릭하여 편집기로 파일을 엽니다. 미리 보기 모드로 열린 파일을 편집해도 파일을 편집기로 열 수 있습니다.

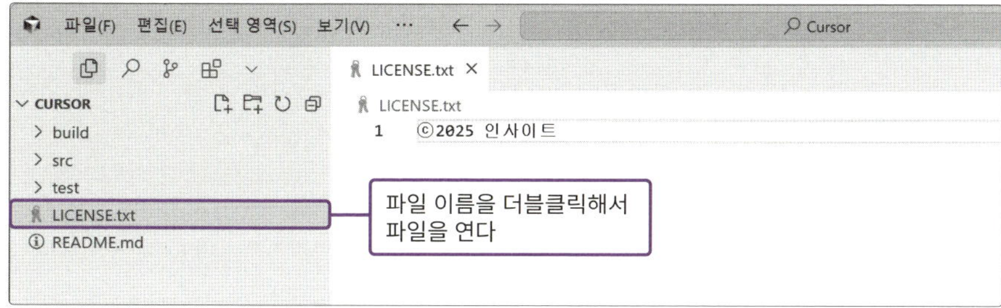

파일이 여러 개 열려 있을 때는 편집기 위의 탭 부문을 클릭하거나 Ctrl + Tab 키를 누르면 파일을 전환할 수 있습니다.

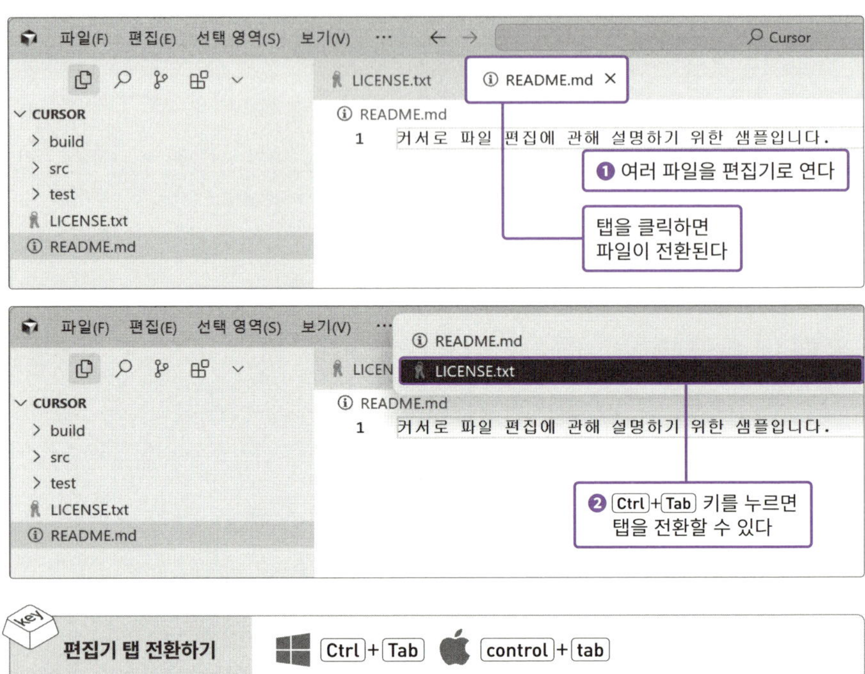

열려 있는 편집기 표시하기

파일이 많이 열려 있으면 어느 파일이 열려 있는지 파악하기 어려울 수 있습니다. 탐색기 뷰의 **열려 있는 편집기**를 이용하면 열려 있는 파일을 목록으로 확인할 수 있습니다.

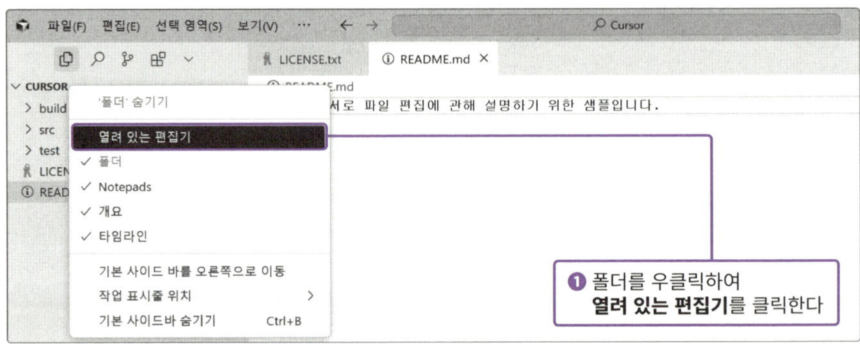

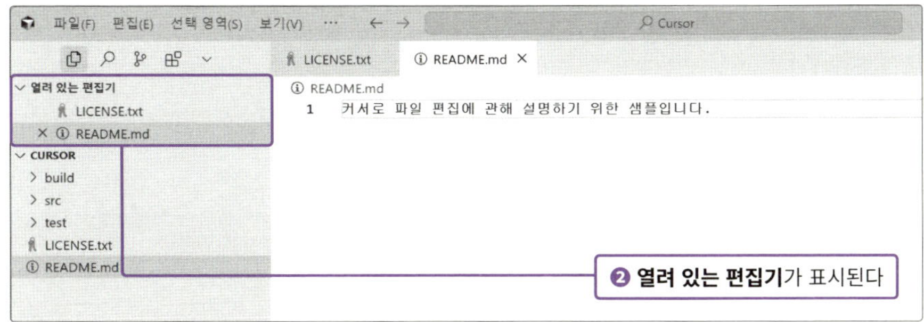

새 파일 만들기

파일을 새로 만드는 방법은 몇 가지가 있습니다. 가장 간단한 방법은 탐색기 뷰에서 열려 있는 폴더 이름 오른쪽에 표시되는 새 파일 아이콘을 클릭하여 새 파일을 만드는 것입니다. 확장자를 포함한 파일 이름을 입력하면 선택한 폴더 아래에 새 파일이 만들어집니다.

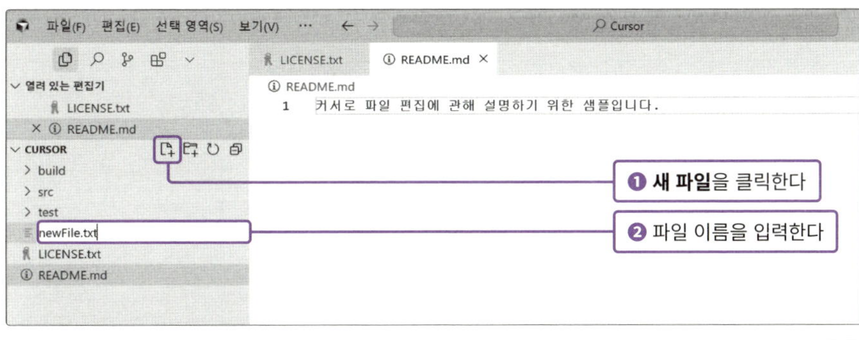

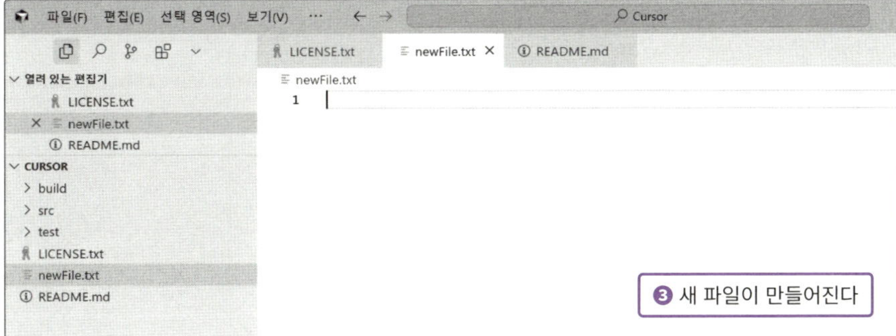

탐색기 뷰에서 폴더나 파일을 우클릭하여 새 파일을 선택하는 방법으로도 파일을 만들 수 있습니다.

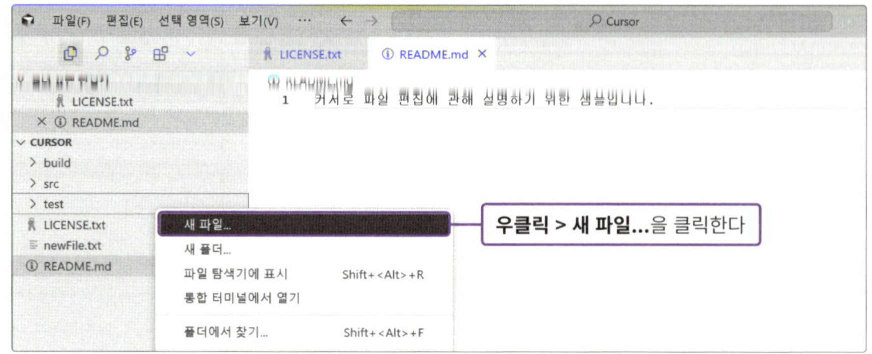

직전에 편집했던 폴더 다시 열기

커서는 애플리케이션을 종료할 때 열려 있던 편집기의 정보를 저장해 다시 커서를 실행했을 때 마지막에 입력했던 상태를 보여 줍니다. 편집기는 커서의 위치와 저장하지 않고 종료한 파일에서 편집한 내용까지 저장하므로 실수로 애플리케이션을 종료했더라도 작업을 바로 재개할 수 있습니다.

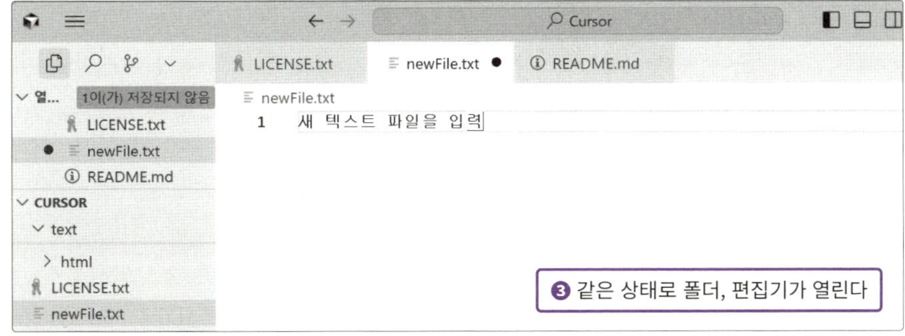

설정 〉 창을 클릭해 Restore Windows의 설정값을 None으로 변경하면 이전에 열어 둔 폴더나 편집기가 자동으로 열리지 않도록 할 수 있습니다. 시작할 때마다 폴더를 새로 열고 싶다면 설정을 바꿔 보세요.

폴더와 파일에 관한 기타 작업

새 폴더 만들기

새 폴더를 만들기 위해서는 파일을 만들 때처럼 탐색기 뷰에서 ☐ 새 폴더… 아이콘을 클릭하는 방법과 폴더나 파일을 우클릭하여 새 폴더…를 클릭하는 방법 두 가지가 있습니다.

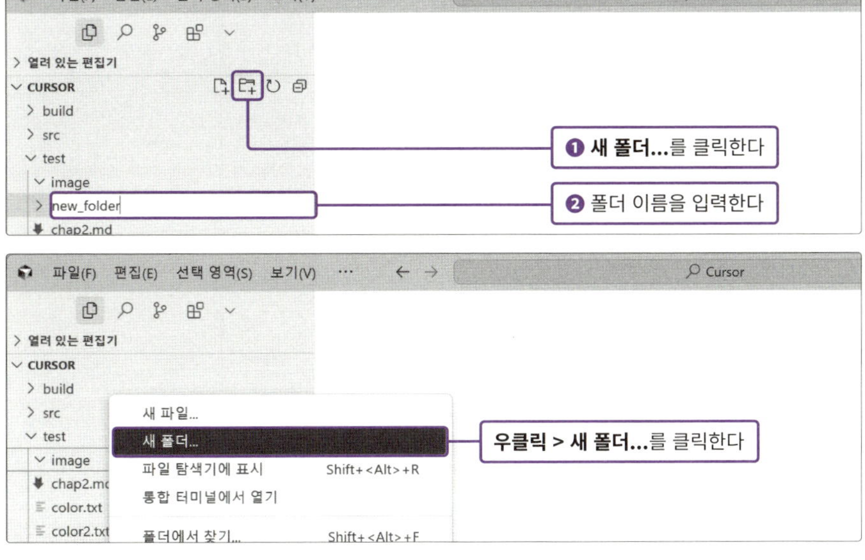

폴더와 파일 삭제하기

필요 없어진 폴더와 파일을 삭제하려면 탐색기 뷰에서 **우클릭**하여 **삭제**를 클릭하거나 Delete 키를 누릅니다.

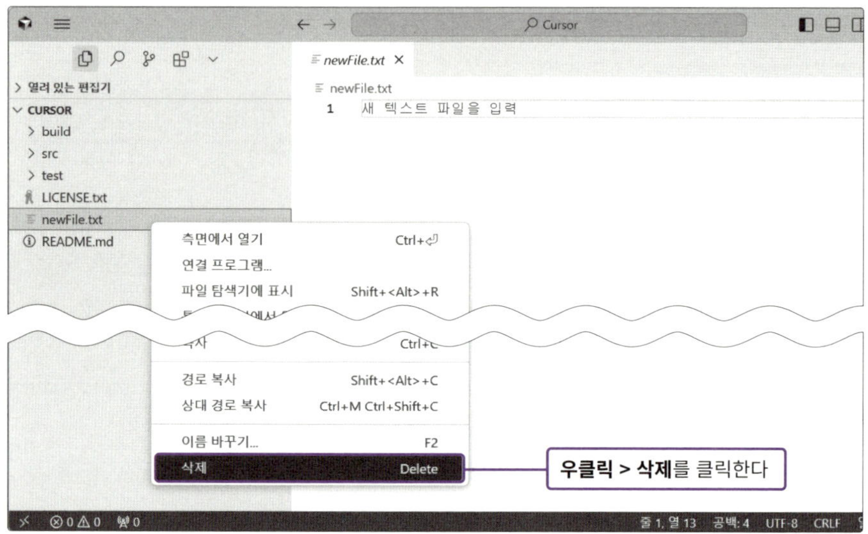

드래그 앤 드롭으로 옮기기

탐색기 뷰에서는 Windows의 탐색기나 macOS의 Finder처럼 폴더나 파일을 드래그 앤 드롭으로 옮길 수 있습니다. 폴더 안의 내용을 확인하면서 옮길 수 있으므로 폴더의 계층을 넘어선 이동도 쉽게 할 수 있습니다.

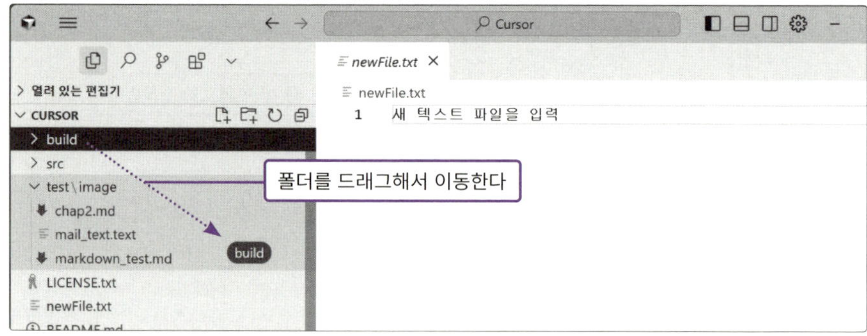

작업 영역으로 여러 폴더를 열어 보기

여러 폴더를
한 번에 열기

커서에서는 파일이나 폴더를 여는 것뿐만 아니라 여러 폴더를 작업 영역이라는 단위로 묶어서 관리할 수도 있습니다.

작업 영역으로 여러 폴더를 하나로 모으기

편집기에서 파일은 여러 개 열 수 있지만 폴더는 하나만 열 수 있습니다. 열고 싶은 폴더가 여러 개라면 작업 영역 기능을 사용하면 됩니다.

작업 영역은 폴더를 관리하는 기능입니다. 이 기능은 서로 다른 위치에 있는 파일이나 폴더들을 하나의 작업 영역에 포함시킬 수 있습니다.

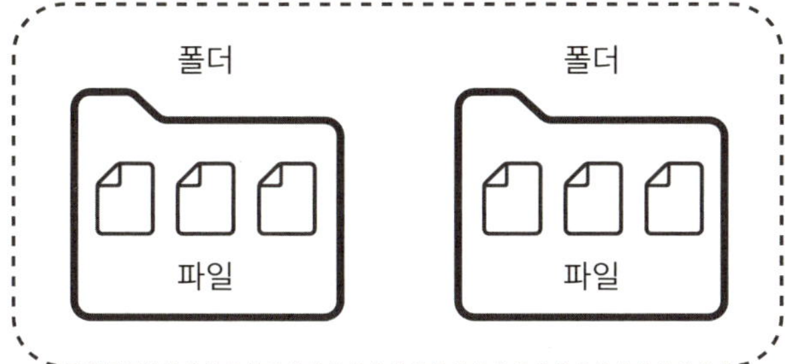

예를 들어 여러 개발 프로젝트에 소속된 사람이 프로젝트별로 필요한 파일이나 폴더를 하나로 모아서 관리하고 싶을 때 작업 영역을 사용하면 좋습니다.

또한 3장에서 자세히 설명하겠지만 작업 영역마다 설정을 변경할 수 있기 때문에 프로젝트를 혼동하지 않도록 편집기의 모양을 바꾸거나 프로젝트마다 다른 규칙을 적용해 소스 코드를 편집할 수도 있습니다.

새 작업 영역을 만들려면 먼저 메뉴에서 파일 〉 작업 영역에 폴더 추가...를 클릭한 후 처음 추가할 폴더를 선택하세요.

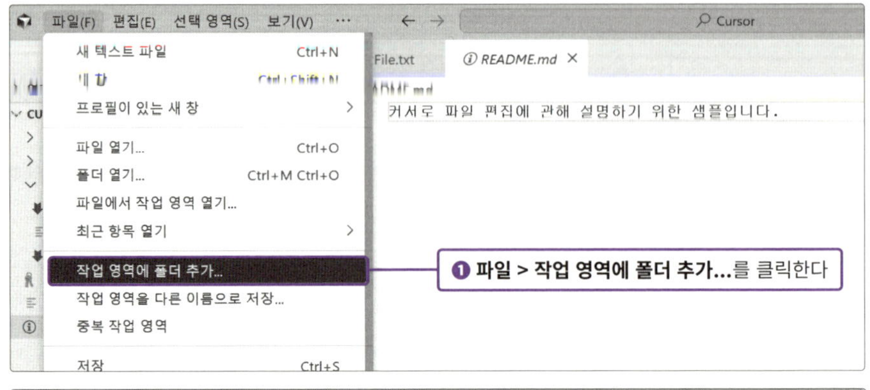

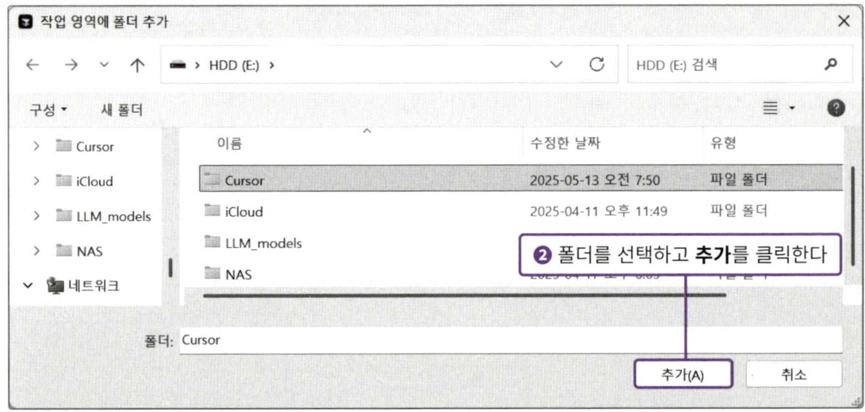

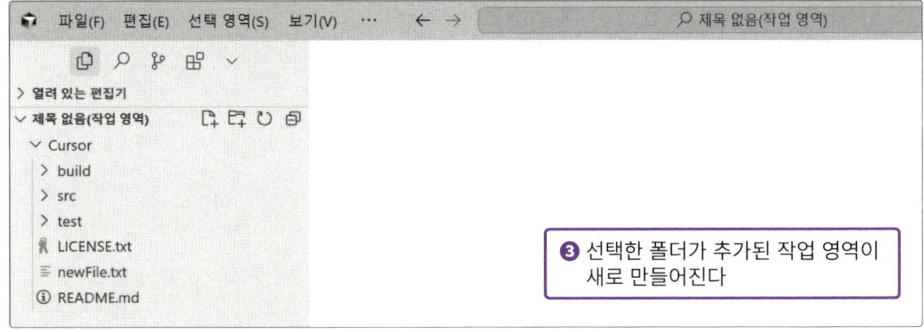

작업 영역을 생성한 후 다시 작업 영역에 폴더 추가를 실행하여 다른 폴더를 선택하면 여러 개의 폴더를 하나의 작업 영역에 포함시킬 수 있습니다. 여러 폴더가 포함된 작업 영역을 다중 루트 작업 영역이라고 하며 편집한 파일이 여러 폴더에 흩어져 있거나 다른 프로젝트에서 만든 파일을 참조하고 싶을 때 다중 루트 작업 영역을 만들면 편리합니다.

작업 영역 저장하기

작업 영역을 생성하면 그 안에 포함된 폴더 정보나 작업 영역별로 설정한 내용을
.code-workspace 확장자 파일로 저장할 수 있습니다.

작업 영역을 파일로 저장하려면 메뉴에서 **파일 〉 작업 영역을 다른 이름으로
저장...**을 클릭합니다.

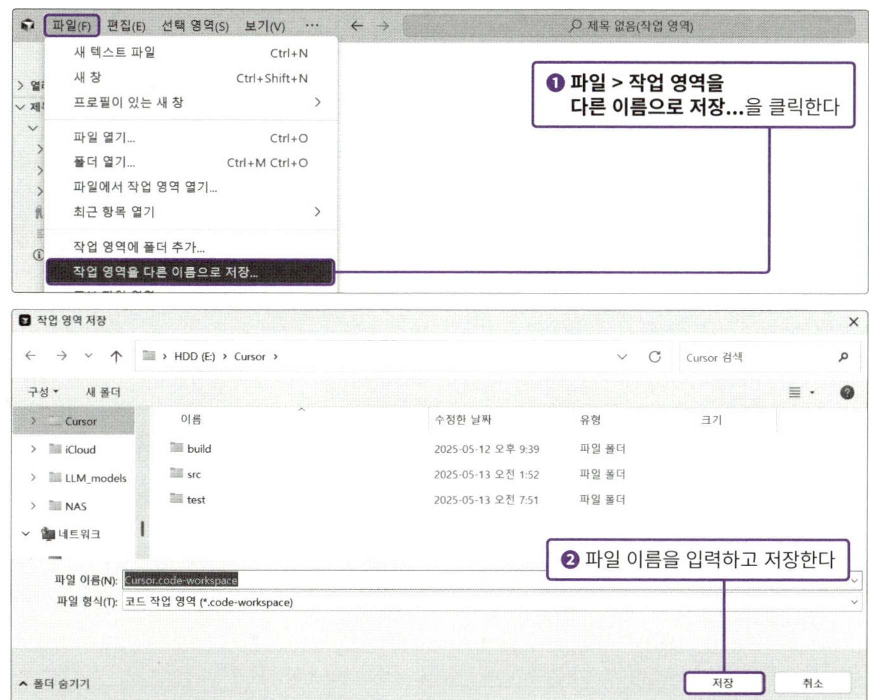

저장한 작업 영역 다시 열기

한 번 저장한 작업 영역은 파일을 열어 간단히 불러올 수 있습니다. 작업 영역
을 파일로 열려면 메뉴에서 **파일 〉 파일에서 작업 영역 열기...**를 클릭하거나
Ctrl + O 키를 눌러 열고자 하는 .code-workspace 파일을 선택합니다. 작업 영역
설정 파일이 열리면 오른쪽 아래의 **작업 영역 열기**를 클릭합니다.

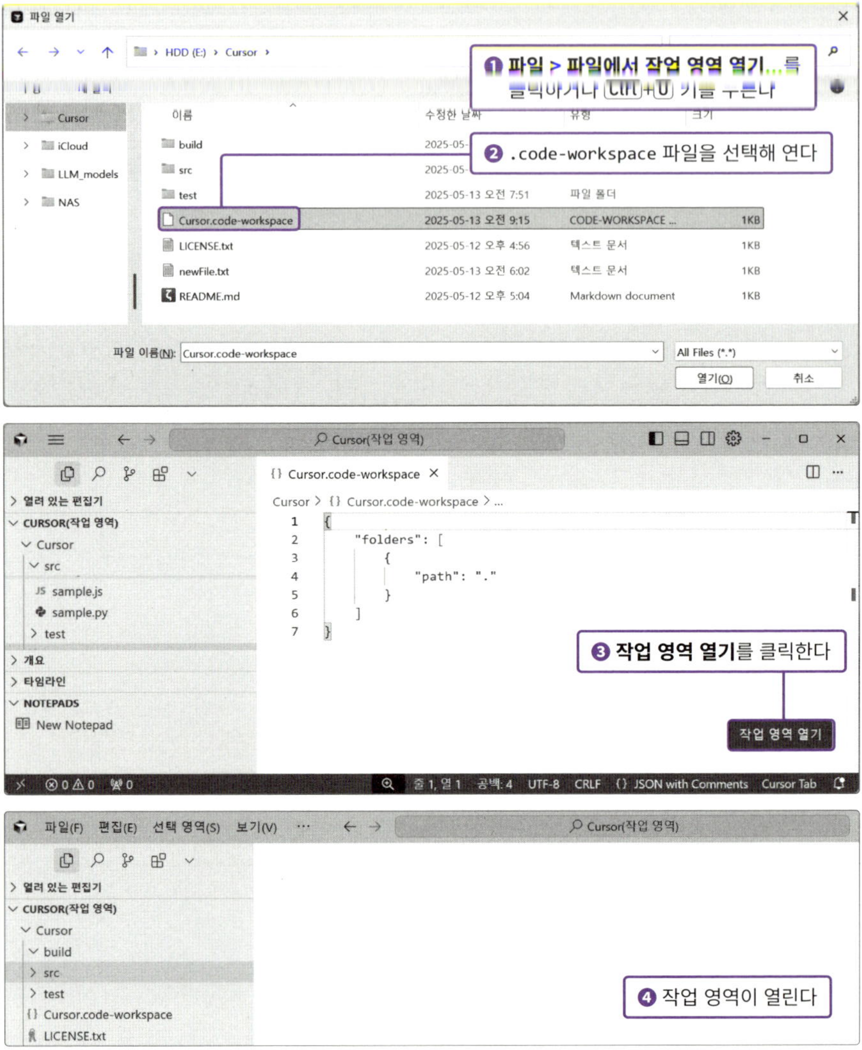

❶ 파일 > 파일에서 작업 영역 열기...를 클릭하거나 Ctrl+U 키를 누른다

❷ .code-workspace 파일을 선택해 연다

❸ 작업 영역 열기를 클릭한다

❹ 작업 영역이 열린다

　chapter 2 **기본 파일 편집하기**

#기본기능 #텍스트전반

텍스트 편집에 유용한 필수 테크닉

단축키를 활용해 빠르게 편집하기

웹 개발이나 프로그래밍뿐만 아니라 모든 텍스트 편집에서 도움이 되는 필수 테크닉을 설명합니다.

선택 영역을 추가해 한꺼번에 편집하기

여러 곳을 한꺼번에 수정한다고 할 때 먼저 떠오르는 것이 찾기 및 바꾸기 기능 인데 커서에는 이보다 더욱 간편한 기능이 있습니다. 바로 선택 영역 추가 기능입 니다. Ctrl + D 키를 누를 때마다 현재 선택한 텍스트와 같은 항목이 추가로 선택 되어 한꺼번에 편집할 수 있습니다. 메뉴의 선택 영역 > 다음 항목 추가로도 실 행할 수 있지만 단축키를 사용하면 항목을 훨씬 빠르게 선택할 수 있습니다.

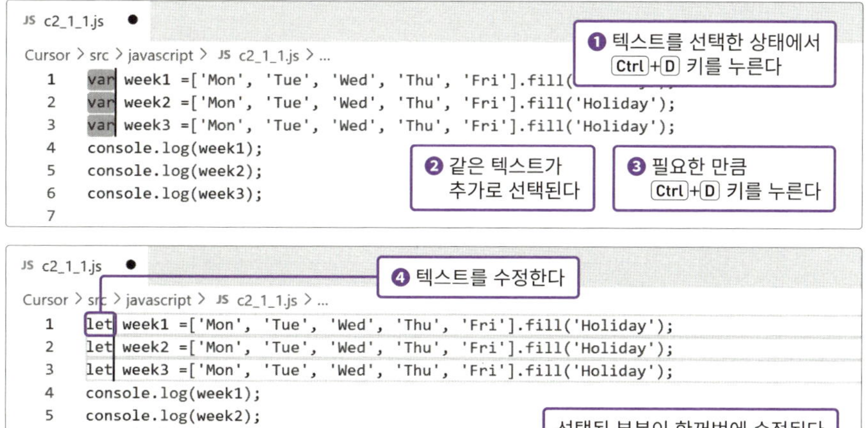

찾기·바꾸기(61쪽 참고)는 검색 창을 띄워서 실행해야 하지만 선택 범위 추가 기 능은 편집기에서 사용할 수 있으므로 간편하게 수정할 수 있는 것이 큰 장점입니 다. 수정했으면 반드시 Esc 키를 눌러 선택된 영역을 해제해야 합니다. 해제를 깜박

잊고 여러 곳이 선택된 상태에서 편집하다가 곤란해질 수도 있으니 조심하세요.

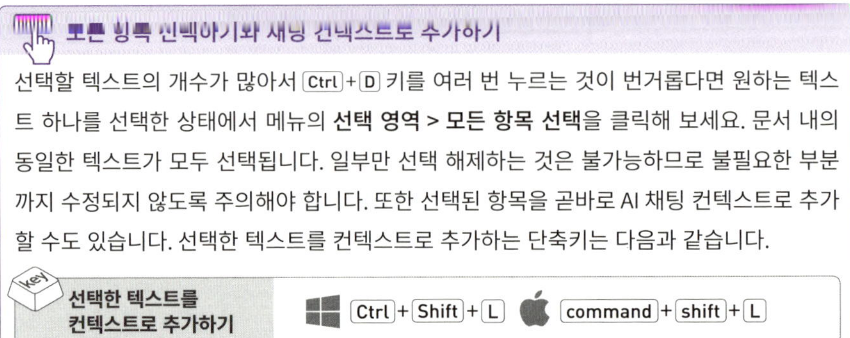

선택할 텍스트의 개수가 많아서 Ctrl+D 키를 여러 번 누르는 것이 번거롭다면 원하는 텍스트 하나를 선택한 상태에서 메뉴의 **선택 영역 > 모든 항목 선택**을 클릭해 보세요. 문서 내의 동일한 텍스트가 모두 선택됩니다. 일부만 선택 해제하는 것은 불가능하므로 불필요한 부분까지 수정되지 않도록 주의해야 합니다. 또한 선택된 항목을 곧바로 AI 채팅 컨텍스트로 추가할 수도 있습니다. 선택한 텍스트를 컨텍스트로 추가하는 단축키는 다음과 같습니다.

줄 단위로 텍스트 편집하기

텍스트 파일의 특정 줄을 위아래로 이동하고 싶을 때 줄 단위로 잘라 내고 붙여 넣기 방식으로 이동할 수도 있지만 Alt+↑↓ 키를 누르면 더 간편하게 줄을 이동할 수 있습니다.

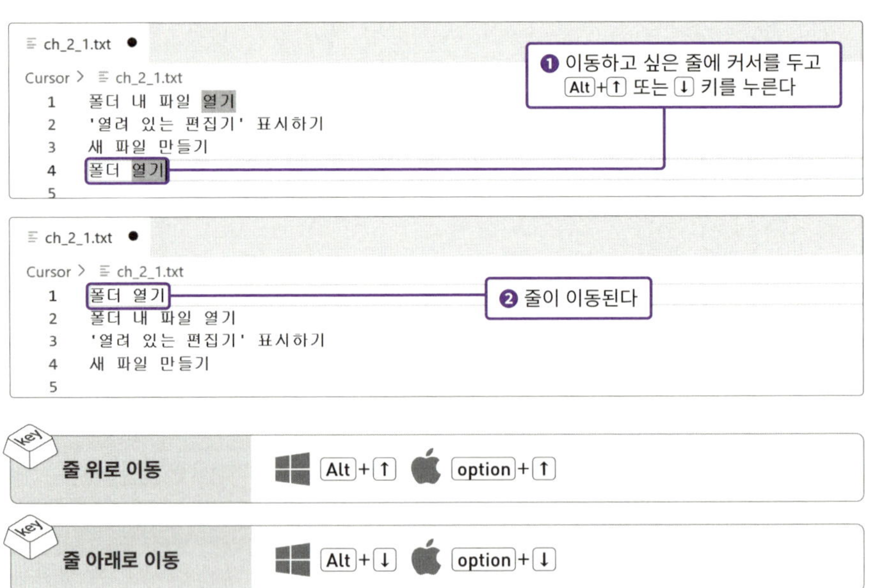

특정 줄을 위아래로 복사하고 싶을 때는 Alt + Shift + ↑↓ 키로 복사할 수 있습니다.

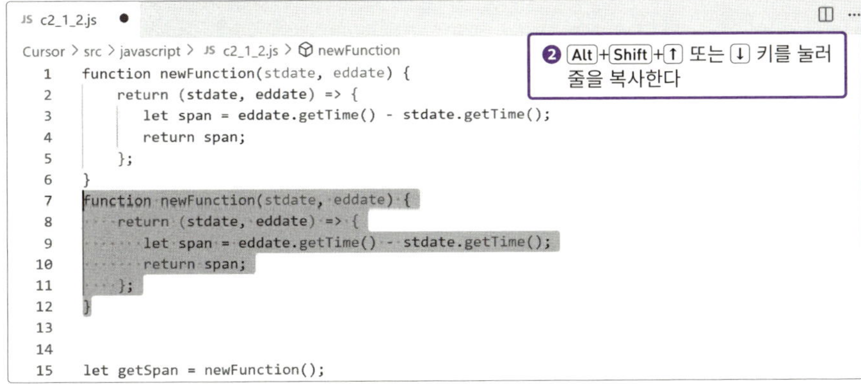

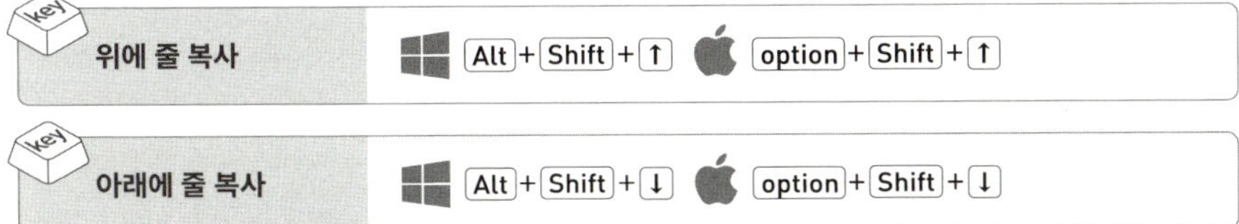

여러 위치에 커서 추가하기

커서 편집기에서 커서를 추가하여 여러 줄을 한 번에 편집할 수 있습니다. 예를 들어 여러 줄에 걸쳐 같은 위치에 같은 문자를 삽입하고 싶을 때 Ctrl + Alt + ↑ 키(또는 ↓ 키)를 눌러 위나 아래에 커서를 추가한 후 문자를 입력합니다. 단 한 번의 입력으로 추가한 커서가 있는 위치에 같은 문자를 삽입할 수 있습니다.

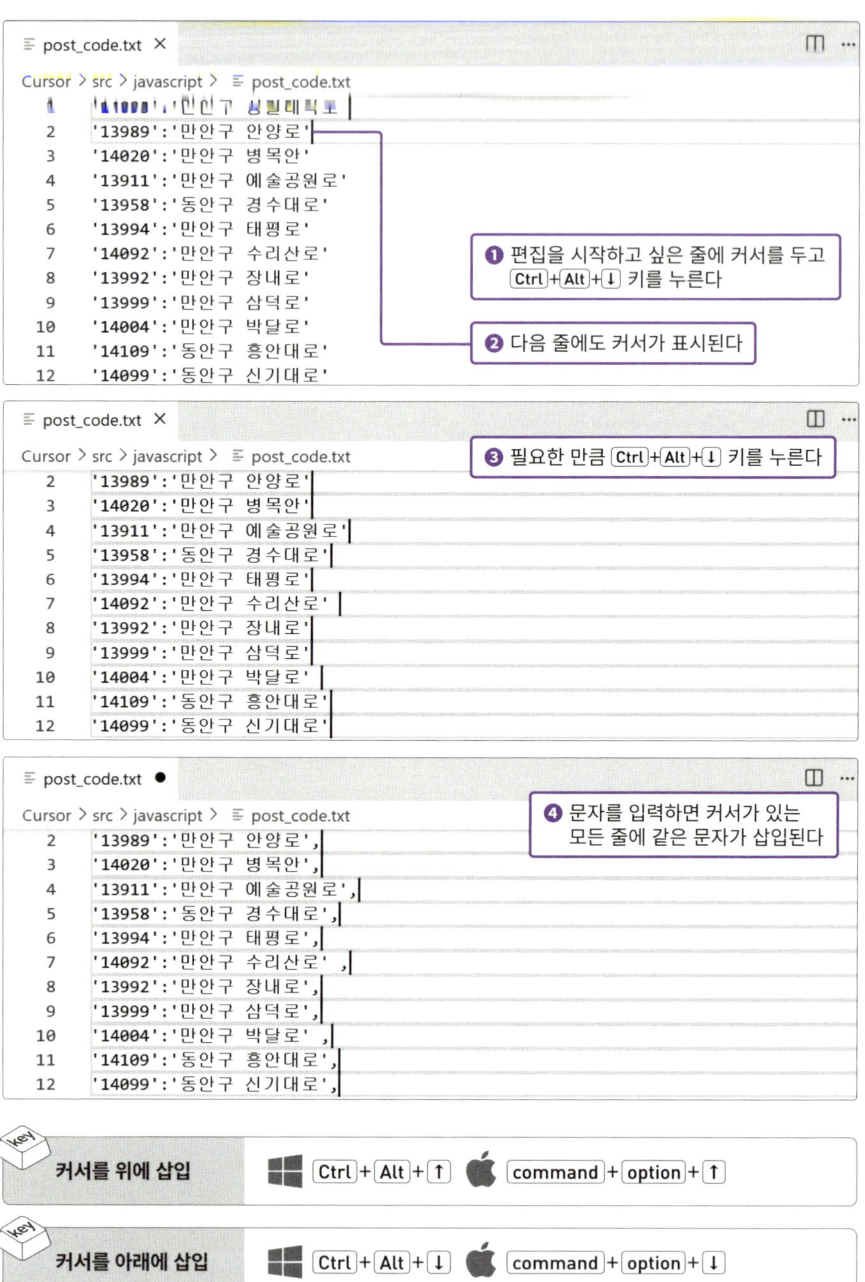

연속되지 않은 부분을 한 번에 수정하고 싶을 때는 Alt 키를 누른 채 클릭하여 여러 위치에 커서를 추가할 수 있습니다. 텍스트 파일에서 다른 위치에 같은 문자를 삽입할 때 유용합니다.

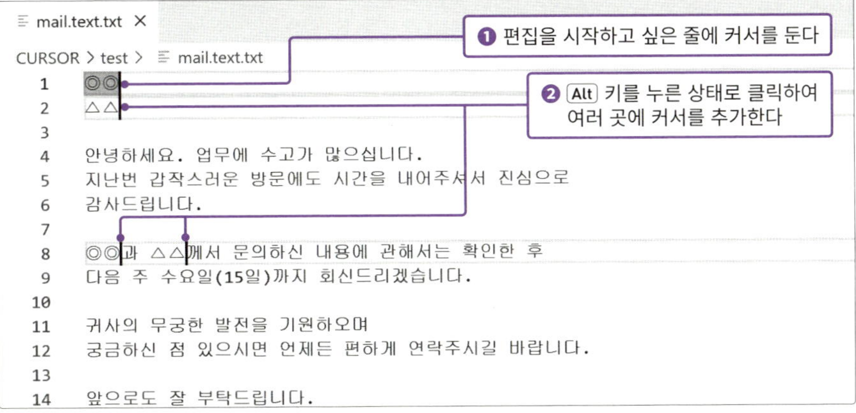

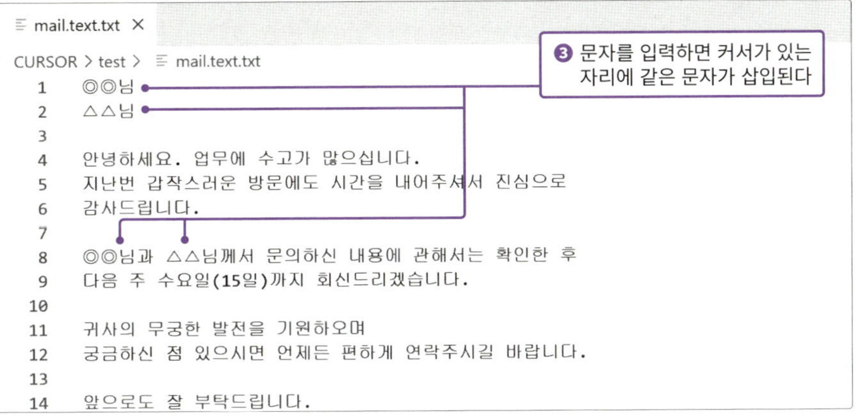

편집을 마쳤으면 다음 항목 추가 때와 마찬가지로 Esc 키를 눌러 선택 영역을 해제하는 것을 잊지 마세요.

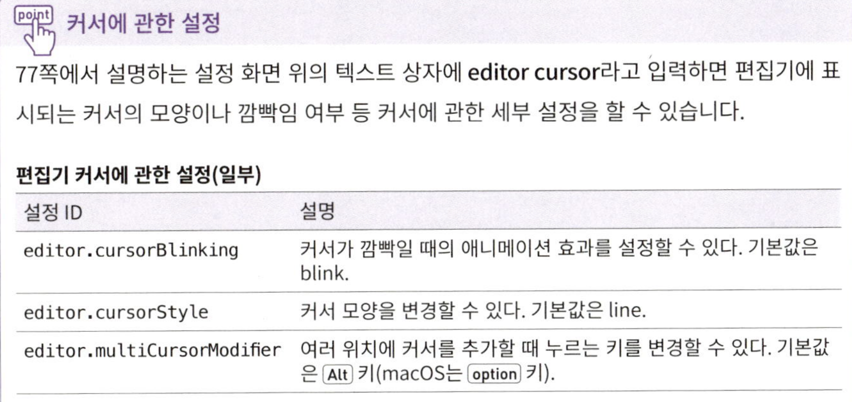

point 커서에 관한 설정

77쪽에서 설명하는 설정 화면 위의 텍스트 상자에 **editor cursor**라고 입력하면 편집기에 표시되는 커서의 모양이나 깜빡임 여부 등 커서에 관한 세부 설정을 할 수 있습니다.

편집기 커서에 관한 설정(일부)

설정 ID	설명
`editor.cursorBlinking`	커서가 깜빡일 때의 애니메이션 효과를 설정할 수 있다. 기본값은 blink.
`editor.cursorStyle`	커서 모양을 변경할 수 있다. 기본값은 line.
`editor.multiCursorModifier`	여러 위치에 커서를 추가할 때 누르는 키를 변경할 수 있다. 기본값은 Alt 키(macOS는 option 키).

파일 내용 비교하기

커서는 파일 비교 기능을 제공합니다. 이 기능은 파일 내용을 비교하거나 차이점을 확인할 수 있어 편리합니다. 파일을 비교하려면 우선 탐색기 뷰에서 첫 번째 파일을 우클릭하고 **비교를 위해 선택**을 클릭하세요. 그런 다음 두 번째 파일을 우클릭하고 **선택한 항목과 비교**를 클릭하면 두 파일의 내용을 비교한 결과가 편집기에 표시됩니다. 변경된 부분이 있다면 강조됩니다.

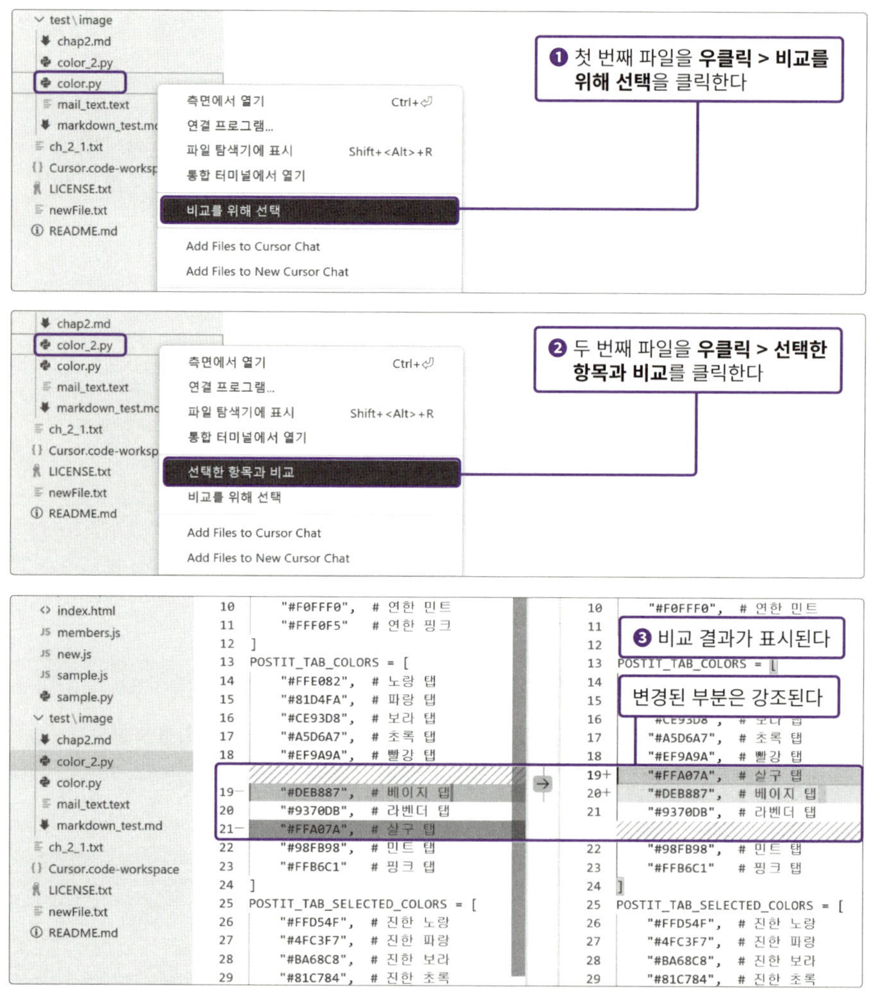

들여쓰기된 상태로 선택해 편집하기

다음 화면처럼 들여쓰기된 문자열을 입력했을 때 여러 줄의 문자열을 사각형으로 선택하면 편리할 때가 있습니다.

```js
let people = [
    { Name: "홍길동", Age: 20, Gender: "남성" },
    { Name: "오수정", Age: 30, Gender: "남성" },
    { Name: "김철수", Age: 25, Gender: "남성" },
    { Name: "이영희", Age: 35, Gender: "여성" },
    { Name: "박영수", Age: 40, Gender: "남성" }
];
```


커서에서는 Shift + Alt 키를 누른 상태로 문자열을 드래그하면 해당 영역을 사각형으로 선택할 수 있습니다.

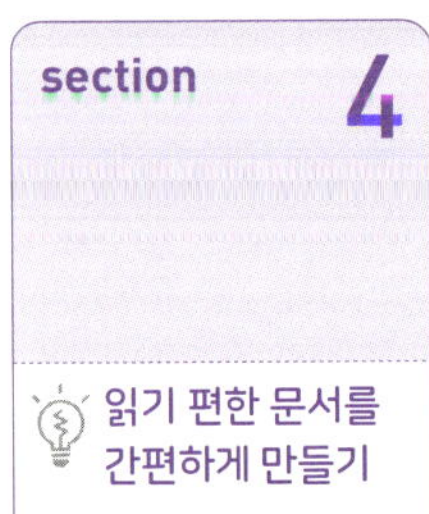

#기본기능 #텍스트전반

마크다운 파일 편집하기

일반 텍스트 형식으로 편집할 수 있고 꾸미기도 간편한 마크다운 파일은 커서와 잘 어울리는 파일 형식 중 하나입니다.

마크다운으로 텍스트 구조화하기

마크다운 파일이란 제목, 소제목, 본문 같은 계층 구조를 텍스트에 부여하거나 꾸밀 수 있는 마크다운 문법으로 작성된 파일입니다.

마크다운 문법으로 작성된 파일은 웹 페이지에서 사용되는 HTML 형식 등 다양한 형식으로 변환할 수 있어 여러 상황에 사용되고 있습니다. 소프트웨어 개발자용 문서에서 널리 사용되고 있을 뿐만 아니라 슬랙 같은 커뮤니케이션 도구에서도 마크다운 문법으로 메시지를 꾸밀 수 있는 등 최근 활용 범위가 넓어지고 있습니다.

이 책도 O장, O절이라는 형태로 구조화되어 있으므로 어느 정도까지는 마크다운 문법으로 표현할 수 있습니다.

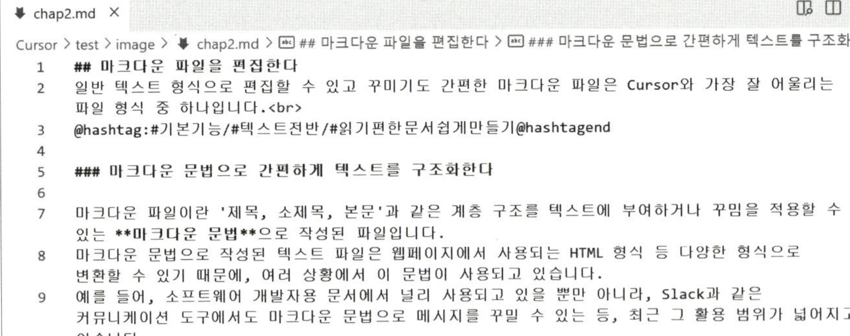

마크다운 문법으로 구조화한 문서

마크다운 파일 미리 보기

마크다운 파일은 파일 이름에 .md라는 확장자를 붙여서 만들 수 있습니다.

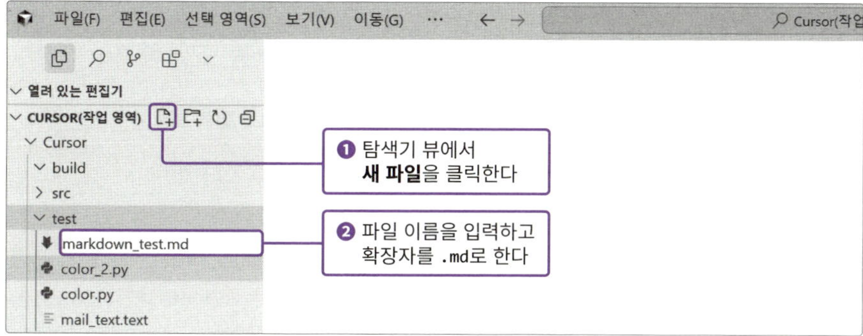

새로 만든 마크다운 파일에 다음과 같은 텍스트를 입력합니다. 마크다운 문법에서는 # 뒤에 공백을 넣으면 그 줄을 제목으로 인식합니다. #의 개수에 따라 1~6까지 우선순위가 정해집니다(숫자가 작을수록 우선순위는 높습니다).

입력 예

```
# Cursor 완전입문
## Cursor를 도입하자
### Cursor의 특징
### Cursor를 설치한다
```

입력을 마쳤으면 커서 편집기 부분 오른쪽 위에 표시된 측면에서 미리 보기 열기 아이콘을 클릭하세요.

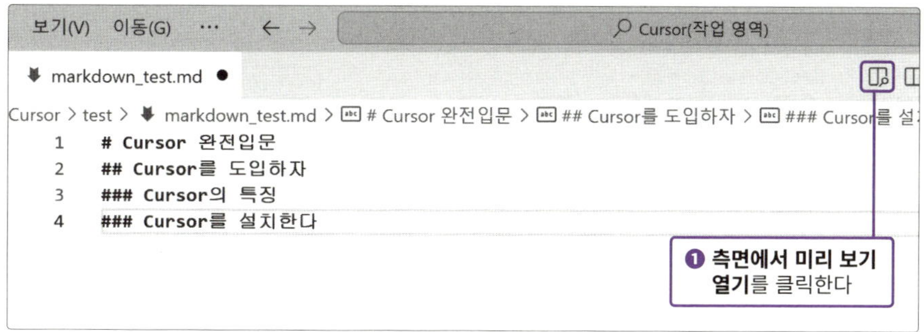

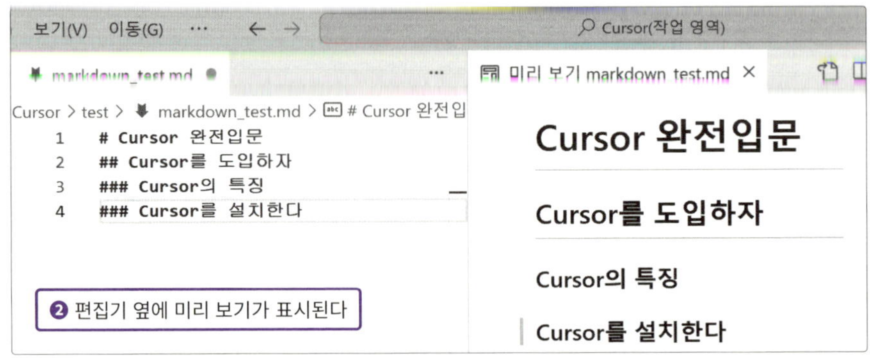

편집기 옆에 미리 보기 창이 열립니다. 미리 보기에는 마크다운 문서의 내용을 HTML로 변환한 모습이 표시되며 마크다운 문서 내용을 변경하면 실시간으로 미리 보기에 반영됩니다.

강조, 리스트, 테이블 표현하기

제목 외에도 마크다운 문법에서 자주 사용되는 것이 리스트입니다. *(애스터리스크) 뒤에 공백으로 사이를 띄우면 해당 줄은 리스트로 인식됩니다. 마크다운 파일에 다음 내용을 추가해 보세요.

입력 예

```
* build
* src
* test
```


*는 문자열을 강조할 때도 사용됩니다. * 1개, 2개, 3개로 감싼 문자열이 각각 어떻게 표시되는지 확인해 보세요. 참고로 마크다운 문법에서는 (제목 등이 아닌) 일반 단락은 두 줄 이상 줄 바꿈하지 않으면 별도의 단락으로 인식되지 않습니다.

```
*이탤릭*

**볼드**

***이탤릭 볼드***
```

마크다운 문법으로 테이블을 표현하는 방법도 설명합니다. 테이블을 만들려면 먼저 헤더기 될 항목들을 | 기호로 구분하여 나열하고, 다음 줄에 헤더 항목과 같은 수만큼 |도 구분해 하이픈(-)을 두 개 이상씩 입력합니다. 세 번째 줄부터는 테이블의 줄이 될 내용을 작성합니다.


```
| 확장자 | 파일
|--|--
|.md|마크다운 파일
|.js|자바스크립트 파일
```

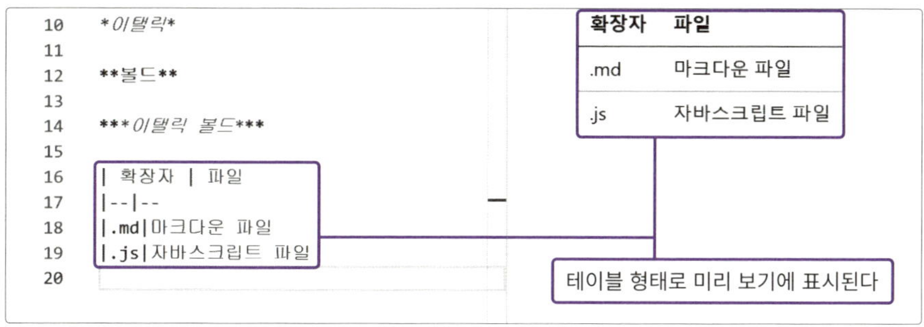

두 번째 줄에 하이픈이 없거나 항목 수가 일치하지 않는 줄이 있으면 전체가 테이블이 아니라고 판단되어 일반 문자열로 표시됩니다.

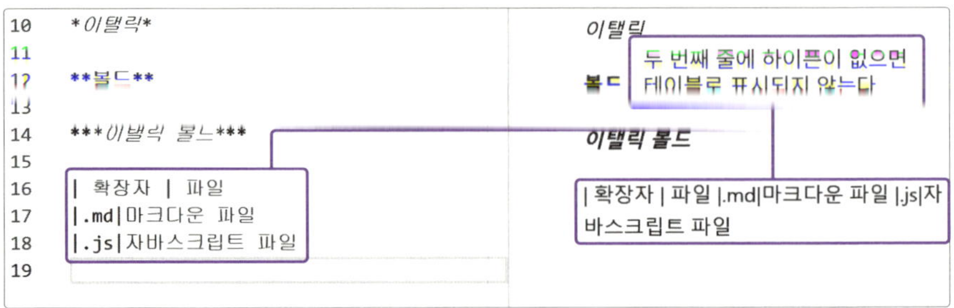

이미지 표시하기

마크다운 문서에는 웹 페이지처럼 JPG 형식, PNG 형식 이미지를 삽입할 수 있습니다. 다음 입력 예와 같이 처음에 !로 시작하고 대괄호 [ ] 안에 이미지를 대체할 텍스트를 입력합니다. 이어서 소괄호 ( ) 안에 이미지 파일의 경로를 입력해 이미지를 표시합니다.

입력 예

```
![우산 아이콘](image/06_June.png)
```

```
25
26    ![우산 아이콘](image/06_June.png)
27
28
29
30
31
```

> **point 커서에서 사용할 수 있는 마크다운 문법**
>
> 마크다운 문법을 사용하면 다양한 요소를 간단한 규칙으로 표현할 수 있습니다.
>
> **커서에서 사용할 수 있는 마크다운 문법과 설명(일부)**
>
> | 이름 | 작성법 | 설명 |
> | --- | --- | --- |
> | 블록 인용 | > | 인용을 표현. 들여쓰기 되어 다른 단락과는 다른 스타일로 표시된다. |
> | 링크 | []() | 마크다운 문서 내에 링크 삽입. [ ] 안에 링크 텍스트, ( ) 안에 URL을 작성한다. |
>
> 다음 URL을 참고하면 커서에서 사용할 수 있는 마크다운 문법을 더 깊이 이해할 수 있습니다.
>
> - Docs 마크다운 레퍼런스(Microsoft 문서)
>
>   🌐 *https://learn.microsoft.com/ko-kr/contribute/content/markdown-reference*

찾기·바꾸기 제대로 활용하기

여러 파일 동시에 편집하기

찾기·바꾸기는 대부분의 텍스트 편집기에서 사용할 수 있는 기능이지만 커서에는 더욱 편리하게 찾고 바꾸는 기능을 제공하는 검색 뷰가 있습니다.

하나의 파일 안에서 찾기·바꾸기

다른 텍스트 편집기와 마찬가지로 커서에서도 메뉴의 **편집 〉 찾기**를 클릭하거나 Ctrl + F 키를 눌러 파일 내에서 원하는 문자열을 검색할 수 있습니다. 검색 뷰가 표시되면 찾고 싶은 문자열을 입력합니다.

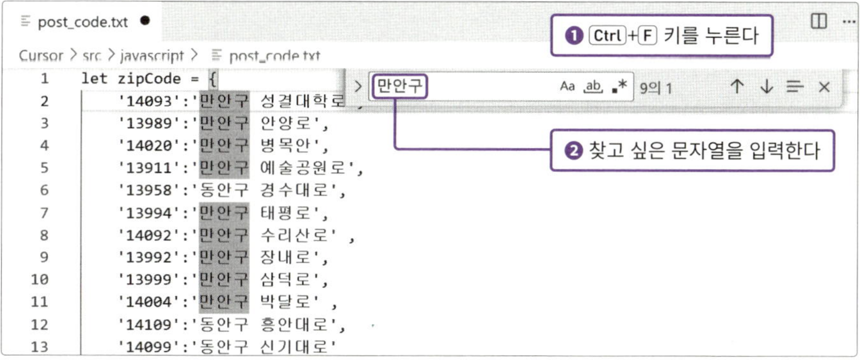

메뉴에서 **편집 〉 바꾸기**를 클릭하거나 Ctrl + H 키(macOS의 경우 command + option + F 키)를 누르면 찾을 문자열과 바꿀 문자열을 입력할 수 있는 창이 표시됩니다. 바꿀 문자열을 입력한 후 Enter 키를 누르면 선택된 부분이 하나씩 바뀌고, Ctrl + Alt + Enter 키를 누르면 선택된 부분 전체가 한 번에 바뀝니다.

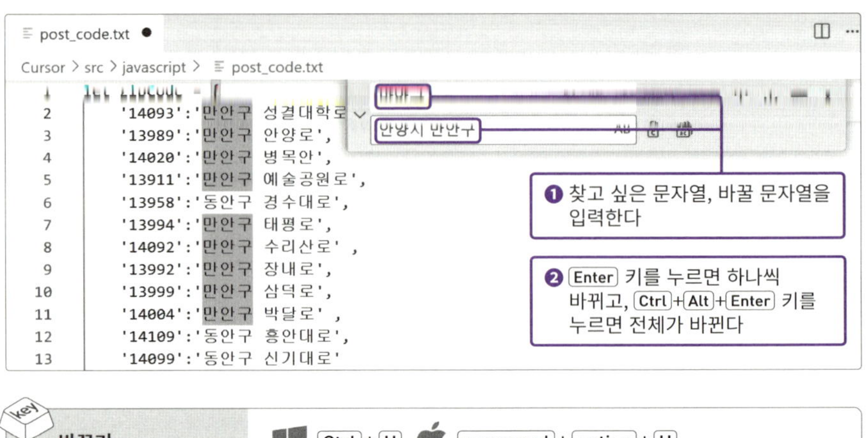

앞의 과정은 하나의 파일 안에서 문자열을 간편하게 찾고 바꾸는 방법입니다. 49쪽에서 설명한 **다음 항목 추가**, **모든 항목 선택** 방법과는 적절히 구분해서 사용하는 것이 좋습니다.

검색 뷰를 사용해 여러 파일에서 한 번에 찾기

액티비티 바에서 **검색 아이콘**을 클릭하거나 Ctrl + Shift + F 키를 누르면 사이드 바에 검색 뷰가 표시됩니다. 검색 뷰를 이용하면 열려 있는 폴더나 작업 영역에 있는 모든 파일에서 문자열을 찾을 수 있습니다. 검색 결과는 파일 단위로 몇 개가 검색되었는지 표시됩니다. 표시된 **결과**를 더블클릭하면 해당 위치가 편집기에서 열립니다.

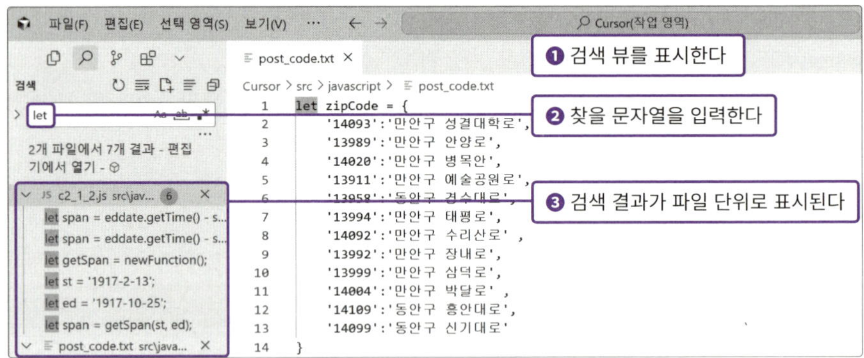

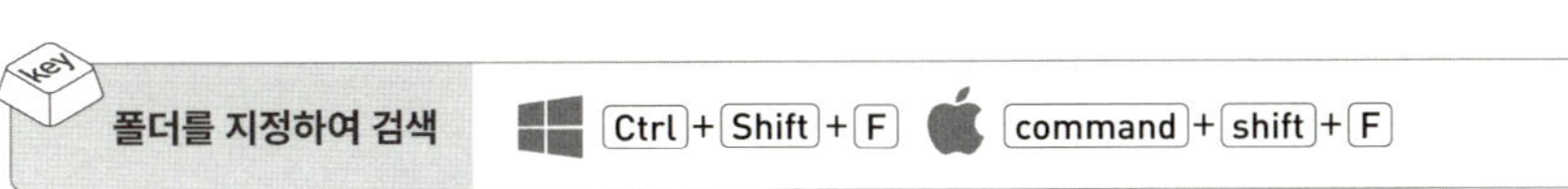

폴더를 지정하여 검색 ⊞ Ctrl + Shift + F   Command + shift + F

여러 파일의 문자열 한 번에 바꾸기

Ctrl + Shift + H 키를 누르면 검색 뷰에서 문자열을 바꿀 수 있습니다. 바꿀 문자열을 입력하면 검색 결과 부분에 바뀐 모습이 미리 표시됩니다. 이때 파일 이름 옆에 있는 🔁 모두 바꾸기 아이콘을 클릭하면 그 파일 안에서 검색된 부분을 한 번에 바꿀 수 있습니다. 개별 검색 결과 옆의 🔁 바꾸기 아이콘을 클릭하여 하나씩 바꿀 수도 있습니다.

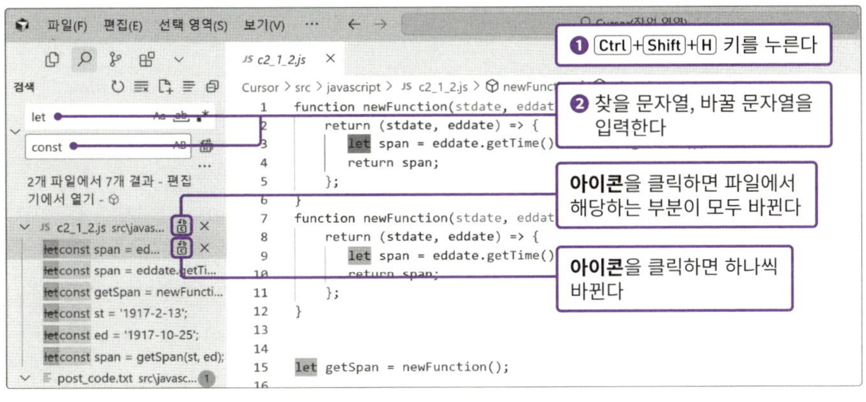

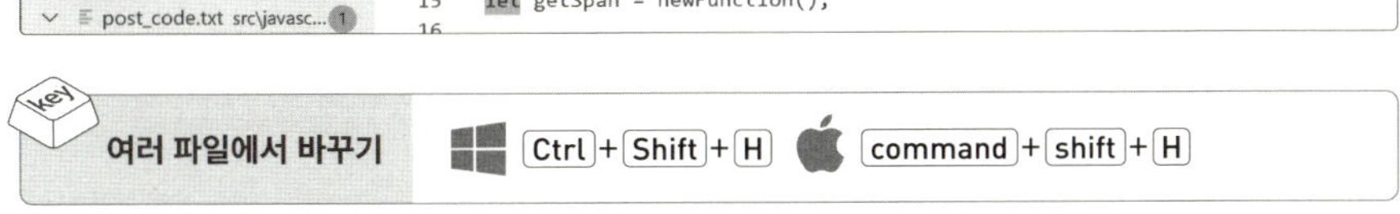

여러 파일에서 바꾸기 ⊞ Ctrl + Shift + H   Command + shift + H

검색 뷰에서 바꾸기 입력 창 오른쪽에 있는 🔁 모두 바꾸기 아이콘을 클릭하면 검색된 모든 파일의 문자열이 바뀝니다. 바꾸고 싶지 않은 파일이나 부분이 있다면 미리 파일 이름이나 검색 결과 옆에 있는 ☐ 해제 아이콘을 클릭하여 바꿀 대상에서 제외합니다.

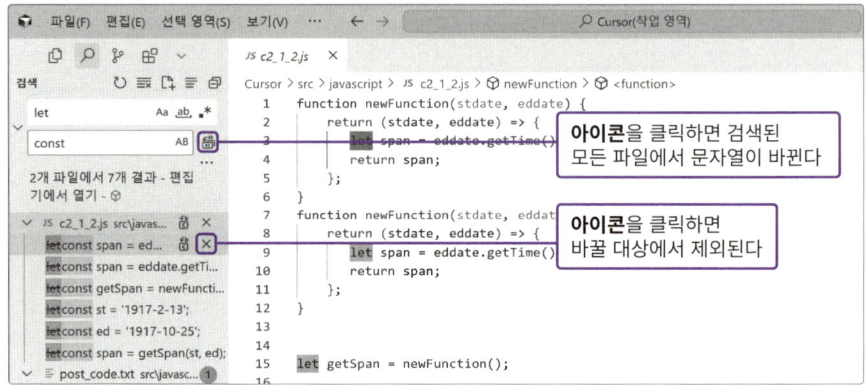

> **point 모두 바꾸기 취소하기**
>
> **모두 바꾸기**를 실행하면 여러 파일이 자동으로 바뀌고 저장되므로 실수한다면 피해가 매우 커질 수 있습니다. 실수로 모두 바꾸기를 실행했다면 바뀐 파일 중 하나에서 Ctrl + Z 키를 눌러 실행을 취소하세요. 변경된 모든 파일을 이전으로 되돌릴 수 있습니다.

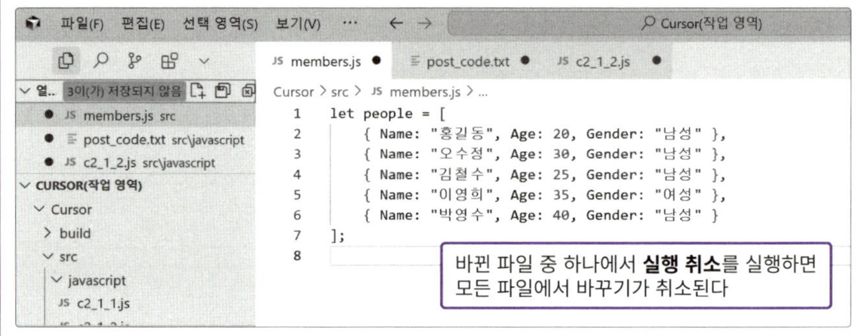

검색 및 바꾸기 대상 파일 필터링

검색 뷰에서 ··· 검색 세부 정보 설정/해제 아이콘을 클릭하면 검색 대상이 될 파일 이름을 지정할 수 있습니다.

파일 이름을 지정할 때는 *(와일드카드)를 사용할 수도 있습니다. 예를 들어 **포함할 파일**에 c2*.js라고 입력하면 파일 이름이 c2로 시작하고 확장자가 .js인 파일만 검색 및 바꾸기 대상이 됩니다. 반대로 **제외할 파일**에 지정하면 해당 파일을 검색 및 바꾸기 대상에서 제외할 수도 있습니다.

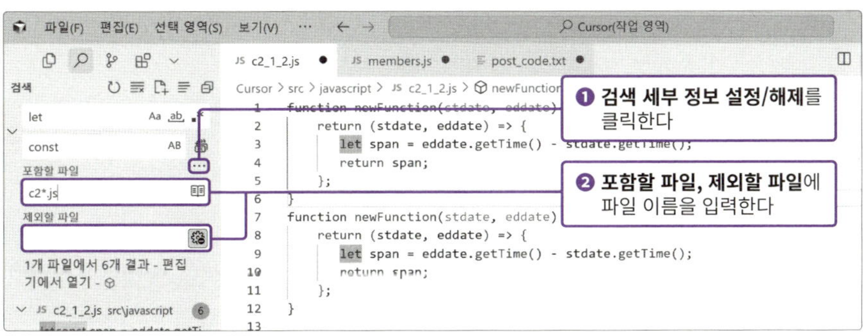

정규 표현식으로 검색하기

커서에서의 검색은 문자열 조합을 간편하게 대조하는 정규 표현식을 지원합니다. 정규 표현식을 사용하면 **동일한 문자의 일정 수 이상의 반복, 특정 자릿수의 숫자 등** 문자열의 패턴을 지정해 조건에 맞는 문자열을 검색할 수 있습니다. 검색에서 정규식을 사용하려면 검색할 문자열 입력 창에 있는 **정규식 사용 아이콘**을 클릭하거나 Alt + R (macOS의 경우 option + command + R)키를 누릅니다.

정규 표현식의 종류가 다양해 모두 설명할 수는 없지만 특히 자주 사용되는 것 중 하나로 |(또는)가 있습니다. 검색하고 싶은 여러 문자열을 |(또는)로 연결하면 그 중 하나라도 일치하는 부분이 검색 대상이 됩니다.

다음 예제에서는 **대리님**과 **과장님**으로 나뉜 호칭을 정규 표현식으로 검색해 님으로 통일하고 있습니다.

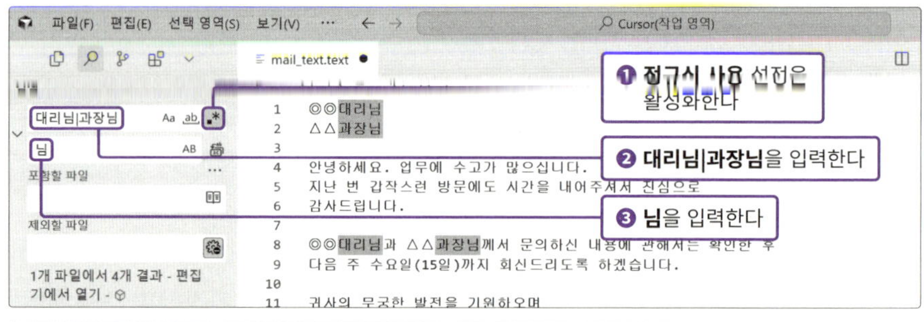

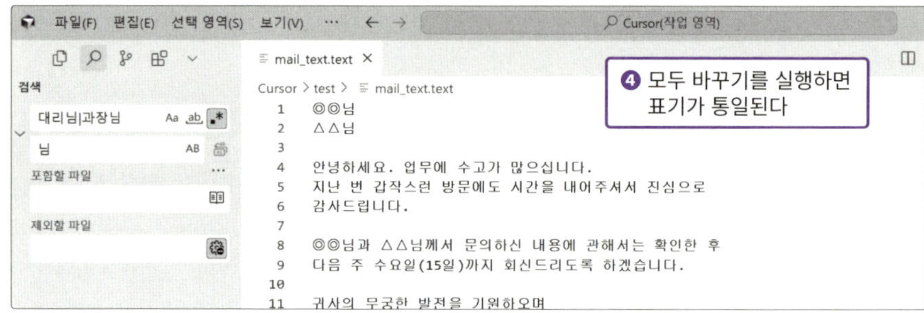

검색 뷰뿐만 아니라 편집기상에 표시되는 검색 창에서도 정규식 사용 설정을 활성화할 수 있습니다. 하나의 파일 안에서만 검색하고 바꾸고 싶을 때는 이 방법이 편리합니다.

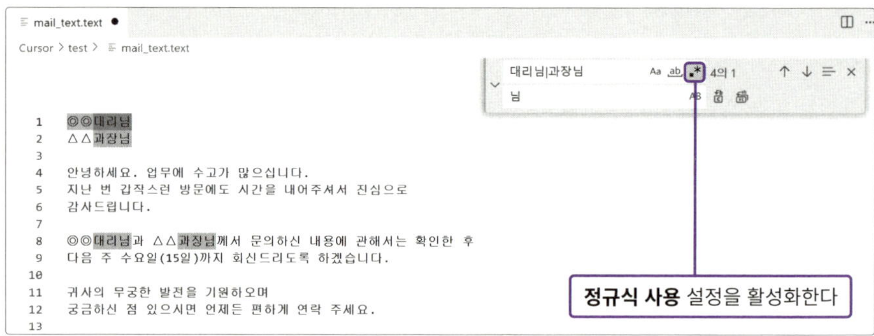

커서의 기본 AI 기능

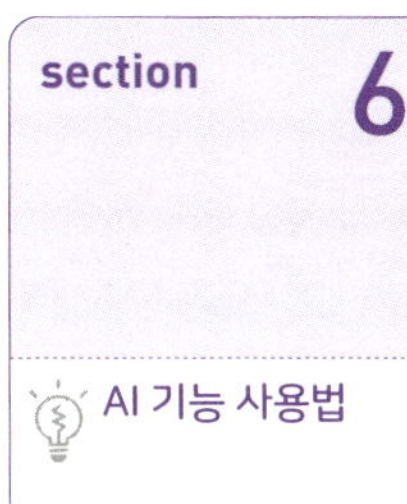

AI 기능 사용법

커서의 강력한 AI 기능을 활용하면 웹을 제작하거나 프로그래밍할 때 매우 효율적으로 작업할 수 있습니다. 기본 기능을 알아봅시다.

폴더 내 파일이나 외부 정보 등 참조하기

커서의 챗 패널에서는 AI에 질문을 하거나 지시를 내려 답변을 받는 것은 물론 소스 코드를 생성하도록 요청할 수 있습니다. 전송할 프롬프트에 프로젝트 파일이나 외부 정보를 참조하도록 설정하면 더욱 정확하고 유용한 결과를 얻을 수 있습니다.

프롬프트에 프로젝트 파일을 추가하려면 프롬프트 입력 창 위쪽의 @(Add context) 버튼을 클릭한 후 표시된 파일 목록에서 원하는 파일을 선택하면 됩니다. 또한 외부 정보를 참조하고 싶을 때는 프롬프트 입력 창에 @을 입력하면 Files나 Code 등 참조할 수 있는 정보 목록이 표시됩니다. 예를 들어 Code를 클릭하면 CSS에 정의된 클래스 단위로 참조하도록 지정할 수 있습니다(126, 243쪽 참고).

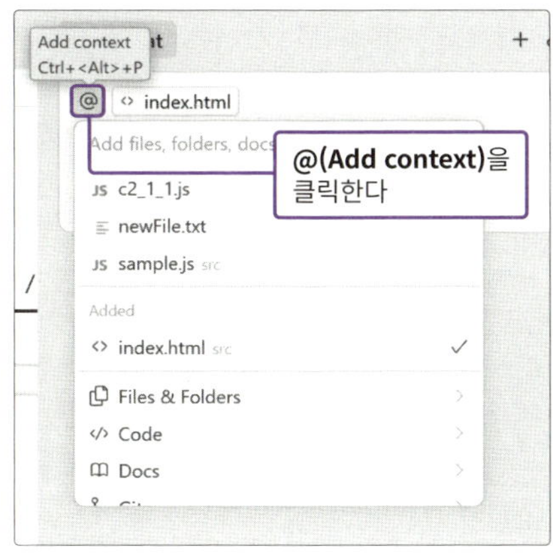

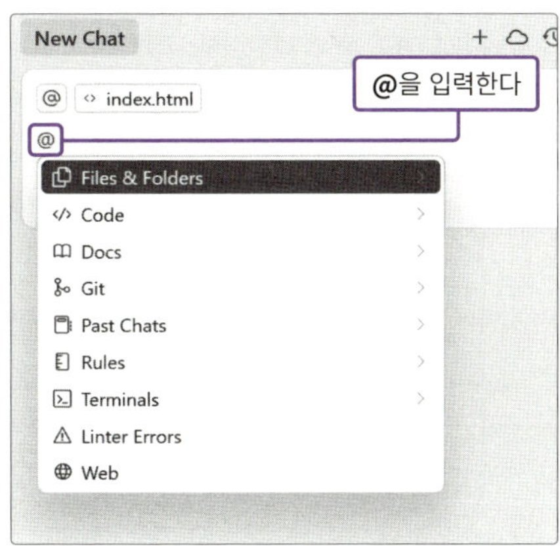

프롬프트 실행 전 상태로 되돌리기

대화하면서 소스 코드 수정을 반복하다 보면 프롬프트를 보내기 전으로 되돌리고 싶을 때가 있습니다. 그럴 때는 대화 내용을 스크롤해 되돌리고 싶은 시점에 보냈던 프롬프트를 찾아 표시합니다. 그 프롬프트 아래에 Restore checkpoint를 클릭하면 프롬프트가 적용되기 전의 소스 코드로 되돌릴 수 있습니다. 참고로 Redo checkpoint를 클릭하면 프롬프트를 다시 적용할 수 있습니다.

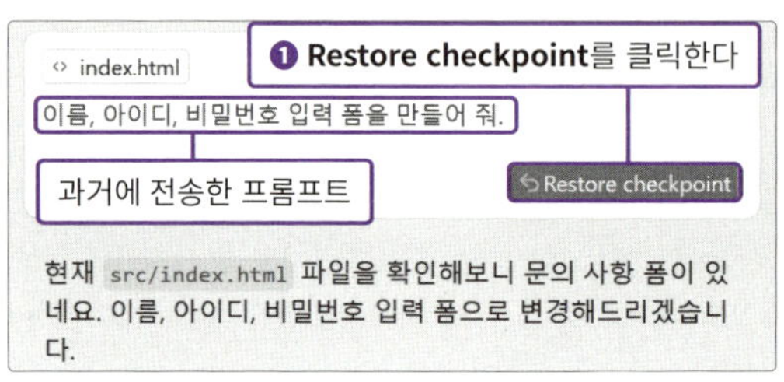

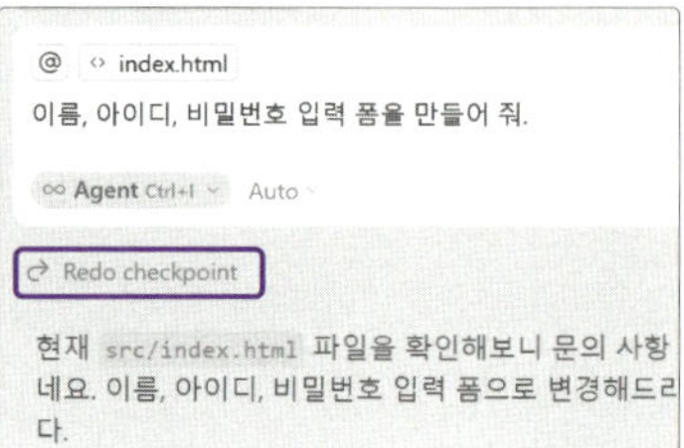

언어 모델 변경하기

AI가 생성하는 소스 코드 결과물은 사용하는 AI 모델에 따라 정확도나 내용이 달라질 수 있습니다. 여러 번 시도해도 원하는 결과가 나오지 않으면 AI 모델을 변경해 보는 것도 하나의 방법입니다. 모델을 변경하려면 Chat이나 Command K 등 프롬프트 입력 창 아래에 표시된 모델명을 클릭하면 나오는 목록에서 원하는 모델을 선택하면 됩니다. 이때 자동 선택(Auto) 설정이 켜져 있으면 꺼 줍니다. Max Mode는 프로젝트 전체 수준의 작업을 수행할 수 있는 모드입니다. 단, 비용이 많이 발생하니 이용에 주의해야 합니다.

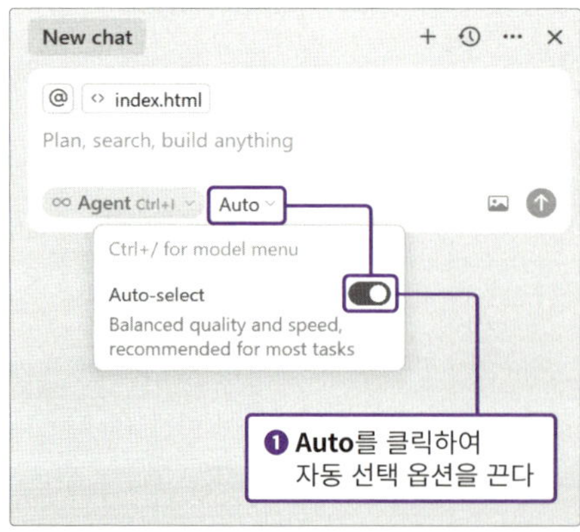

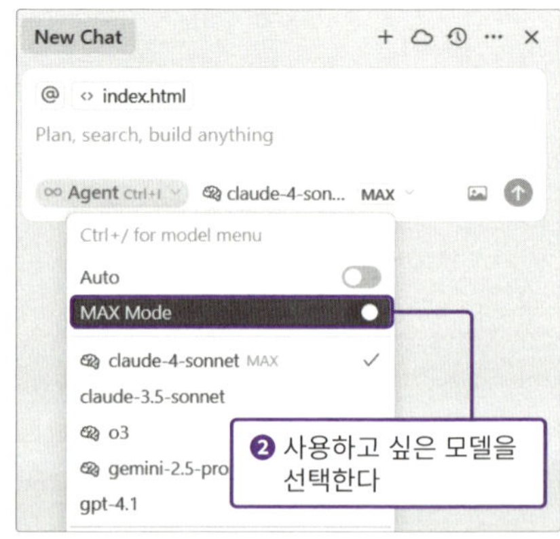

이미지를 프롬프트에 추가하기

프롬프트는 문장 형태로 작성해야 하지만 웹 페이지 레이아웃처럼 문장만으로는 표현하기 어려운 정보도 있습니다. 이럴 때는 레이아웃을 그린 이미지를 프롬프트에 첨부해 전달할 수 있습니다.

프롬프트 입력 창 아래의 **이미지 아이콘**을 클릭하면 파일 선택 대화 상자가 열립니다. 여기서 이미지 파일을 선택하면 프롬프트에 첨부됩니다. 또한 이미지 파일을 입력 창으로 직접 드래그 앤 드롭하여 추가할 수도 있습니다.

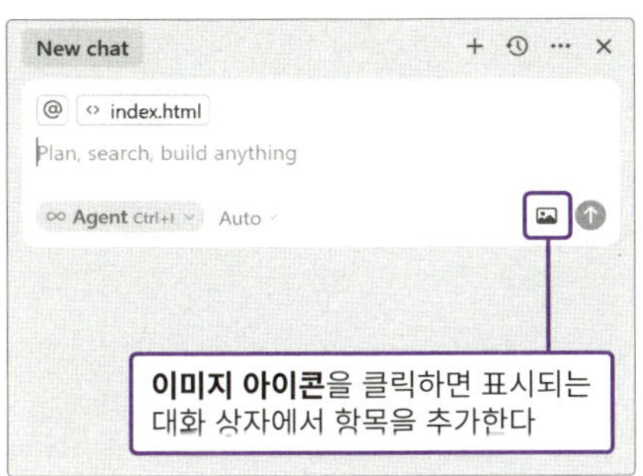

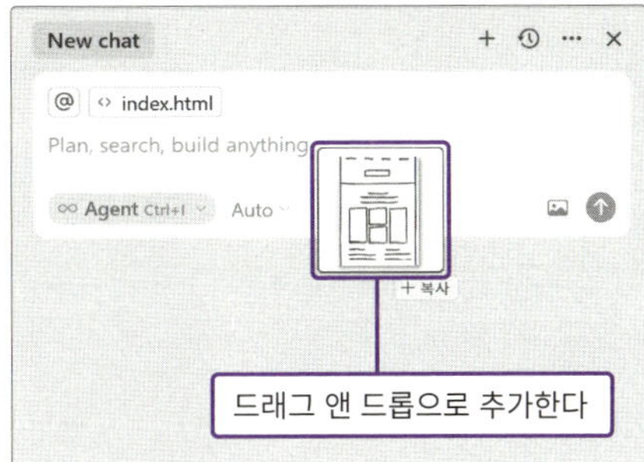

설정과 커스터마이징 살펴보기

#기본기능 #설정

커서에서 무엇을 할 수 있는지 검색하기

명령 팔레트로 빠르게 명령 실행하기

커서에서는 모든 조작이 명령으로 관리됩니다. 명령에 익숙해지는 것이 곧 커서를 능숙하게 다루는 비결입니다.

명령 팔레트 사용하기

커맨드란 명령하다 또는 지휘하다 등의 뜻을 가진 영어 단어로 IT 분야에서는 주로 인간이 컴퓨터에 처리를 지시하는 것이라는 의미로 사용됩니다. 커서(Cursor)에서는 모든 조작이 명령으로 등록되어 있으며 지금까지 실행했던 폴더 열기, 찾기, 바꾸기 등의 조작도 사실상 커서에 등록된 명령입니다(16쪽 참고).

커서는 이 명령을 명령 팔레트에서 호출할 수 있습니다. 몇몇 명령은 단축키가 할당되어 있고 메뉴 등에서 실행할 수 있지만 명령 팔레트에서는 커서에 등록된 모든 명령을 쉽게 찾아 실행할 수 있습니다.

명령 팔레트는 Ctrl + Shift + P 키를 누르거나 메뉴의 도움말에서 모든 명령 표시를 클릭해 열 수 있습니다.

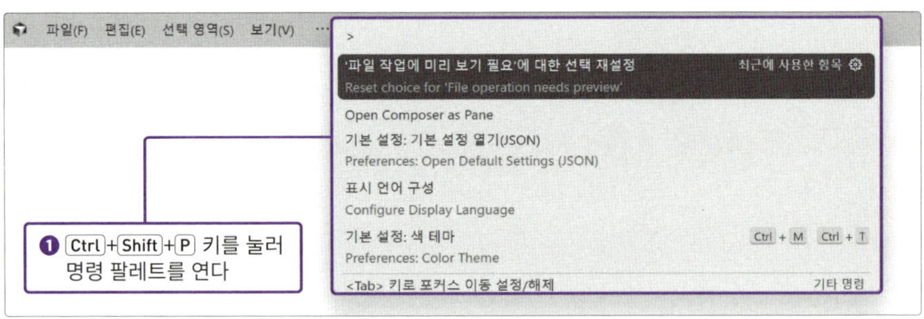

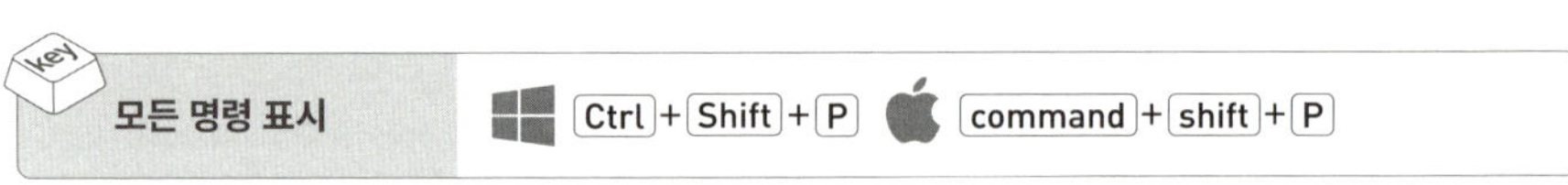

화면 위에 입력 창과 명령어 목록이 표시됩니다. 이것이 명령 팔레트입니다. 다만 이 목록에는 모든 명령이 표시되기 때문에 원하는 명령을 찾기가 어렵습니다. 그래서 명령 팔레트에 단어 일부를 입력하여 명령을 필터링합니다.

시험 삼아 명령 팔레트에서 사용자 설정 화면을 열어 보겠습니다. 표시된 〉 기호는 지우지 말고 settings라고 입력해 보세요.

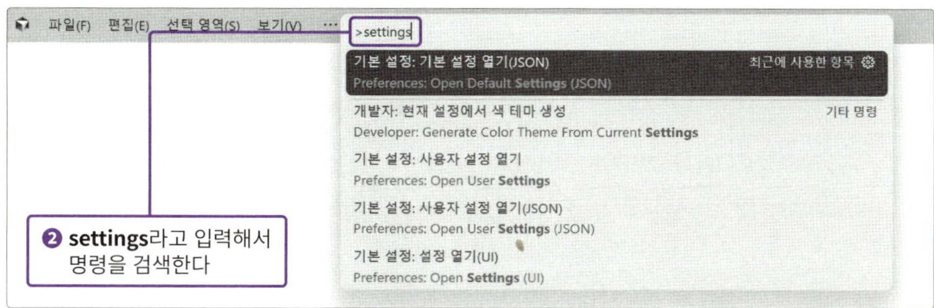

이렇게 하면 settings라는 단어를 포함한 명령어 목록이 후보로 남습니다. 여기까지 좁혀졌다면 Preferences: Open User Settings를 클릭하거나 ↑↓ 키로 명령을 선택한 후 Enter 키로 실행합니다. 사용자 설정 화면이 표시됩니다.

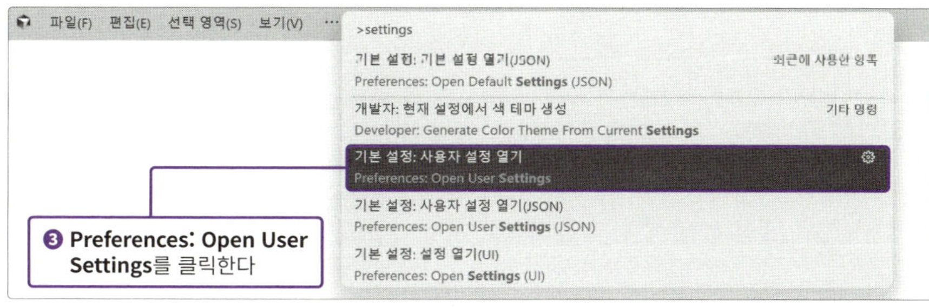

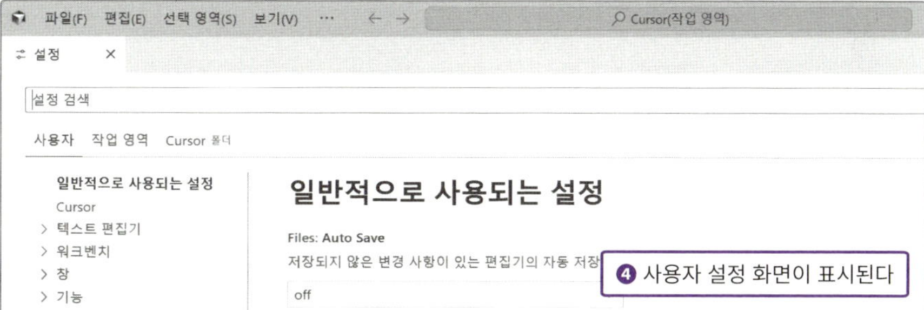

방금은 마우스나 Enter 키를 사용해 원하는 명령어를 실행했지만 명령에 단축키가 할당되어 있으면 화면에 표시된 단축키를 눌러 실행할 수도 있습니다.

예를 들어 copy라고 검색하면 다음과 같은 결과가 표시됩니다. File: Copy Path of Active File 명령 오른쪽 끝에 [Shift] + [Alt] + [C] 단축키 정보가 표시되어 있습니다.

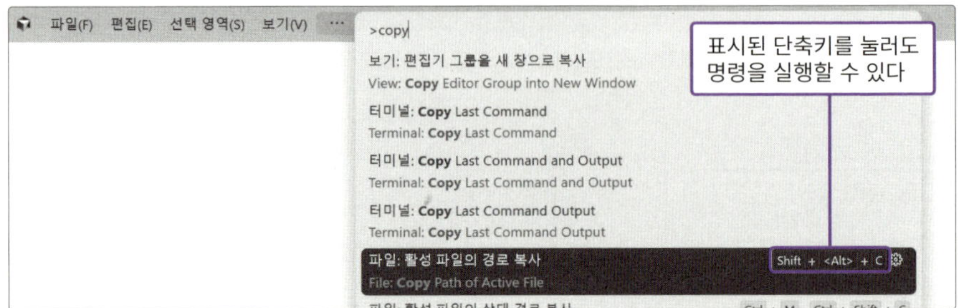

자주 사용하는 명령

이어서 커서에서 자주 사용하는 명령을 알아봅시다. 명령 팔레트에서 검색할 때는 **명령** 열에 적힌 단어를 입력하세요. 단축키가 할당되어 있는 경우 함께 표기하였으니 참고하기 바랍니다.

이번에 소개하는 명령어들은 커서를 한국어로 설정했다면 한국어로도 검색할 수 있습니다. 다만 모든 명령어가 한국어로 번역되어 있는 것은 아니니 명령 팔레트에서는 영어로 검색하는 것이 좋습니다.

파일을 조작하는 명령

명령	설명	단축키
File: Open File	파일을 연다.	[Ctrl]+[O] (macOS [command]+[O])
File: Open Recent	최근 항목을 연다.	[Ctrl]+[R] (macOS [control]+[R])
File: New Untitled Text File	제목 없는 새 텍스트 파일을 생성한다.	[Ctrl]+[N] (macOS [command]+[N])
File: Save	파일을 저장한다.	[Ctrl]+[S] (macOS [command]+[S])
File: Save As	다른 이름으로 저장한다.	[Ctrl]+[Shift]+[S] (macOS [command]+[shift]+[S])

설정에 관한 명령

명령	설명	단축키
Preferences: Open User Settings	사용자 설정을 연다.	-
Preferences: Open Workspace Settings	작업 영역 설정을 연다.	-
Preferences: Open Keyboard Shortcuts	바로 가기 키를 연다.	[Ctrl]+[M]→[Ctrl]+[S] (macOS [command]+[R]→[command]+[S])

그 밖의 명령

명령	설명	단축키
Viewer: Toggle Zen Mode	젠 모드로 전환한다.	Ctrl+M → Z (macOS command+R+Z)
Extensions: Check for Extension Updates	확장 기능 업데이트를 확인한다.	-
Close Window	커서를 닫는다.	Ctrl+Shift+W (macOS command+shift+W)

명령 앞에 붙는 File:이나 Preferences: 같은 키워드는 명령의 분류를 나타내는 접두어입니다. 예를 들어 File:로 검색하면 파일과 관련된 명령이 표시됩니다.

또한 지금까지 설명한 것처럼 명령 팔레트에서는 명령의 일부 단어를 입력해 후보를 좁힐 수 있을 뿐만 아니라 명령 이름의 대문자만 입력해도 검색할 수 있으며(예를 들어 File: Save는 FS로도 검색 가능) 여러 단어를 공백으로 구분해 함께 검색할 수 있는 편리한 기능도 제공합니다.

이처럼 간편하게 명령을 검색하고 실행할 수 있는 명령 팔레트는 커서에서 자주 사용되는 기능 중 하나입니다. **어떤 작업을 하고 싶을 때**는 우선 명령 팔레트에서 검색해 보기를 추천합니다.

> **point 명령 팔레트에는 >가 필수**
>
> 명령 팔레트에서 **settings**를 검색할 때 표시되어 있는 > 기호를 지우지 말라고 설명했습니다. 이 기호를 삭제하면 빠른 열기(Quick Open)라는 다른 기능으로 전환되기 때문입니다. 빠른 열기에 대해서는 189쪽에서 설명하고 있으니 참고해 주세요.
>
> 실수로 >를 지워버렸더라도 다시 입력하면 명령 팔레트에서 다시 검색할 수 있습니다.

#기본기능 #설정

커서를 취향에 맞게 커스터마이징하기

사용하기 편리하게 커스터마이징하기

기본 기능만을 사용하여 커서를 커스터마이징하는 방법을 설명합니다.

권장 설정 항목

커서에는 수많은 설정 항목이 있으며 이를 세밀하게 설정하면 사용하기 편리하게 커스터마이징할 수 있습니다. 커서를 취향에 맞게 커스터마이징해 봅시다. 추천하는 설정은 다음과 같습니다. ① 글꼴 ② 줄 번호 표시 방법 ③ 파일 저장 방법 ④ 색 테마 이렇게 네 가지 항목의 설정 방법을 알아봅시다. 모든 작업은 사용자 설정 화면에서 진행합니다.

글꼴 변경하기

글꼴의 대표적인 설정으로는 글꼴 종류, 글꼴 크기, 줄 높이가 있습니다. 각각 변경해 봅시다. 다음 표에 설정 이름과 설명을 정리했습니다.

글꼴에 관한 설정 이름

설정 이름	설명
Editor: Font Family	글꼴 종류를 변경한다.
Editor: Font Size	글꼴 크기를 변경한다.
Editor: Line Height	줄 높이를 변경한다.

글꼴 종류 변경하기

글꼴 종류를 변경해 보겠습니다. 먼저 사용자 설정 화면을 엽니다. 사용자 설정 화면을 열려면 명령 팔레트에서 Preferences: Open User Settings 명령을 실행하거나 파일 〉 기본 설정 〉 설정(macOS의 경우 Cursor 〉 기본 설정 〉 설정)을 클릭합니다.

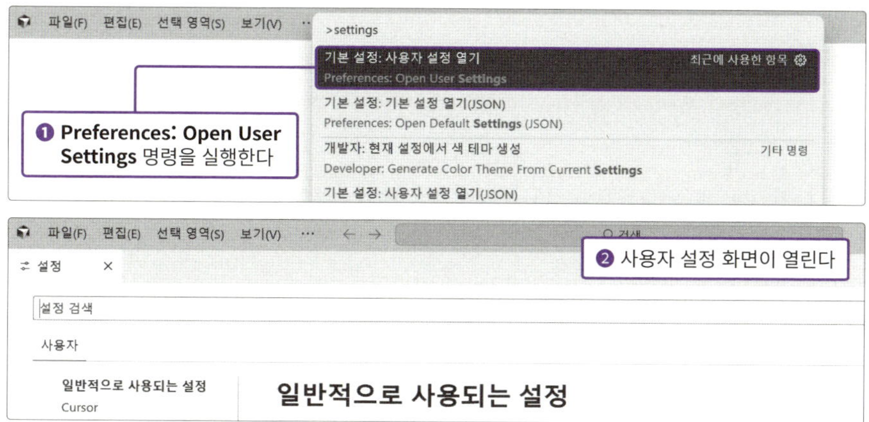

사용자 설정 화면이 열리면 변경할 설정을 찾아봅시다. 이번에는 Editor: Font Family 설정을 변경할 것이므로 font family라고 입력하세요. 표시된 목록에서 Editor: Font Family를 찾습니다. 이처럼 설정할 항목 이름이 명확할 때는 설정 화면에서 검색하는 방법이 편리합니다.

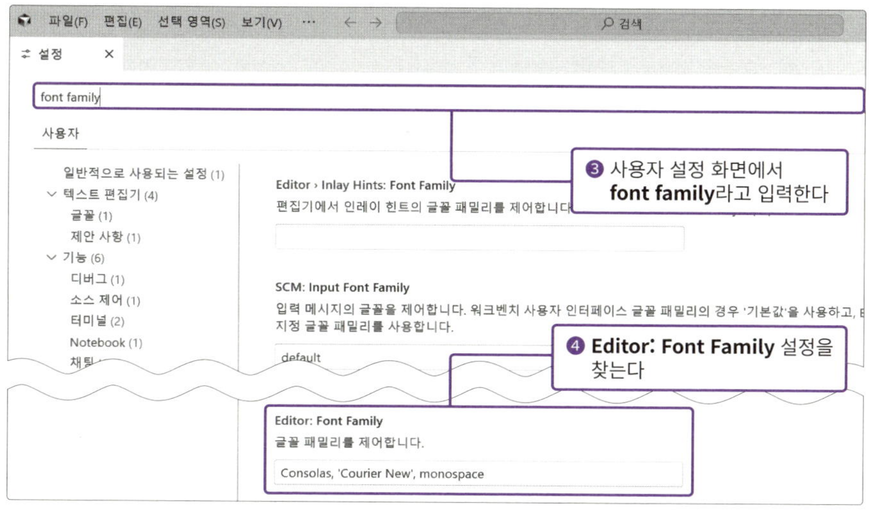

운영체제(OS)에 따라 기본 설정된 글꼴은 다를 수 있지만 이 컴퓨터에서는 Consolas, 'Courier New', monospace라는 세 가지 글꼴이 순서대로 설정되어 있습니다. 커서에서는 여러 글꼴을 쉼표로 구분하여 지정할 수 있습니다. 가장 왼쪽에 있는 글꼴이 먼저 사용되며 해당 글꼴로 표시할 수 없는 문자가 있다면 그다음 순서에 있는 글꼴을 자동으로 표시합니다.

이 설정을 사용하여 원하는 글꼴로 바꿔 봅시다. 여기서는 Consolas를 나눔고 딕코딩으로 바꿔 보겠습니다.[1] 참고로 Courier New처럼 글꼴 이름에 공백이 포 함되어 있다면 작은따옴표(')도 감싸야 합니다.

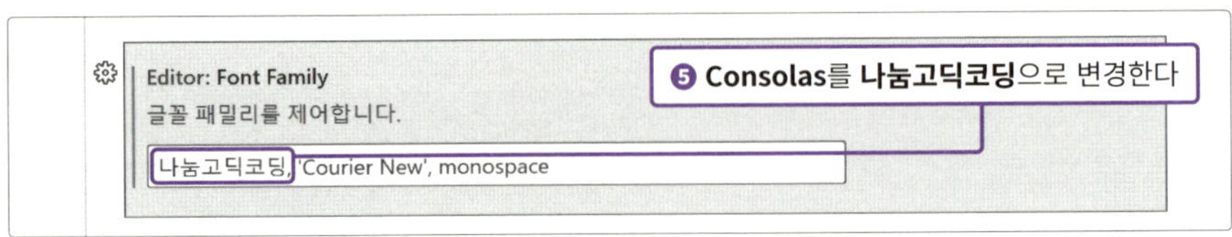

실제로 글꼴이 바뀌었는지 확인해 보겠습니다. 다음 이미지는 변경 전(Consolas) 과 변경 후(나눔고딕코딩)로 입력한 문장을 비교한 화면입니다. 각 이미지에 서 로 다른 글꼴이 적용된 모습을 확인할 수 있습니다.

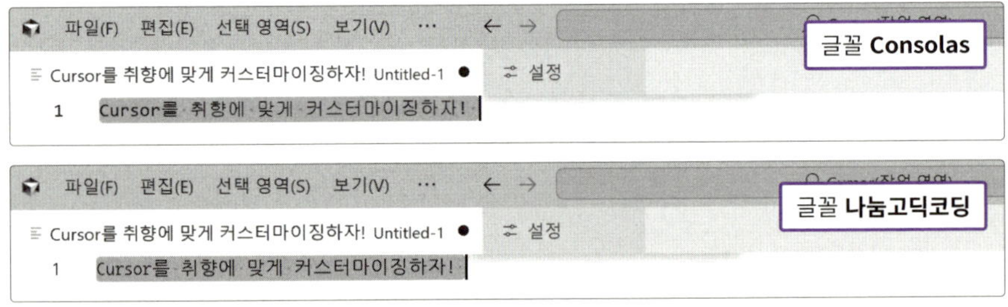

글꼴 크기 변경하기

이번에는 글꼴 크기를 변경해 보겠습니다.

Editor: Font Size 설정을 확인하세요. 현재 이 컴퓨터에는 기본 글꼴 크기가 14(픽셀)로 설정되어 있습니다. 이 값을 변경해 원하는 크기로 바꿔 봅시다. 여기 서는 글꼴 크기를 20으로 변경해 보겠습니다.

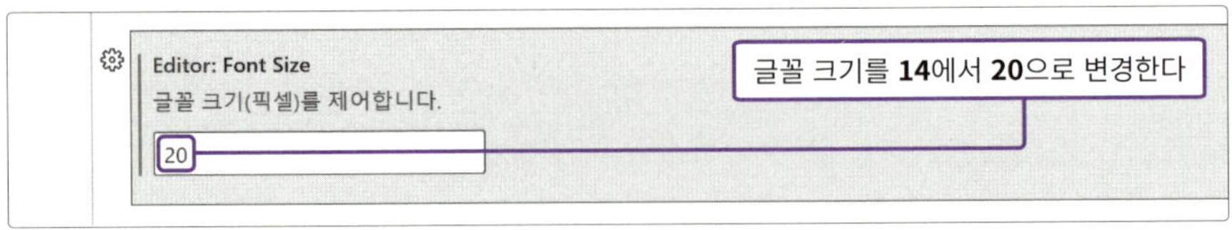

글꼴 크기가 바뀌었는지 확인해 봅시다. 글꼴 크기가 20일 때 확실히 글자가 더 큽니다.

---

1   (옮긴이) 나눔고딕코딩 글꼴은 *https://github.com/naver/nanumfont*에서 받을 수 있습니다.

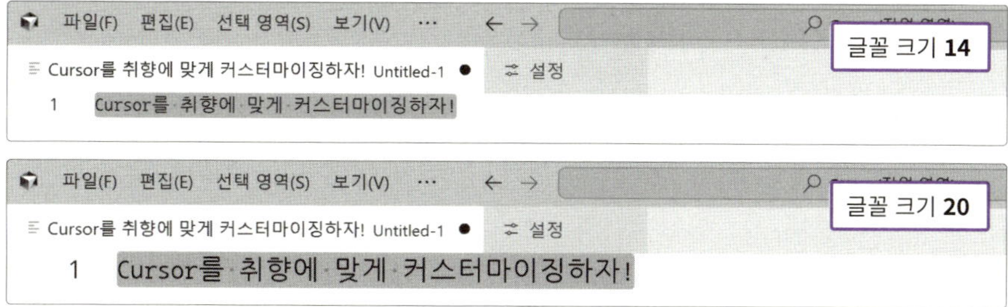

줄 높이 변경하기

마지막으로 줄 높이를 변경해 보겠습니다.

Editor: Line Height 설정을 찾아봅시다. 기본값은 0으로 설정되어 있습니다. 참고로 0은 글꼴 크기에 맞춰 줄 높이를 자동으로 조정한다는 의미입니다. 필요에 따라 원하는 숫자를 입력해 줄 높이를 변경할 수 있습니다. 여기서는 예시로 줄 높이를 3으로 변경해 보겠습니다.

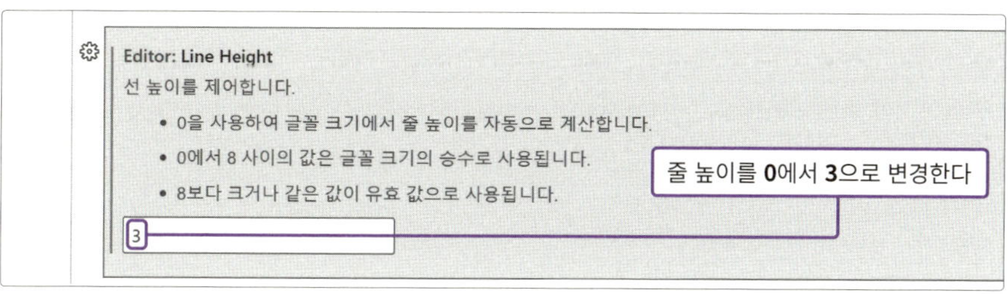

줄 높이가 변경되었는지 확인해 봅시다. 글꼴 크기는 그대로 두고 줄 높이만 바뀌었는지 확인하세요.

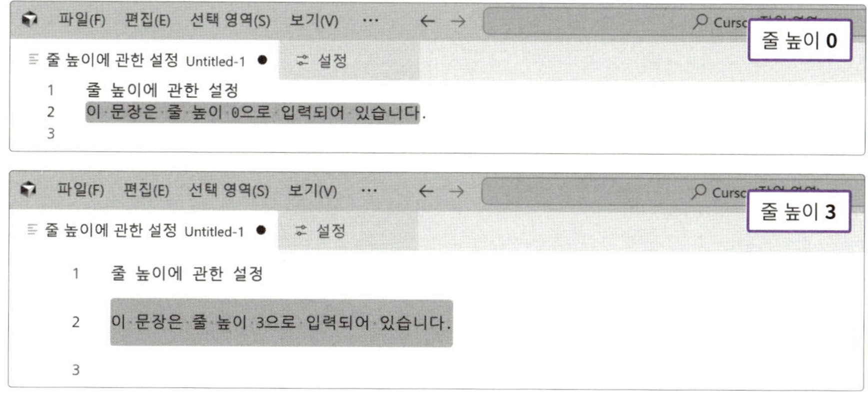

줄 번호 표시 방법 변경하기

줄 번호 표시 여부도 설정에서 변경할 수 있습니다.

줄 번호란 편집기 가장 왼쪽에 표시되는 번호를 말합니다. 줄 번호가 표시되면 몇 번째 줄인지 쉽게 확인할 수 있지만 필요 없을 때는 Editor: Line Numbers 설정에서 끌 수 있습니다. 표시(on) 및 숨기기(off) 외의 옵션도 있습니다.

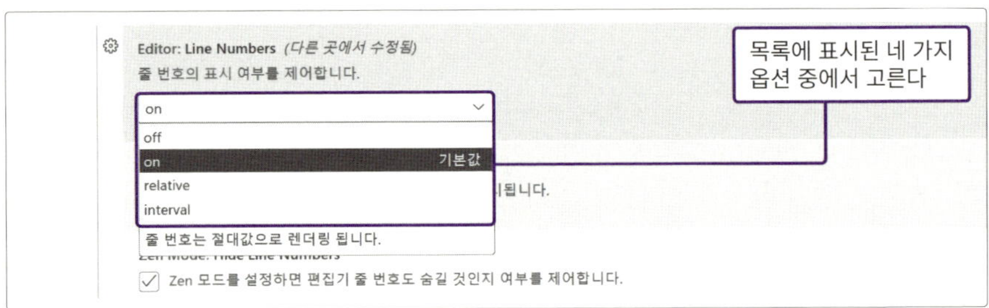

Editor: Line Numbers 설정값

설정값	설명
on	줄 번호를 표시한다(기본값).
off	줄 번호를 표시하지 않는다.
relative	커서의 위치를 기준으로 상대적인 줄 번호를 표시한다.
interval	10줄마다 줄 번호를 표시한다.

각 옵션을 적용했을 때 줄 번호가 어떻게 달라지는지 살펴봅시다.

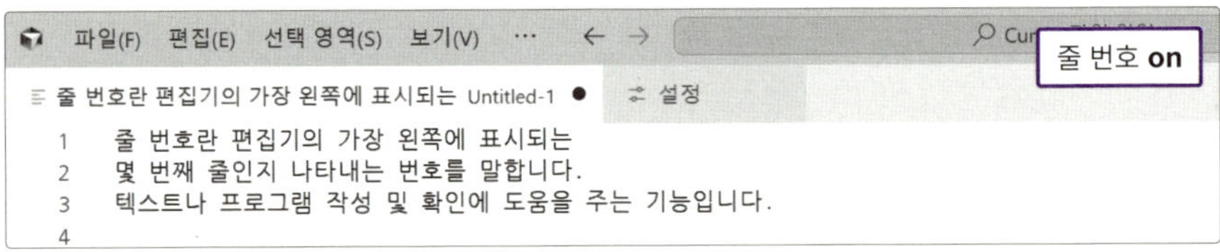

on이면 줄 번호가 표시된다

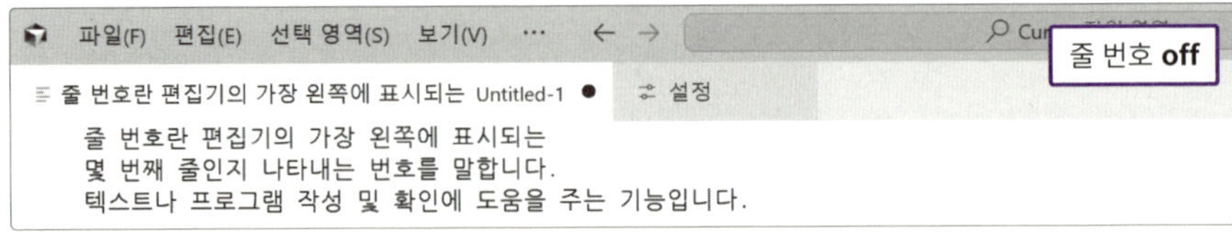

off면 줄 번호가 표시되지 않는다

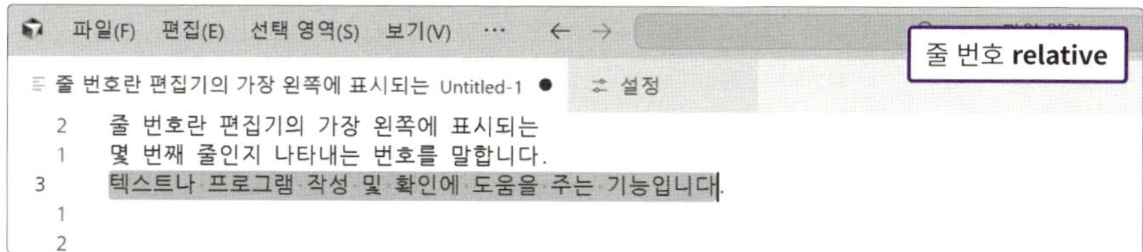

relative면 현재 선택한 줄을 기준으로 상대적인 줄 번호(현재 커서 위치를 기준으로 몇 줄 떨어져 있는지)가 표시된다

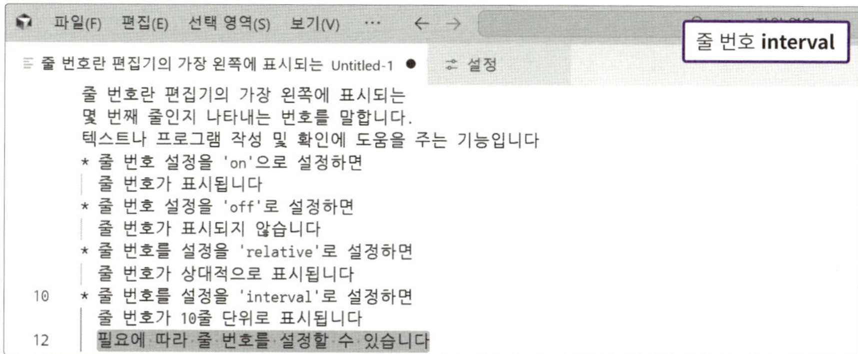

interval이면 10줄마다 줄 번호가 표시된다

파일 자동 저장하기

Files: Auto Save 설정을 기본값(off)에서 변경하면 편집한 파일이 자동으로 저장되므로 파일 저장을 잊어버릴 일이 없습니다.

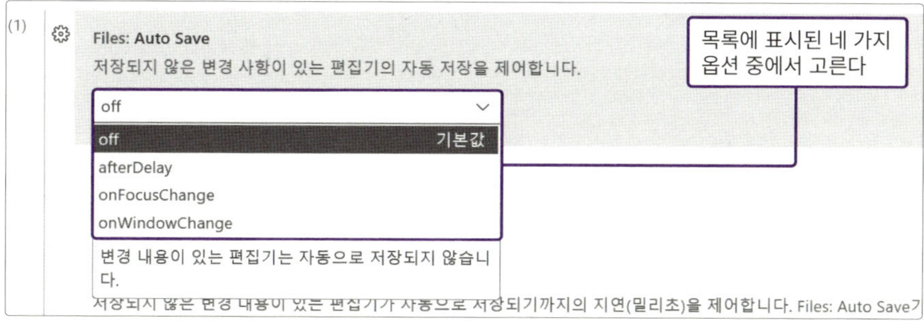

Files: Auto Save 설정값

설정값	설명
Off	파일을 자동으로 저장하지 않는다(기본값).
afterDelay	Files: Auto Save Delay에서 설정한 시간이 지나면 자동으로 저장된다.
onFocusChange	편집기로 편집 중인 파일을 전환하면 자동으로 저장된다(18쪽 참고).
onWindowChange	커서에서 포커스가 벗어나면 (다른 앱을 조작하는 등) 자동으로 저장된다.

File: Auto Save 설정값이 afterDelay라면 Files: Auto Save Delay에서 설성한 시간
이 지나면 자동으로 저장됩니다. 밀리초(ms) 단위이므로 저장 시 수의해 주세요.
기본값은 1000(1초)으로 설정되어 있지만 원하는 시간으로 변경할 수 있습니다.

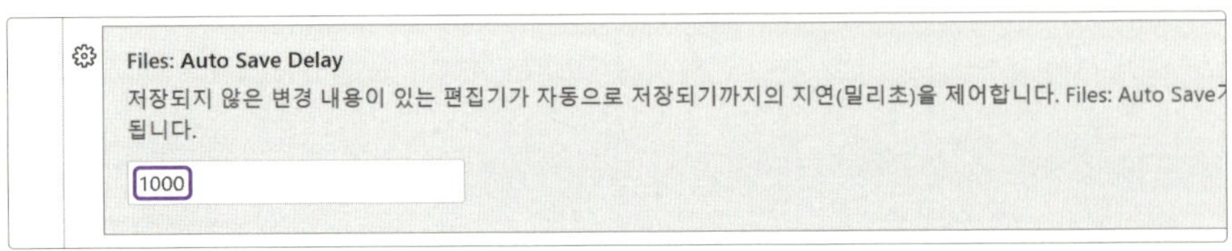

색 테마 변경하기

마지막으로 색 테마 변경 방법을 알아봅시다.

색 테마란 커서 전체의 색상 구성입니다. 글자의 가독성이나 작업 몰입도가
크게 달라지므로 자신에게 맞는 스타일로 바꿔 봅시다. 참고로 지금까지 이 책
에 실린 커서의 스크린샷은 Light+ 색 테마가 기본으로 적용됐습니다. 색 테마
는 Workbench: Color Theme에서 설정할 수 있습니다. (명령 팔레트를 실행해
Color로 검색한 후 Preferences: Color Theme에서 선택할 수도 있습니다.)

목록에서 원하는 테마를 선택해 변경하면 됩니다. 옵션이 다양해서 고민될 수
도 있지만 여러 테마를 직접 사용해 보면서 자신에게 잘 맞는 테마를 찾아보세요.

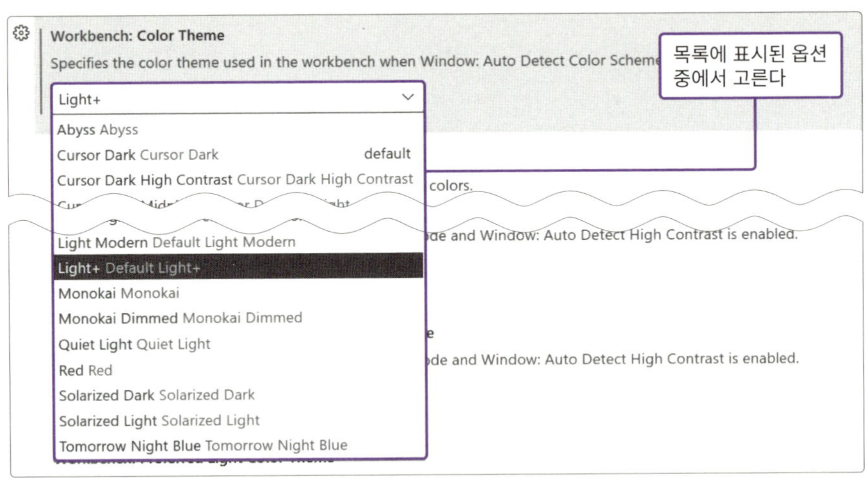

참고로 색 테마 확장 기능을 설치하면 목록에 없는 테마도 추가할 수 있습니다.

#기본기능 #설정

작업 영역별로 설정을 전환하기

💡 프로젝트별로
설정하기

커서는 우선순위가 다른 여러 개의 설정을 제공합니다. 이 특징을 이용해 유연한 작업 환경을 만드는 방법을 알아봅시다.

커서의 설정

커서에서 지금까지 변경한 설정은 모두 **사용자 설정**에 해당했습니다. 커서에서는 세 가지 설정 유형을 지원하며 각각의 용도와 적용 범위가 다릅니다. 어떻게 다른지 자세히 살펴봅시다.

커서 설정의 유형

실징 유형	설명	설정 파일
사용자 설정	사용자별로 지정하는 커서 전체의 다양한 설정	`settings.json`
작업 영역 설정	특정 작업 영역별 설정	[파일명]`.code-workspace`의 **settings** 부분
폴더 설정	특정 작업 영역에서 폴더별 설정	`settings.json`

사용자 설정

사용자 설정은 말 그대로 사용자별로 지정할 수 있는 설정으로 커서 전체에 관한 다양한 항목을 설정할 수 있습니다. 변경한 내용은 `settings.json`이라는 JSON 파일에 저장되며 이 파일을 직접 편집해 설정을 바꿀 수도 있습니다(93쪽 참고).

사용자 설정의 `settings.json`은 운영체제나 설정에 따라 다르지만 Windows는 `C:\Users\[사용자명]\AppData\Roaming\Cursor\User`, macOS는 `/Users/[사용자명]/Library/Application Support/Cursor/User`에 저장됩니다.

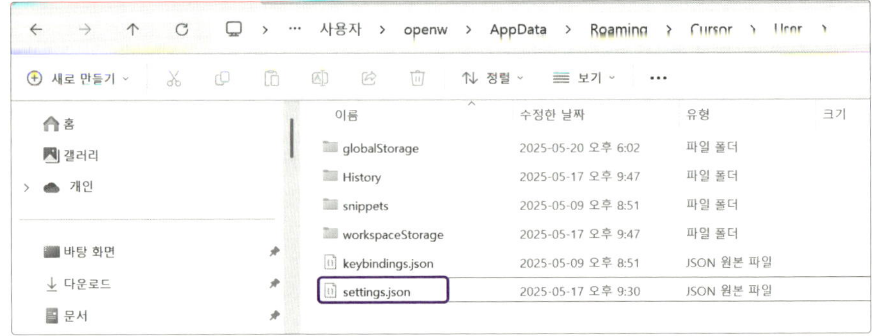

작업 영역 설정 열기

작업 영역 설정은 각 작업 영역에만 적용되는 설정입니다. 사용자 설정과 같은 항목을 다르게 설정할 수 있습니다. 작업 영역에 대한 설명이나 생성 방법은 45쪽을 참고하세요.

작업 영역 설정 변경은 설정 화면에서 할 수도 있고 JSON 형식 설정 파일을 직접 편집해서 할 수도 있습니다. 작업 영역 설정은 settings.json 파일이 아니라 작업 영역을 저장할 때 만들어지는 [파일명].code-workspace 파일의 settings 부분을 편집해야 합니다. 이 settings 부분을 settings.json이라고 부르기도 합니다.

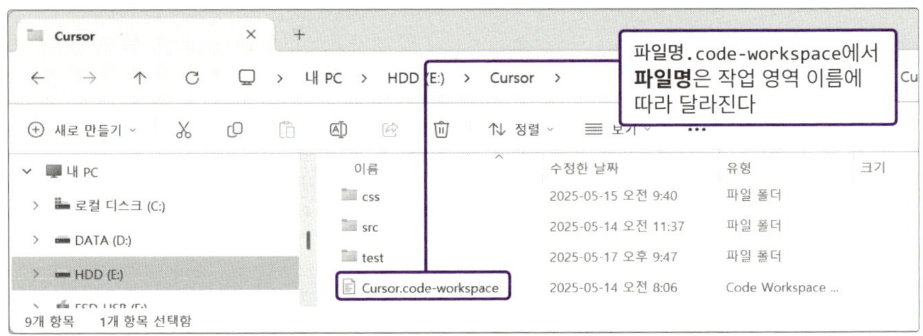

작업 영역 설정 화면 열기

1. 명령 팔레트에서 user settings 또는 settings를 검색해 Preferences: Open User Settings 명령을 실행한다.

2. 설정 화면이 열리면 **작업 영역** 탭을 클릭한다.

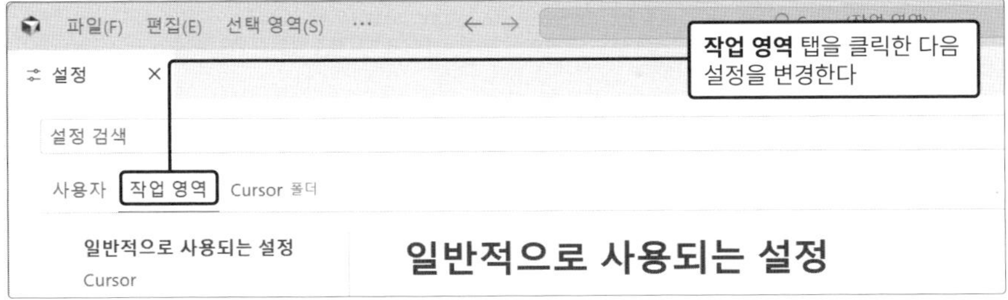

JSON 형식 설정 파일 열기

1. 명령 팔레트에서 **workspace settings, settings** 등으로 검색하여 기본 설정: **작업 영역 설정 열기(JSON)**(Preferences: Open Workspace Settings(JSON)) 명령을 실행한다.

2. 작업 영역용 정의 파일([파일명].code-workspace)이 열리면 **settings** 부분을 편집하고 저장한다.

폴더 설정 열기

작업 영역에는 다른 위치에 있는 여러 폴더를 포함할 수 있으며 폴더마다 별도의 설정을 적용할 수 있습니다. 단, 폴더 설정에서 변경할 수 있는 항목은 사용자 설정이나 작업 영역 설정에 비해 제한적입니다.

폴더 설정도 사용자 설정이나 작업 영역 설정과 마찬가지로 설정 화면에서 변경하는 방법과 JSON 형식의 설정 파일을 편집하는 방법이 있습니다. 폴더 설정을 변경하려면 settings.json이라는 파일을 편집해야 합니다. 이는 사용자 설정 설명에서 언급한 settings.json과 이름은 같지만 다른 파일이므로 주의하세요.

폴더 설정용 settings.json 파일은 작업 영역에 추가된 각 폴더 내부의 .vscode 폴더에 저장됩니다. 작업 영역에 포함된 폴더에만 .vscode/settings.json이 생성되므로 이 점에 주의하세요.

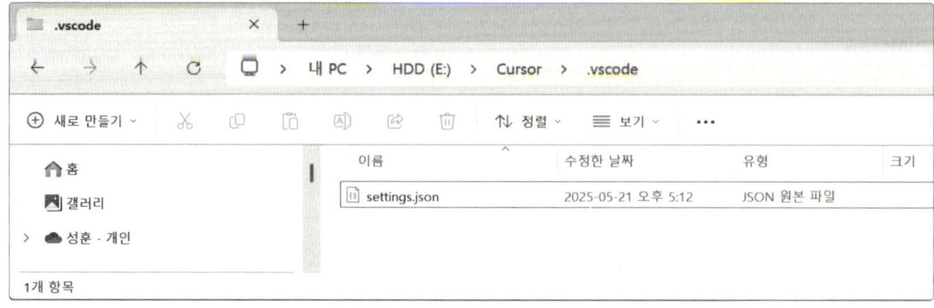

폴더 설정 화면을 여는 순서

1. 명령 팔레트에서 folder settings, settings 등으로 검색하여 Preferences: Open Folder Settings를 실행한다.

2. 폴더를 선택한다.

3. 설정 화면이 열리면 **사용자, 작업 영역** 탭 옆에 폴더 이름으로 탭이 표시된 것을 확인한다.

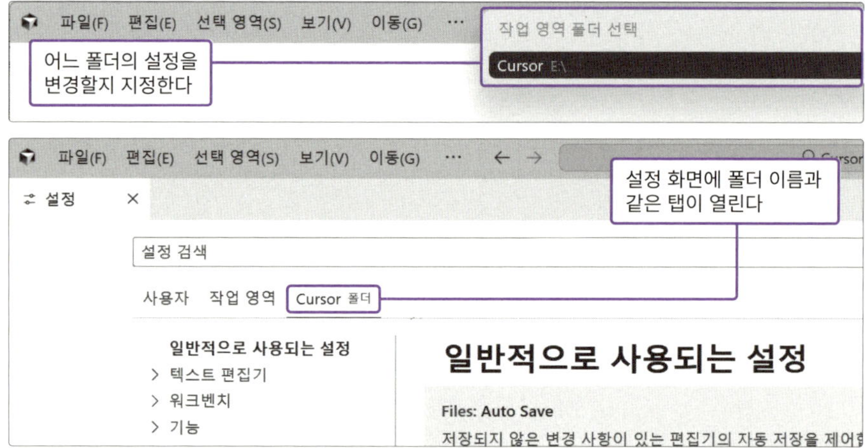

참고로 폴더 이름 탭 옆에 있는 ▼를 클릭하면 다른 폴더를 선택할 수도 있습니다.

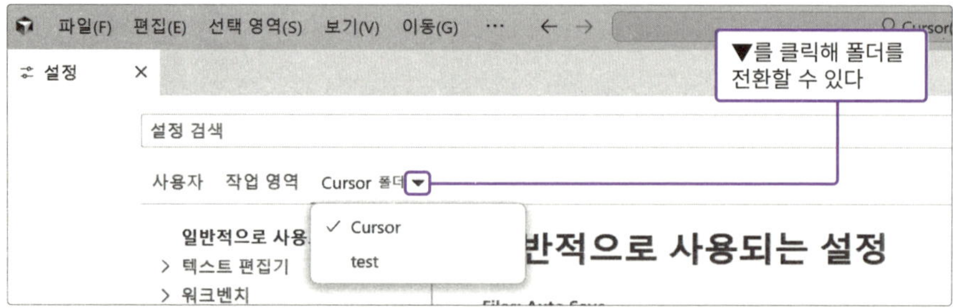

JSON 형식의 설정 파일을 여는 방법

1. 명령 팔레트에서 folder settings, settings 등을 검색하고 Preferences: Open Folder
   Settings(JSON) 명령을 실행한다.

2. 폴더를 선택한다.

3. settings.json이 열리면 편집하고 저장한다.

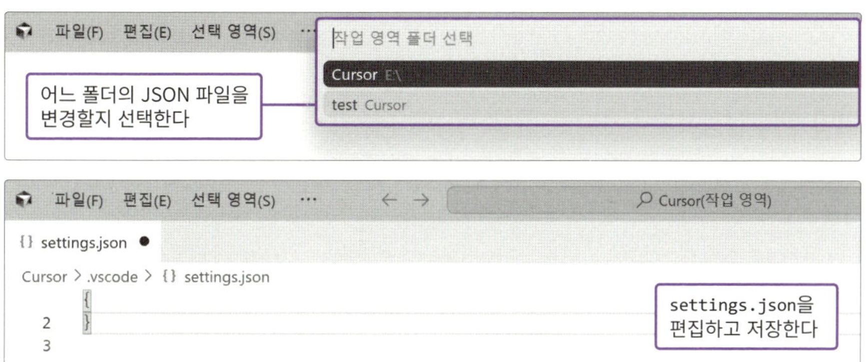

세 가지 설정의 관계와 우선순위

지금까지 사용자 설정, 작업 영역 설정, 폴더 설정에 관해 설명했습니다. 각 설정
간의 관계와 우선순위를 정리했습니다.

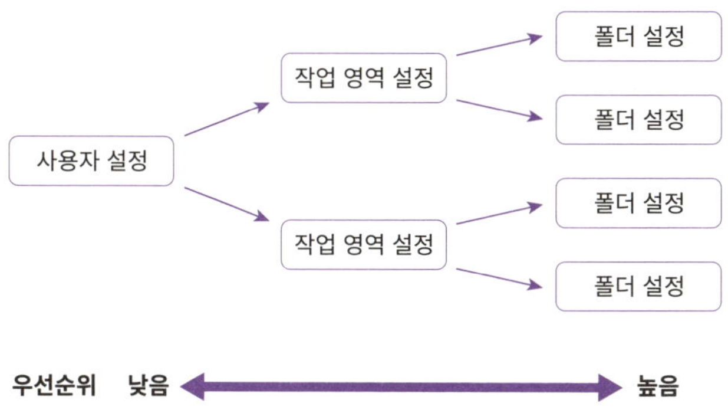

이렇게 설정을 계층으로 나누면 다음과 같은 장점이 있습니다.

- 여러 개발 프로젝트에 속한 사람이 작업 영역별로 설정을 다르게 적용할 수 있다.
- 작업 영역별로 (색 테마 등) 설정을 변경하면 프로젝트를 구분하기 쉬워진다.
- 작업 영역이나 폴더 등 각 계층에서 적용하고 싶은 설정만 변경하면 된다.

작업 영역별로 색 테마 변경하기

지금까지 커서의 설정에 관하여 설명했습니다. 이제부터는 실제로 작업 영역을 여러 개 생성하여 색 테마를 각각 다르게 설정해 보겠습니다.

작업 영역을 생성하기

먼저 작업 영역을 여러 개 생성합니다. 여기서는 두 개의 작업 영역, Cursor, Cursor_2를 생성했습니다. 작업 영역 생성 방법은 45쪽을 참고하세요.

작업 영역 설정하기

이제 작업 영역별로 색상 테마를 다르게 적용해 보겠습니다. 작업 영역 설정은 두 가지 방법으로 변경할 수 있습니다. 설정 화면을 통한 방법과 JSON 설정 파일을 직접 편집하는 방법입니다. 여기서는 설정 화면을 통해 색상 테마를 변경하는 방법을 살펴보겠습니다.

그럼 시험 삼아 Cursor 작업 영역에 심연(Abyss) 색상 테마를 설정해 보겠습니다.

우선 작업 영역 Cursor를 엽니다. 메뉴에서 **파일 〉 파일에서 작업 영역 열기**를 클릭한 후 열고 싶은 `.code-workspace` 파일(이번에는 `Cursor.code-workspace`)을 선택합니다.

이어서 앞에서 설명한 순서에 따라 작업 영역 설정 화면을 열고 Workbench: Color Theme을 검색한 다음 목록에서 **심연**을 선택하여 클릭합니다. 그러면 이전까지 Light+ 테마가 적용되어 있어 전체적으로 밝은 계열이던 화면이 어두운 계열로 바뀝니다.

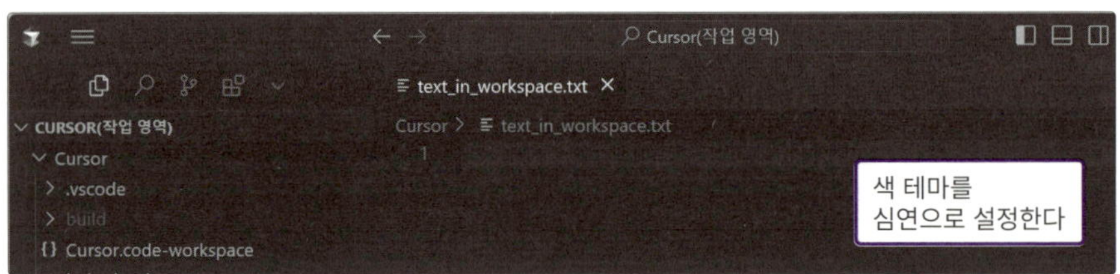

작업 영역 Cursor에 개별 색상 테마를 설정했습니다. 다음으로 작업 영역 Cursor_2에도 색상 테마를 설정해 보겠습니다.

커서는 하나의 창에 여러 작업 공간을 동시에 열 수 없으므로 명령 Workspace: Close Workspace를 실행하거나 Ctrl + M 키(macOS의 경우 command + R 키)를 누른 다음 F 키를 눌러 열려 있던 작업 공간 Cursor를 먼저 닫아야 합니다.

작업 영역을 닫았을 때 방금 설정했던 색 테마 **심연**이 해제되고 사용자 설정의
Light+ 색 테마로 되돌아갔는지 확인하세요. 작업 영역 설정은 해당 작업 영역이
열려 있는 동안에만 유효합니다.

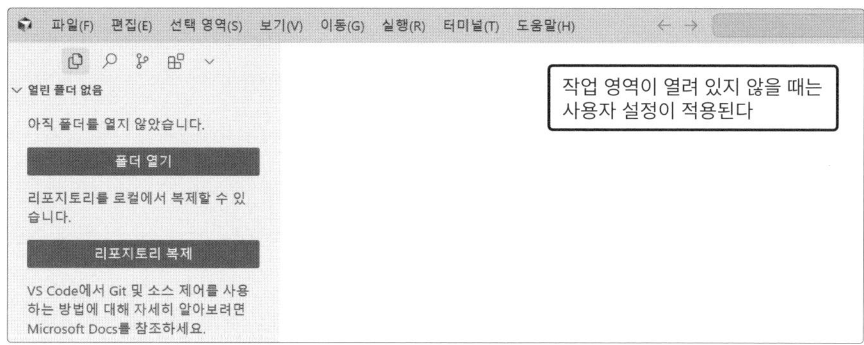

조금 전과 같은 방법으로 작업 영역 Cursor_2와 작업 영역 설정 화면을 열고
Workbench: Color Theme 설정을 표시합니다. 여기서 **노출 밝은**(Solarized
Light)을 설정하면 연한 노란색으로 변경된 것을 확인할 수 있습니다.

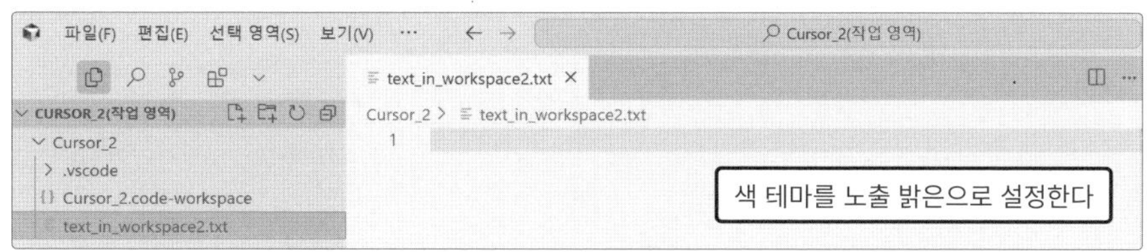

이같이 작업 영역 설정을 사용하면 작업 영역마다 설정을 다르게 할 수 있습니
다. 이번에는 색 테마 변경을 예시로 들었지만 76쪽에서 살펴본 글꼴이나 글꼴
크기 등 다른 설정도 작업 영역별로 자유롭게 바꿀 수 있습니다.

　지금까지는 모든 설정 변경을 설정 화면에서 진행했습니다. 그때마다 명령을
실행하여 설정 화면을 열고 필요한 항목을 찾아야 했기 때문에 **번거롭**다고 느낀
사람도 있을 겁니다. 이럴 때는 settings.json 파일을 직접 편집하는 방법이 더
효율적입니다. 이 방법을 사용하면 작업 시간을 크게 줄일 수 있습니다. 다음 절
에서 그 방법을 자세히 설명하겠습니다.

JSON 파일을 이용한 고급 설정

빠르게, 한 번에
설정 변경하기

설정을 JSON 파일로 직접 편집할 수 있게 되면 커서를 더 깊이 이해하고 더
효율적으로 사용할 수 있습니다.

JSON

지금까지 settings.json이나 JSON 형식 설정 파일 등 JSON이 들어간 용어가 여
러 번 등장했습니다. 이제 JSON에 대해 설명하겠습니다.

JSON은 JavaScript Object Notation의 약어로 데이터 교환에 널리 쓰이는 파일 형식입
니다. 제이슨이라고 읽습니다.

정식 명칭에서 알 수 있듯이 JSON은 자바스크립트의 규칙을 따르는 파일 형식
이지만 다른 언어와 데이터를 교환할 때도 사용됩니다. 또한 JSON 형식으로 작성
된 파일(JSON 파일)은 기본적으로 .json 확장자를 붙이지만 반드시 필요한 것은
아닙니다. 작업 영역 설정에서 등장한 [파일명].code-workspace는 확장자가 .json
이 아니지만 JSON 형식으로 작성되었으므로 JSON 파일이라고 할 수 있습니다.

다음으로 JSON의 표기 형식에 대해 간단히 알아보겠습니다.

JSON 표기 형식

```
{
    "키 이름": 숫자값,
    "키 이름": 불값,
    "키 이름": "문자열"
}
```

JSON 형식은 자바스크립트의 오브젝트 리터럴처럼 중괄호 { } 안에 큰따옴표(")
로 감싼 키 이름과 값을 콜론(:)으로 구분하여 입력합니다. 값으로는 문자열, 숫
자, 불(true/false), 배열 등을 사용할 수 있습니다. 값은 큰따옴표로 감싸지만 숫
자나 불 값은 큰따옴표를 사용하지 않습니다. 또한 하나의 중괄호 { } 안에 여러
개의 데이터를 입력할 때는 쉼표(,)로 구분합니다. 기본 표기 형식은 이것이 전부
입니다.

설정 화면과 `settings.json`의 관계

이제 settings.json 파일을 좀 더 자세히 살펴보겠습니다. settings.json은 사용자 설정을 관리하는 설정 파일이며 확장자가 .json인 것에서도 알 수 있듯이 JSON 파일입니다. 이 파일은 사용자 설정 화면과 실시간으로 연동됩니다. 즉, 사용자 설정 화면에서 옵션을 변경하면 해당 내용이 settings.json에 자동으로 저장됩니다. 따라서 settings.json을 직접 수정해 사용자 설정을 변경할 수 있습니다. 일부 항목은 설정 화면에서 변경할 수 없고 settings.json 파일을 수정해야만 설정할 수 있습니다.

이제 사용자 설정 화면과 settings.json을 열어 보겠습니다. 예를 들어 글꼴 크기 설정을 열면 사용자 설정 화면과 settings.json 화면은 각각 다음과 같이 나타납니다. 현재 글꼴 크기는 15입니다.

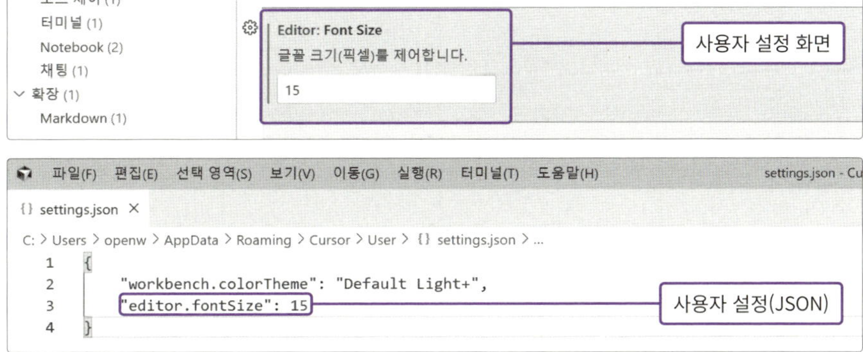

76쪽에서 설명했듯이 사용자 설정 화면에서 글꼴 크기 설정의 이름은 Editor: Font Size입니다.

반면 settings.json 파일에서는 Editor: Font Size 대신 editor.fontSize라는 키 이름을 사용합니다. settings.json에는 설정 화면에 표시되는 이름이 아니라 설정을 구분하는 설정 ID를 사용합니다. 각 설정은 쉼표(,)로 구분합니다.

즉, settings.json에서는 **키 이름에 설정 ID, 값에 실제 설정값을 입력합니다.**

설정값이 문자열이면 큰따옴표로 감싸고 숫자나 불 값은 따옴표 없이 입력합니다. 이번 예시에서는 글꼴 크기가 숫자값인 15이므로 따옴표 없이 그대로 입력했습니다.

또 하나 놓치기 쉬운 것은 쉼표입니다. settings.json 파일에서는 중괄호 안에 여러 설정이 나열되므로 설정 사이를 쉼표로 구분합니다. 쉼표를 이용해 한 줄에 나열할 수도 있지만 한 줄에 하나의 설정만 작성하기를 추천합니다. 한 줄에 설정이 하나일 때 가독성이 높아지고 문법 오류가 생겼을 때도 오류의 위치를 쉽게 찾아낼 수 있기 때문입니다.

settings.json 표기 형식

```
{
  "설정 ID": "설정값",
  "설정 ID": 설정값,
  "설정 ID": 설정값
}
```

다음으로 사용자 설정 화면과 settings.json 파일이 서로 연동되는지 확인하기 위해 사용자 설정 화면에서 글꼴 크기를 15에서 20으로 변경해 보겠습니다.

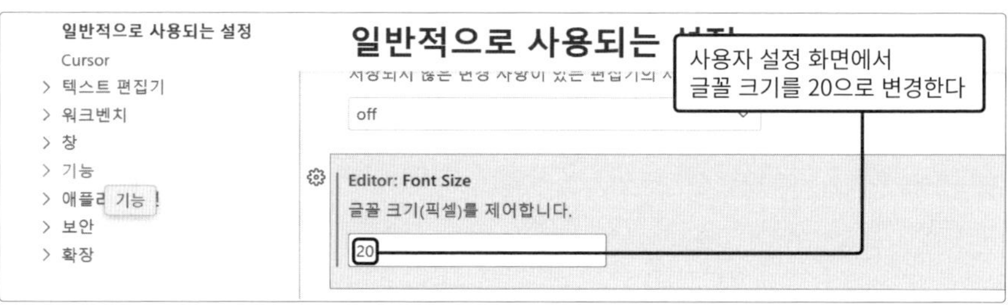

다시 settings.json을 열어 봅시다. settings.json을 열어서 편집하지 않았는데도 editor.fontSize가 20으로 바뀌었습니다.

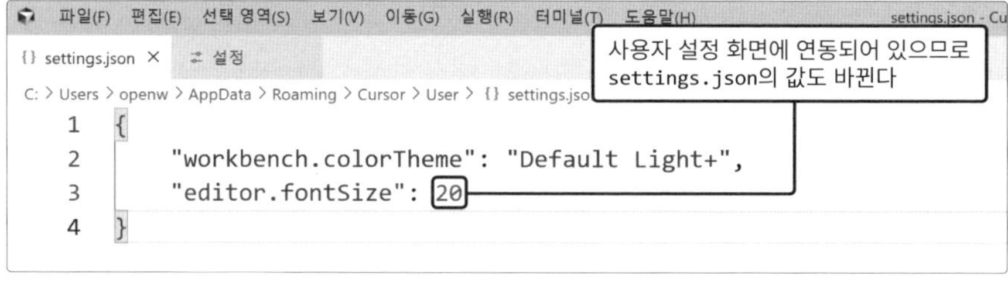

settings.json 편집 방법

settings.json을 어떻게 편집하는지 좀 더 자세히 설명하겠습니다. 순서는 다음과 같습니다.

settings.json 편집 순서

1. 명령 팔레트에서 settings를 검색해 Preferences: Open User Settings (JSON) 명령을 실행하기

   Preferences: Open User Settings (JSON)와 비슷한 명령으로 Preferences: Open Default Settings (JSON)도 있으니 주의하세요. 이 명령을 실행하면 defaultSettings.json 파일이 열리는데 이 파일은 기본 설정을 관리하는 파일로 사용자가 값을 변경할 수 없습니다.

2. settings.json 파일이 열리면 편집하고 저장하기

   settings.json을 편집하는 방법은 기존의 설정을 수정하는 방법과 새 설정을 추가하는 방법이 있습니다. 두 방법을 알아보겠습니다.

기존의 설정을 수정하는 방법

settings.json에서 기존 설정을 수정하는 방법은 매우 간단합니다. 설정값을 원하는 값으로 바꾸기만 하면 됩니다.

예를 들어 이전에 변경했던 글꼴 크기 20을 다시 15로 되돌리고 싶다면 editor.fontSize를 15로 바꾸면 됩니다.

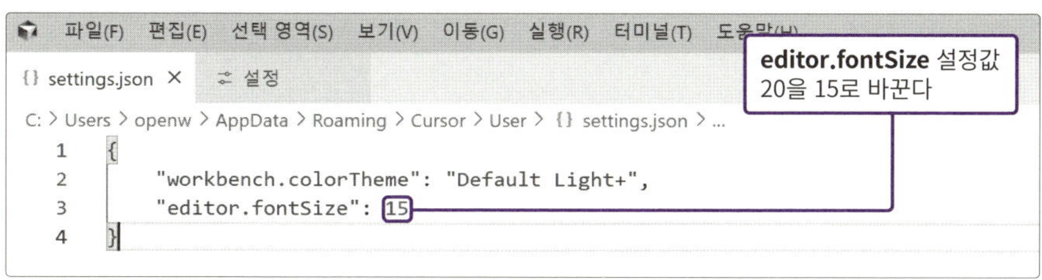

파일을 편집한 뒤 저장합니다. 설정이 반영되고 설정 변경이 완료됩니다.

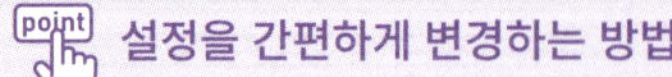

색 테마 등 여러 옵션 중에서 설정값을 선택해야 할 때 쉽게 입력하는 방법이 있습니다. settings.json을 열고 해당 설정에 커서를 올려 두면 편집기 왼쪽(줄 번호의 왼쪽)에 연필 모양 아이콘이 나타납니다. **연필 아이콘**을 클릭하면 해당 설정에 대한 옵션이 표시되므로 설정을 쉽게 바꿀 수 있습니다.

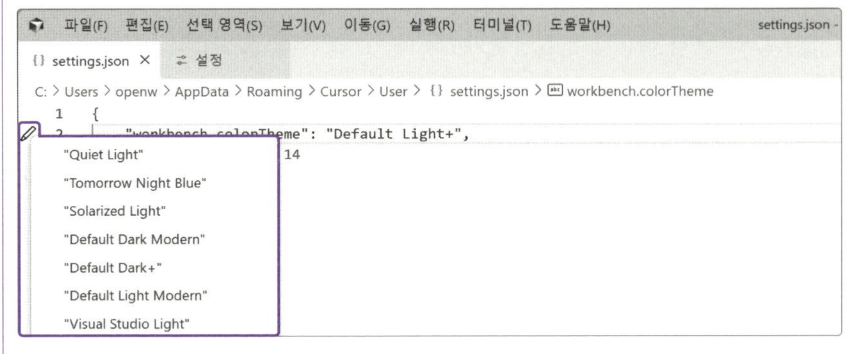

새로 추가하는 방법

settings.json에 설정을 새로 추가하려면 원하는 설정에 해당하는 설정 ID를 확인해 직접 입력해야 합니다.

매번 브라우저에서 찾아서 복사하고 붙여 넣을 필요는 없습니다. 문자를 입력하면서 코드 자동 완성 기능을 이용해 확인하는 방법과 설정 화면에서 설정 ID를 복사하는 편리한 방법이 있으므로 이를 알아보겠습니다.

코드 완성 기능 사용 방법

settings.json 파일에 어떤 문자를 입력하면 해당 문자를 포함하는 설정 ID 추천 목록이 자동으로 표시됩니다. 이것이 바로 코드 자동 완성 기능입니다.

예를 들어 "editor."라고 입력하면 다음과 같이 editor.를 포함하는 설정 ID 목록이 나타납니다. 여기서 원하는 설정 ID를 찾아 클릭하거나 Enter 키를 눌러 선택하기만 하면 됩니다.

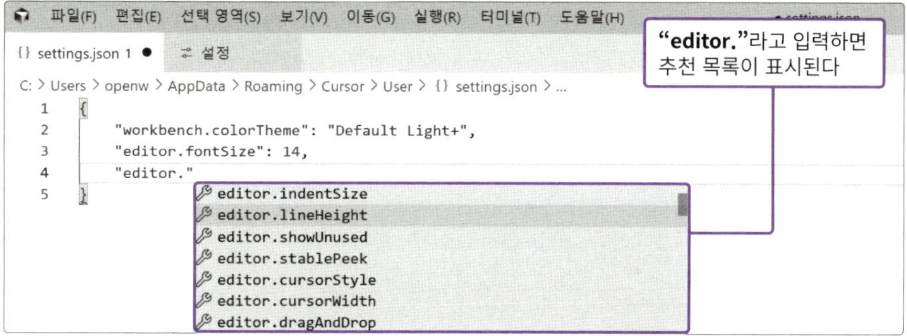

추천 목록이 어떤 기능을 하는지 알게 되면 원하는 설정 ID를 더 쉽게 찾을 수 있습니다. 선택한 설정 ID에 커서를 올리면 〉 아이콘이 나타나고 이를 클릭하면 해당 설정에 대한 설명을 확인할 수 있습니다. 또한 ↑↓키를 사용해 목록을 이동하면 해당 설정 ID에 관한 설명이 표시됩니다.

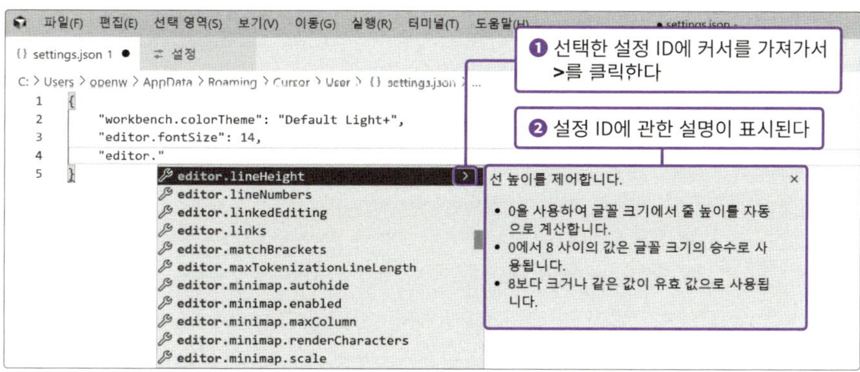

줄 높이에 대한 설정인 editor.lineHeight를 선택해 보겠습니다. 그러면 설정 ID가 JSON 형식으로 표시되며 설정 ID에 맞게 예측된 설정값이 표시됩니다. 단, 이 설정값은 확정된 것이 아니므로 Enter 키를 눌러서 지운 다음 원하는 값을 입력합니다.

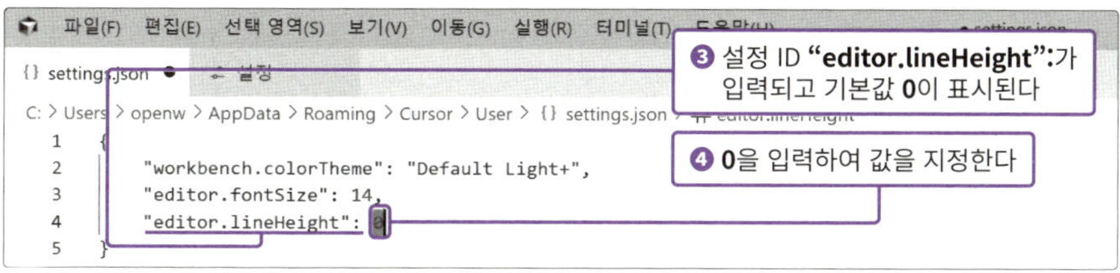

참고로 코드 완성 기능은 글자를 입력하지 않아도 호출할 수 있습니다. 커서를 원하는 위치에 두고 Ctrl + Space 키(macOS의 경우 command + I 키)를 누르세요.

설정 화면에서 설정 ID를 복사하는 방법

새 설정을 추가하는 또 다른 방법은 설정 화면에서 설정 ID를 복사하는 것입니다.

먼저 사용자 설정 화면을 엽니다.

원하는 설정을 클릭하면 톱니바퀴 아이콘이 표시됩니다. **톱니바퀴**를 클릭하면 나타나는 메뉴에서 **설정을 JSON으로 복사**를 클릭해 설정 ID를 복사할 수 있습니다.

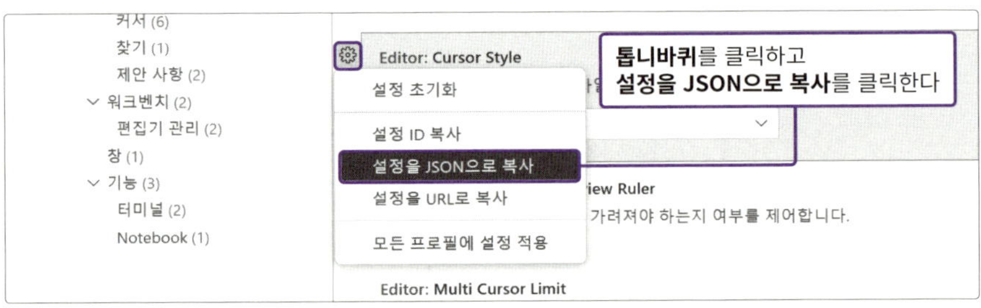

설정 ID를 복사한 후 settings.json 파일로 돌아가 Ctrl + V 키를 사용해 붙여 넣습니다. 그러면 방금 복사한 설정 ID와 해당 설정값이 JSON 형식으로 입력됩니다. 이때 설정값은 기본값으로 입력되므로 원하는 값으로 변경하세요.

참고로 설정을 JSON으로 복사 대신 **설정 ID 복사**를 클릭하면 설정 ID만 복사할 수도 있습니다.

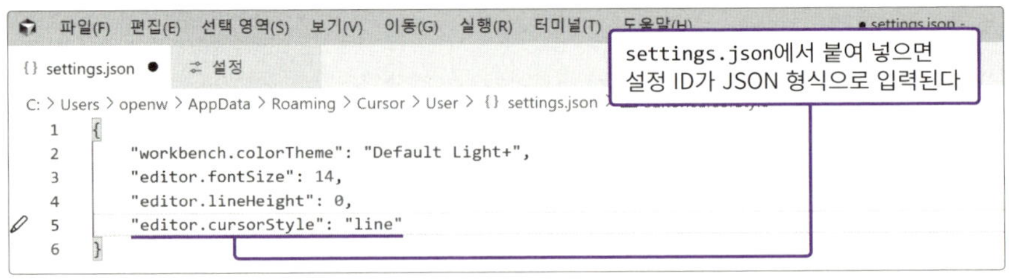

settings.json 편집에 관한 유용한 기능

지금까지 settings.json을 편집하는 방법을 설명했습니다. 이제 settings.json 편집을 더 편리하게 해 주는 추가 기능을 알아보겠습니다.

팝업으로 설명 표시하기

settings.json이 길어지면 설정 ID만 보고선 어떤 설정인지 파악하기 어렵습니다. 이럴 때 설정 ID나 설정값에 커서를 올려 두면 다음과 같이 설명이 팝업으로 표시됩니다. 이 기능을 사용하면 설정 ID를 검색할 필요가 없습니다.

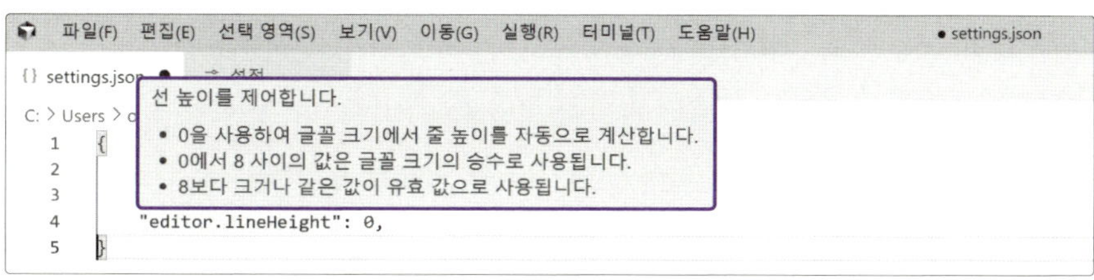

주석 추가하기

팝업으로 설명이 표시되더라도 설정 설명을 한눈에 보고 싶거나 설정에 대한 메모를 남기고 싶다면 settings.json 파일에 주석을 추가해 보세요.

settings.json에서는 줄 앞에 //를 입력하면 해당 줄이 주석으로 처리됩니다. 주석은 JSON 문법에 영향을 주지 않으니 설명을 자유롭게 작성하거나 비고나 설정을 적용한 이유를 기록하는 용도로 활용할 수 있습니다.

주석을 입력할 때도 단축키를 사용하면 편리합니다. Ctrl + / 키를 누르면 해당 줄이 현재 편집 중인 언어(이 경우에는 JSON)의 규칙에 따라 주석으로 처리됩니다.

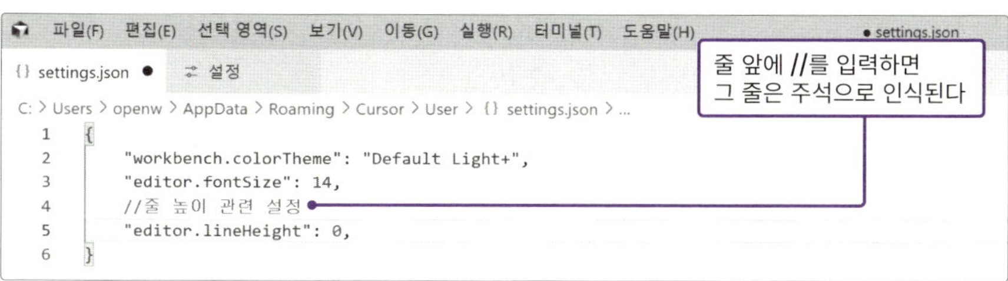

//는 해당 줄이 주석임을 선언한다는 점에 유의하세요. 주석이 두 줄로 나뉠 경우 두 번째 줄도 //로 시작해야 오류가 발생하지 않습니다.

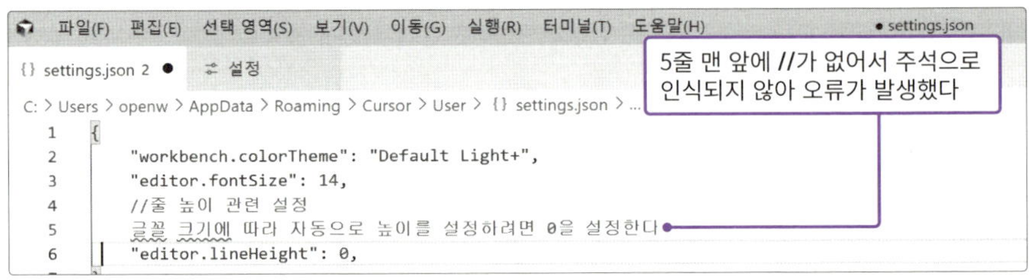

오류가 생긴 부분의 빨간색 표시

조금 전에 나온 주석에서도 볼 수 있었듯이 settings.json 파일에서는 문법 오류가 발생한 부분을 빨간색 글씨나 빨간색 밑줄로 표시합니다. 입력한 부분이 빨간색으로 바뀐다면 어딘가에서 실수한 것이니 다시 한번 확인하세요.

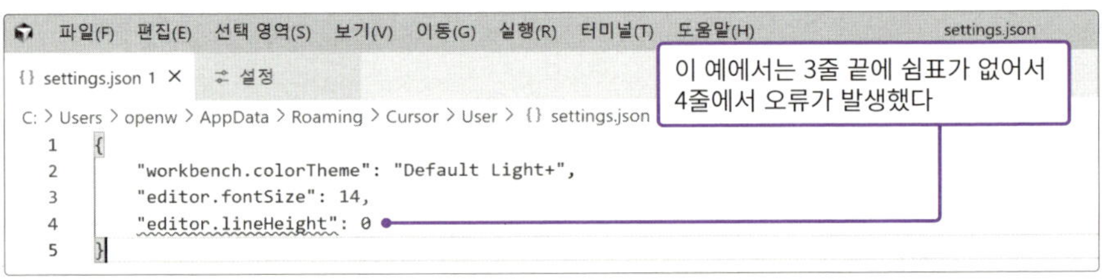

지금까지 settings.json 편집과 관련된 편리한 기능을 몇 가지 살펴보았습니다. 이러한 기능을 잘 활용하면 settings.json에서 설정을 빠르게 변경할 수 있습니다. 처음에는 익숙하지 않을지도 모르지만 사용하다 보면 오히려 settings.json 방식을 더 편리하게 느끼는 사람도 있습니다.

　참고로 작업 영역 설정이나 폴더 설정에서도 기본 개념은 같습니다. 작업 영역 설정에서는 settings.json 파일이 아니라 사용자가 작업 영역을 저장할 때 생성되는 [파일명].code-workspace 파일의 settings 부분을 편집해야 한다는 점에 유의하세요. 작성하는 위치만 약간 다를 뿐 작성 방법은 사용자 설정의 settings.json과 같습니다. 폴더 설정이라면 폴더 설정용 settings.json 파일을 편집하세요.

> **point** **사용자 설정 화면과 `settings.json`을 간편하게 전환하기**
>
> 지금까지 사용자 설정 화면과 `settings.json`을 모두 열려면 명령 팔레트에서 명령을 실행
> 하라고 알려 드렸습니다. 사실 둘 중 하나만 열어 두면 다른 화면도 쉽게 열 수 있습니다.
> 사용자 설정 화면이 열려 있다면 편집기의 오른쪽 위에 표시된 📄 **설정 열기(JSON) 아이콘**을
> 클릭하여 `settings.json` 파일을 열 수 있습니다. 같은 아이콘이 `settings.json` 파일을 열었
> 을 때도 표시되므로 `settings.json`에서 사용자 설정 화면으로 전환할 수도 있습니다.

자주 쓰는 작업에 단축키 할당하기

자신만의 단축키를 사용해 효율적으로 작업하기

커서는 단축키로 다양한 명령을 실행할 수 있을 뿐만 아니라 단축키를 할당할 수도 있습니다.

단축키 목록 확인하기

커서에는 다양한 단축키가 할당되어 있지만 모두 기억하기는 쉽지 않습니다. 어떤 단축키가 있는지 단축키 목록에서 확인해 봅시다.

먼저 명령 팔레트를 열고 keyboard shortcuts를 검색합니다. 표시된 목록 중에서 Preferences: Open Keyboard Shortcuts 명령을 실행하세요. 키보드 단축키 화면이 표시되며 단축키 목록을 확인할 수 있습니다.

또 다른 방법으로는 파일 〉 기본 설정 〉 바로 가기 키를 클릭해서 열 수도 있습니다.

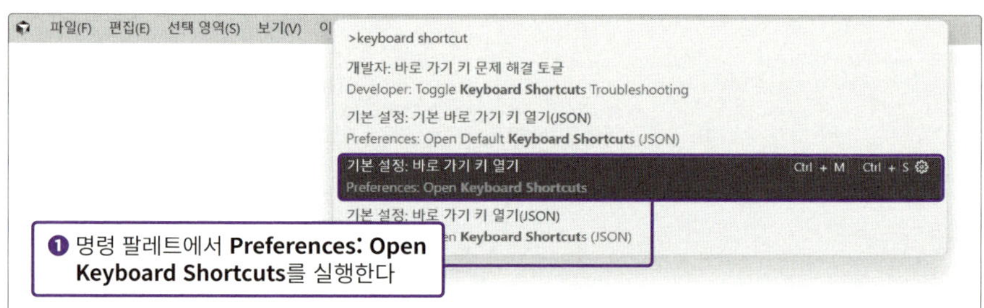

❶ 명령 팔레트에서 **Preferences: Open Keyboard Shortcuts**를 실행한다

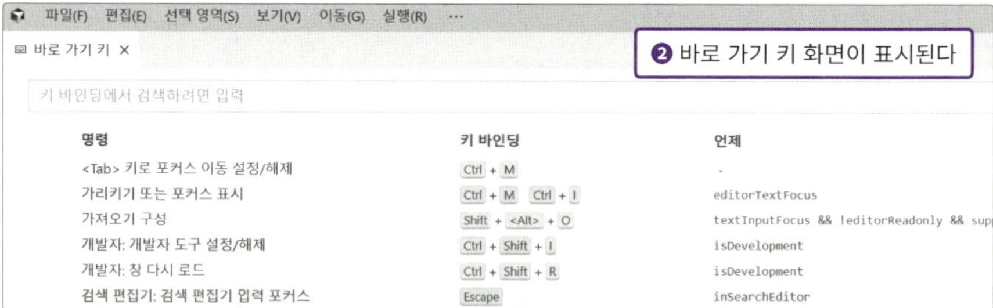

❷ 바로 가기 키 화면이 표시된다

커서에 한국어 패키지를 설치했다면 4개의 열, **명령**, **키 바인딩**, **언제**, **소스**가 표시됩니다.

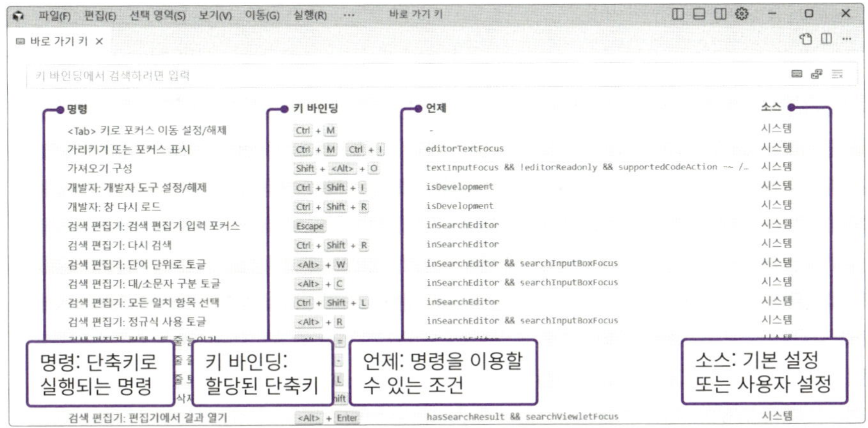

바로 가기 키 화면에서는 단순히 단축키 목록을 확인하는 것뿐만 아니라 이미 설정된 단축키를 바꿀 수도 있습니다. 또한 화면을 스크롤해 내려가다 보면 단축키 목록뿐만 아니라 아직 단축키가 정해지지 않은 명령도 확인할 수 있습니다. 단축키가 정해지지 않은 명령에도 단축키를 새로 할당할 수 있습니다.

새 단축키 할당하기

단축키가 할당되어 있지 않은 명령에 단축키를 할당해 보겠습니다. 편집기 글꼴 크기를 확대 및 축소하는 명령에 단축키를 할당해 봅시다.

단축키를 할당할 명령

명령	설명	단축키
editor.action.fontZoomIn	편집기 글꼴 크기 확대	Alt + I (macOS option + I)
editor.action.fontZoomOut	편집기 글꼴 크기 축소	Alt + O (macOS option + O)

바로 가기 키 화면 위에 있는 검색 창에서 원하는 명령을 검색할 수 있습니다. 이번에는 editor font라고 입력해 보겠습니다. 목록에 editor.action.fontZoomIn과 editor.action.fontZoomOut이 표시됩니다. 두 명령 모두 키 바인딩 열이 비어 있습니다.

먼저 editor.action.fontZoomIn부터 단축키를 할당해 보겠습니다. 명령 이름을 더블클릭하여 입력 창을 열어 주세요.

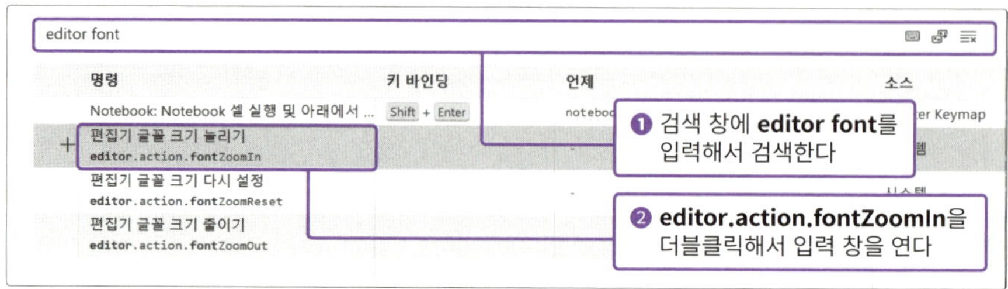

입력 창이 열리면 설정하고 싶은 단축키를 입력해서 할당합니다. 여기서는 Alt 키를 누르면서 I 키를 눌러 Alt + I 단축키를 할당합니다.

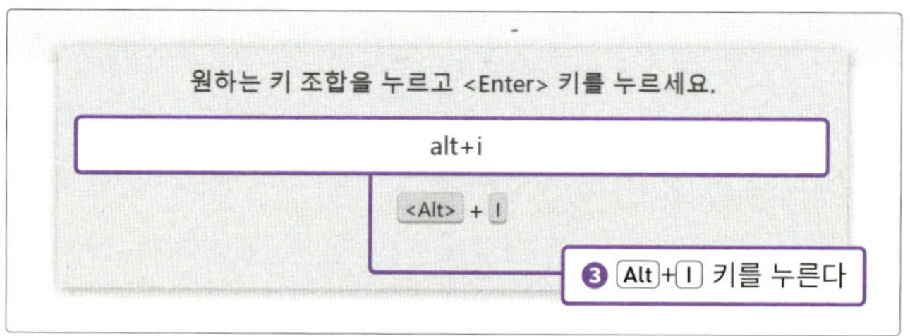

Enter 키를 누르면 입력한 단축키가 할당됩니다. 입력 창이 닫히면 editor.action.fontZoomIn의 키 바인딩 열을 확인해 보세요. Alt + I 라고 표시되어 있으면 단축키 할당에 성공한 것입니다.

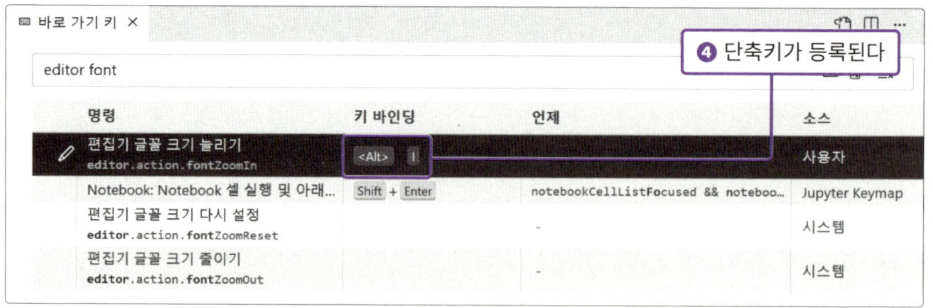

editor.action.fontZoomIn에 단축키가 할당되었습니다. 같은 방법으로 editor.action.fontZoomOut에 Alt + O 단축키를 할당하겠습니다.

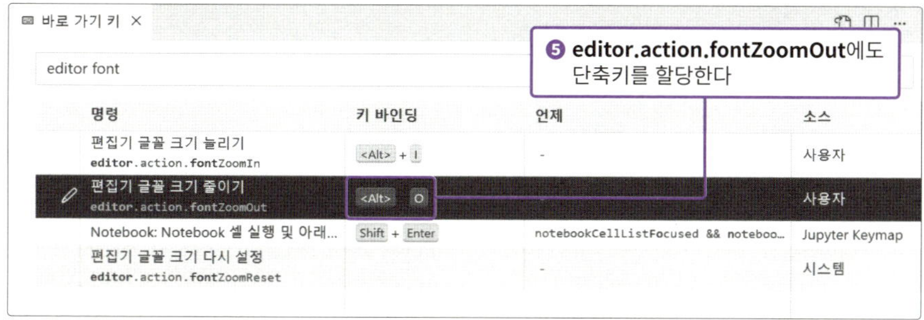

바로 가기 키 화면에서 간편하게 단축키를 할당할 수 있습니다.

이번에 설정한 편집기 글꼴 크기 확대/축소는 자주 사용하는 기능이지만 단축키가 할당되어 있지 않았습니다. 이처럼 자주 사용하지만 단축키가 없는 명령에 단축키를 할당하면 더욱 효율적으로 작업할 수 있습니다.

또한 같은 방식으로 이미 설정되어 있는 단축키도 바꿀 수 있습니다. 명령 이름 위에서 우클릭하고 키 바인딩 다시 설정을 클릭하면 사용자가 변경한 단축키가 기본 설정으로 되돌아가므로 실수로 키 바인딩을 바꿨다면 활용해 보세요.

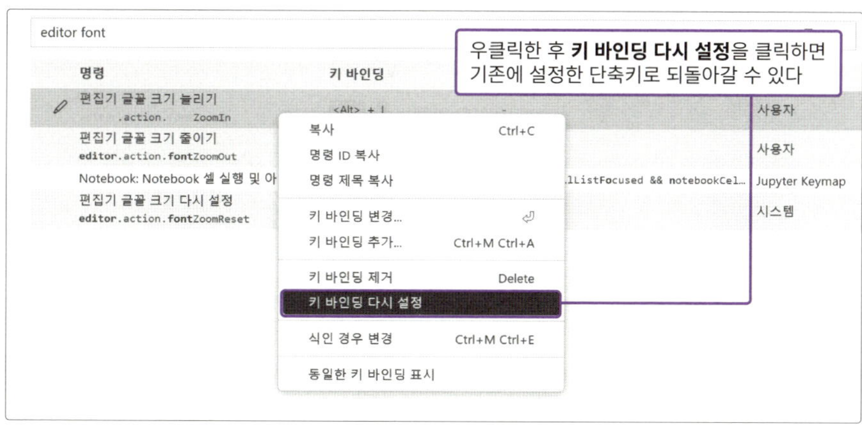

확장 기능 설치하기

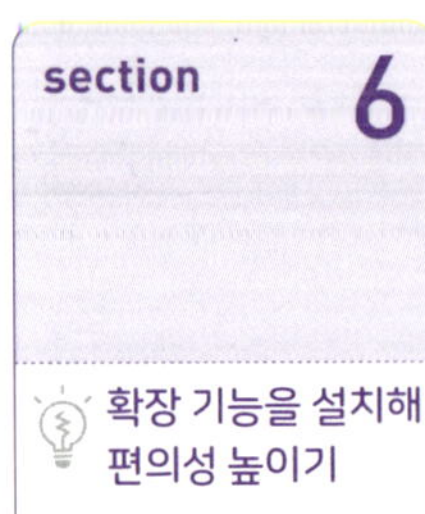

확장 기능을 설치해
편의성 높이기

커서의 큰 특징 중 하나는 뛰어난 확장성입니다. 확장 기능을 사용하면 새로운 프로그래밍 언어를 지원할 수 있고 기본 기능에 없는 편리한 명령을 추가할 수도 있습니다.

확장 기능

커서는 그 자체로 충분히 강력한 편집기지만 다양한 확장 기능을 설치해 기능을 강화할 수 있습니다.

예를 들어 커서로 프로그래밍을 한다면 언어별로 필요한 기능을 모은 확장 기능이나 입력한 코드를 자동으로 정리하는 확장 기능을 설치함으로써 더욱 효율적으로 개발할 수 있습니다. 또한 확장 기능은 누구든지 개발해 무료로 공개할 수 있으므로 공개된 확장 기능 중 용도에 맞는 것을 찾아 사용할 수 있습니다.

확장 기능 설치 방법

확장 프로그램은 마이크로소프트에서 운영하는 마켓플레이스에서 설치합니다. 액티비티 바에서 **확장 아이콘**을 클릭하여 마켓플레이스를 엽니다.

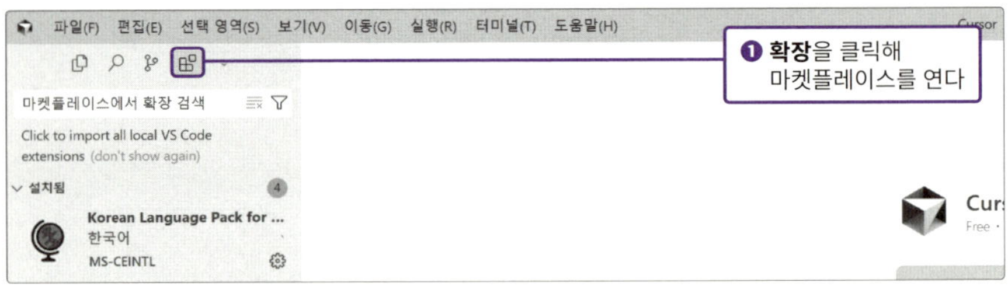

맨 위에는 검색 창이 있고 그 아래에는 **설치됨** 항목과 **권장** 항목이 표시됩니다. **설치됨** 항목에는 사용자가 이미 설치한 확장 기능이 표시되며 **권장** 항목에는 커서에서 추천하는 확장 기능이 표시됩니다.

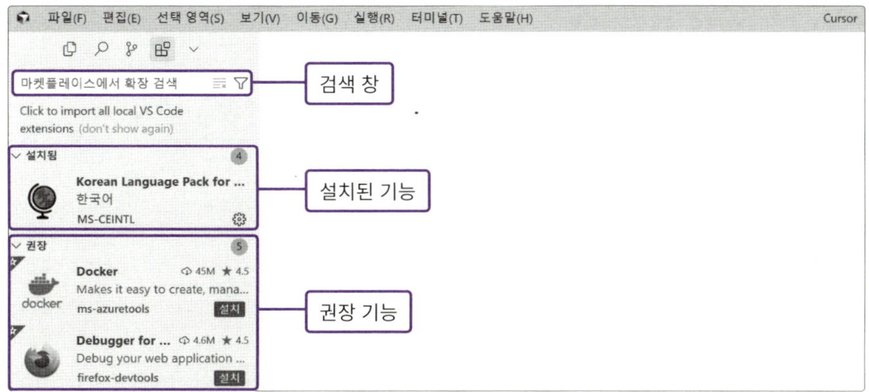

C# 개발을 위한 확장 기능을 설치해 보겠습니다. C#은 마이크로소프트에서 개발한 프로그래밍 언어로 IDE(통합 개발 환경)인 Visual Studio(비주얼 스튜디오)를 사용해 개발하지만 확장 기능을 설치하면 커서에서도 개발할 수 있습니다.

검색 창에 C#을 입력합니다. 입력하면 검색 결과가 바로 표시됩니다.

두 번째에 표시된 Anysphere의 C# 확장 기능을 설치하겠습니다.

검색 결과를 클릭하면 편집기 부분에 해당 확장 기능의 게시자, 상세 기능, 설치 횟수, 평가 등이 표시됩니다. **설치**를 클릭하면 설치가 시작됩니다.

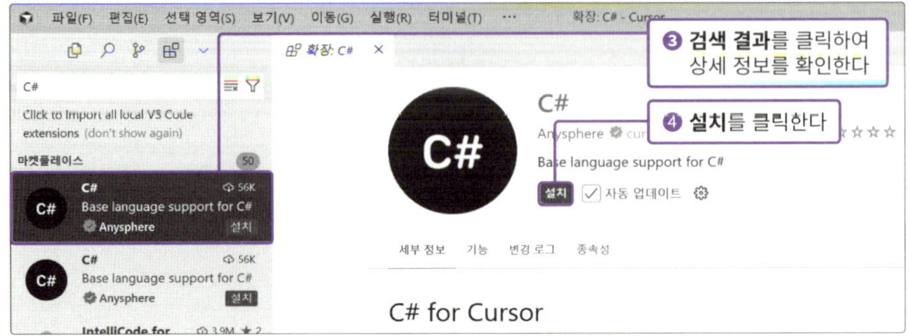

설치가 시작되면 버튼이 설치 중으로 바뀝니다. 설치가 완료되면 이번에는 사용 안 함, 제거 등의 버튼이 표시됩니다.

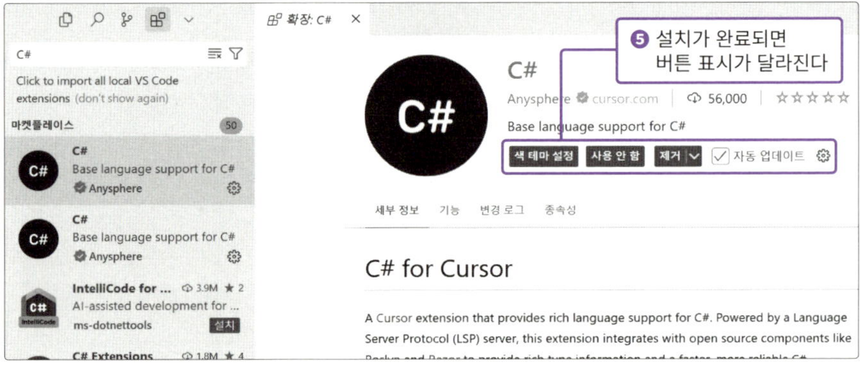

설치되었는지 확인해 보겠습니다. 검색 창에 있는 확장 검색 결과 지우기를 클릭하면 검색 창이 비워지고 설치됨 항목이 표시됩니다. 그곳에 방금 설치한 C# 확장 기능이 표시되면 제대로 설치된 것입니다.

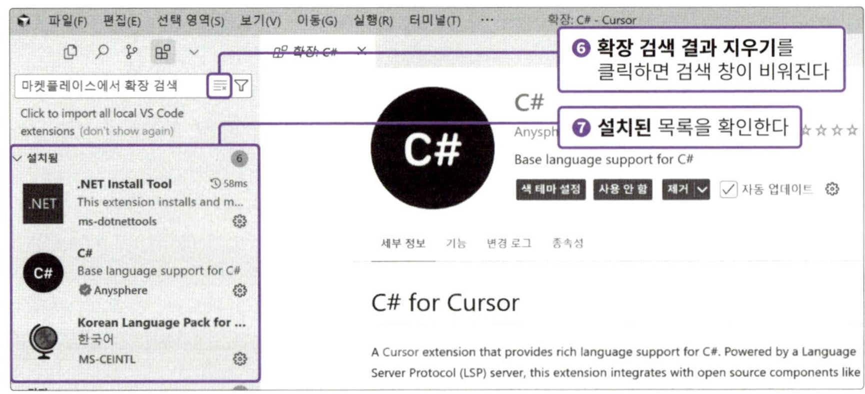

확장 기능 추천

앞에서는 필요한 확장 기능을 직접 검색했지만 커서는 현재 열려 있는 파일의 확장자를 기준으로 적절한 확장 기능을 추천할 때도 있습니다.

예를 들어 Python 확장이 설치되지 않은 상태에서 확장자가 .py인 파일을 열면 확장을 설치할지 묻는 대화 상자가 편집기 아래에 표시될 수 있습니다.

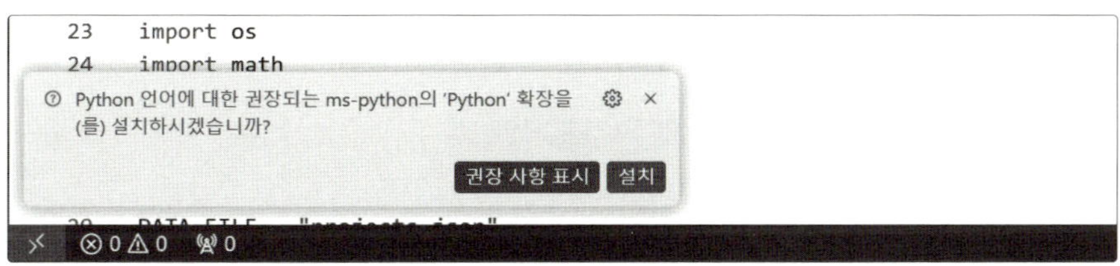

설치를 클릭하면 바로 설치할 수 있으며 **권장 사항 표시**를 클릭하여 확장 기능의 세부 정보를 확인한 후 설치할 수도 있습니다. 이는 .py 파일뿐만 아니라 .cs 파일이나 .java 파일 등 다른 언어에서도 마찬가지입니다.

마켓플레이스의 **권장** 항목에는 커서가 추천하는 확장 기능이 표시됩니다. 용도에 맞는 기능이 있다면 설치해 보세요.

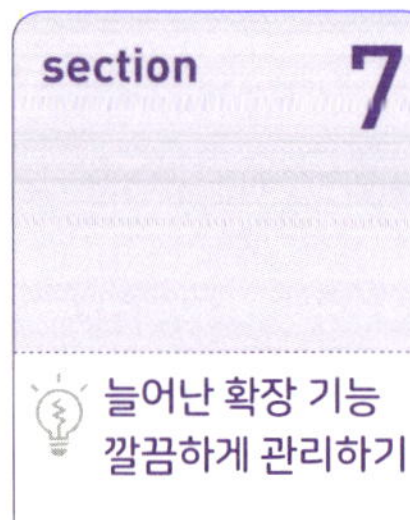

확장 기능 관리하기

설치한 확장 기능이 필요 없어지면 비활성화하거나 제거하여 정리합니다.

확장 기능 비활성화하기 또는 제거하기

확장 기능을 사용하다 보면 더 이상 사용하지 않지만 설치된 채로 남아 있거나 비슷한 확장 기능이 여러 개 설치되어 있는 경우가 있습니다. 확장 기능이 많아지면 커서의 성능이 떨어질 수 있으므로 불필요한 확장 기능은 비활성화하거나 삭제하는 것이 좋습니다.

확장 기능 사용 안 함으로 설정하기

확장 기능을 설치했지만 작동하지 않도록 할 수 있습니다. 일시적으로 확장 기능을 사용하고 싶지 않을 때 이용합니다. 확장 기능을 비활성화하려면 액티비티 바에서 확장을 열고 **설치됨** 항목에서 비활성화할 확장 기능을 선택한 후 **사용 안 함**을 클릭합니다.

모든 확장 기능을 비활성화할 수 없다는 점에 주의하세요. 사용하고 싶지 않을 때 제거만이 유일한 방법일 수도 있습니다.

확장 기능 제거하기

확장 기능이 필요 없다면 삭제하여 커서에서 제거합니다. 확장 기능을 삭제하는 방법은 앞서 설명한 비활성화 방법과 마찬가지로 확장 기능을 선택한 후 **제거**를 클릭하면 됩니다.

다시 시작할 필요가 있는 경우

커서에서는 확장 기능을 설치할 때 다시 시작할 필요는 없지만 비활성화하거나
삭제했을 때는 다시 시작해야 할 수 있습니다. **확장 다시 시작**이 표시되면 클릭
해 주세요.

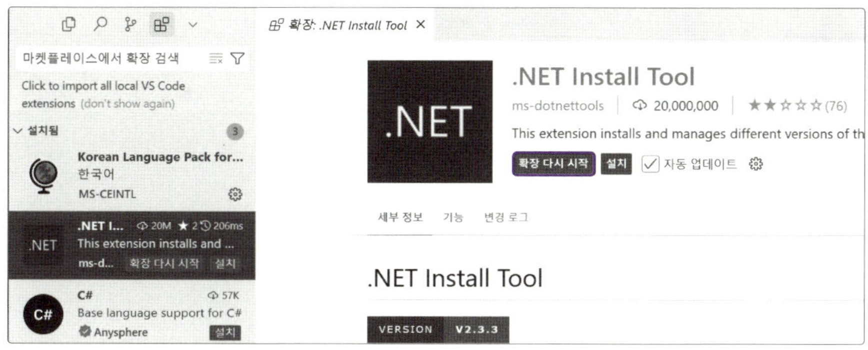

확장 기능 업데이트하기

설치된 확장 기능은 자동으로 업데이트되므로 사용자가 업데이트할 필요는 없습
니다. 다음과 같은 설정을 이용해 자동으로 업데이트를 확인하거나 제어할 수도
있지만 특별한 일이 없는 한 변경하지 않아도 됩니다.

확장 기능 자동 업데이트에 관한 설정

설정 이름	설정 ID	설명
Extensions: Auto Check Updates	extensions.autoCheckUpdates	확장 기능 업데이트를 자동으로 확인한다.
Extensions: Auto Update	extensions.autoUpdates	확장 기능을 자동으로 업데이트한다.

확장 기능 검색 창에 표시된 **필터 아이콘**을 클릭해 **업데이트**를 클릭하거나 검색
창에 @updates를 입력하여 업데이트할 수 있는 확장 기능을 표시할 수도 있습니
다. 자동 업데이트 기능을 껐다면 이 방법을 사용해 업데이트하세요.

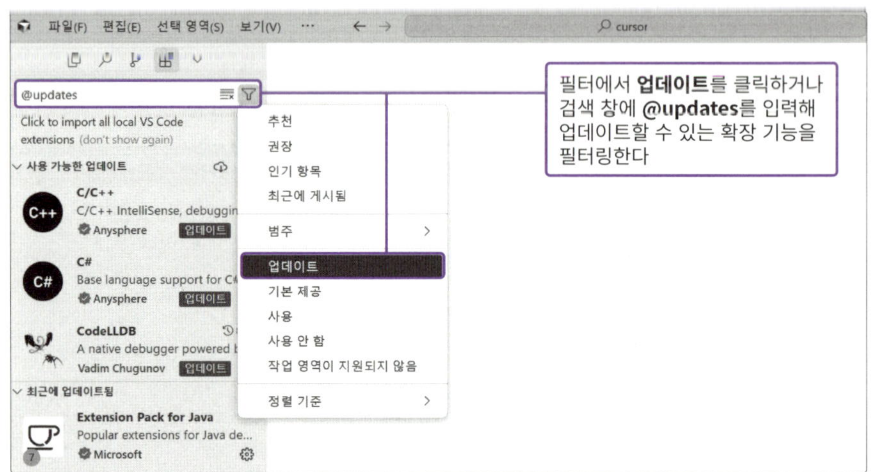

확장 기능 관련 주의 사항

마지막으로 확장 기능에 관한 주의 사항을 하나 알려 드리겠습니다. 일부 확장 기능은 실행까지 시간이 걸릴 수 있습니다. 커서를 실행한 직후나 설치 중에 검색 창 위에서 바가 움직이는 모습을 볼 수 있습니다. 이는 확장 기능이 활성화되는 중이라는 뜻입니다. 커서가 실행되고 확장 기능 로딩을 시작하므로 바가 사라지고 확장 기능이 정상적으로 표시될 때까지 잠시 기다려야 합니다.

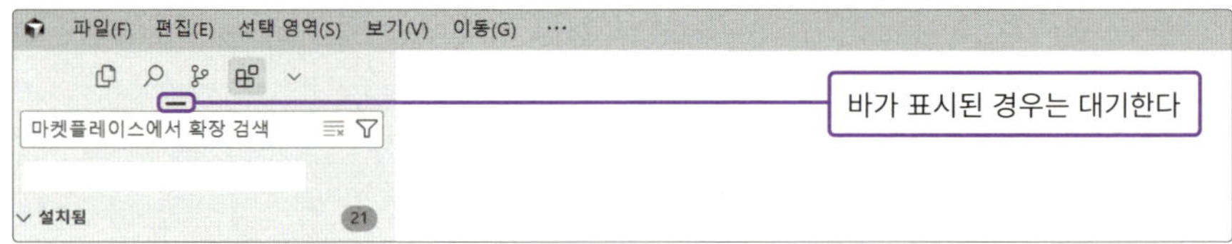

chapter 4

웹사이트 제작하기

#확장기능 #웹개발

개발 중인 웹 페이지 손쉽게 확인하기

미리 보기로 확인하면서 코딩하기

라이브 서버(Live Server) 확장 기능을 사용하면 서버 구축에 대한 지식이 없어도 개발 중인 웹 페이지를 손쉽게 열 수 있습니다.

라이브 서버로 간이 로컬 서버 구축하기

이제 웹 개발에 유용한 기능을 좀 더 자세히 설명하겠습니다. 설명하기에 앞서 확장 기능 라이브 서버를 설정해 보겠습니다. (ritwickdey가 만든 확장입니다.) 라이브 서버는 로컬 환경에 간이 서버를 구축해 HTML/CSS 파일의 변경 내용이 반영된 미리 보기를 바로 보여 주는 기능입니다. 미리 보기를 보면서 코드를 실시간으로 수정할 수 있어 코딩과 코드 확인을 반복하는 프런트엔드 개발에 꼭 필요한 기능입니다.

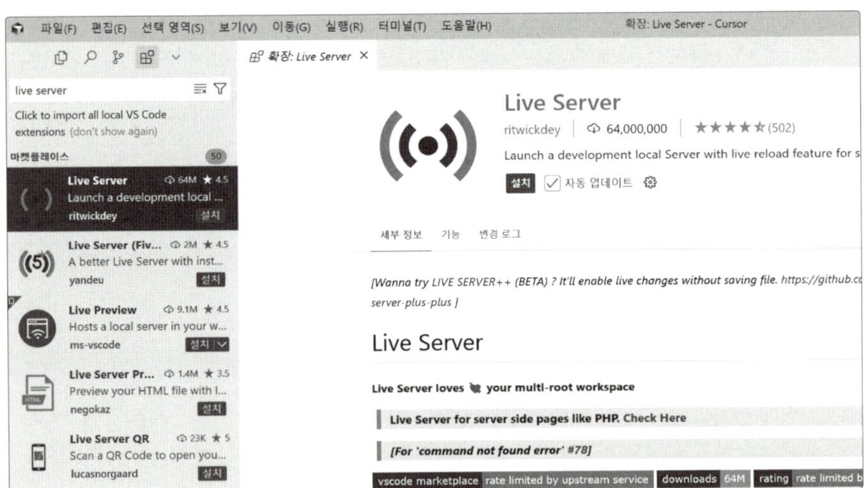

마켓플레이스(Marketplace)에서 Live Server를 검색한다

라이브 서버를 설치한 후 커서에서 폴더를 열면 상태 표시줄에 Go Live 표시가 나타납니다. HTML 파일을 편집기에서 연 상태에서 Go Live를 클릭하면 로컬 서버가 시작되고 HTML과 CSS 내용이 반영된 웹 페이지가 브라우저에 나타납니다.

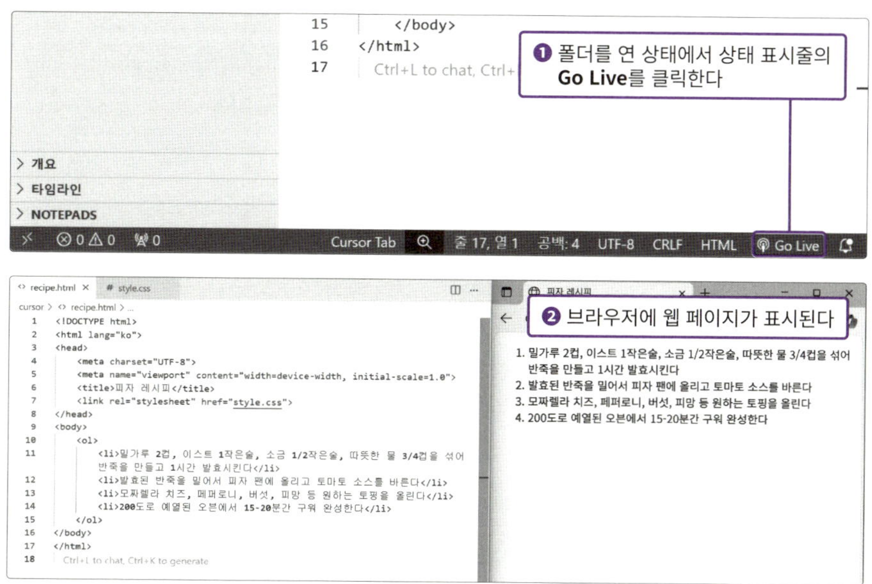

라이브 리로드로 브라우저 자동 새로고침

라이브 서버에는 브라우저에서 미리 보기를 표시하는 기능뿐만 아니라 파일을 수정하고 저장했을 때 브라우저를 다시 불러오는 라이브 리로드 기능도 있습니다.

미리 보기 화면을 켜 둔 상태에서 HTML 파일이나 CSS 파일을 수정하고 저장하면 Live Server가 파일의 변경을 감지하여 브라우저를 자동으로 리로드해 줍니다.

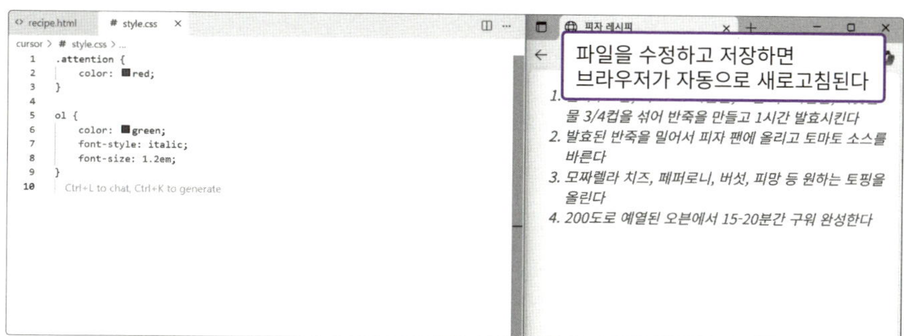

미리 보기 기능과 라이브 리로드를 사용하면 파일을 수정하고, 미리 보기를 확인하고, 다시 파일을 수정하는 과정을 앱 전환 없이 반복할 수 있으므로 프런트엔드를 개발하는 속도가 훨씬 빨라집니다.

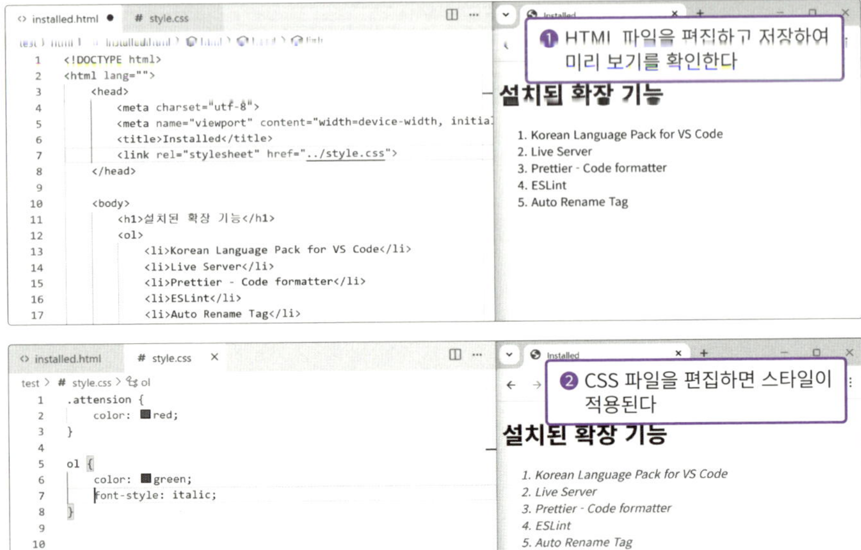

또한 `settings.json`(90쪽 참고)에 다음 내용을 추가하면 미리 보기를 표시할 브라우저를 지정할 수 있습니다.

settings.json

```
{
  "liveServer.settings.CustomBrowser": "chrome"
}
```

다음과 같은 `liveServer.settings.CustomBrowser` 설정값도 있습니다.

- chrome:PrivateMode
- firefox
- firefox:PrivateMode
- microsoft-edge
- blisk

라이브 서버가 설치되어 있어도 폴더가 아닌 HTML 파일만 단독으로 열어 놓았다면 브라우저에서 미리 보기를 표시할 수 없습니다. 미리 보기를 표시하려면 해당 HTML 파일이 포함된 폴더 또는 작업 영역을 열어 주세요.

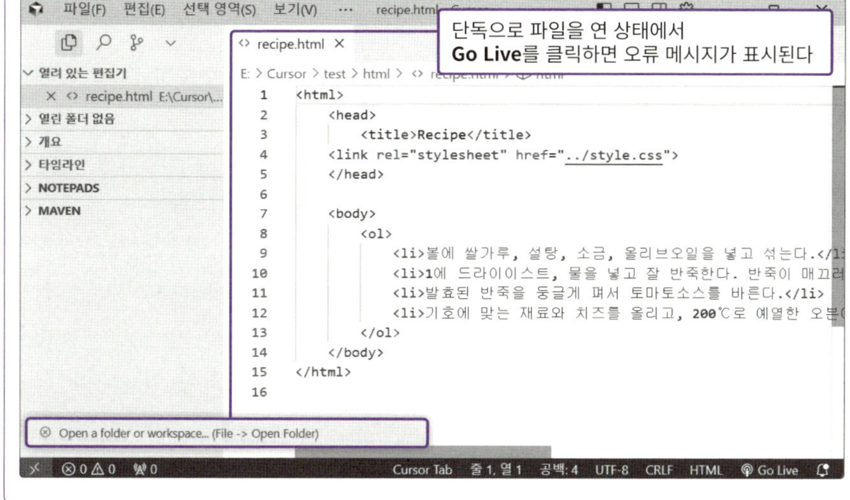

로컬 서버 중지하기

라이브 서버로 연 미리 보기를 닫으려면 상태 표시줄에 표시된 Port: 5500을 클릭합니다. 이를 클릭하면 로컬 서버가 중지되며 자동 새로고침을 할 수 없게 됩니다.

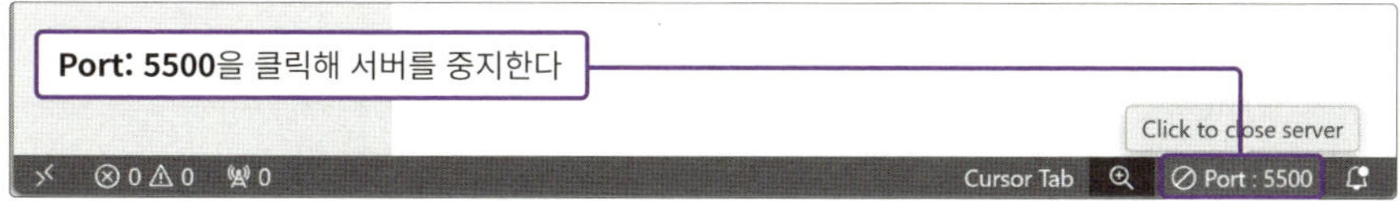

#프롬프트의핵심

AI로 기본 틀 만들어 보기

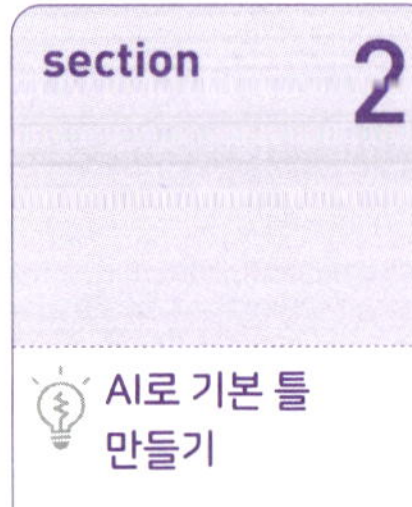
AI로 기본 틀
만들기

커서로 웹 개발이나 프로그래밍을 할 때 처음부터 완성된 형태로 콘텐츠를 만들려고 하지 않는 것이 중요합니다.

AI로 기본 틀 만들기

커서에서 AI에 프로그램이나 HTML 소스 코드를 처음 생성하려면 AI 패널을 사용하면 됩니다. 단, AI에 프로그램 소스 코드를 생성하도록 지시할 때는 가능한 한 모호함을 없애고 내용을 명확하게 작성하는 것이 중요합니다. 조건을 지나치게 많이 넣거나 복잡한 프롬프트를 사용하면 원하는 코드가 나오지 않을 수 있습니다. 그러므로 먼저 앱의 핵심 요소를 명확하게 전달하고 이를 바탕으로 기본 틀이 될 코드를 만드는 방식이 좋습니다.

웹 페이지 기초 설계하기

여기서 한 프런트엔드 엔지니어의 포트폴리오 사이트를 만든다고 가정해 봅시다. 이 사이트에는 **자기소개**, **프로젝트**, **문의 폼**이 표시되도록 합니다. 단, 구체적인 내용은 AI에 맡기기로 합니다.

먼저 작업용 폴더로 `portfolio` 폴더를 만들고 커서에서 엽니다. 그리고 Toggle AI Pane을 클릭해 AI 패널을 표시합니다.

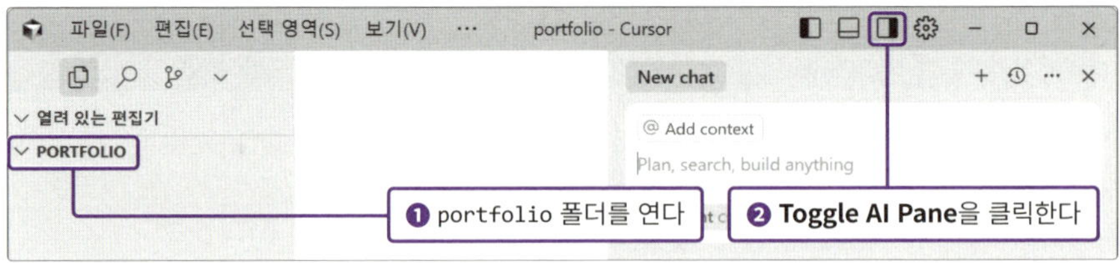

다음과 같이 프롬프트를 입력하고 Enter 키를 눌러 실행합니다. 참고로 프롬프트에서 줄을 바꾸려면 Shift 키를 누르면서 Enter 키를 누릅니다.

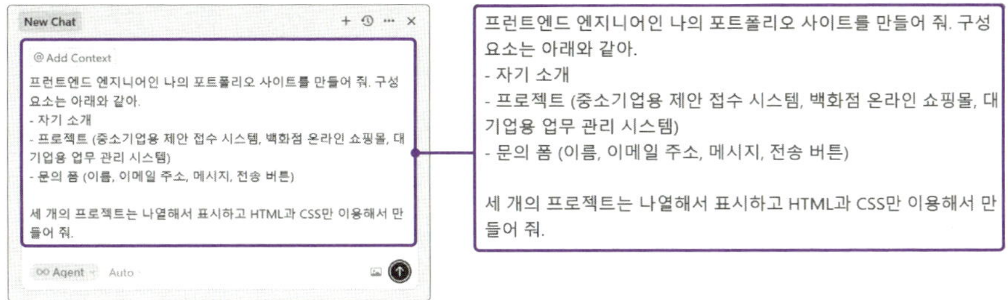

프롬프트를 전송하면 다음과 같이 HTML과 CSS 코드를 만들어 제안합니다. 여기서는 확인을 위해 Keep All을 클릭해 제안을 받아들입니다.

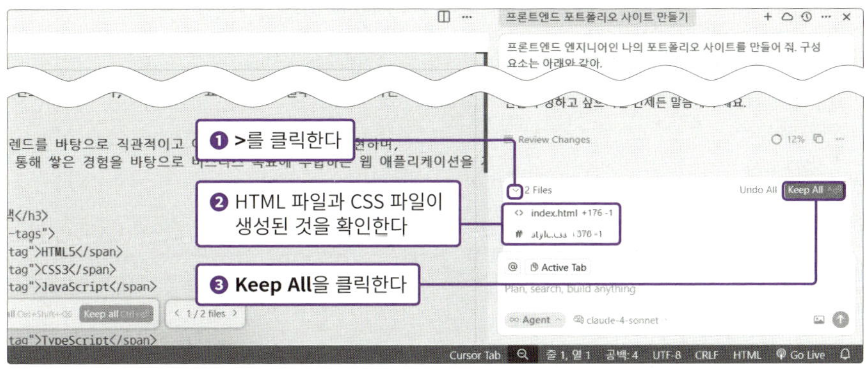

생성된 페이지를 브라우저에서 확인해 보겠습니다. 앞서 설명했던 라이브 서버 기능을 사용하여 HTML이나 CSS 파일을 만들 때마다 브라우저가 자동으로 업데이트되도록 하겠습니다.

먼저 사이드바의 탐색기에서 `index.html`을 우클릭한 후 Open with Live Server를 클릭하면 라이브 서버가 실행되고 브라우저가 열리면서 생성된 HTML 파일을 확인할 수 있습니다. 참고로 브라우저를 계속 열어 두면 파일이 업데이트될 때마다 브라우저도 자동으로 업데이트됩니다.

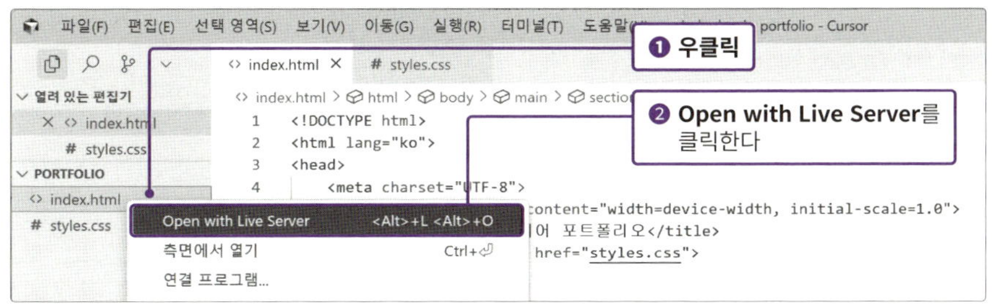

생성된 페이지가 다음과 같이 나타났습니다. 프롬프트에 지시한 대로 세 가지 요소가 모두 들어 있습니다. 내용이 약간 달라도 대략 이렇게 나타나면 성공입니다.

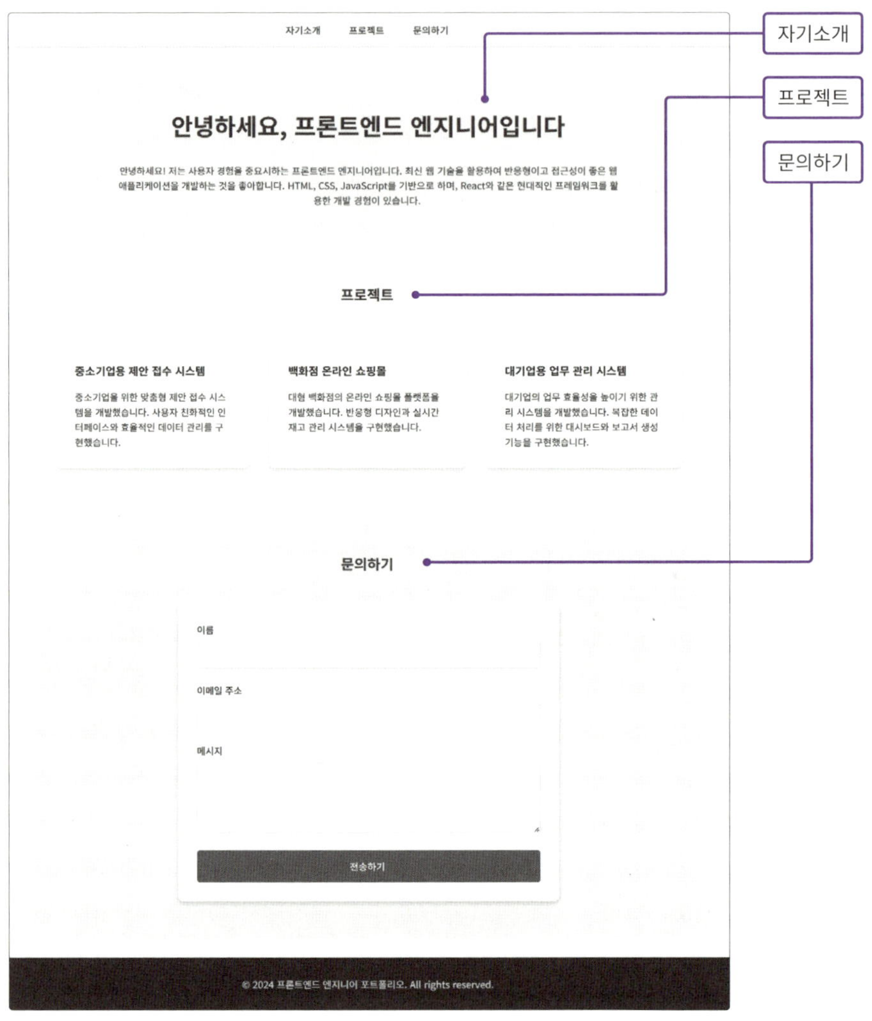

다시 만들기

한 번에 원하는 대로 만들어지지 않더라도 여러 번 시도하면 됩니다. 챗 패널을 위로 스크롤하여 방금 보낸 프롬프트를 찾아 화살표(Restore checkpoint)를 클릭하면 Discard all changes up to this checkpoint?(이 체크포인트까지의 모든 변경 사항을 취소할까요?)라는 확인 창이 나타납니다. Continue를 클릭하면 프롬프트를 보내기 전으로 돌아갑니다.

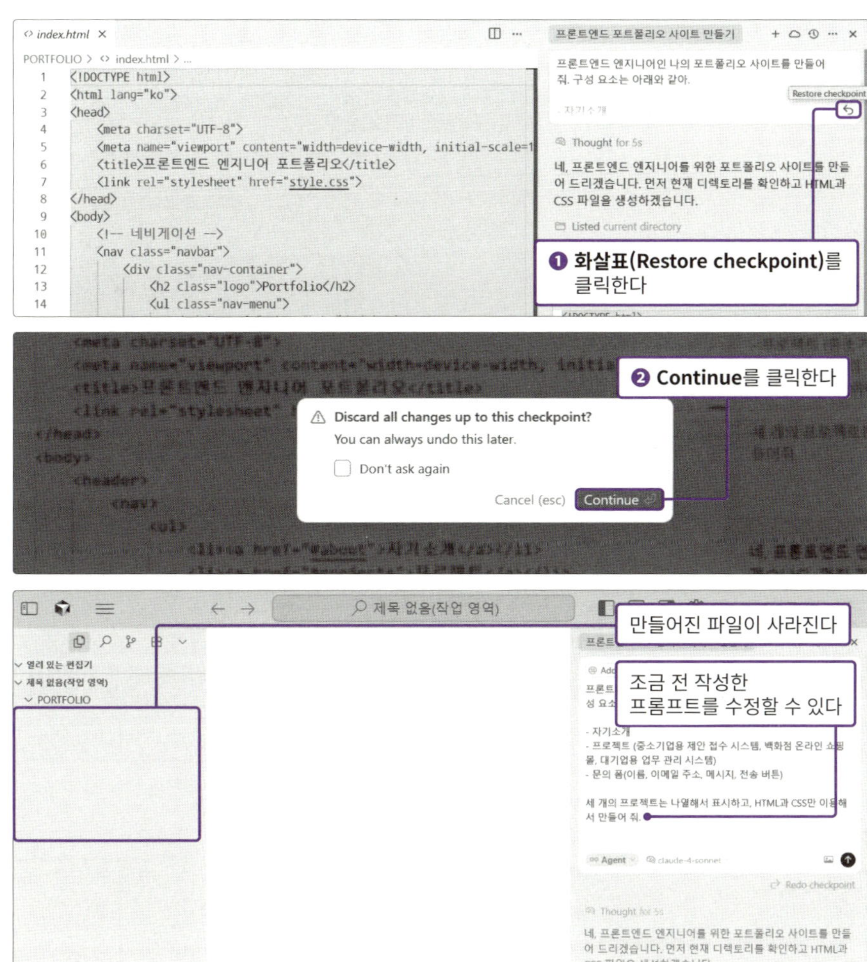

만들어진 파일이 사라지고 이전 프롬프트를 수정할 수 있습니다. AI는 같은 프롬프트를 입력해도 다른 결과가 나타납니다. 잘 되지 않을 때는 같은 프롬프트를 반복해서 실행해 보거나 표현을 조금 바꾸는 등 시행착오를 겪는 과정이 필요합니다.

다만 화살표(Restore checkpoint)를 클릭해 이전 상태로 되돌린 후 소스 코드를 편집하면 다시 원래대로 돌아갈 수 없습니다. 원래대로 되돌아갈 가능성이 높다면 다른 위치에 파일의 복사본을 남겨 두는 것이 좋습니다.

#CommandK #Tab

AI로 완성도 높이기

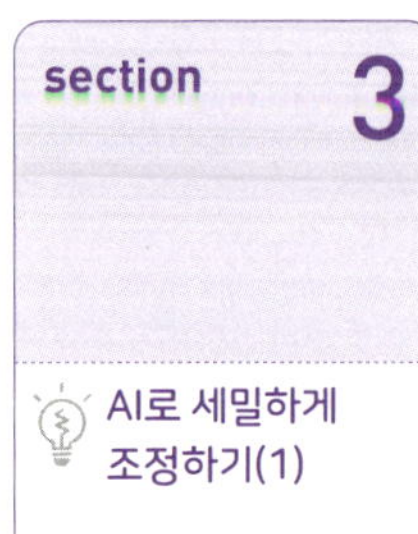

AI로 세밀하게 조정하기(1)

AI를 활용해 초안으로 작성한 코드를 여러 방식으로 조금씩 수정하며 완성된 형태에 가까워지는 과정을 살펴보겠습니다.

프롬프트로 코드 수정하기

원하는 형태에 더 가까워지도록 다듬기 위해 AI에 추가 지시를 내려 AI가 생성한 초안 코드를 수정하겠습니다. 포트폴리오 사이트에서 **프로젝트** 항목이 화면 오른쪽에서 왼쪽으로 슬라이드되며 나타나도록 만들어 보겠습니다.

이 작업은 HTML, CSS 파일과도 밀접하게 연관되어 있으므로 초안을 생성할 때처럼 AI 채팅 창에 프롬프트를 입력해 수정하겠습니다. 다음과 같이 프롬프트를 입력한 뒤 Enter 키를 눌러 전송하세요.

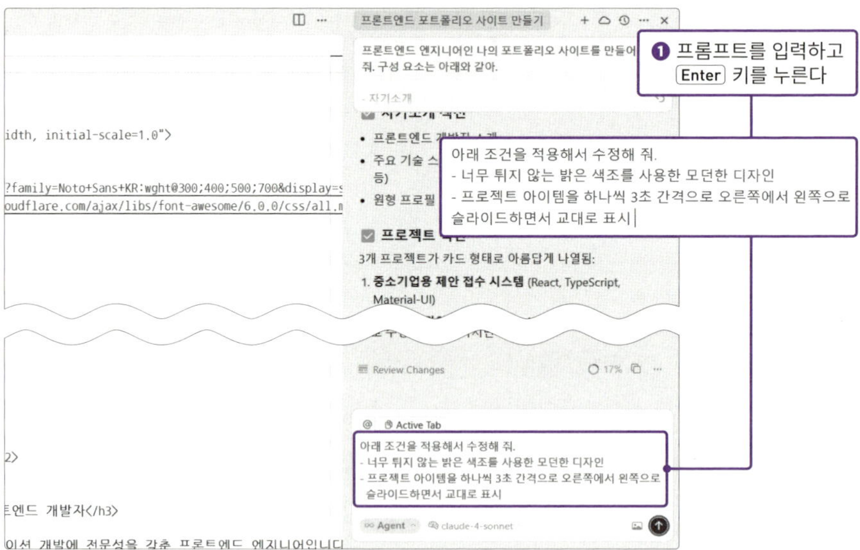

프롬프트를 전송하면 다음과 같이 수정안을 제시합니다. Keep All을 클릭하고 브라우저에서 확인해 보세요.

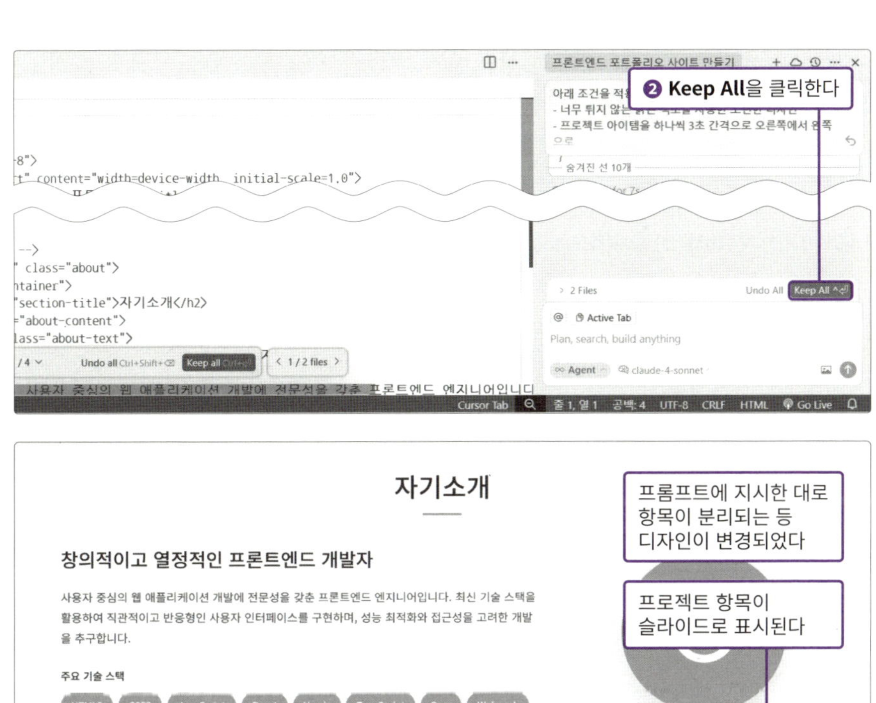

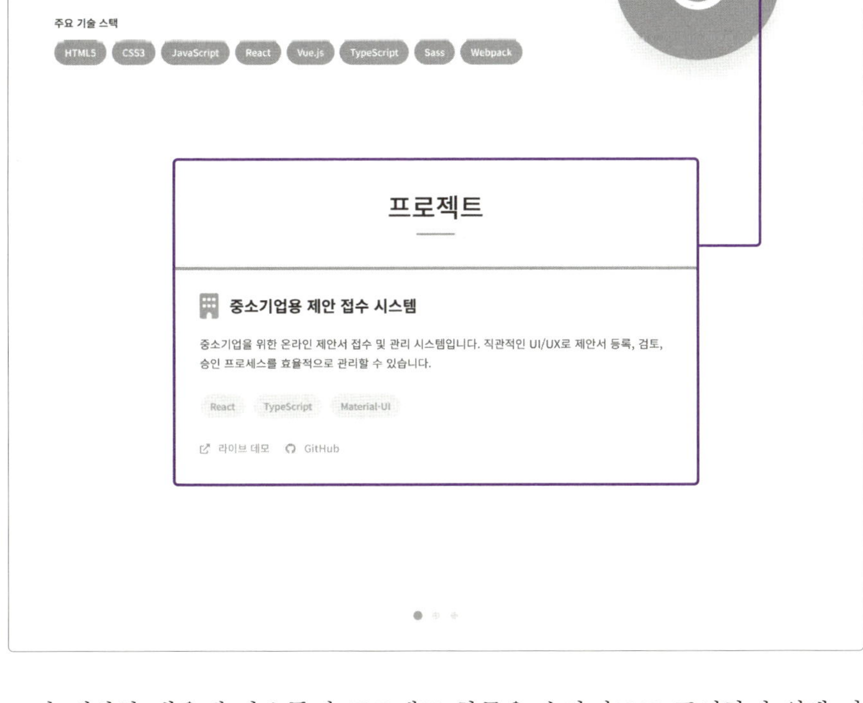

AI가 제안한 내용에 나오듯이 프로젝트 항목을 슬라이드로 표시하기 위해 자바스크립트가 활용되었습니다. 자바스크립트가 추가되고 디자인이 바뀌면서 HTML과 CSS 파일이 동시에 수정되었습니다.

생성된 결과가 원하는 방향과 다르다면 계속해서 프롬프트에 지시를 내려 수
정할 수 있습니다. 수정하다가 이전 상태로 되돌리고 싶다면 그 결과를 만든 프
롬프트로 이동한 뒤 **화살표**(Restore checkpoint)를 클릭하세요. "Discard all
changes up to this checkpoint?"라는 메시지가 표시되었을 때 Continue를 클릭
하면 변경 사항이 취소되어 지시를 내리기 전으로 돌아가고 프롬프트를 다시 수
정할 수 있습니다.

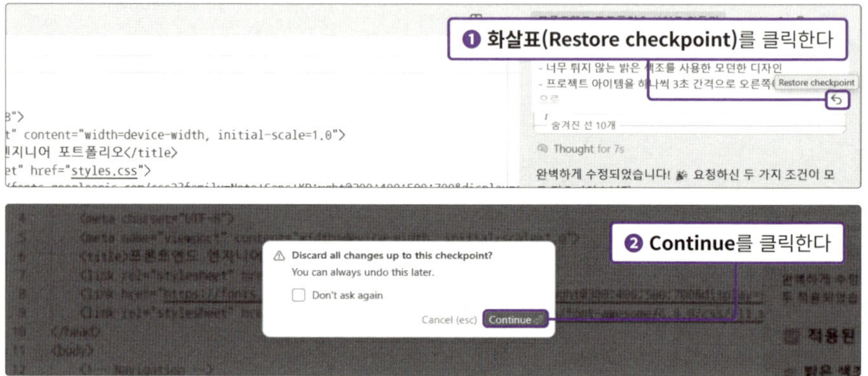

Command K 로 코드 수정하기

지금까지 AI가 생성한 웹 페이지를 살펴보면 전체적으로 원하는 방향에 가깝게
완성되고 있을 것입니다. 하지만 약간 수정하고 싶은 부분도 있을 것입니다. 챗
패널에서 에이전트(Agent) 모드로 수정할 경우 의도하지 않은 부분까지 함께 수정될
수 있습니다. 수정할 부분이 일부이거나 적다면 Command K를 사용하는 것이 좋
습니다. 이 기능은 macOS에서 사용하는 단축키인 command + K 에서 유래한 것
으로 Windows에서는 Ctrl + K 에 해당합니다. 이후 설명에서는 Windows 단축
키를 기준으로 안내하므로 macOS를 사용 중이라면 Ctrl 키를 command 키라고
생각하고 읽어 주세요.

여기서는 문의하기 폼의 **전송** 버튼에 커서를 올렸을 때 버튼의 색을 밝게 하고
버튼이 입체적으로 보이도록 코드를 수정해 보겠습니다. 먼저 style.css를 열고
button 요소의 설정을 모두 선택하면 Add to Chat Ctrl + L, Quick Edit Ctrl + K라
는 버튼이 표시됩니다. 여기서 Quick Edit을 클릭하거나 Ctrl + K 키를 누르면 프
롬프트 입력 창이 표시됩니다.

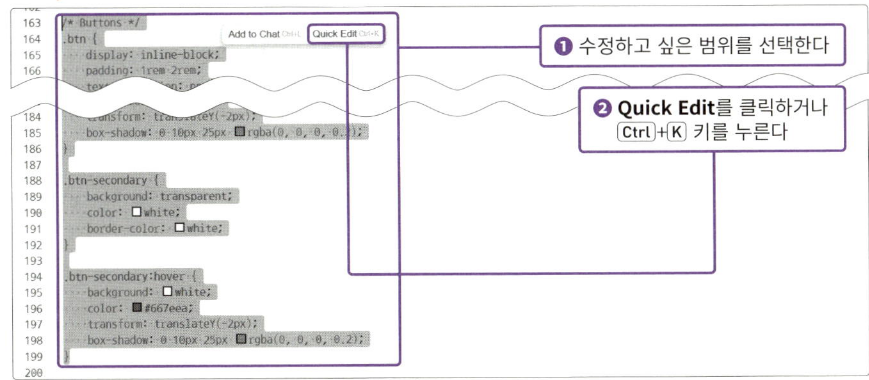

프롬프트 입력 창에 지시를 입력하고 전송하면 선택한 부분에 대한 수정 코드가 표시됩니다. Ctrl + Enter 키를 눌러 반영합니다.

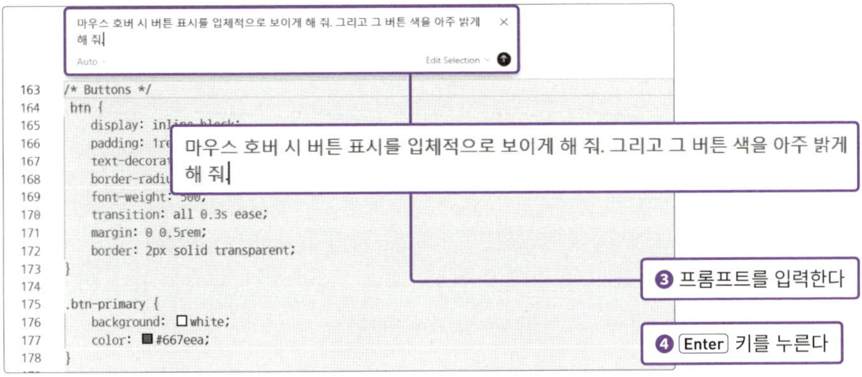

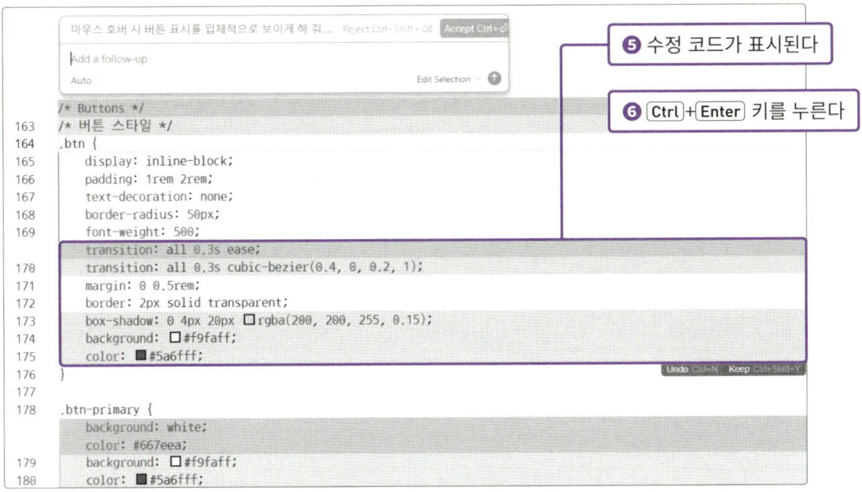

편집한 파일을 저장하고 브라우저를 확인합니다. 다음과 같이 커서를 올리면 버튼 색이 밝아지고 그림자가 생겨 버튼이 입체적으로 보입니다.

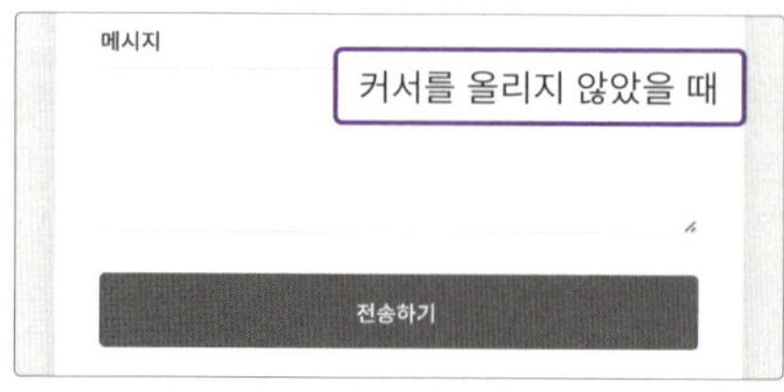

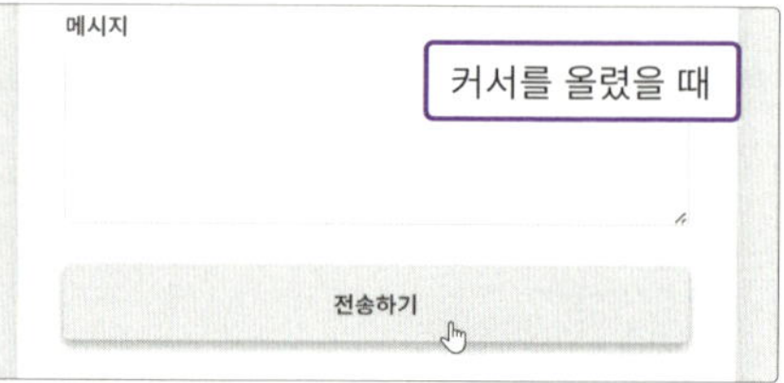

또한 Command K로 수정하면 다른 부분에 영향을 미칠 수 있습니다. 버튼을 입체적으로 보여 주는 예에서는 전송 버튼이 푸터(footer, 바닥글)에 가려지는 문제가 발생할 수 있습니다. 생성된 결과는 수시로 브라우저에서 확인하고 문제가 있다면 다시 소스 코드에서 관련 부분을 선택해 Command K로 지시하면서 수정을 반복하세요.

커서 탭으로 코드를 순차적으로 생성하기

앞서 살펴본 Command K는 기존 코드를 수정할 때 유용하지만 새 콘텐츠를 추가하거나 코드 확장 방향이 명확할 때는 커서 탭이 효과적입니다.

여기서는 현재 세 개인 프로젝트를 네 개로 늘려 보겠습니다. `index.html` 파일을 열고 새 프로젝트를 추가할 위치에서 엔터를 눌러 줄 바꿈하면 `<article class="project-card">`라고 제안된 코드가 흐리게 표시됩니다. 그 상태에서 `Tab` 키를 누르면 제안된 코드가 자동으로 삽입됩니다. 계속해서 `Tab` 키를 누를 때마다 관련된 후속 코드가 순차적으로 생성됩니다.

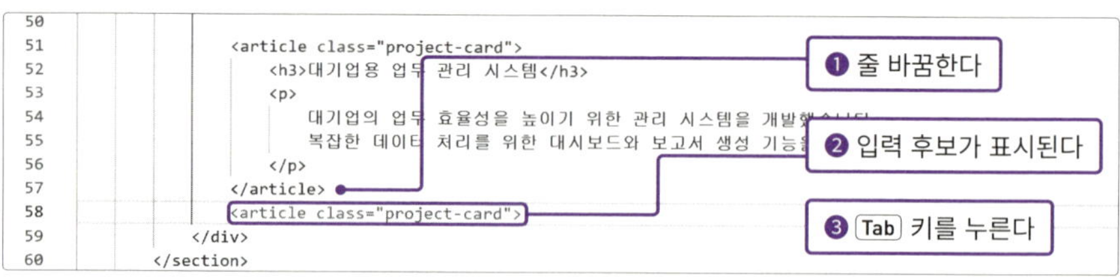

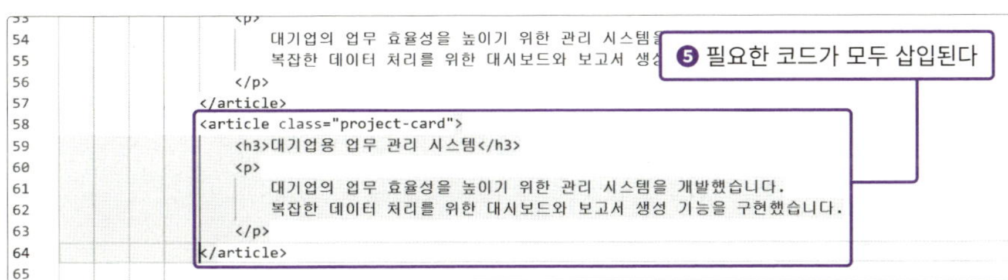

마지막으로 프로젝트를 추가하는 코드가 모두 삽입됩니다.

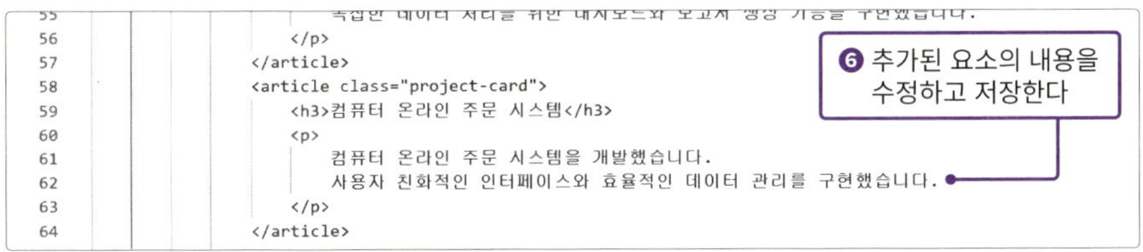

h3 요소의 내용을 다음과 같이 수정한 후 저장하고 브라우저에서 확인해 봅시다.
네 번째 프로젝트가 추가된 것을 확인할 수 있습니다.

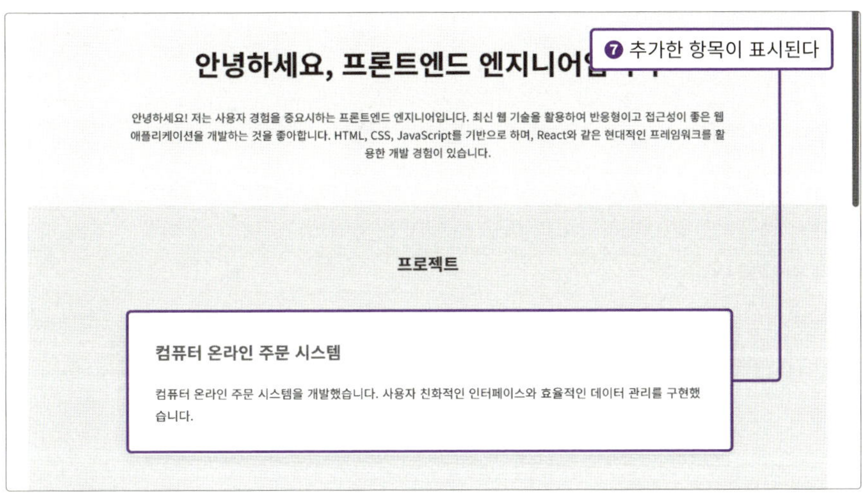

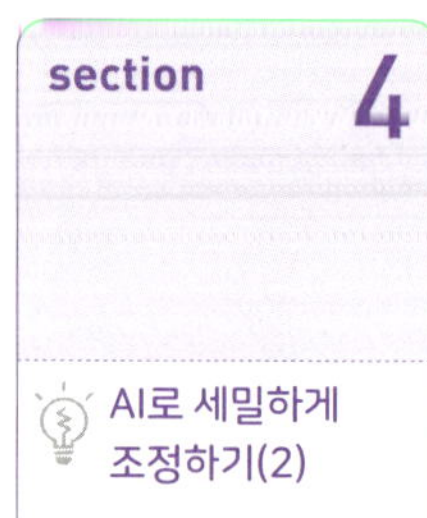

AI로 점검하기

생성된 웹 페이지의 디자인, 내용에 대한 개선점, 코딩 스타일을 잘 따르고 있는지 AI에 확인받을 수 있습니다.

@ 기호로 코딩 규칙 참조하기

팀에서 제작하는 웹사이트에서는 코딩 규칙이 정해져 있는 경우가 있습니다. 하지만 이를 준수하며 코딩했는지 일일이 확인하려면 상당히 번거롭습니다. 이때 커서의 @ 기호 기능을 사용하면 AI에 검토를 맡길 수 있습니다.

먼저 확인받고 싶은 파일이 저장된 폴더를 열고 챗 패널을 엽니다. 프롬프트 입력 창에 @를 입력하면 추천 옵션이 표시되는데 이 중 Docs를 클릭하세요.

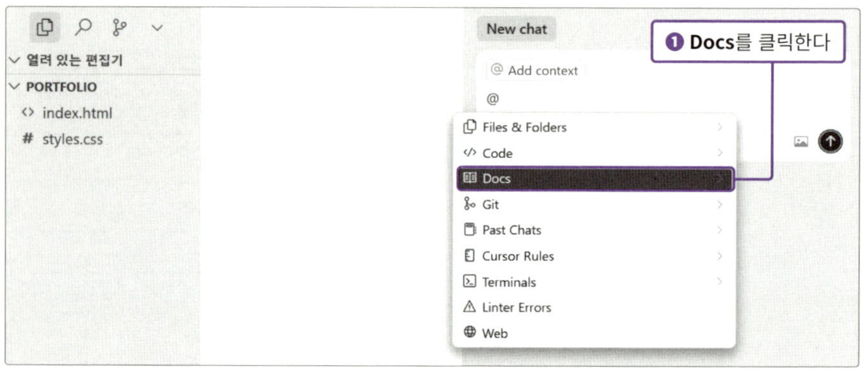

이미 참조할 문서가 등록되어 있다면 해당 문서가 표시되지만 여기서는 아직 등록되지 않은 상태이므로 + Add new doc만 표시됩니다. 이를 클릭하면 URL 입력 창이 나타납니다.

Google 코딩 스타일 가이드 URL(https://google.github.io/styleguide/htmlcss-guide.html)을 입력하고 Enter 키를 누릅니다.

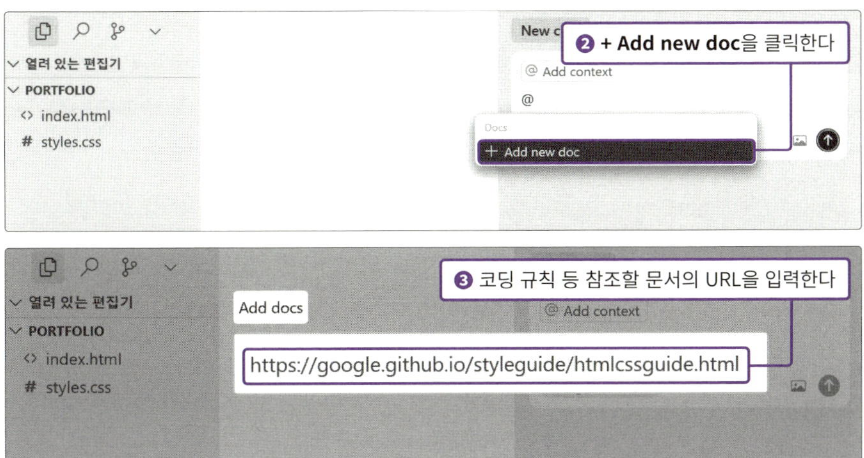

문서 이름 등을 입력하는 화면으로 바뀌면 이름을 적절히 입력하고 Confirm을 클릭합니다. 그러면 챗 패널의 프롬프트 입력 창에 Google 스타일 가이드 링크가 삽입되고 프롬프트 실행 시 이를 참조할 수 있습니다.

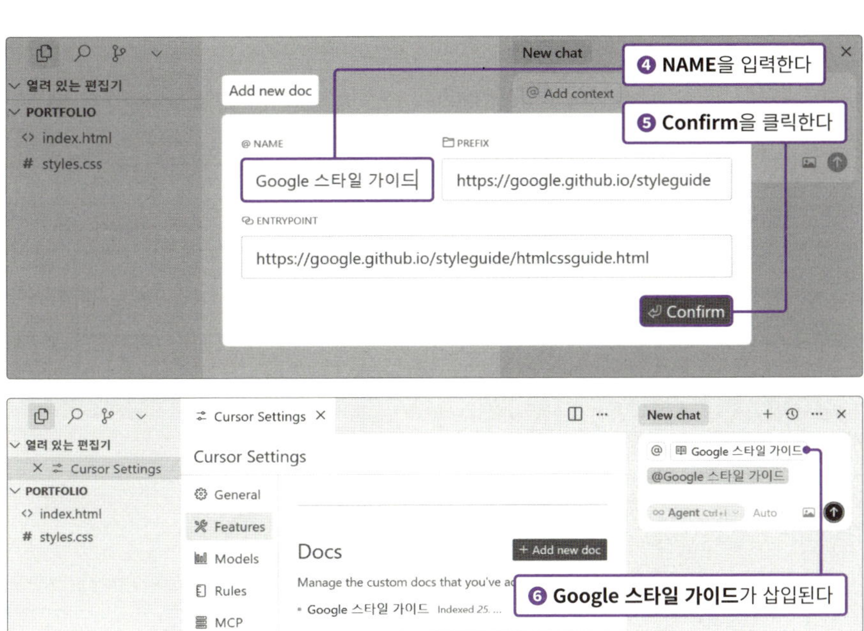

코드 개선점 및 코드 규칙 준수 여부 확인 요청하기

앞에서 추가한 문서를 참조하여 코드 규칙을 잘 지켰는지 확인해 보겠습니다. 동시에 웹사이트에 개선할 점이 있는지도 확인해 보겠습니다.

앞서 사용한 프롬프트 입력 창에 다음과 같이 점검할 부분을 목록 형태로 입력합니다.

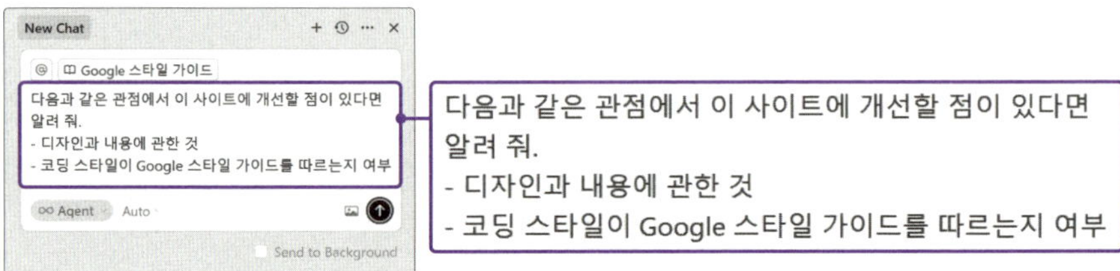

이 프롬프트를 실행했을 때 챗 패널에 나타난 결과는 다음과 같습니다. 먼저 **디자인 및 내용에 대한 개선 사항**으로 접근성과 사용자 경험 측면에서 개선점을 제시했습니다.

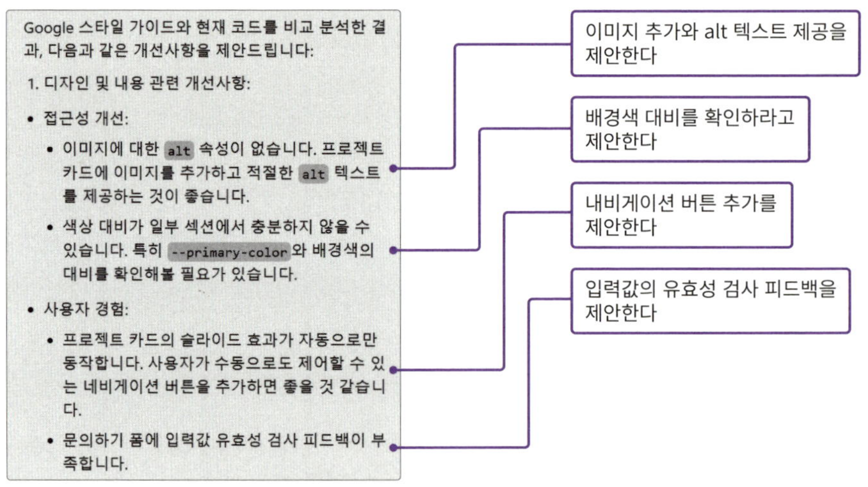

이어서 Google 스타일 가이드 준수에 대해서도 설명하고 있습니다.

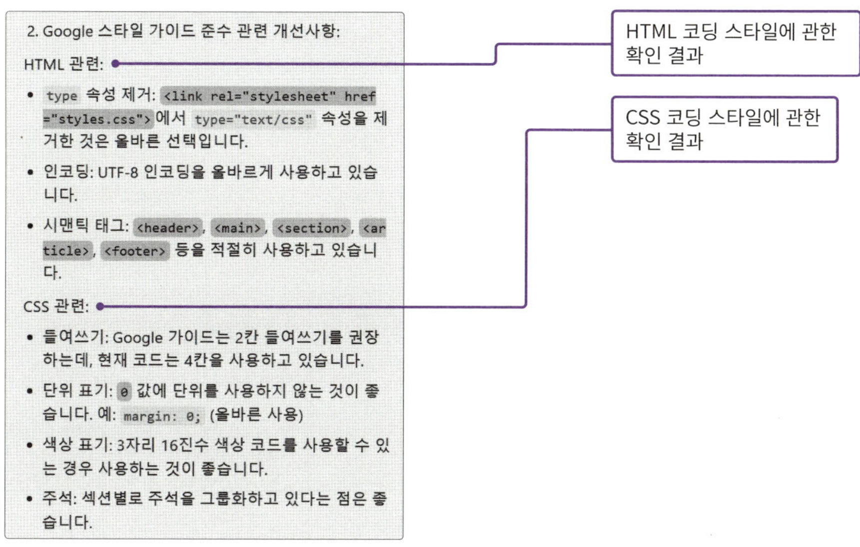

#기본기능 #웹개발

HTML과 CSS 편집에 유용한 기본 기능

약어로 간편하게 코딩하기

커서에는 HTML과 CSS를 빠르게 입력하거나 화면상에서 편집을 끝낼 수 있는 기능이 탑재되어 있습니다.

Emmet으로 순식간에 웹 페이지 구조를 생성하기

Emmet(에밋)은 HTML이나 CSS를 편집하는 웹 개발자를 위한 입력 보조 도구입니다. 약어로 구성된 간단한 조합을 입력한 뒤 Enter 키를 누르면 웹 페이지의 기본 구조를 빠르게 생성할 수 있고 여러 HTML 요소를 한 번에 만들 수도 있습니다. Emmet 기능을 잘 활용하면 입력 작업 시간을 크게 줄일 수 있습니다.

커서에는 Emmet이 탑재되어 있어 확장 기능을 따로 설치하지 않아도 바로 사용할 수 있습니다. HTML 파일을 새로 만든 뒤 Emmet으로 웹 페이지의 기본 구조를 만드는 방법을 설명하겠습니다.

.html 확장자를 붙여 새 파일을 만든 후(41쪽 참고) !를 입력하고 Enter 키를 눌러 보세요.

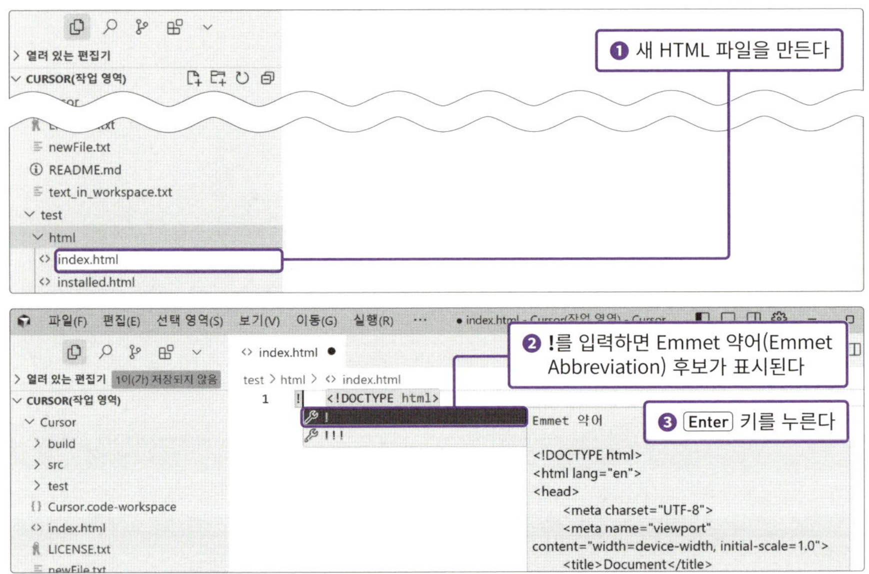

```
<> index.html  ●

test > html > <> index.html > ⊗ html > ⊗ head > ⊗ meta
   1   <!DOCTYPE html>
   2   <html lang="en">
   3   <head>
   4       <meta charset="UTF-8">
   5       <meta name="viewport" content="width=device-width, initial-scale=1.0">
   6       <title>Document</title>
   7   </head>
   8   <body>
   9
  10   </body>
  11   </html>
```

❹ 웹 페이지 기본 구조가 만들어진다

단 한 번의 입력으로 head 태그, body 태그 등 기본 요소를 갖춘 11줄의 웹 페이지 구조가 만들어졌습니다.

Emmet: HTML 태그 추가하기

Emmet에는 웹 페이지의 기본 틀뿐만 아니라 다양한 약어도 있습니다. 태그명을 입력하고 Enter 키를 누르면 시작 태그와 종료 태그가 자동으로 입력됩니다. 이 방법을 이용해서 body 안에 table 태그를 추가해 봅시다.

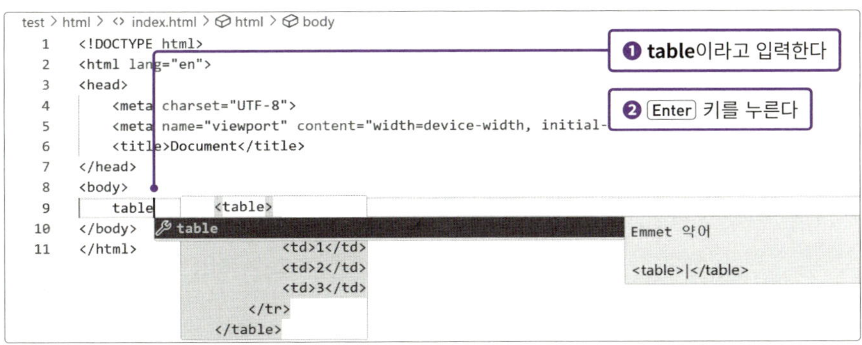


```
<> index.html  ●

test > html > <> index.html > ⊗ html > ⊗ body > ⊗ table
   1   <!DOCTYPE html>
   2   <html lang="en">
   3   <head>
   4       <meta charset="UTF-8">
   5       <meta name="viewport" content="width=device-width, initial-scale=1.0">
   6       <title>Document</title>
   7   </head>
   8   <body>
   9       <table></table>
  10   </body>
  11   </html>
```

❸ table 태그가 추가된다

커서에는 태그를 추가하면 커서가 자동으로 시작 태그와 종료 태그 사이에 위치하는 사소하지만 편리한 기능도 있습니다.

단순히 태그만 삽입해서는 약어의 편리함을 크게 실감하기 어렵지만 태그명 뒤에 CSS 선택자를 작성하면 class나 id 속성도 함께 설정할 수 있습니다. CSS 선택자와 마찬가지로 class 속성은 . 기호 뒤에, id 속성은 # 기호 뒤에 입력합니다.

이제 class 속성을 가진 p 태그와 id 속성을 가진 p 태그를 각각 추가해 보겠습니다. 다음 입력 예시를 참고하여 Enter 키를 눌러 보세요.

입력 예

```
p.attention
```

결과

```
<p class="attention"></p>
```

입력 예

```
p#introduction
```

결과

```
<p id="introduction"></p>
```

또한 CSS 선택자만 쓰면 자동으로 div 태그가 추가됩니다. 기억해 두면 입력하는 시간을 더 줄일 수 있습니다.

입력 예

```
.quote
```

결과

```
<div class="quote"></div>
```

Emmet: 여러 요소를 한 번에 추가하기

Emmet으로 여러 요소를 한 번에 추가하는 방법을 설명합니다. 이 기능을 익히면 단 한 줄의 단축 표기로 여러 줄의 HTML 코드를 입력해 반복 입력 작업을 줄일 수 있습니다.

태그명 > 태그명처럼 입력하면 부모 요소와 자식 요소를 동시에 추가할 수 있습니다. 중첩 구조가 필요한 요소를 만들 때 유용합니다.

입력 예

```
section>.text>p
```

결과

```
<section>
    <div class="text">
        <p></p>
    </div>
</section>
```

+ 기호로 태그명을 연결하면 연결된 요소끼리 형제 요소(공통된 부모 요소에 속하는 요소)가 됩니다.

입력 예

```
section>image+p
```

결과

```
<section>
    <image></image>
    <p></p>
</section>
```

같은 요소를 반복하고 싶다면 **태그명*숫자**를 입력합니다. 숫자 부분에는 반복할 횟수를 지정합니다. 이 방법은 ol 태그나 ul 태그처럼 여러 항목을 포함하는 요소를 만들 때 특히 효과적입니다.

입력 예

```
ol>li*3
```

결과

```
<ol>
    <li></li>
    <li></li>
    <li></li>
</ol>
```

약어 일부를 소괄호 ( )로 감싸면 해당 부분을 그룹화할 수 있습니다. 예를 들어 image 태그와 p 태그 조합을 반복하고 싶을 때는 image+p를 그룹화해서 반복합니다.

```
(image+p)*2
```



```
<image></image>
<p></p>
<image></image>
<p></p>
```

> **point** **Emmet 치트 시트**
>
> Emmet에는 여기서 소개한 것 외에도 유용한 약어가 있습니다. 다음 URL에서 Emmet의 약어 목록을 확인할 수 있으니 더 배우고 싶다면 참고해 보세요.
>
> • Emmet Cheat Sheet
>   🌐 *https://docs.emmet.io/cheat-sheet*

컬러 피커로 색상 선택하기

웹 페이지 개발을 비롯한 프런트엔드 개발에서는 색상을 확인하는 기능이 꼭 필요합니다. 커서에는 편집기에서 색상을 확인할 수 있는 기능이 있습니다.

  예를 들어 CSS에서 색상을 지정하는 속성을 입력할 때 색상 이름을 목록에서 선택할 수 있습니다.

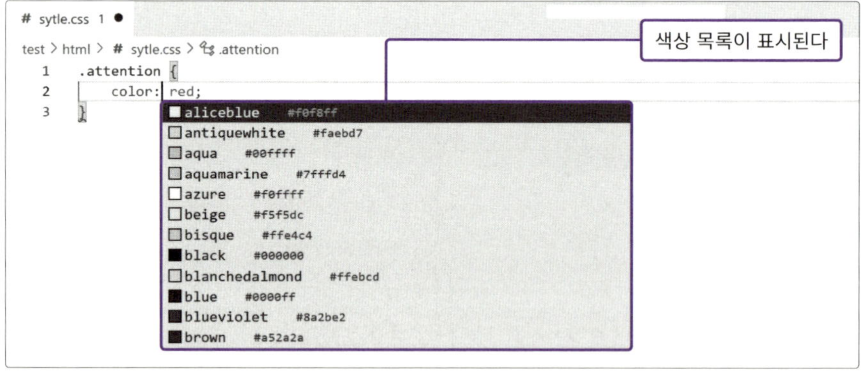

색상값을 입력하면 왼쪽에 지정한 색이 사각형으로 표시됩니다. 그 사각형에 커서를 가져가면 컬러 피커가 표시되어 채도, 투명도, 색상을 조정할 수 있습니다.

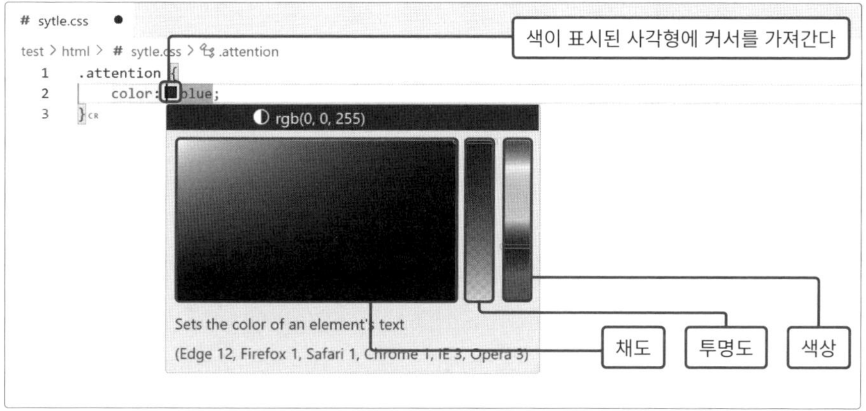

#확장기능 #코딩전반

코드 정렬하기

AI로 고칠 수 없거나 코딩 스타일을 통일하지 못한 코드는 도구를 사용해 수정합니다.

프리티어로 코드 정렬하기

각 줄 끝에 세미콜론을 입력했는지, 들여쓰기가 일관성 있게 이루어졌는지 등 소스 코드를 자동으로 정돈해 주는 도구를 포매터라고 합니다. 커서의 확장 기능에는 다양한 포매터가 있지만 프리티어(Prettier)는 자바스크립트, 타입스크립트, JSON, CSS, HTML, 마크다운을 비롯해 다양한 언어를 지원하므로 웹 개발자뿐만 아니라 여러 소프트웨어 개발자 사이에서 널리 쓰입니다.

프리티어로 코드를 정렬하려면 마켓플레이스에서 확장 기능 Prettier - Code formatter를 설치해야 합니다(104쪽 참고).

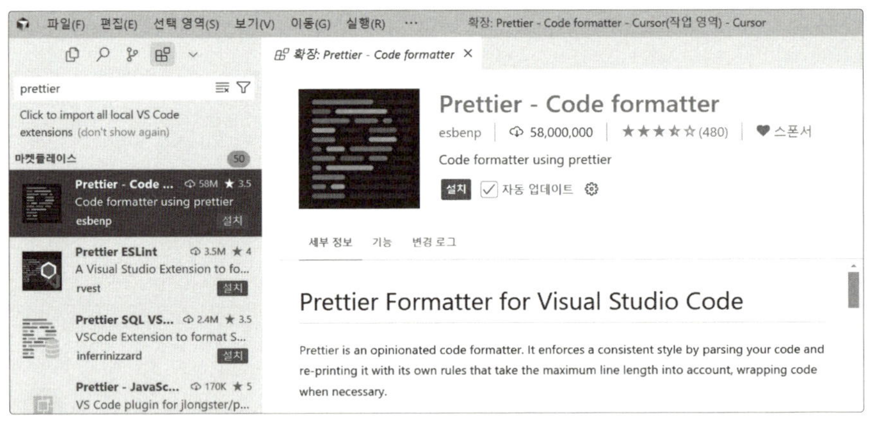

마켓플레이스에서 Prettier를 검색한다

설정 화면에서 Editor: Default Formatter 설정을 Prettier - Code formatter로 변경합니다.

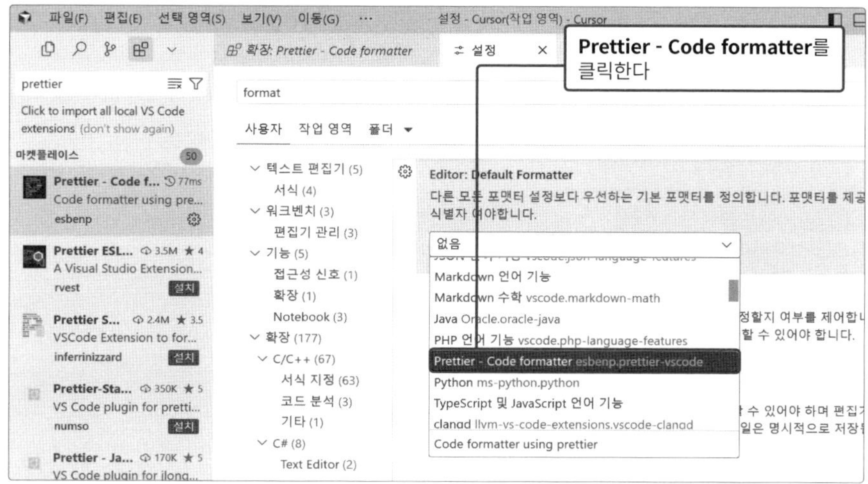

이제 프리티어로 코드를 정렬할 준비가 되었습니다. 정렬하고 싶은 파일을 연 상태에서 단축키를 누르거나 우클릭한 후 **문서 서식**을 클릭하면 코드를 정렬할 수 있습니다.

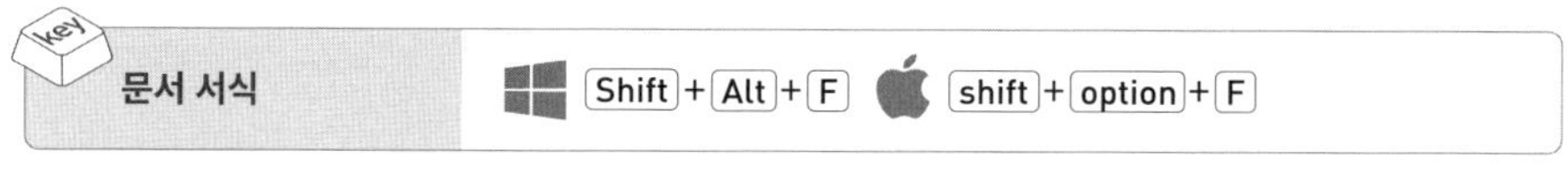


```
10  <ol>
11  <li>볼에 쌀가루, 설탕, 소금, 올리브오일을 넣고 섞는다.</li>
12  <li>1에 드라이이스트, 물을 넣고 잘 반죽한다. 반죽이 매끄러워지고 손에 들러붙
13  <li>발효된 반죽을 둥글게 펴서 토마토소스를 바른다.</li>
14  <li>기호에 맞는 재료와 치즈를 올리고, 200℃로 예열한 오븐에서 15분간 구우면 완성된다.</li>
15  </ol>
16  </body>
17  </html>
```

정렬 전 코드(HTML)

```
 7  <body>
 8    <ol>
 9      <li>볼에 쌀가루, 설탕, 소금, 올리브오일을 넣고 섞는다.</li>
10      <li>
11        1에 드라이이스트, 물을 넣고 잘 반죽한다. 반죽이 매끄러워지고 손에
12        들러붙지 않게 되면, 볼에 랩을 씌워 30~40분 발효시킨다.
13      </li>
14      <li>발효된 반죽을 둥글게 펴서 토마토소스를 바른다.</li>
15      <li>
16        기호에 맞는 재료와 치즈를 올리고, 200℃로 예열한 오븐에서 15분간 구우면
17        완성된다.
18      </li>
19    </ol>
20  </body>
```

정렬 후 코드

HTML이 보기 좋게 들여쓰기되었다

서식 설정 변경하기

프리티어의 서식 지정과 관련된 설정은 설정 화면에서 바꿀 수 있습니다. 이러한
설정을 개발 프로젝트 팀원들과 공유하면 소스 코드 형식을 쉽게 통일할 수 있습니다.

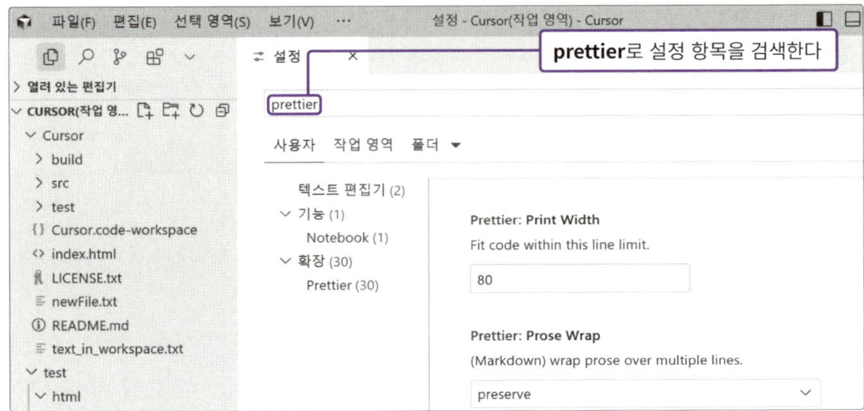

프리티어 관련 주요 설정

설정 이름	설명
printWidth	자동 줄 바꿈 기준 문자 수
tabWidth	탭 크기
semi	문장 끝에 세미콜론 붙이기
singleQuote	큰따옴표 대신 작은따옴표 사용하기
endOfLine	줄 바꿈 문자 코드

설정 파일 만들기

프리티어 전용 설정 파일을 만들어 서식을 지정하는 방법을 설명하겠습니다. 이 설
정 파일의 내용은 커서의 설정 화면에서 지정한 내용보다 먼저 적용됩니다.

   프리티어 설정 파일은 현재 열려 있는 작업 영역이나 폴더의 최상위 경로에 만듭니
다. 파일 이름과 형식은 여러 가지지만 여기서는 `.prettierrc`이라는 이름의 JSON
(JavaScript Object Notation) 파일을 새로 만듭니다.

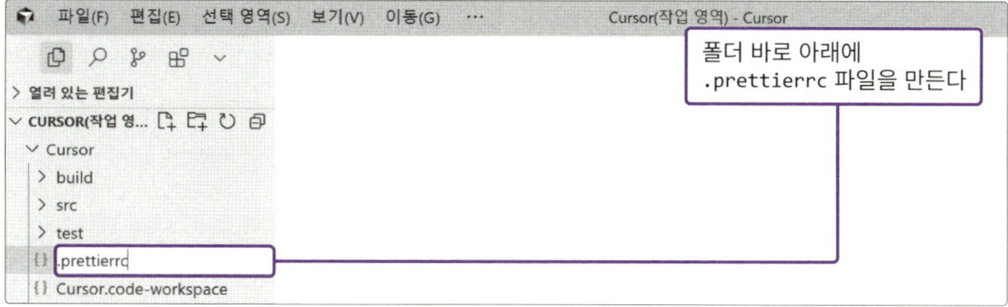

생성한 .prettierrc 파일에 프리티어 설정을 입력합니다. 여기서는 JSON 형식의 작성 방법에 대해 자세히 설명하지 않지만 다음과 같이 키와 값의 쌍을 중괄호 { }로 감싸는 오브젝트라는 데이터 형으로 설정합니다.

.prettierrc

```
{
    "printWidth": 80,
    "tabWidth": 4
}
```

언어별로 설정 지정하기

Prettier 설정 파일에 언어별 설정을 추가할 수 있습니다. 자바스크립트 파일에서는 tabWidth를 2로 하고 다른 형식에서는 4로 하는 등 언어마다 다른 서식으로 코드를 정렬할 수 있습니다.

JSON 객체에 "override" 키를 추가하면 그보다 위에 작성된 설정 내용을 덮어씁니다. .prettierrc 파일에 "override"를 추가하고 자바스크립트 파일에서만 tabWidth를 2로 지정하려면 다음과 같이 작성합니다.

.prettierrc

```
{
    "printWidth": 80,
    "tabWidth": 4,
    "overrides": [
        {
            "files": "*.js",
            "options": {
                "tabWidth": 2
            }
        }
    ]
}
```

"files": "*.js",에서 파일 형식을 지정하므로 이 부분을 바꾸면 다른 형식으로 설정할 수도 있습니다.

정렬하지 않을 파일 지정하기

특정 파일이나 파일 형식을 정렬하고 싶지 않다면 작업 영역 또는 폴더 바로 아래에 .prettierignore라는 이름의 파일을 작성하고 파일명이나 형식을 지정합니다.

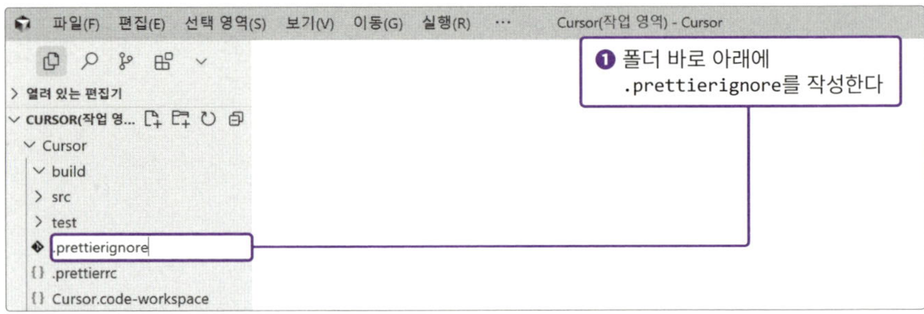

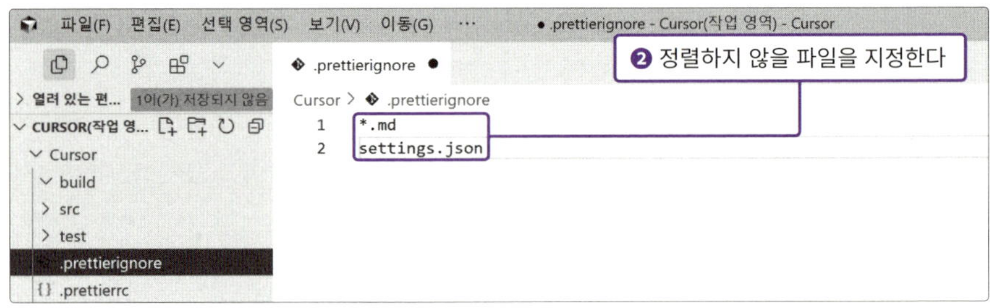

> **point 프리티어 설정 파일을 깃으로 공유하기**
>
> 앞서 언급했듯이 설정 파일의 내용은 커서의 설정값보다 우선 적용됩니다. 따라서 6장에서 설명할 깃을 활용해 프리티어의 설정 파일을 공유하면 팀원들이 따로 설정하지 않아도 코딩 규칙을 통일할 수 있습니다.

파일 저장 시 자동 정렬하기

설정 화면에서 Editor: Format On Save 옵션을 선택하면 파일 저장 시 자동으로 코드를 정렬합니다. 정렬을 잊을 일이 없으니 항상 코드를 깔끔하게 유지할 수 있습니다.

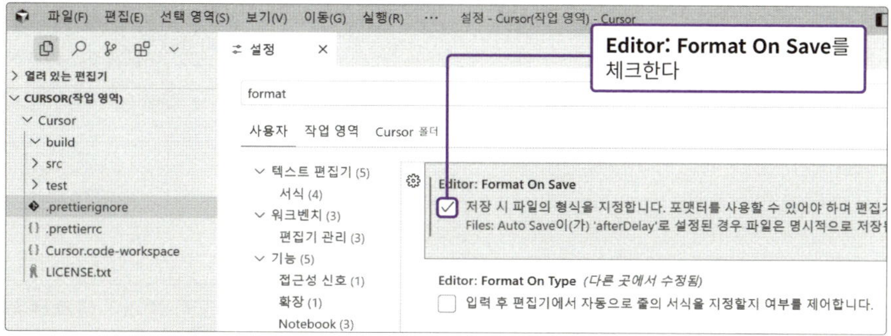

자동 서식과 관련된 기타 설정

설정 이름	설명
Editor: Format On Save	저장 시 자동으로 정렬할 범위를 설정한다. **file**은 파일 전체를 정렬하고 **modification**은 소스 관리 도구(204쪽 참고)에서 감지된 변경 부분만 정렬한다.
Editor: Format On Paste	파일에 소스를 붙여 넣을 때 정렬한다. 기존 코드를 이용할 때 도움이 된다.
Editor: Format On Type	줄 끝에 문자(세미콜론 등)를 입력했을 때 자동으로 정렬한다.

Fix Lints로 코드 품질 높이기

Fix Lints는 문법 오류 등 정적인 오류를 감지하고 수정도 할 수 있는 AI를 활용한 커서의 기본 기능 중 하나입니다. 이를 활용하면 코드의 품질을 더욱 높일 수 있습니다.

이제 Fix Lints를 사용하여 코드를 수정해 봅시다. 먼저 오류가 발생한 코드로 커서를 가져갑니다. 그러면 팝업이 표시되는데 Fix in Chat을 클릭하거나 Ctrl + Shift + D 키를 누르면 화면 오른쪽에 채팅 창이 나타납니다.

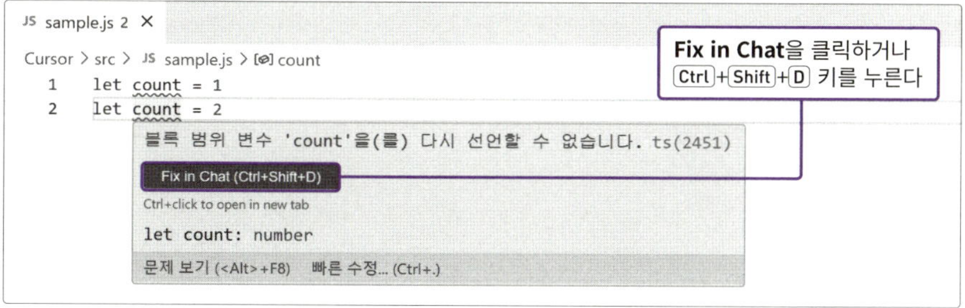

채팅 창의 Send 버튼을 클릭하면 오류 원인과 수정된 코드가 표시됩니다.

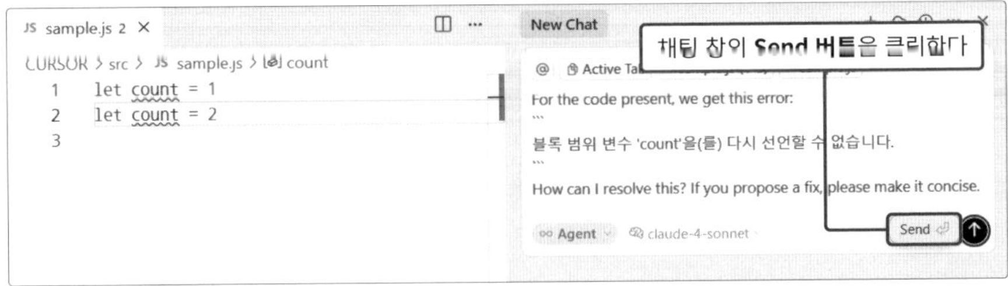

기존 코드는 빨간색 배경으로, 수정 제안된 코드는 초록색 배경으로 표시됩니다. 수정 제안된 코드에 문제가 없다면 Keep All을 클릭합니다.

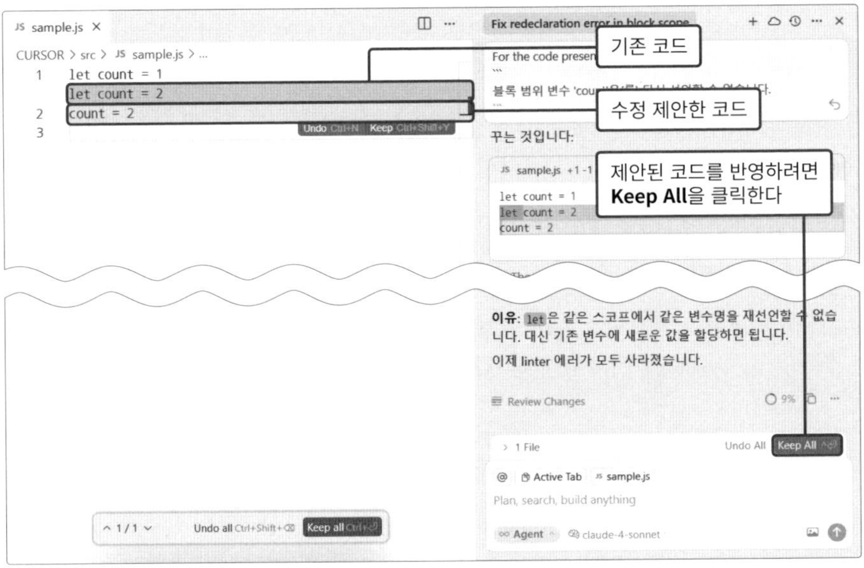

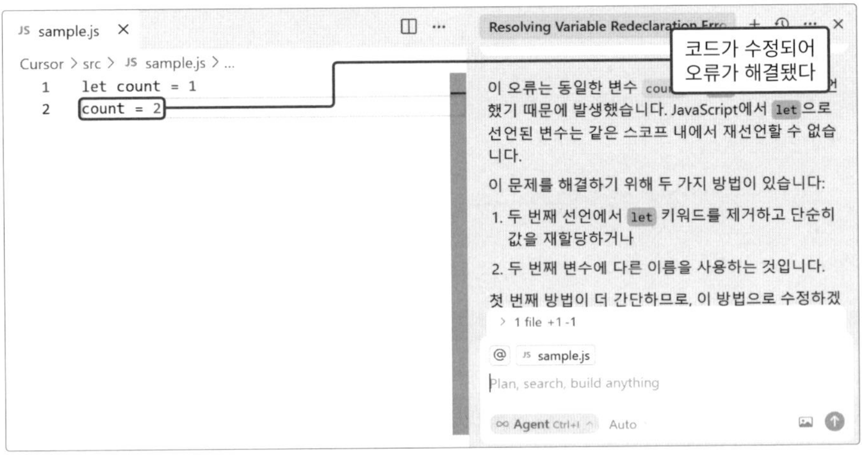

CSS와 HTML을 자유롭게 오가며 작업하기

확장 기능 CSS Peek를 사용하면 HTML 파일에서 사용된 클래스 이름이나 ID 이름이 CSS 파일에서 어떻게 정의되어 있는지 간편하게 확인할 수 있습니다.

CSS Peek로 CSS 파일 정의 미리 보기

커서에는 코드에서 사용 중인 함수나 기능의 정의를 확인할 수 있는 피킹 표시 기능이 있습니다. 커서 자체의 피킹 기능은 190쪽에서 자세히 설명하며 여기서는 CSS 파일에 피킹할 수 있는 CSS Peek 확장 기능 사용 방법을 설명하겠습니다.

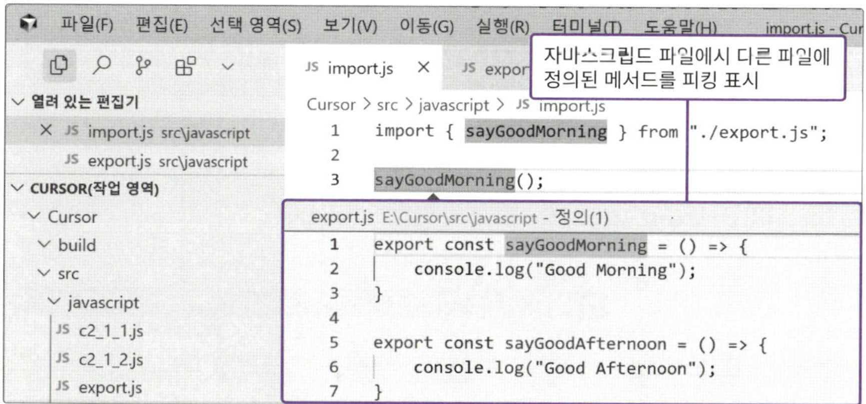

CSS Peek는 CSS 파일에 정의된 내용을 피킹 표시할 수 있는 확장 기능입니다. 이 확장 기능을 설치하면 편집기에서 HTML 파일과 CSS 파일 사이를 원활하게 오가면서 프런트엔드 개발을 할 수 있습니다.

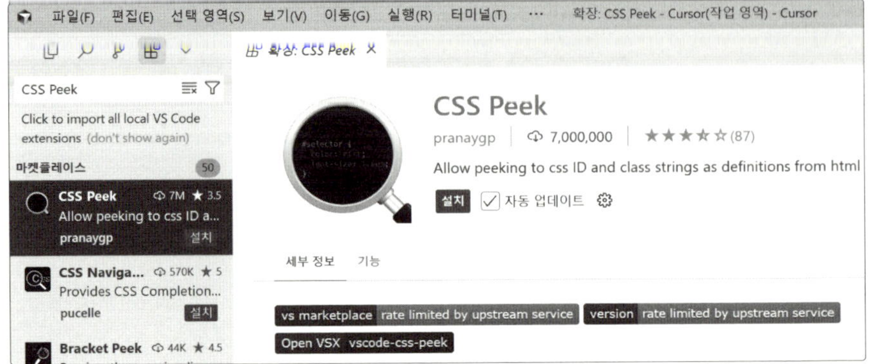

마켓플레이스에서 CSS Peek를 검색한다

CSS Peek를 설치한 후 HTML 파일에서 요소에 **설정된 클래스 또는 ID**를 우클릭하여 **피킹 〉 정의 피킹**을 클릭하면 CSS 파일을 피킹하여 표시하므로 편집기를 전환하지 않고도 정의를 확인할 수 있습니다.

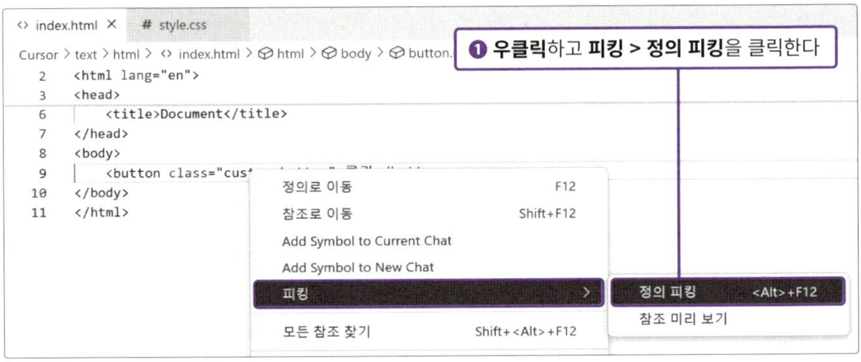

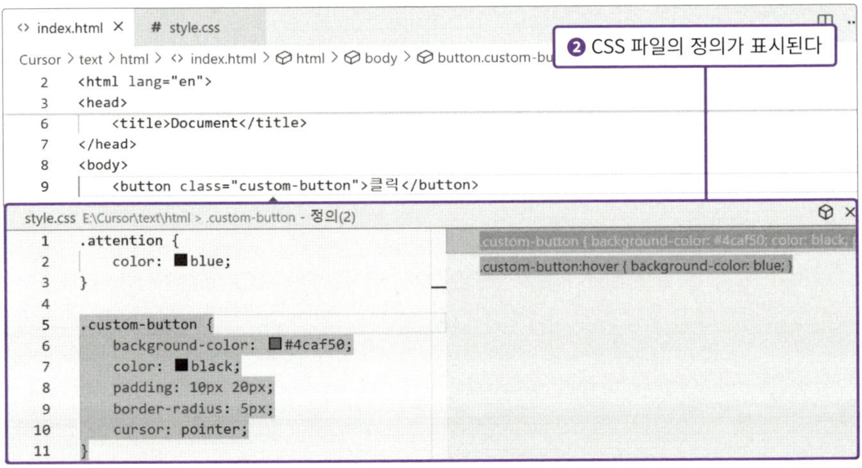

다른 언어와 마찬가지로 피킹 표시된 정의 부분을 수정하여 CSS 파일을 편집할 수도 있습니다.

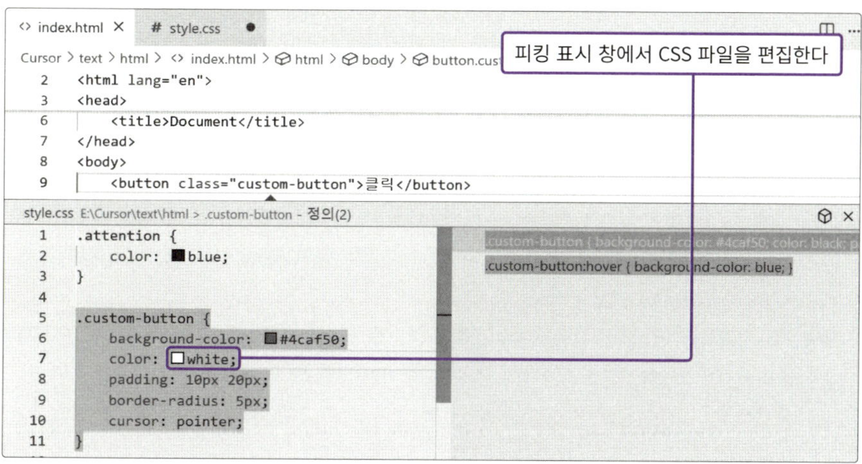

CSS 파일 정의 부분으로 빠르게 이동하기

CSS 파일을 편집하려면 HTML에서 CSS 파일의 정의 부분으로 이동하면 됩니다. 우클릭 후 정의로 이동을 클릭하거나 대부분의 통합 개발 환경과 마찬가지로 F12 키를 눌러 이동합니다.

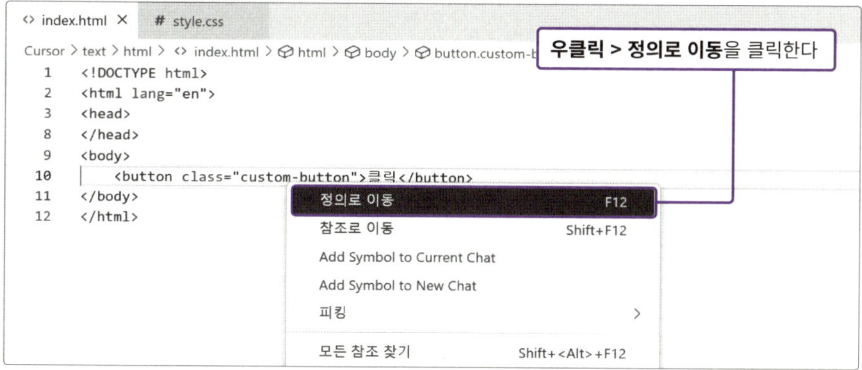

```css
.attention {
    color: ■blue;
}

.custom-button {
    background-color: ■#4caf50;
    color: □white;
    padding: 10px 20px;
    border-radius: 5px;
    cursor: pointer;
}
```


CSS Peek를 이용하면 HTML 파일에서 사용된 클래스명이나 id명에서 CSS 파일의 정의 부분으로 이동할 수 있습니다. 하지만 반대로 CSS 파일의 정의 부분에서 그것이 사용된 위치(참조 부분)로 이동하는 기능은 없습니다.

그러므로 CSS 파일에서 클래스명이나 id명을 변경할 때는 찾기 및 바꾸기 기능(61쪽 참고)을 활용해 HTML 파일의 참조 부분까지 정확히 수정해야 합니다.

CSS 정의 내용을 호버로 표시하기

HTML 파일을 편집할 때 Ctrl 키를 누른 상태에서 CSS 클래스 부분에 커서를 올리면 커서의 모양이 바뀌고 팝업 창에 정의 내용이 표시(호버 표시)됩니다. 정의 피킹이나 정의로 이동하는 방법보다 더 간편하게 CSS 파일 내용을 확인할 수 있습니다.

호버된 상태에서 CSS 클래스를 클릭하면 해당 정의로 이동할 수도 있습니다.

```css
421
422  .form-group {
423      margin-bottom: 1.5rem;
424  }
425
426  .form-group label {
427      display: block;
428      margin-bottom: 0.5rem;
429      color: ■ #2c3e50;
430      font-weight: 500;
431  }
432
433  .form-group input,
434  .form-group textarea {
435      width: 100%;
436      padding: 1rem;
437      border: 2px solid □ #e9ecef;
```

section 8

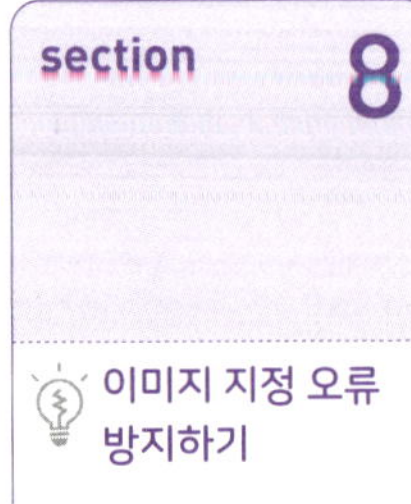

편집기에서 이미지 미리 보기

이미지 지정 오류
방지하기

웹 개발을 할 때는 소스 코드에 이미지 파일의 경로를 지정할 일이 많습니다.
Image preview는 이미지 파일을 쉽게 확인할 수 있는 확장 기능입니다.

Image preview로 이미지 썸네일 표시하기

HTML 파일에서 이미지 파일 경로를 지정할 때 같은 폴더에 있는 다른 이미지 파일을 잘못 지정해도 오류가 표시되지 않습니다. 라이브 서버(112쪽 참고)로 미리보기해 이미지를 올바르게 지정했는지 확인할 필요가 있습니다.

　편집기에서 이미지를 확인할 수 있도록 돕는 확장 기능으로 Image preview가 있습니다. 이미지 경로 부분에 커서를 올리면 미리 보기가 표시되고 편집기의 줄 번호 옆에 이미지 썸네일이 나타나므로 이미지를 잘못 지정하는 실수를 막을 수 있습니다.

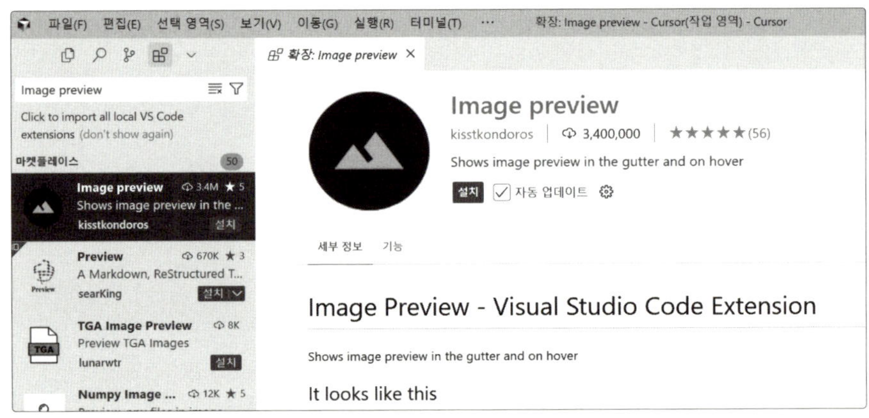

마켓플레이스에서 Image preview를 검색한다

Image preview가 활성화되어 있으면 HTML 파일이나 마크다운 파일에서 이미지 파일의 경로가 있는 줄 왼쪽에 이미지 썸네일이 작게 표시됩니다. 항상 표시되므로 아이콘을 확인하는 정도라면 썸네일만으로도 충분합니다.

```
<> season.html  ✕

Cursor > text > html > <> season.html > ⊗ html
    1   <!DOCTYPE html>
    2   <html lang="en">
    3   <head>
    4       <meta charset="UTF-8">
    5       <meta name="viewport" content="width=device-width, initial-scale=1.0">
    6       <title>Document</title>
    7   </head>
    8   <body>
    9       <img src=""img/spring.png" alt="spring" />
   10       <img src=""img/summer.png" alt="summer" />
   11       <img src=""img/autumn.png" alt="autumn" />
   12       <img src=""img/winter.png" alt="winter" />
   13   </body>
   14   </html>
```


이미지 파일 경로에서 미리 보기 표시하기

썸네일보다 더 크게 보고 싶다면 이미지 파일의 경로에 커서를 올릴 때 표시되는 미리 보기를 확인하세요. 미리 보기에는 이미지 파일의 크기와 용량도 함께 표시됩니다.

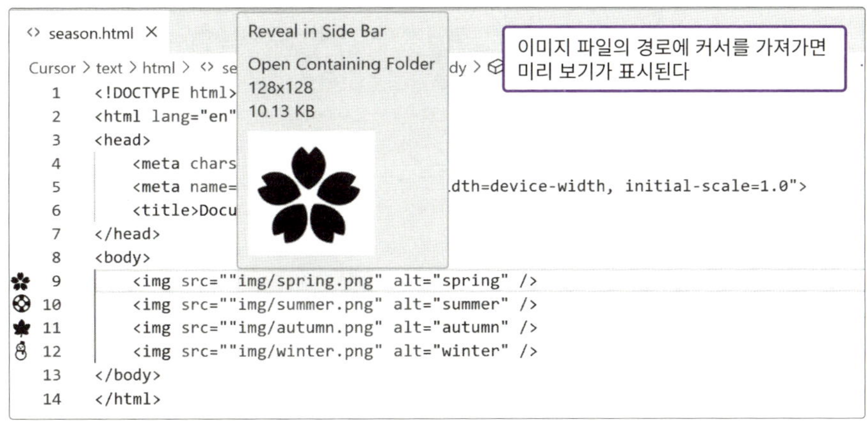

미리 보기 위에 있는 Reveal in Side Bar를 클릭하면 커서의 탐색기 뷰에서 이미지 파일의 경로가 열립니다. Open Containing Folder를 클릭하면 윈도의 탐색기(macOS에서는 Finder)에서 이미지 파일이 저장된 폴더를 열 수 있습니다.

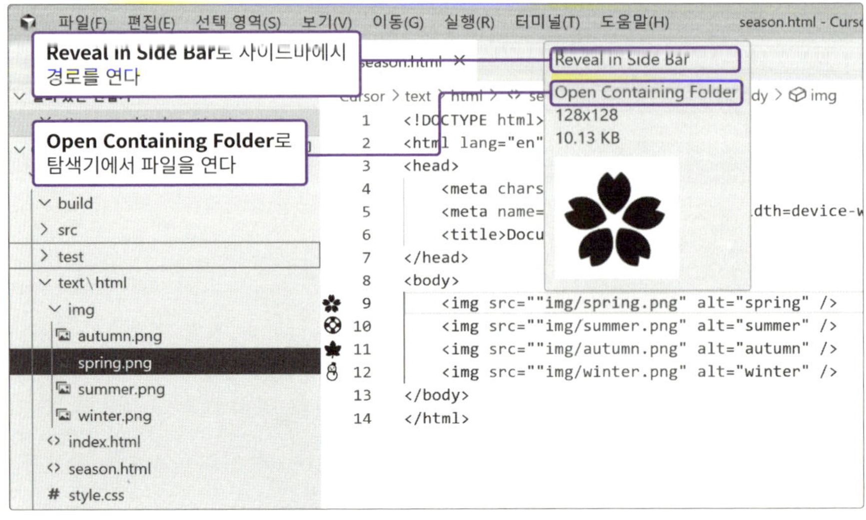

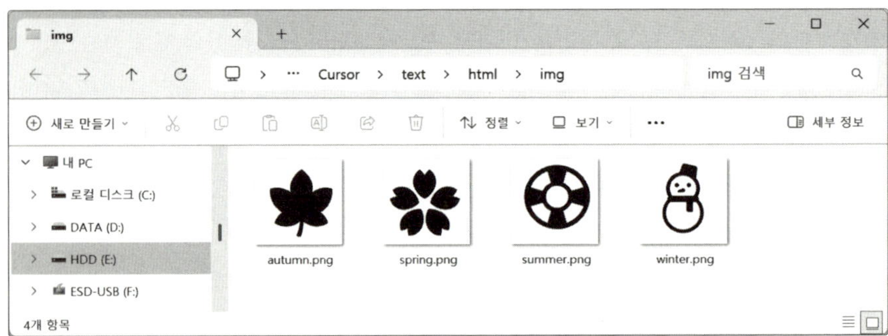

이미지 미리 보기 최대 크기로 변경하기

여러 이미지 파일의 차이점을 한눈에 보고 싶거나 미리 보기 화면으로 이미지를 더 크게 확인하고 싶을 때는 설정에서 미리 보기의 크기를 최대로 변경하는 것이 좋습니다. 이러한 설정은 설정 화면에서 변경할 수 있습니다.

Image preview의 미리 보기 표시에 관한 설정

설정 이름	설명
Gutterpreview: Image Preview Max Height	미리 보기 표시 높이. 기본값은 100.
Gutterpreview: Image Preview Max Width	미리 보기 표시 너비. 0보다 작다면 높이와 같은 값으로 설정된다. 기본값은 -1.

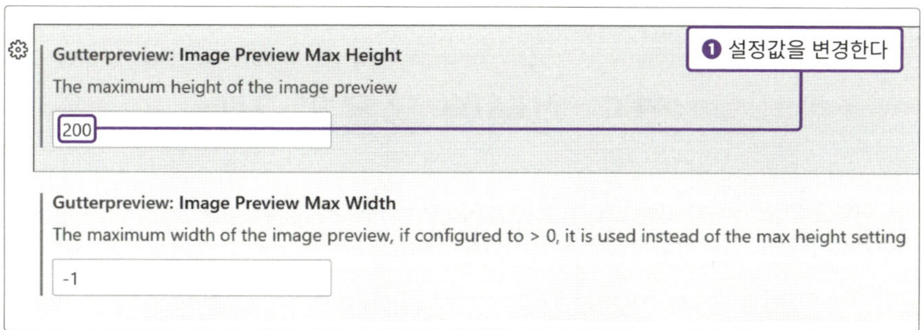


```
 4        <meta charset="UTF-8">
 5        <meta name="viewport" content="width=device
 6        <title>Document</title>
 7    </head>
 8    <body>
 9        <img src="""img/spring.png" alt="spring" />
10        <img src=""                                  />
11        <img src=""                                  />
12        <img src=""                                  />
13    </body>
14    </html>
```

코드 입력에 유용한 기능

HTML 코딩 지원하기

마켓플레이스에는 웹 개발 시 코드 편집에 도움을 주는 다양한 확장 기능이 있습니다. 여기서는 HTML 편집을 편리하게 해 주는 대표적인 기능을 설명하겠습니다.

Auto Rename Tag으로 종료 태그 자동 수정

HTML이나 XML 파일을 편집하다 보면 제목을 본문으로 바꾸는 등 태그명을 바꿀 때가 자주 있습니다. 이때 시작 태그와 종료 태그를 찾아 모두 수정해야 합니다. 하나만 바꾸고 다른 하나를 잊어버리는 일이 자주 발생하기 때문입니다.

확장 기능 Auto Rename Tag은 이름 그대로 태그명을 자동으로 변경합니다.

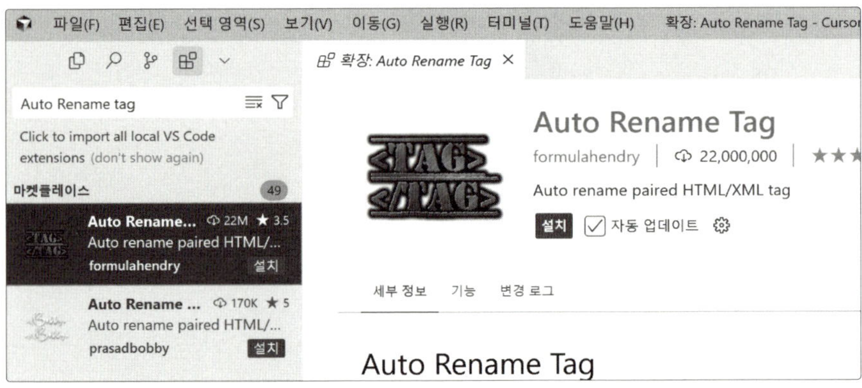

마켓플레이스에서 Auto Rename Tag을 검색한다

이 확장 기능을 설치하고 HTML 또는 XML 파일에서 시작 태그를 바꾸면 종료 태그도 함께 바뀝니다.

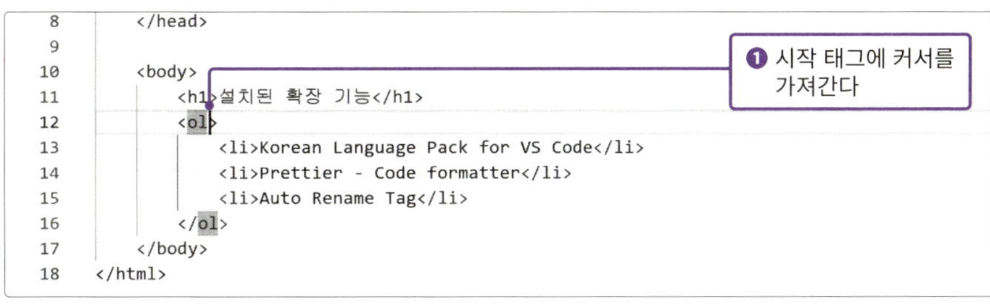

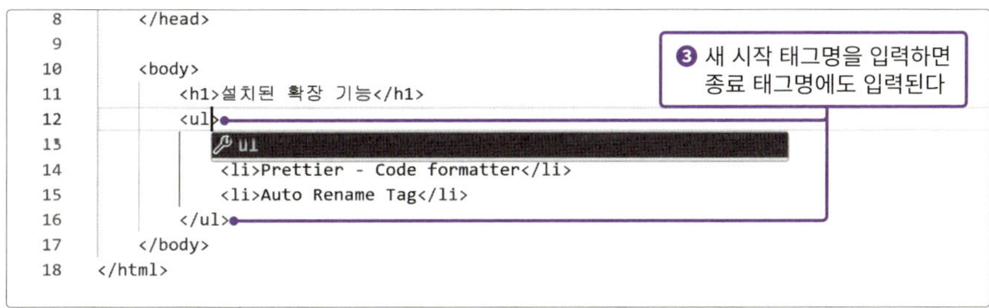

> **point 확장 기능 Auto Close Tag은 필요 없다**
>
> Auto Rename Tag과 비슷하고 개발자도 같은 확장 기능 Auto Close Tag이 있습니다. 이 확장 기능은 시작 태그를 입력하면 종료 태그가 함께 입력됩니다. 커서는 종료 태그를 자동으로 입력하므로 확장 기능을 따로 설치할 필요는 없습니다.

HTML CSS Support로 CSS 클래스 자동 완성

HTML을 편집할 때 요소의 `id` 속성값이나 `class` 속성값을 잘못 입력하면 원하는 스타일이 적용되지 않을 수 있습니다.

확장 기능 HTML CSS Support는 HTML 파일이 참조하는 CSS 파일 내용을 기반으로 HTML 파일에서 `class`나 `id` 속성값을 자동으로 완성합니다.

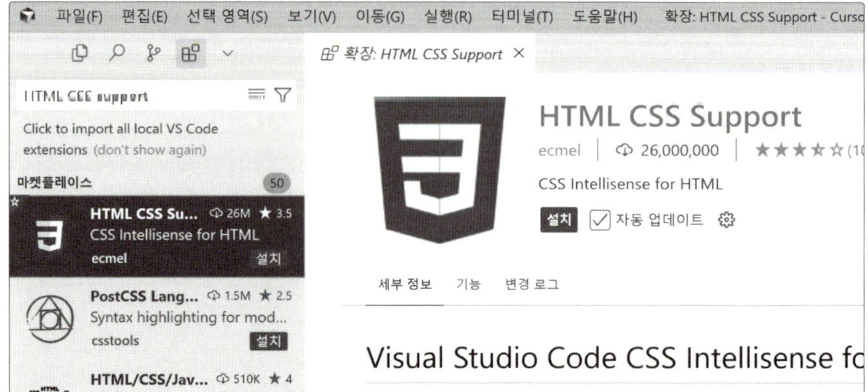

마켓플레이스에서 HTML CSS Support를 검색한다

마켓플레이스에서 HTML CSS Support를 설치하면 HTML 파일을 편집할 때 CSS에 정의된 클래스 또는 ID가 입력 후보로 표시됩니다.

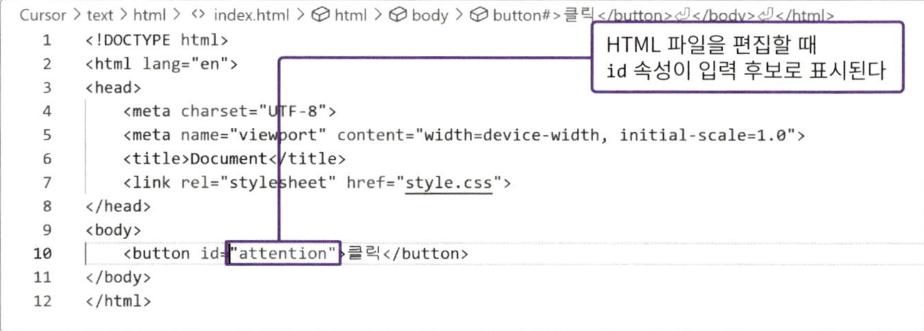

> **point** 워드프레스 환경이라면 WordPress Snippet도 추천
>
> 웹사이트 콘텐츠 관리를 위해 워드프레스(Wordpress)를 사용한다면 확장 기능인 Word-Press Snippet을 설치하기를 추천합니다. 워드프레스에 구현된 함수의 입력을 자동 완성해 주므로 편리하게 코딩할 수 있습니다.

AI 챗봇 개발하기

커서를 더욱 편리하게 사용하기

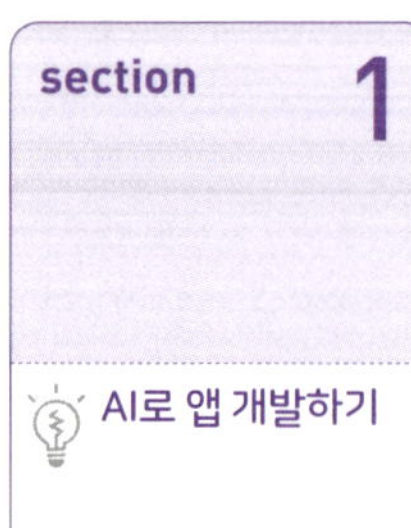

#AI챗패널 #앱개발

AI로 앱의 기본 틀 만들기

AI 챗 패널에 프롬프트를 입력하여 AI 챗봇의 기본 틀을 만들어 보겠습니다.

AI 챗봇의 기본 틀 만들기

4장에서는 AI 챗 패널을 이용해 웹 페이지를 만들었습니다. 이번에는 AI로 웹 앱을 개발해 봅시다.

여기서는 파이썬(Python)의 플라스크(Flask) 라이브러리와 코히어(Cohere)에서 제공하는 텍스트 생성 AI Cohere의 API 키를 이용하여 AI 챗봇 앱을 개발합니다. 플라스크는 파이썬으로 웹 앱을 개발하기 위한 프레임워크로 소규모 웹 앱 개발에 적합합니다. 코히어는 실제로 사용할 때 자세히 설명하겠습니다.

AI 챗봇 기초 설계하기

4장에서도 설명했듯이 프롬프트 한 번으로 이상적인 애플리케이션의 소스 코드를 완벽하게 만들기는 어렵습니다. 초안 수준의 소스 코드를 만든 뒤 이를 바탕으로 조금씩 완성도를 높여 가면서 작업을 진행하겠습니다.

우선 프로젝트 폴더로 chatbot 폴더를 만들고 커서(Cursor)에서 엽니다. 이어서 Toggle AI Pane을 클릭해 AI 패널을 열고 다음과 같이 프롬프트를 입력한 뒤 Enter 키를 눌러 실행합니다.

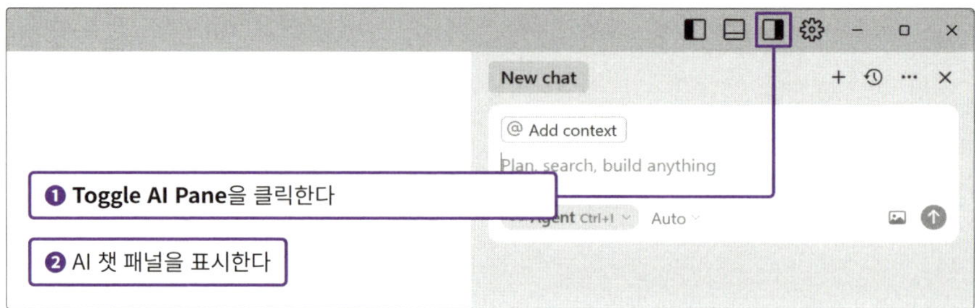

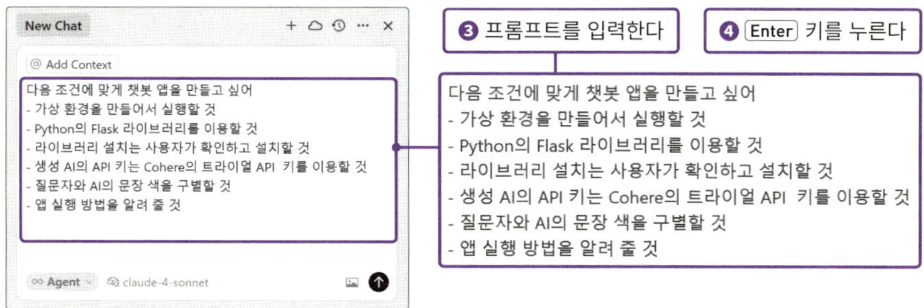

프롬프트에 입력한 조건으로 AI가 애플리케이션의 소스 코드와 사용 방법을 만듭니다. Keep All을 클릭하여 생성된 내용을 반영하세요.

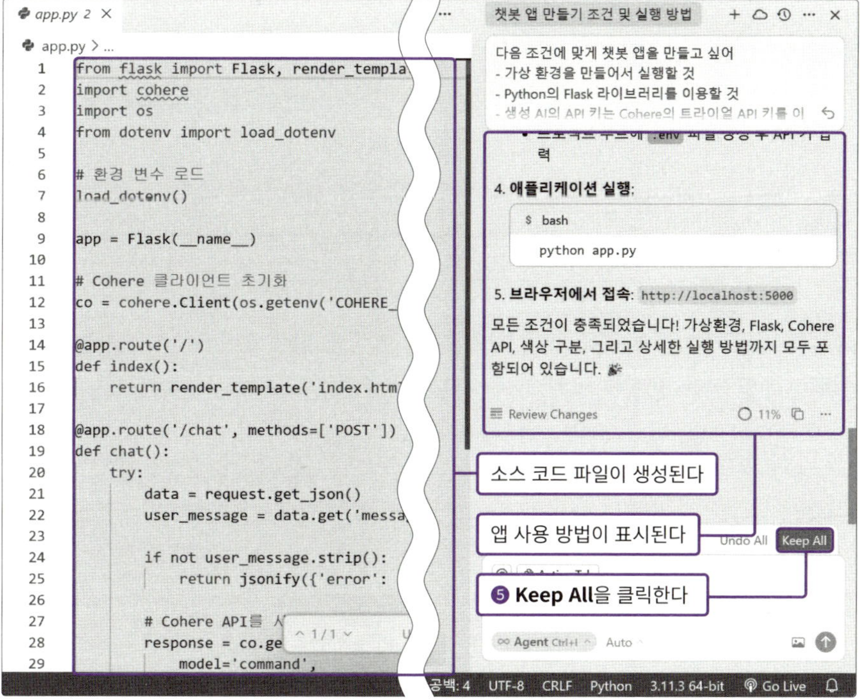

앱 실행하기

이제 생성한 AI 챗봇 앱을 실행해 봅시다. 앱이 작동하려면 앱 작동에 필요한 라이브러리를 설치하는 명령어를 실행해 앱 실행 환경을 만들어야 합니다.

환경 설정과 필요한 라이브러리 설치하기

AI가 설명한 실행 단계에 따라 가상 환경을 만들고 라이브러리를 설치합니다. 여기서는 requirements.txt 파일을 이용합니다. requirements.txt에는 Flask==2.3.3, cohere==4.37, python-dotenv==1.0.0을 설치하도록 지정되어 있습니다. AI에 설치를 묻거나 메뉴에서 **보기 › 터미널**을 열어 직접 설치 명령을 입력할 수도 있습니다. 터미널에서 직접 실행한다면 실행 경로에 파일이 있는지 확인하세요.

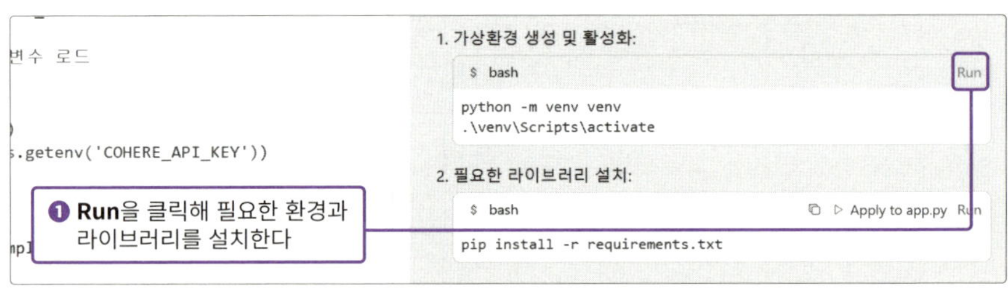

메뉴에서 **보기 › 터미널**을 열어 직접 설치 명령을 입력합니다. 터미널에서 직접 실행한다면 실행 경로에 실제로 파일이 있는지 확인할 필요가 있습니다.

필요한 라이브러리가 설치되어 앱 실행 환경이 갖추어졌습니다. 앱 실행 방법을 확인해 봅시다. 만약 앱 실행 방법이 결과로 생성되지 않았다면 116쪽을 참고해 실행 방법을 AI 챗 패널에서 다시 질문하세요.

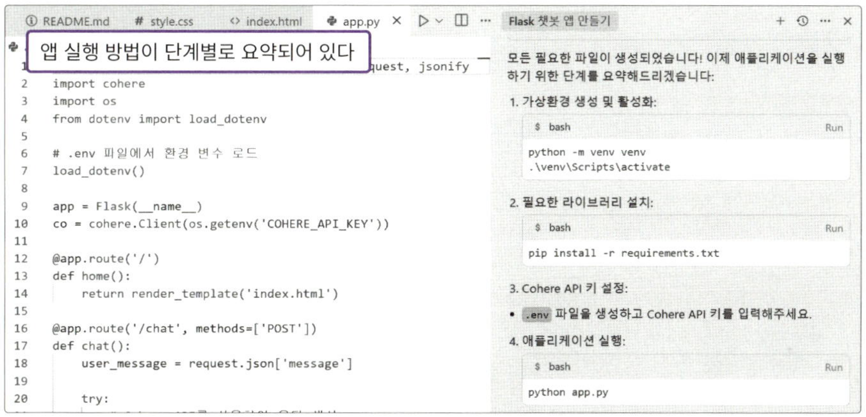

코히어에서 트라이얼 키 가져오기

챗봇 앱처럼 생성형 AI를 활용하는 애플리케이션을 만들려면 AI 서비스에서 제공하는 API 키가 필요합니다. 오픈AI(OpenAI), 허깅페이스(HuggingFace) 같은 기업은 앱에서 자사의 생성형 AI를 사용할 수 있도록 API 키를 발급합니다. 코히어는 체험용(trial) API 키를 제공합니다. 기능에 제한이 있지만 무료이므로 이를 사용하겠습니다.

AI가 만든 코드 설명에는 "3. Cohere API 키 설정: .env 파일을 생성하고 Cohere의 API 키를 입력해 주세요."라고 되어 있습니다. 따라서 먼저 코히어 계정을 만들고 트라이얼 API 키를 발급받습니다.

- 코히어 홈페이지
  https://cohere.com

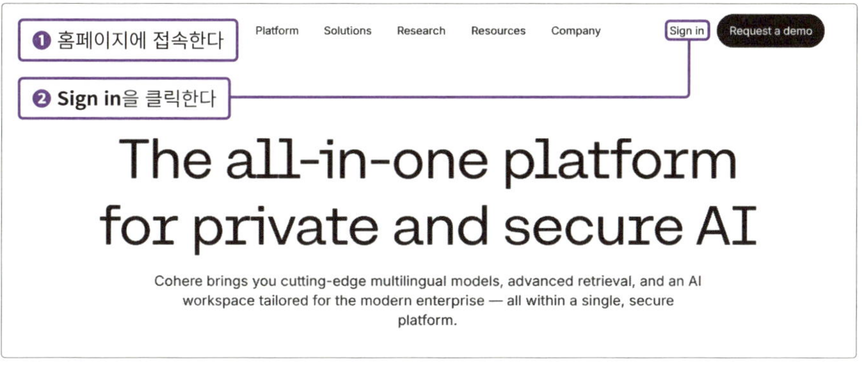

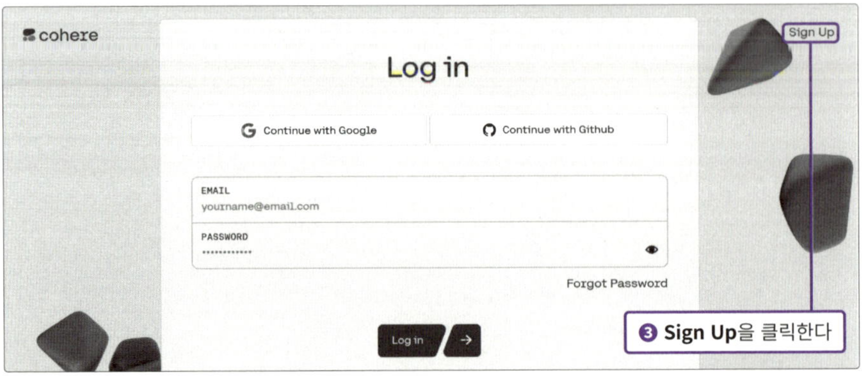

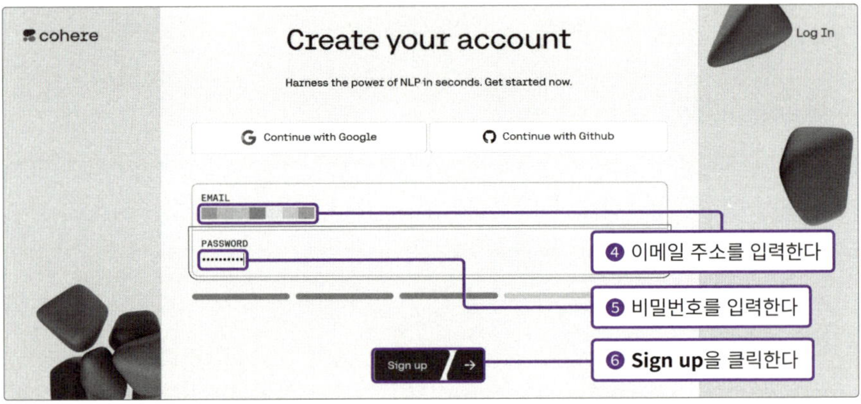

Sign up을 클릭하면 이메일 주소 확인을 위한 메일이 발송됩니다. 안내 메일에 따라 계정 설정을 완료해 주세요. 계정 설정이 완료되면 로그인한 뒤 API Keys 〉 ⊙ 〉 🗐 을 클릭해 트라이얼 API 키를 복사합니다.

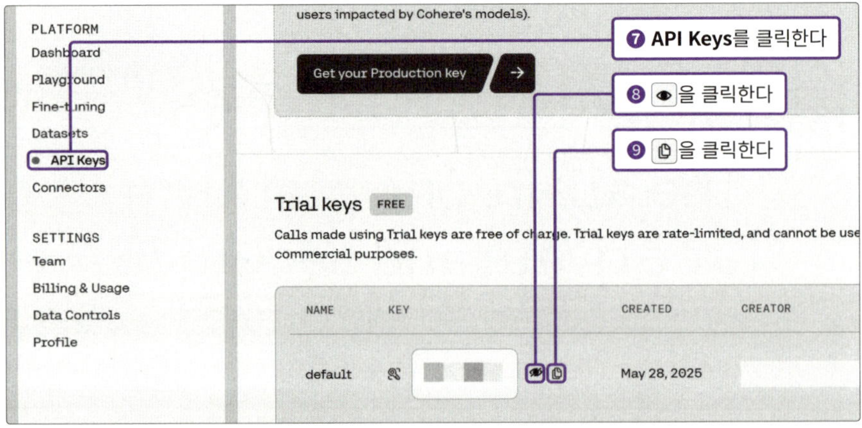

커서에서 생성한 .env 파일 안에 있는 your_api_key_here를 선택한 후 복사한 트라이얼 API 키를 Ctrl+V 키로 붙여 넣고 파일을 저장합니다. 보안상의 이유로 .env 파일이 생성되지 않았다면 직접 파일을 만들어도 됩니다. 텍스트를 복사하여 붙여 넣어 줍니다.

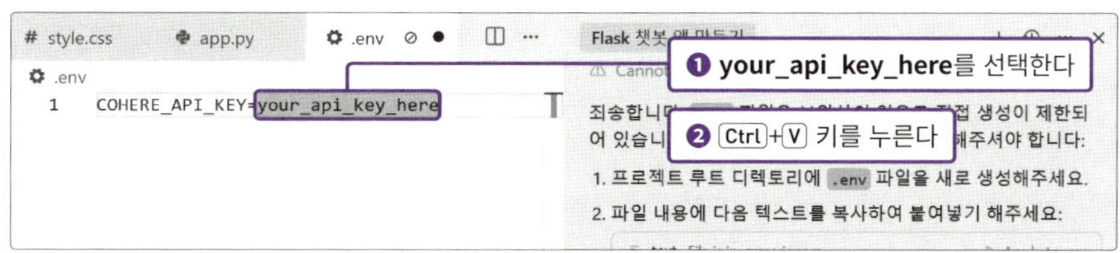

앱 실행하기

애플리케이션 실행: 아래에 있는 python app.py로 커서를 이동합니다. 이때 표시된 Copy를 클릭해서 명령어를 복사하고 터미널에 붙여 넣어서 실행합니다.

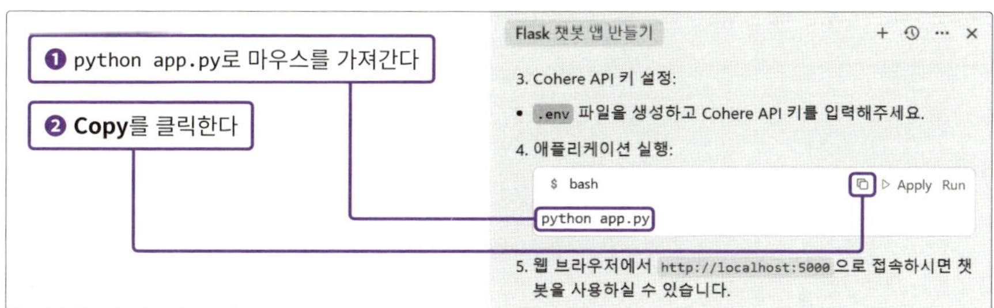

터미널에 다음과 같은 화면이 표시되면 앱이 실행 중인 상태입니다. Ctrl 키를 누른 채 터미널에 표시된 http://127.0.0.1:5000을 클릭하여 URL에 접속하면 AI 챗봇 화면이 표시됩니다.

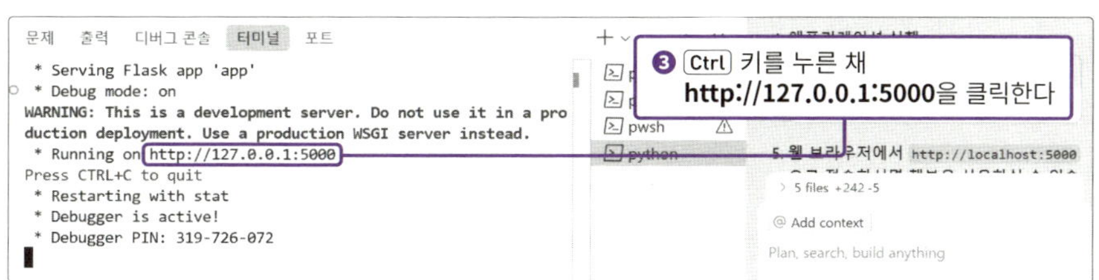

챗봇 텍스트 입력 창에 "AI 편집기 Cursor에 대해 알려 줘"라고 입력하고 AI 챗봇에 전송합니다.

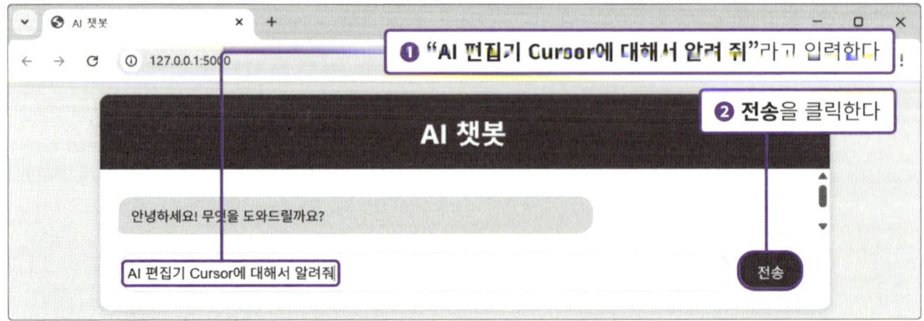

전송을 클릭하고 조금 기다리면 AI의 응답이 표시됩니다.

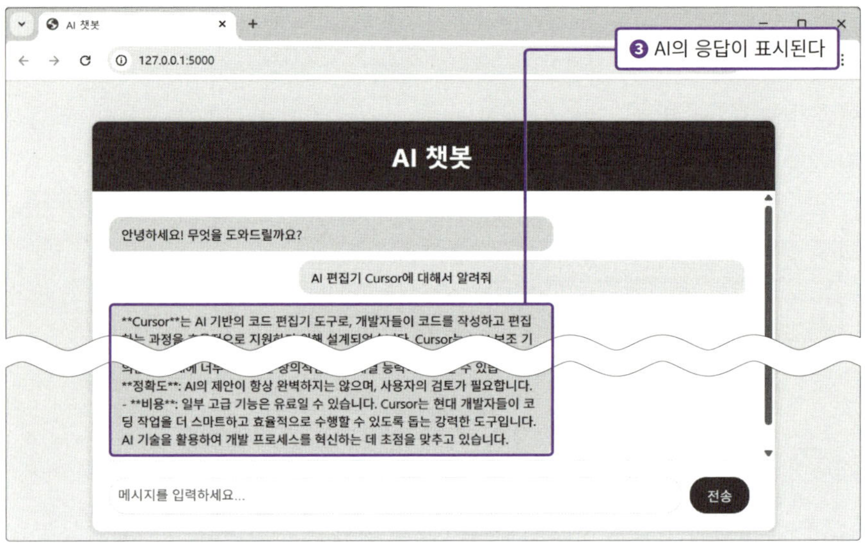

> **point AI로 만들어진 결과가 이 책과 다르다면**
>
> AI로 만들어진 결과는 실행할 때마다 달라질 수 있으며 이 책에서 소개하는 내용은 하나의 예입니다. 실제로 실행했을 때 나타날 수 있는 차이점 몇 가지를 알아보겠습니다.
>
> .env 파일이 생성되지 않으면 직접 파일을 만들어 입력하거나 생성된 파이썬 프로그램에 API 키를 직접 입력해야 합니다. python-dotenv 라이브러리도 사용하지 않으므로 설치 명령어는 `pip install flask cohere`가 됩니다. 운영체제 환경에 따라 `python app.py`가 아닌 `python3 app.py`로 실행해야 할 수도 있습니다.
>
> 위에 언급한 사항 외에 지시대로 실행했는데도 같은 결과가 나오지 않는다면 LLM 모델을 바꾸거나(68쪽 참고) 여러 번 시도해 보는 것도 좋은 방법입니다. 또한 169쪽에서 설명하는 디버깅 순서에 따라 AI 챗 패널에 해결 방법을 문의해 볼 수도 있습니다.

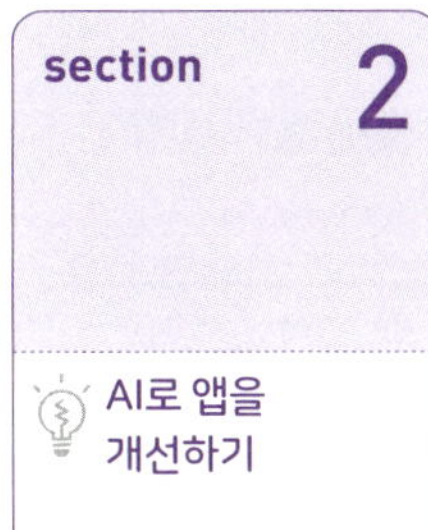

AI로 앱의 완성도 높이기

AI로 앱을
개선하기

AI 챗 또는 Command K, 커서 탭(Cursor tab) 같은 다양한 개선 기능을 이용해 앱의 완성도를 높여 봅시다.

AI 챗으로 앱 완성도 높이기

앞에서 생성한 AI 챗봇은 간단한 프롬프트로 만들어진 앱이므로 디자인이나 기능에 부족한 면이 있습니다. AI에 프롬프트를 추가로 입력해 디자인과 기능을 보완해 봅시다.

여기서는 AI의 응답에 로봇 아이콘을 추가하기, 앱의 형태를 스마트폰에 맞게 **바꾸기, 더 세련되게 색상을 구분하기** 같은 디자인 변경 요청 사항을 입력하여 앱을 개선해 보겠습니다.

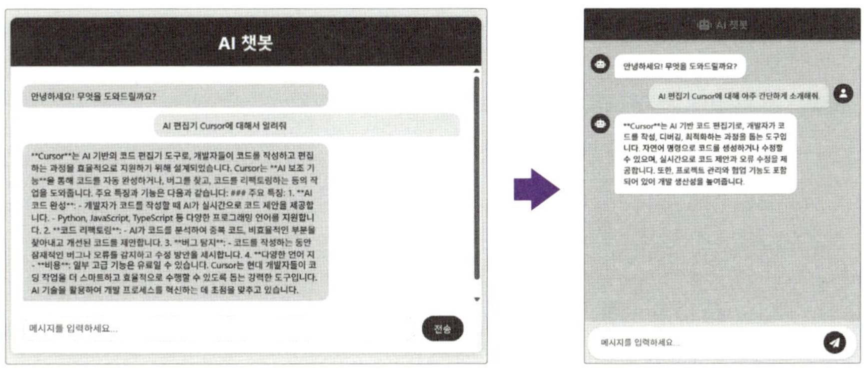

프롬프트를 추가하려면 오른쪽 아래에 있는 입력 창에 프롬프트를 입력하고 Enter 키를 누릅니다.

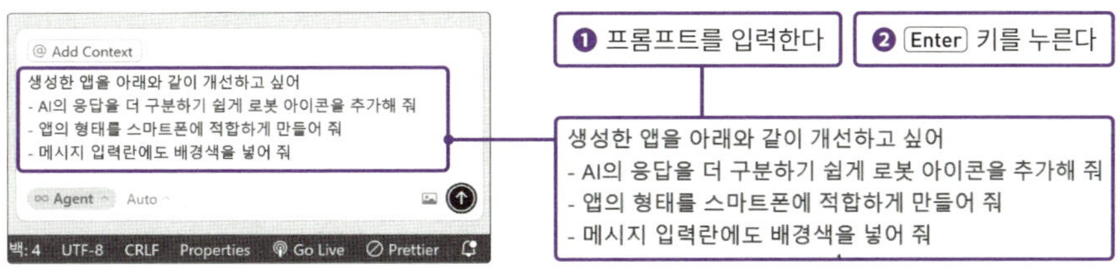

프롬프트에 작성한 대로 기능이나 디자인을 변경한 소스 코드로 수정해 줍니다. 소스 코드가 만들어진 뒤 표시되는 Keep을 클릭해 변경 사항을 반영하세요.

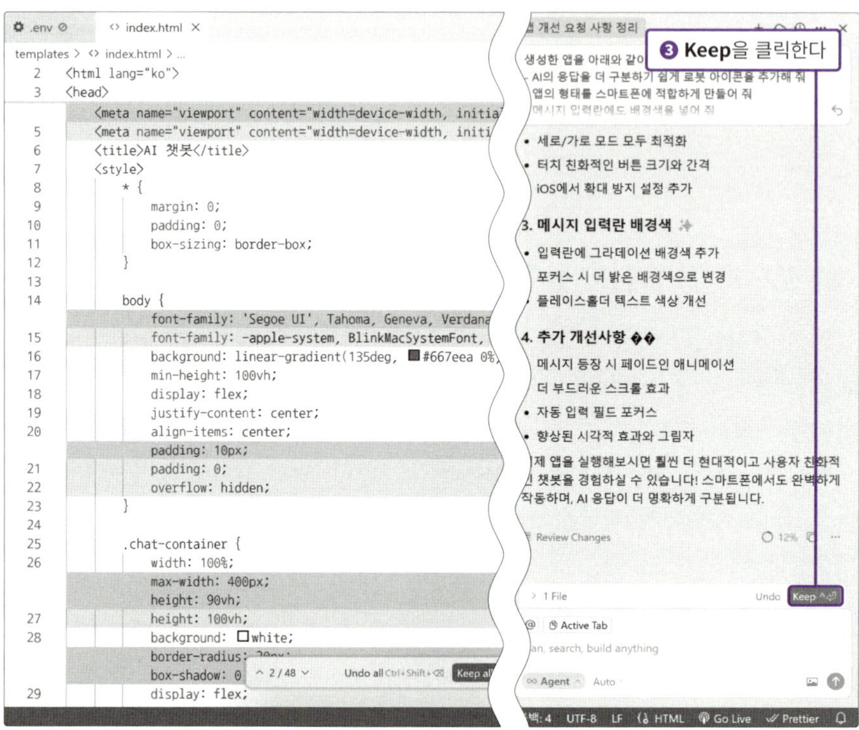

앱을 실행하는 방법은 AI 챗 패널에 남아 있으니 위로 스크롤해서 실행해 봅시다. 이전에 실행한 브라우저가 열려 있다면 새로고침하세요. 변경 사항이 반영됩니다. 앱을 실행하면 AI 챗봇 화면이 스마트폰처럼 세로로 길어지고 색이 바뀐 것도 확인할 수 있습니다.

또한 개선하기 전에 입력했던 것처럼 "AI 편집기 Cursor에 대해 간단히 소개해 줘"라고 AI에 질문하면 응답 옆에 로봇 아이콘이 표시됩니다.

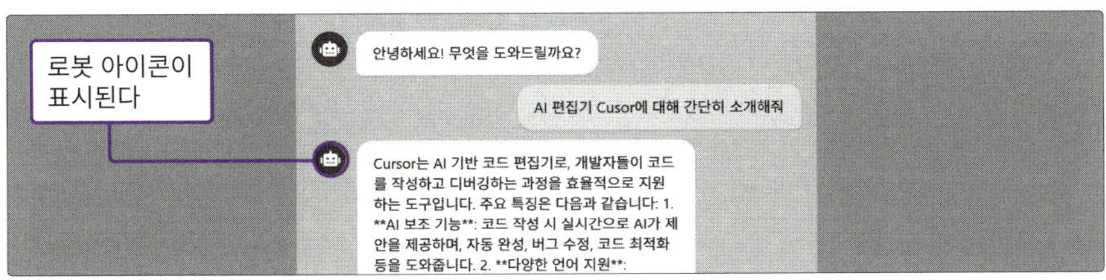

Command K와 커서 탭으로 완성도 높이기

AI 챗 패널에 프롬프트를 입력하는 방법은 소스 코드 전체에 영향을 미칩니다. 제목 색상처럼 일부만 바꾸고 싶을 때는 Command K와 커서 탭 기능을 사용하세요.

Command K를 사용해 보기

Command K는 AI에 프롬프트를 전송해 소스 코드의 개선안을 생성합니다. 만들 소스 코드가 명확하게 정해지지 않았다면 Command K를 사용하세요. 여기서는 앱 화면 위의 제목을 수정해 보겠습니다. templates/index.html의 앞부분에 있는 title 부분을 클릭한 후 Ctrl + K 키를 누릅니다. 입력 창이 나타나면 프롬프트를 입력하고 Enter 키를 누르세요. 잠시 후 AI가 소스 코드 수정을 제안해 줍니다.

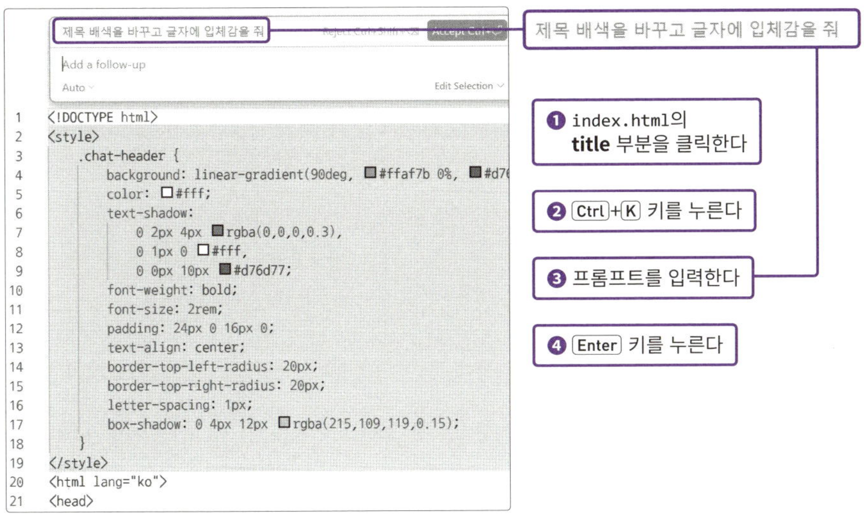


```html
1   <!DOCTYPE html>
2   <style>
3       .chat-header {
4           background: linear-gradient(90deg, #ffaf7b 0%, #d7(
5           color: #fff;
6           text-shadow:
7               0 2px 4px rgba(0,0,0,0.3),
8               0 1px 0 #fff,
9               0 0px 10px #d76d77;
10          font-weight: bold;
11          font-size: 2rem;
12          padding: 24px 0 16px 0;
13          text-align: center;
14          border-top-left-radius: 20px;
15          border-top-right-radius: 20px;
16          letter-spacing: 1px;
17          box-shadow: 0 4px 12px rgba(215,109,119,0.15);
18      }
19  </style>
20  <html lang="ko">
21  <head>
```

Keep을 클릭하여 저장한 다음 앱을 실행하면 다음과 같이 변경 사항이 반영된 것을 확인할 수 있습니다.

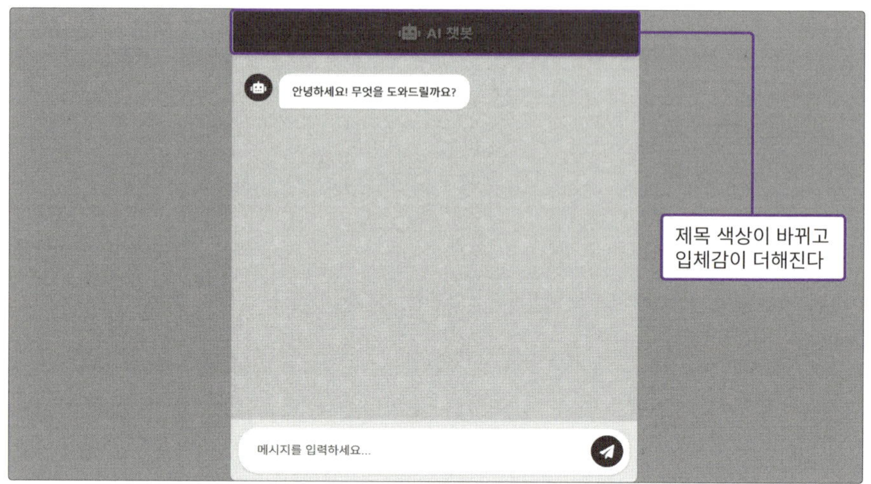

커서 탭 사용해 보기

커서 탭은 입력 중인 소스 코드의 다음을 제안합니다. 제안하는 부분은 회색으로 표시되며 Tab 키를 누르면 코드에 반영됩니다.

로봇 아이콘뿐만 아니라 사용자 아이콘도 추가해 보겠습니다. index.html 파일의 41줄을 보면 if (isAI) 블록에서 AI 메시지에만 아이콘이 추가된 것을 확인할 수 있습니다. 이 블록의 끝부분에 else를 입력하면 사용자의 의도를 파악해 다음 그림처럼 작성할 코드를 제안해 줍니다. Tab 키를 눌러 해당 코드를 반영하세요.

커서가 생성한 코드가 다를 수 있습니다. 어떤 곳을 수정해야 할지 모르겠다면 소스 코드 전체를 선택한 후 Command K 기능을 실행해 "사용자 아이콘을 추가해 줘"라고 입력하세요.

```
35      <script>
36          function addMessage(message, isAI) {
37              const messagesDiv = document.getElement
38              const messageContainer = document.createElement('div');
39              messageContainer.className = `message-container ${isAI ? 'ai-messa
40
41              if (isAI) {
42                  const iconDiv = document.createElement('div');
43                  iconDiv.className = 'message-icon';
44                  iconDiv.innerHTML = '<i class="fas fa-robot"></i>';
45                  messageContainer.appendChild(iconDiv);
46              }
47
```


필요한 코드가 작성되지 않았을 때 다음 제안이 표시됩니다. 더 이상 코드를 제안하지 않을 때까지 [Tab] 키를 누릅니다.

```
41              if (isAI) {
42                  const iconDiv = document.createEleme
43                  iconDiv.className = 'message-icon';
44                  iconDiv.innerHTML = '<i class="fas fa-robot"></i>';
45                  messageContainer.appendChild(iconDiv);
46              } else {
                    const iconDiv = document.createElement('div');
                    iconDiv.className = 'message-icon';
                    iconDiv.innerHTML = '<i class="fas fa-user"></i>';
                    messageContainer.appendChild(iconDiv);
                }
47
```


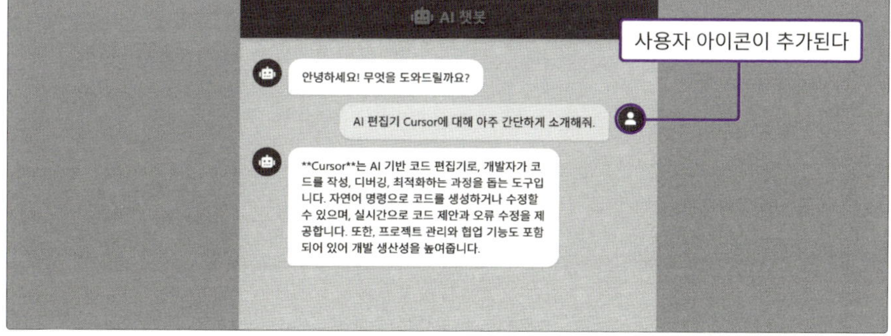

전체적인 코드 개선은 AI 챗 패널을 활용하고 세부 수정은 Command K 기능과 커서 탭을 활용해 앱을 더욱 편리하게 만들어 봅시다.

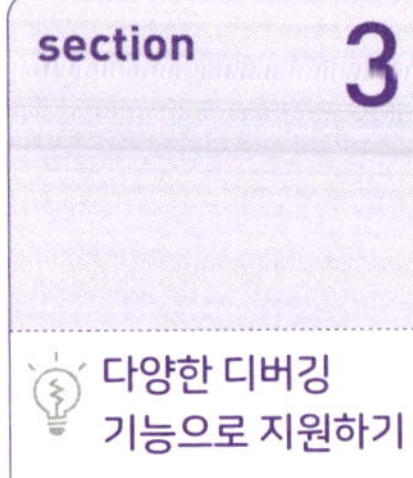

디버깅해 보기

AI를 활용한 오류 수정 기능과 다양한 언어를 지원하는 디버깅 기능은 커서의
큰 특징 중 하나입니다.

AI 챗 패널에서 오류 수정 요청하기

생성 AI는 어느 정도 소스 코드를 생성하지만 잘못된 소스 코드를 생성할 때도
있습니다. 물론 작성한 소스 코드가 자주 틀릴 때도 있습니다. 그럴 때는 커서의
AI 챗 패널에 오류를 검토해 달라고 요청해 봅시다. 다음 소스 코드처럼 문자열
과 숫자를 더해서 실행하면 오류가 발생합니다. 이 코드를 예로 살펴보겠습니다.

error.py

```python
print('올해로 '+ 18 +'살이 됩니다.')
```

AI 챗 패널을 이용해 오류를 수정할 때는 소스 코드를 실행한 후 오류 메시지를
활용해서 묻는 방법, 오류 메시지를 활용하지 않는 방법, 실행 전 소스 코드에 오
류가 있는지 검토를 요청하는 방법이 있습니다.

우선 오류 메시지를 활용하는 방법을 알아봅시다. 코드를 입력하고 편집기의
오른쪽 위에 있는 □ **Python 파일 실행** 아이콘을 클릭해 소스 코드를 실행합니다.
터미널에 출력된 오류 메시지를 선택한 후 Add to Chat을 클릭하거나 Ctrl + L 키
를 누르세요.

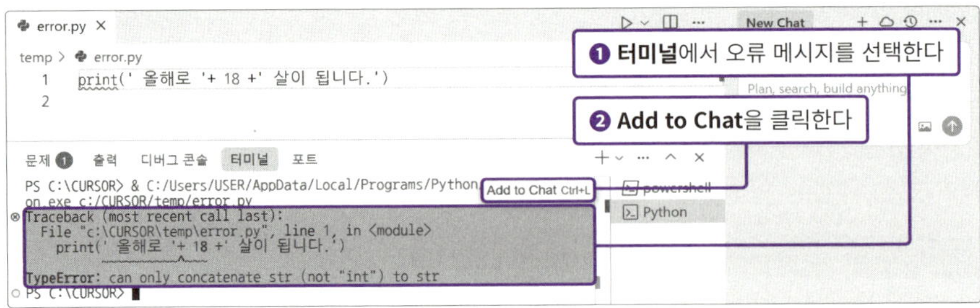

오류 메시지가 대화 창 위에 Traceback으로 추가되었습니다. 그 상태에서 Send 버튼을 클릭하면 AI가 오류 메시지를 분석하여 원인을 설명하고 올바른 코드를 생성해 수정을 제안합니다. Keep을 클릭하면 오류가 발생한 부분이 수정됩니다.

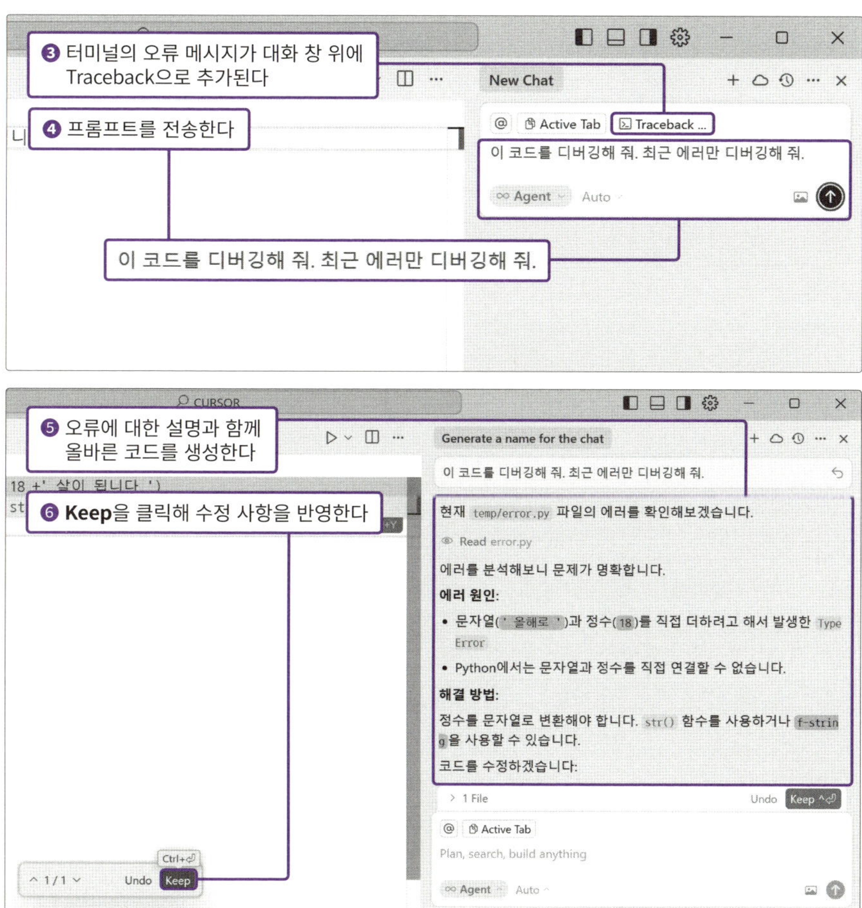

다음은 소스 코드를 실행하거나 오류 메시지를 추가하지 않고 대화 창에서 오류에 관해 질문하겠습니다. 오류 메시지를 추가하지 않은 상태에서 "이 코드에서 오류가 발생하는 이유를 알려 줘." 혹은 "이 코드를 살펴보고 오류를 검사해 줘." 같은 프롬프트를 입력하세요.

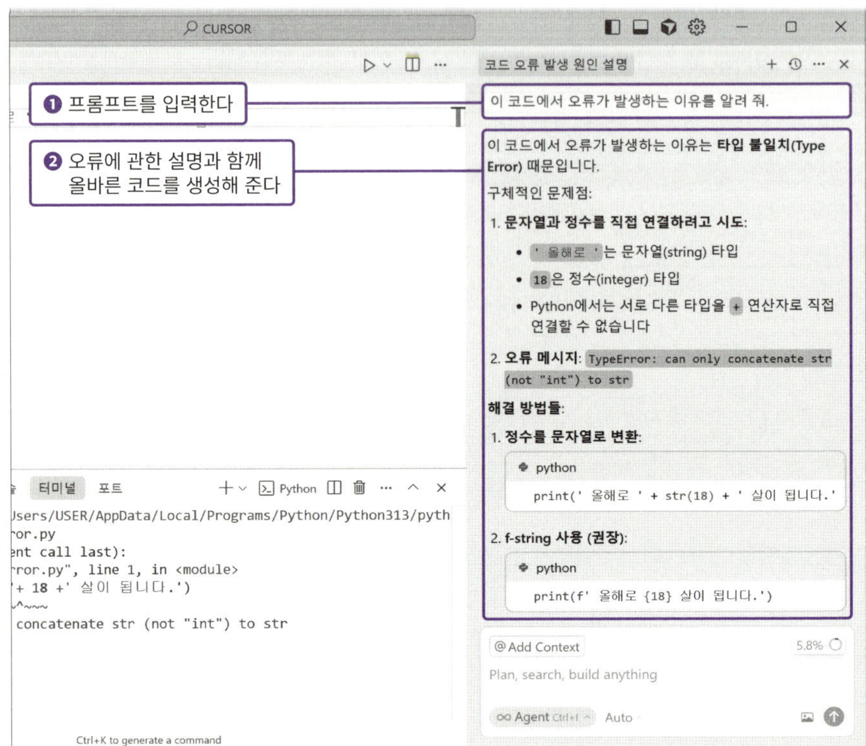

이처럼 AI 챗 패널에서는 코드를 실행한 뒤 오류가 발생하면 AI가 오류 메시지를 바탕으로 해결 방안을 제시합니다. 반면 코드를 실행하지 않았더라도 AI 챗 패널에 프롬프트를 직접 입력하면 코드가 올바른지 확인하거나 개선되도록 도움을 받을 수 있습니다.

오류가 발생했다면 실행 결과를 문제 해결에 활용하고 실행 전에는 AI 챗 패널을 활용해 코드 리뷰나 개선을 위한 조언을 받으세요.

파이썬 파일 디버깅하기

커서의 기반인 VS Code는 디버깅 기능이 매우 뛰어나서 개발 도구로 널리 사용되어 왔습니다. 다양한 프로그래밍 언어를 같은 UI로 디버깅할 수 있다는 점이 큰 장점이며 이는 VS Code를 포크해 만들어진 커서도 마찬가지입니다.

여기서는 AI를 활용하지 않는 디버깅 방법을 설명하겠습니다. 먼저 간단한 파이썬 파일을 만들어 디버깅해 보겠습니다. 파이썬 파일을 디버깅하려면 Python 확장 기능이 활성화되어야 합니다.

다음과 같이 파이썬 파일을 새로 생성합니다.

debugTest.py

```python
message = "디버그 실행 중"
print(message)
```

debugTest.py의 코드를 입력한 후 2행 줄 번호의 왼쪽을 클릭해 중단점(Break-point)을 추가합니다. 중단점을 설정하면 디버깅할 때 중단점에서 실행이 일시 정지되고 해당 시점의 프로그램 상태를 확인할 수 있습니다.

디버깅을 시작하려면 F5 키를 누르거나 액티비티 바에서 **실행 및 디버그**를 클릭해 디버그 뷰를 열면 됩니다.

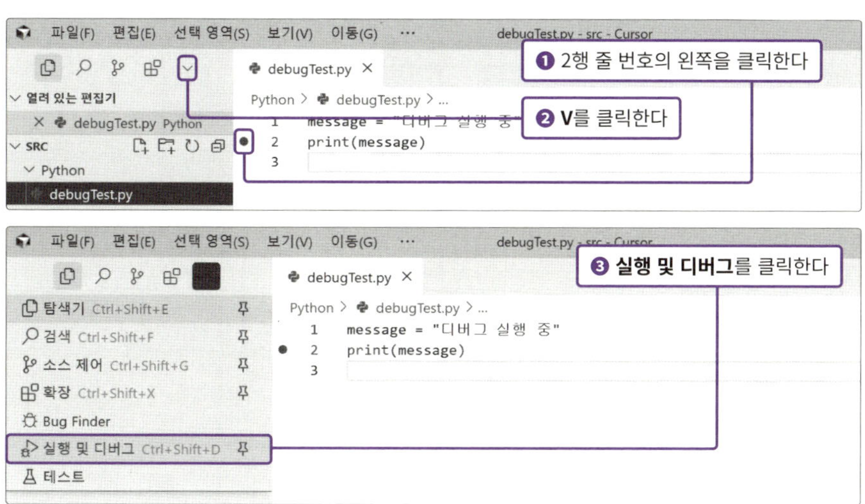

실행 및 디버그 뷰가 열리면 **실행 및 디버그**를 클릭합니다. 처음 디버깅하는 폴더에서는 디버거를 선택해야 합니다. 여기서는 Python Debugger를 사용합니다.

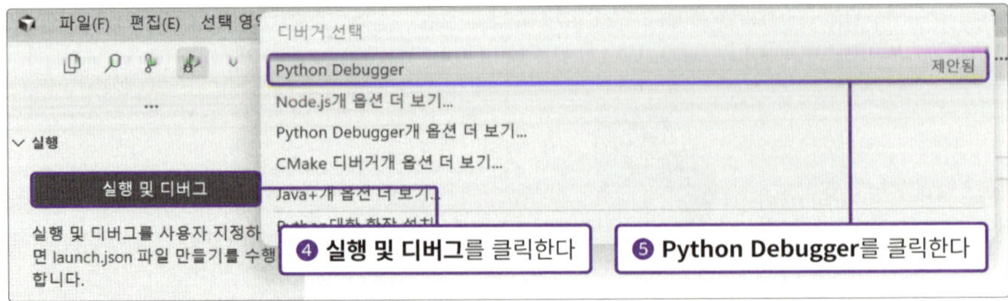

디버거를 클릭하고 실행할 환경을 선택하는 옵션이 표시되면 파이썬 파일을 클릭합니다. 파일을 클릭하면 디버깅이 시작되며 중단점에서 실행이 일시 정지됩니다.

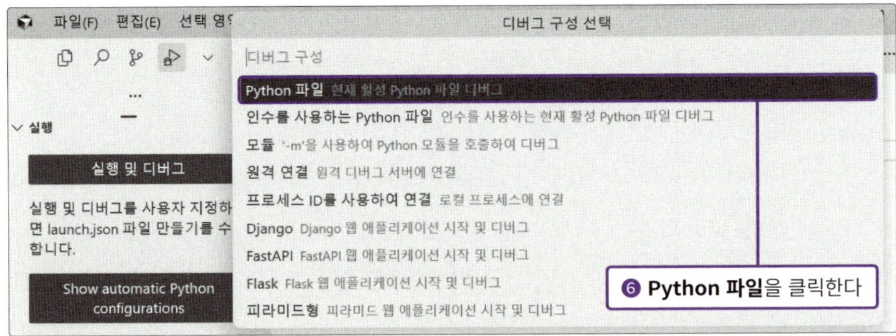

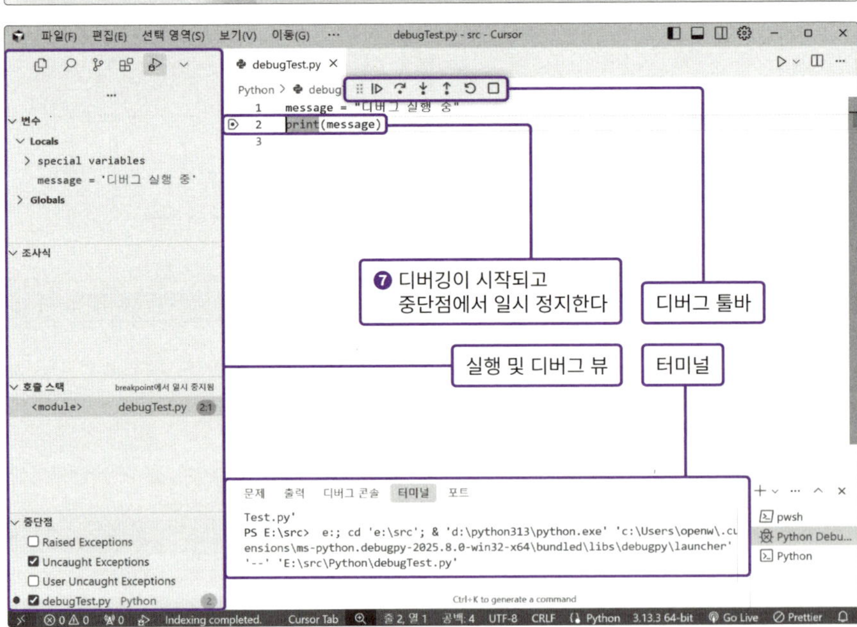

디버깅 중 사용할 수 있는 동작

디버깅 중 변수에 커서를 올리면 해당 시점의 변숫값이 표시됩니다. debugTest.py에서
2줄의 변수 message에 커서를 올리면 1줄에 할당된 "디버그 실행 중"이 표시됩니다.

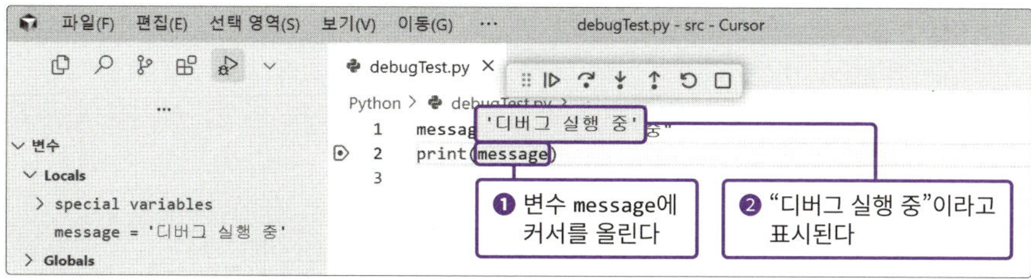

또한 디버깅할 때 화면 위에 디버그 툴바가 표시됩니다. 디버깅 계속·중지, 한 줄
씩 프로그램을 실행하는 스텝 실행을 툴바에서 제어합니다.

디버그 툴바의 버튼

이름	설명
① 계속(Continue)	다음 중단점까지 프로그램을 실행한다.
② 스텝 오버(Step Over)	한 줄 단위로 실행한다(함수 내부로 들어가지 않는다. 함수 전체를 실행한 뒤 다음 줄로 이동한다.).
③ 스텝 인투(Step Into)	한 줄 단위로 실행한다(함수 내부로 들어간다.).
④ 스텝 아웃(Step Out)	현재 실행 중인 함수의 코드를 실행하고 이 함수를 호출한 상위 함수로 돌아가서 멈춘다.
⑤ 다시 시작(Restart)	처음부터 다시 디버깅한다.
⑥ 중지(Stop)	현재 진행 중인 디버깅을 중지한다.

디버그 툴바가 편집기 탭을 가린다면 툴바의 왼쪽 끝부분을 드래그하여 툴바를
옮길 수 있습니다.

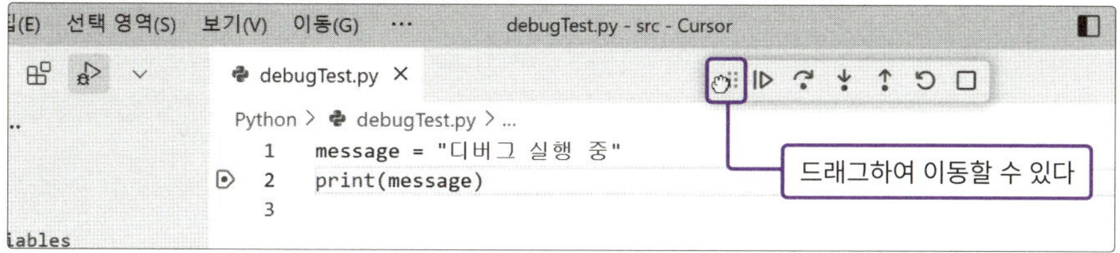

파이썬을 디버깅하면 화면 아래 패널에 터미널이 표시됩니다. 터미널이란 커서에서 윈도의 명령 프롬프트나 macOS의 터미널을 비롯한 명령줄 도구를 이용하는 기능입니다. 파이썬 프로그램은 IDLE(파이썬 통합 개발 환경) 명령줄 도구에서 실행되므로 커서에서 파이썬 프로그램을 디버깅할 때 결과가 터미널에 표시됩니다. 표시되지 않는다면 메뉴에서 **보기 〉 터미널**을 클릭하세요.

debugTest.py 파일은 2줄에 있는 print 함수를 실행하기 직전에 멈춰 있으므로 스텝 인투(Step Into) 또는 스텝 오버(Step Over)를 클릭합니다. 그러면 print 함수가 실행되고 그 결과가 터미널에 표시됩니다.

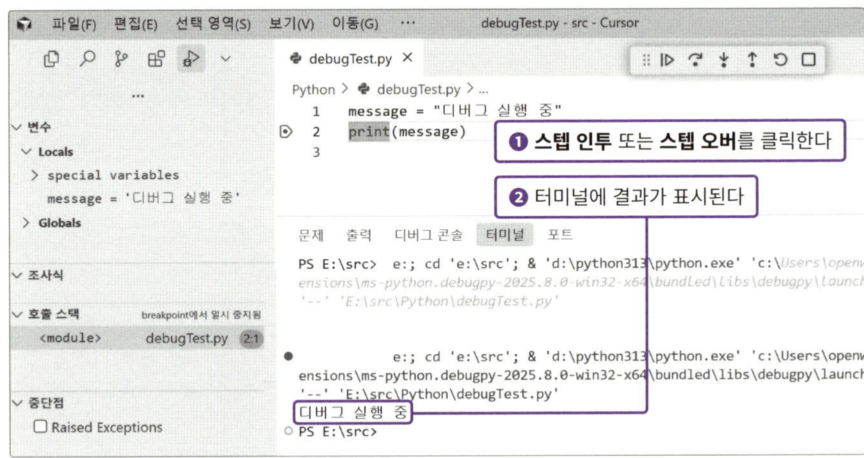

디버깅을 끝내고 파일 편집으로 돌아가려면 프로그램을 끝까지 실행하거나 디버깅을 중지해야 합니다. **계속** 또는 **중지 버튼** 중 하나를 클릭하면 디버깅이 종료됩니다.

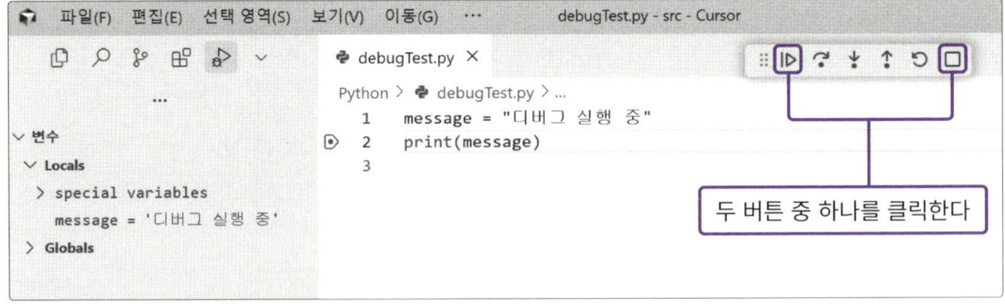

스텝 실행의 종류

173쪽에서 설명한 디버그 툴바에 있는 스텝 인투 / 스텝 오버 / 스텝 아웃의 차이점에 대해 살펴보겠습니다.

다음 화면과 같이 함수를 호출하는 4줄을 실행한다고(중단점을 4줄에 설정) 가정해 봅시다. 이때 스텝 오버를 누르면 함수를 실행한 후 5줄로 이동하고 스텝 인투를 누르면 함수 내부로 들어가서 2줄로 이동합니다. 스텝 오버도 함수 내 처리를 실행하지 않는 것은 아닙니다. 어디까지나 스텝 실행 커서가 어느 줄로 이동하는지가 다를 뿐이라는 점에 주의해 주세요.

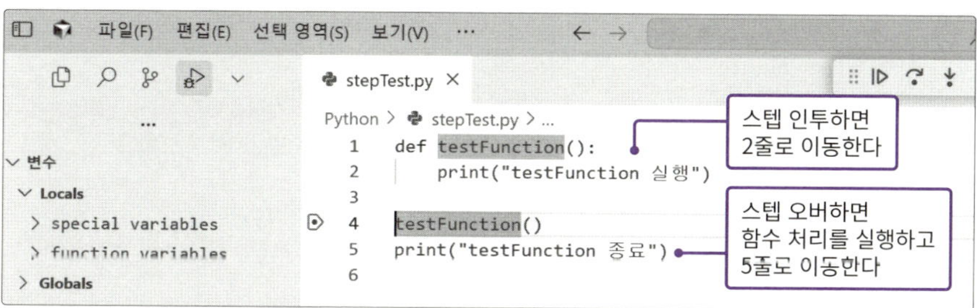

스텝 아웃은 두 기능만큼 자주 사용되지는 않지만 현재 실행 중인 함수를 호출한 곳까지 커서를 이동시킵니다. 이번 예시에서는 2줄을 실행할 때 스텝 아웃하면 커서가 testFunction 함수를 빠져 나와 4줄로 이동합니다.

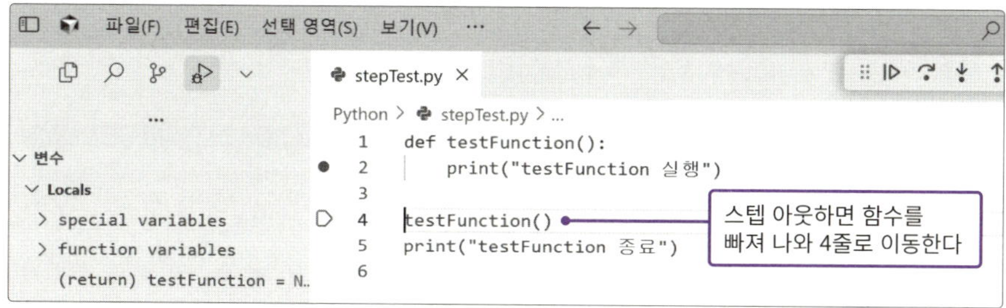

디버깅 내용을 자세히 확인하기

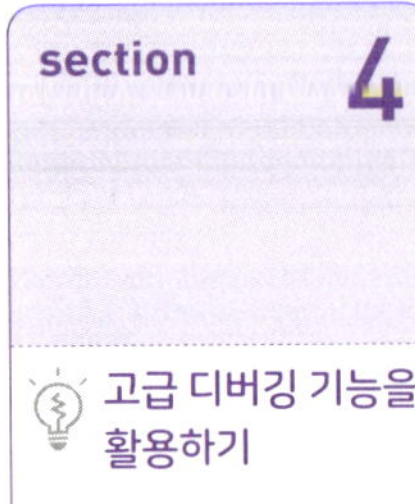

고급 디버깅 기능을 활용하기

디버깅 중에는 화면에 동작 검증이나 오류 해결에 도움이 되는 정보가 많이 표시됩니다.

디버그 뷰에 표시되는 정보

디버깅 중에는 화면에 디버그 툴바뿐만 아니라 다양한 정보도 표시됩니다.

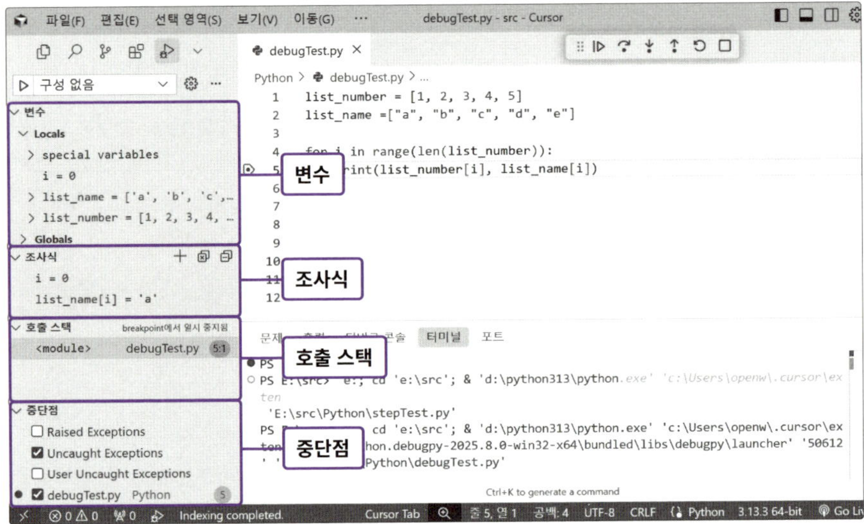

디버그 뷰 가장 위에 있는 **변수** 부분에는 실행 중인 스코프에서 유효한 변숫값이 정리되어 있습니다. 로컬 변수, 글로벌 변수 등 종류별로 표시되므로 확인하려는 변수를 쉽게 찾을 수 있습니다.

조사식 부분은 원래 비어 있지만 변수명이나 식을 추가해서 그 값을 항상 모니터링할 수 있습니다. 실행 중에 값이 변경되는 변수를 모니터링할 때 편리합니다.

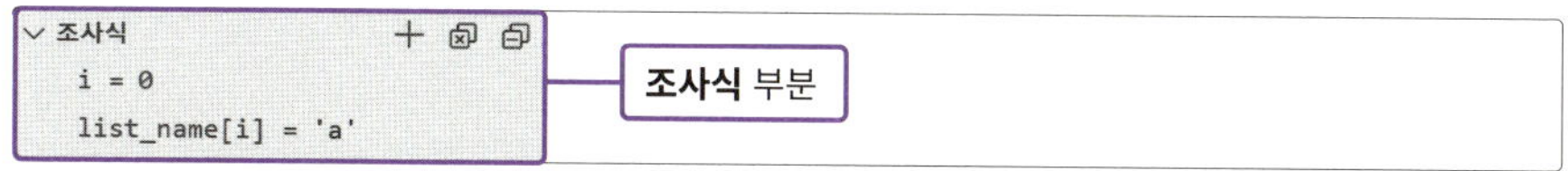

조사식 부분에 새 식을 추가하려면 +를 클릭하고 식을 입력합니다. 변수명뿐만 아니라 변숫값을 조합한 식도 입력할 수 있습니다.

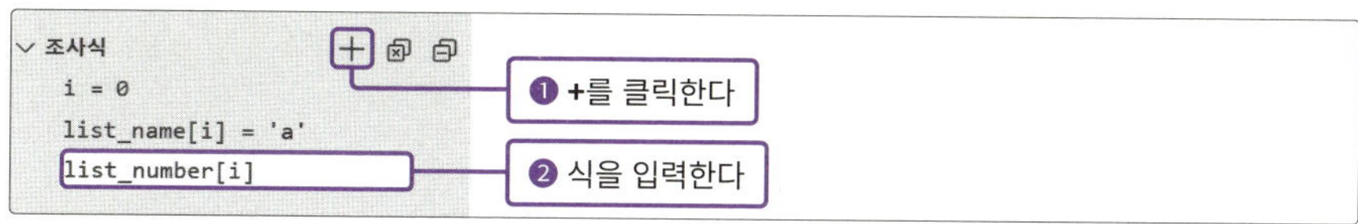

추가된 **조사식**은 디버그가 종료되더라도 조사식에 계속 남아 있습니다. 필요 없는 식은 우클릭 후 **식 제거**를 클릭해 하나씩 삭제하거나 **모든 식 제거 아이콘**을 클릭해 한꺼번에 삭제할 수 있습니다.

호출 스택 부분에는 함수 호출 이력이 표시됩니다. 현재 실행 중인 함수가 호출된 경로를 파악할 수 있습니다.

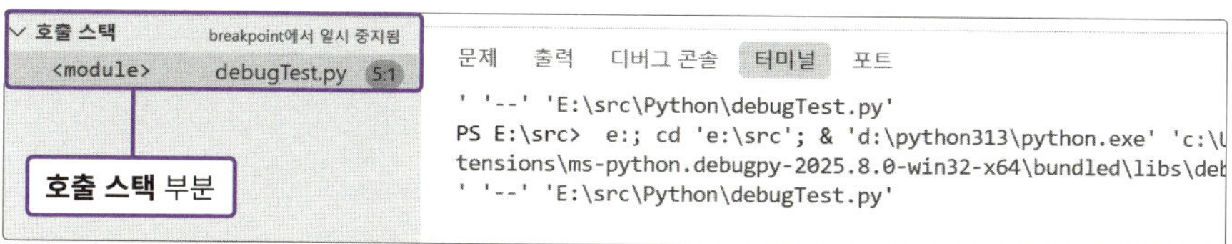

중단점 부분에서는 등록된 중단점을 모두 확인할 수 있습니다. 현재 실행 중인 파일은 물론 폴더나 작업 영역 내 다른 파일에 설정한 중단점도 함께 표시됩니다.

X를 클릭해 중단점을 삭제하거나 각 항목 왼쪽의 체크박스로 사용 여부를 제어할 수 있습니다. 중단점을 삭제하지 않고 일시적으로 해제하려면 비활성화 상태로 설정하면 됩니다.

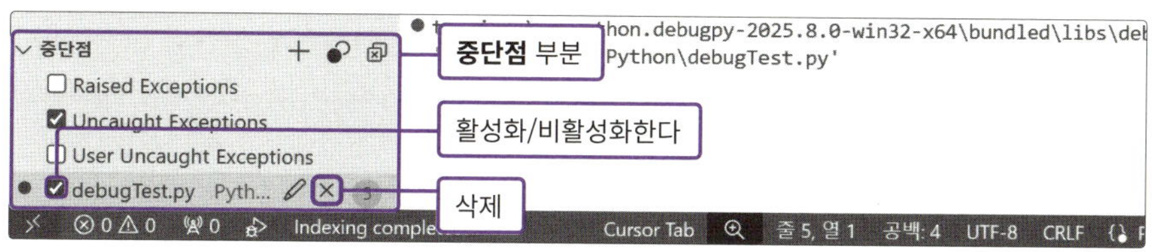

조사식과 마찬가지로 ⬚ 아이콘을 클릭하면 중단점을 한꺼번에 삭제할 수 있지만 모든 파일의 중단점이 삭제되니 주의하세요.

중단점 편집하기

중단점은 프로그램을 해당 지점 직전까지 실행한 뒤 일시 정지하고 싶은 줄에 추가합니다. 하지만 반복 처리되는 부분이나 자주 호출되는 함수에 중단점을 추가하면 계속 멈추므로 디버깅 작업이 번거로워집니다.

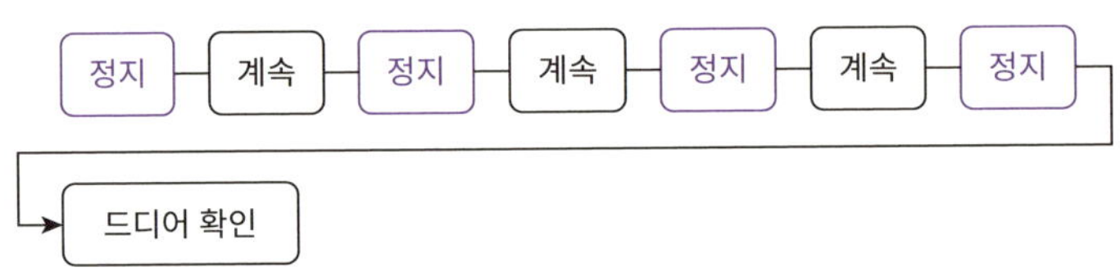

커서에서는 이미 추가한 중단점을 편집해 **특정 조건을 만족할 때 일시 정지**하거나 **지정한 횟수만큼 실행한 후 정지**하는 특수한 설정을 추가할 수 있습니다. 매번 정지와 계속을 반복하지 않고도 적절한 타이밍에 디버그 실행을 일시 정지할 수 있습니다.

중단점을 편집하려면 **중단점**을 우클릭한 후 **중단점 편집**을 클릭하면 됩니다. 편집할 수 있는 항목 세 가지, 식, 적중 횟수, 로그 메시지를 중단점에 추가할 수 있습니다.

중단점 편집 항목

이름	설명
식	조건식을 작성하고 식이 true가 되었을 때 실행을 일시 정지한다.
적중 횟수	해당 줄이 지정된 횟수만큼 실행되었을 때 실행을 일시 정지한다. 5나 == 10처럼 비교 연산자와 숫자로 조건을 지정한다.
로그 메시지	실행은 멈추지 않지만 자바스크립트의 `console.log` 메서드처럼 지정한 메시지를 디버그 로그로 출력한다.

참고로 하나의 중단점에 설정을 여러 개 추가할 수도 있습니다. 이번에는 중단점이 설정된 줄이 10번째로 실행될 때 일시 정지하도록 편집하겠습니다. 편집기에서 **중단점**을 우클릭한 후 **중단점 편집**을 클릭하면 표시되는 목록에서 **적중 횟수**를 클릭합니다.

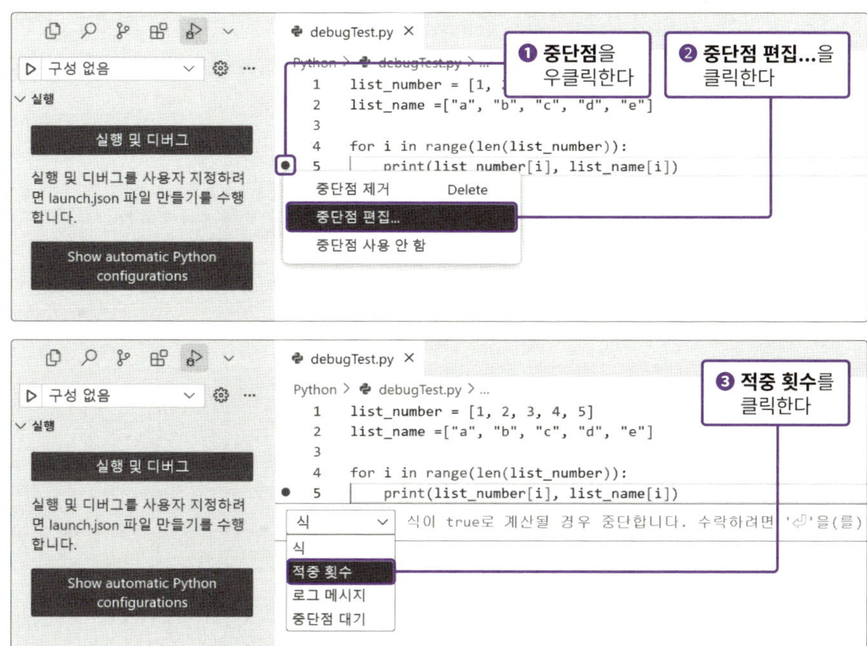

적중 횟수 조건은 단순히 10이라고 숫자값을 적는 것이 아니라 비교 연산자와 숫자값을 사용해서 == 10처럼 입력합니다. 조건을 다 작성했으면 Enter 키를 눌러 편집을 마칩니다.

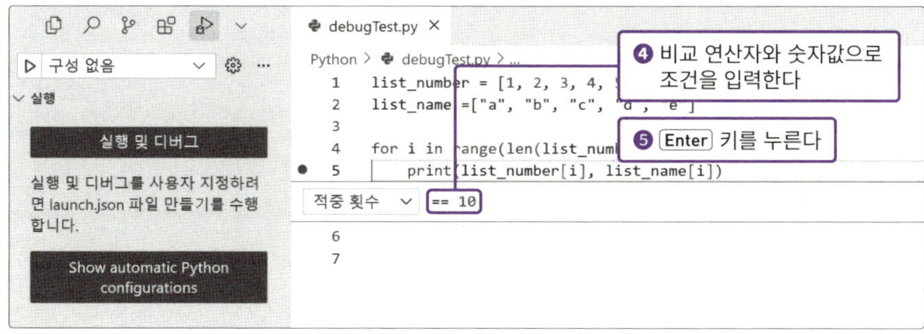

조건을 작성한 후 디버깅을 실행하면 해당 조건에 따라 실행이 정지됩니다. 이번에는 == 10이라고 입력했으므로 실행 결과가 9회 표시된 후 식이 10번째 노달하는 시점에 멈춥니다.

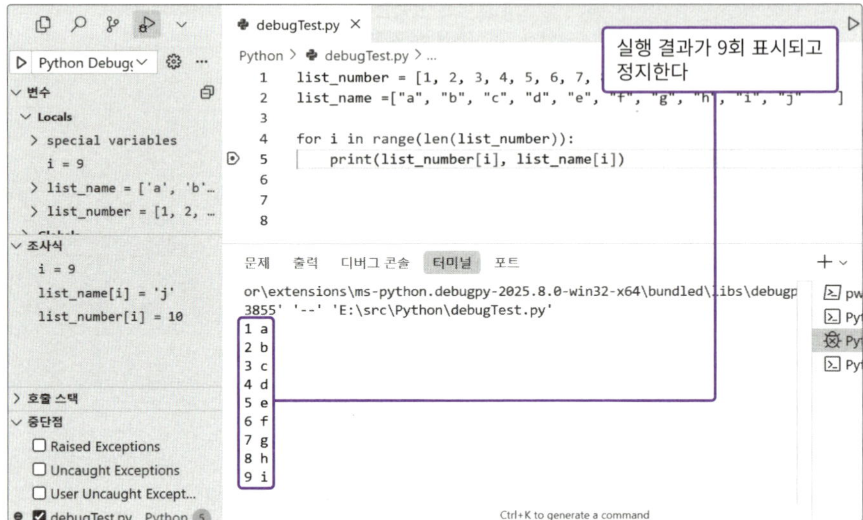

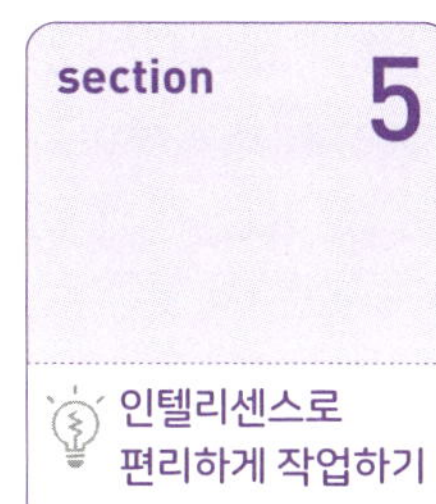

코드 자동 완성 기능 설정하기

인텔리센스 기반의 코드 자동 완성, 퀵 정보 등의 기능을 사용하기 편리하게 설정해 봅시다.

스니펫 자동 완성 기능 설정하기

스니펫(snippet)은 **조각**을 의미하는 단어로 프로그래밍에서는 재사용 가능한 작은 소스 코드 조각을 가리킵니다. 예를 들어 프로그래밍 언어별로 정해져 있는 if문, for문 등의 구문은 스니펫으로 등록되어 있습니다. 인텔리센스가 지원하는 언어에서 편집기에 if를 입력하면 자동 완성 목록에 if가 표시됩니다. ☐ 아이콘은 해당 항목이 스니펫임을 나타냅니다.

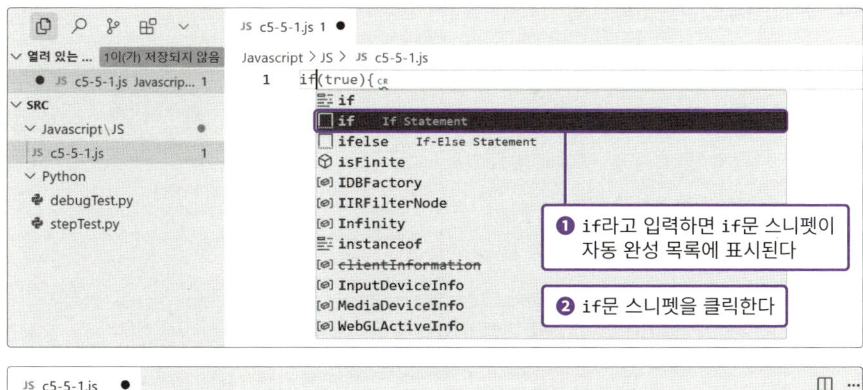

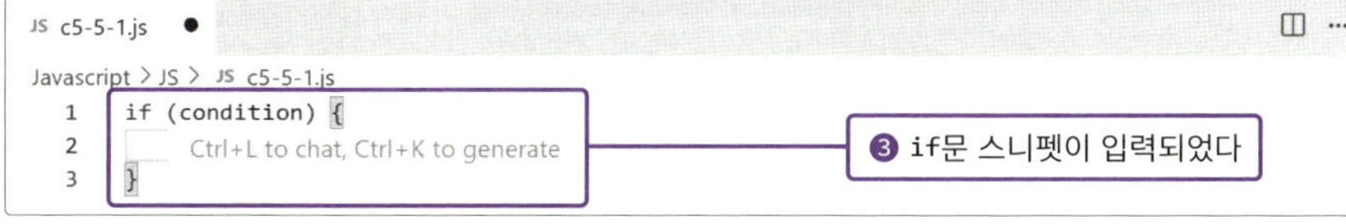

변수나 메서드와 달리 스니펫은 대부분 여러 줄의 코드가 자동으로 입력되므로 코드를 입력하는 수고를 크게 줄일 수 있습니다. 적극적으로 활용하려면 자동 완성 목록을 제안할 때 스니펫을 먼저 표시하도록 설정해 두는 것이 편리합니다.

스니펫을 우선 표시할지는 사용자 설정 중 Editor: Snippet Suggestions에서 지정할 수 있습니다. none으로 설정하면 자동 완성 목록에 스니펫이 표시되지 않습니다. 나머지 세 가지는 스니펫을 제안 복록의 어느 위치에 표시할지 지정하는 값입니다.

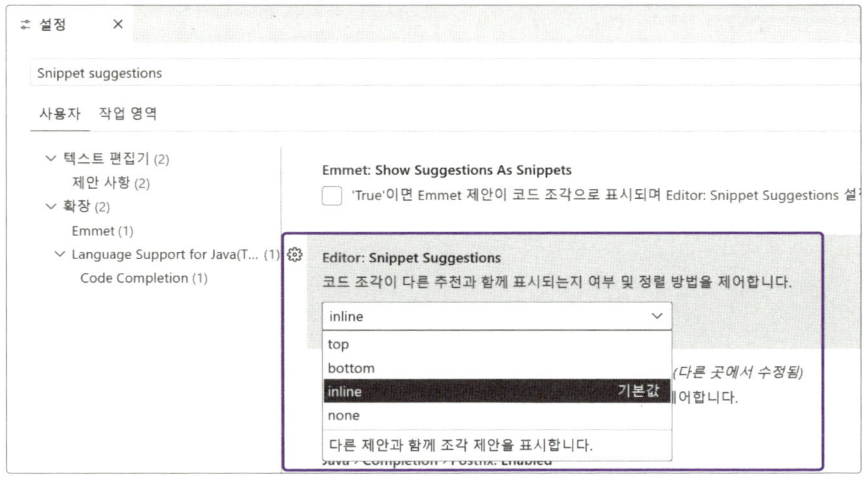

Editor: Snippet Suggestions의 설정

설정 이름	설명
top	항상 목록 맨 위에 스니펫을 표시한다.
bottom	항상 목록 맨 아래에 스니펫을 표시한다.
inline	다른 제안과 함께 스니펫을 표시한다.
none	스니펫을 표시하지 않는다.

자동 완성 목록에서 미리 선택하기

코드 자동 완성 목록이 표시될 때 첫 번째로 제안된 항목이 선택되어 있습니다. 사전에 선택 방식을 바꾸고 싶다면 사용자 설정 화면에서 Editor: Suggest Selection 설정을 변경하세요.

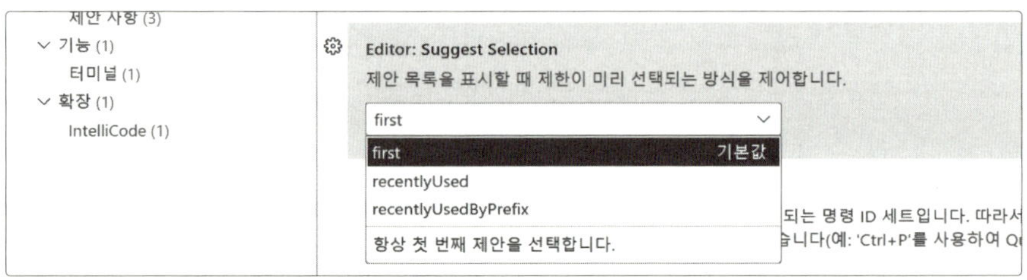

Editor: Suggest Selection의 설정

설정 이름	설명
first	항상 첫 번째 항목을 선택한다(기본값).
recentlyUsed	이전에 선택한 항목을 선택한다.
recentlyUsedByPrefix	특정 접두사로 자동 완성할 때 이전 입력을 바탕으로 선택한다.

설정을 recentlyUsed로 바꾸면 이전에 선택한 설정이 선택됩니다. 코드에서 자주 쓰이는 설정일수록 더욱 빠르게 입력할 수 있습니다. 다음 화면에서는 1줄에서 입력한 console.log가 자동 완성 목록에서 가장 먼저 선택되어 있습니다.

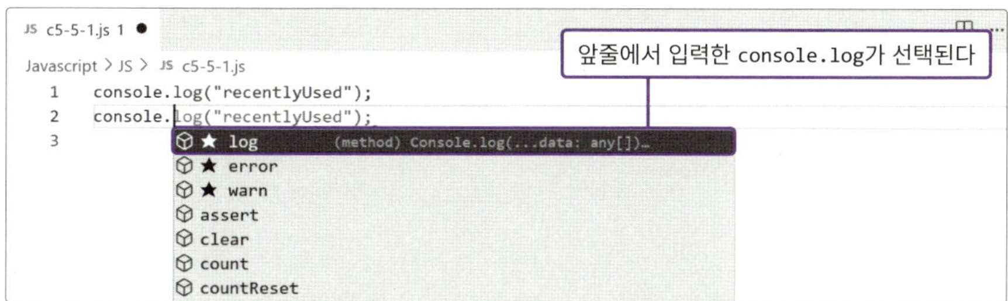

recentlyUsedByPrefix로 설정하면 con이라고 입력했을 때 자동 완성 목록 중에서 const를 선택한 기록이 저장됩니다. 이후 다시 con을 입력하면 const가 자동으로 우선 선택됩니다. 반면 recentlyUsed는 단순히 const를 선택한 이력만 저장하며 recentlyUsedByPrefix는 con을 입력했을 때 const를 선택한 사실까지 함께 기억하는 점이 특징입니다.

그러므로 con을 입력하면 const, re를 입력하면 return 같이 입력값과 자동 완성 목록을 쉽게 연관 지을 수 있습니다. 입력값이 같을 때 자동 완성 결과도 항상 일정하기를 바란다면 이 설정을 추천합니다.

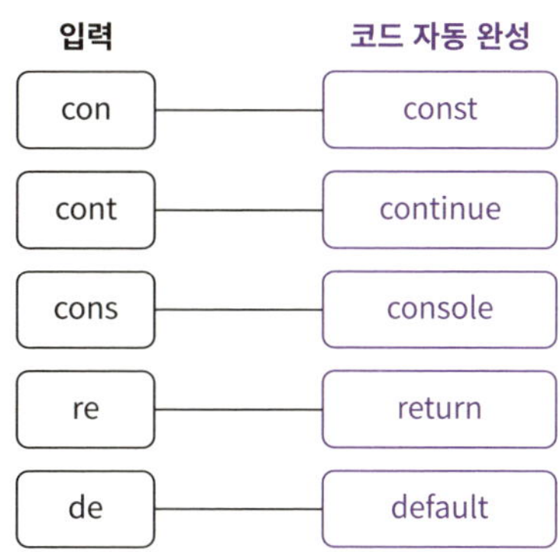

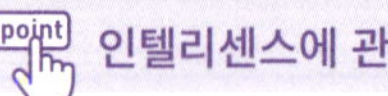 **인텔리센스에 관한 설정**

이 밖에도 다음과 같은 코딩 보조 기능 설정이 있습니다.

인텔리센스의 사용자 맞춤 설정

설정 이름	설명
Editor: Quick Suggestions Delay	자동 완성 목록을 표시하는 데 걸리는 시간(밀리초 단위)(기본값 10).
Editor: Accept Suggestion On Enter	`Tab` 키 이외에 `Enter` 키(macOS의 경우 `return` 키)로도 코드 제안을 받아들일지 설정한다(기본값 on).
Editor: Word Based Suggestions	단어 기반 제안. 코드에서 이미 등장한 단어를 자동 완성 목록에 표시할지 지정한다(기본값 matchingDocuments).

스니펫을 더욱 편리하게 활용하기

언어에 특화된 스니펫 또는 직접 만든 스니펫의 사용법을 익히면 코딩 작업이
훨씬 편리해집니다.

확장 기능으로 언어별 스니펫 추가하기

170쪽에서 **파이썬** 확장 기능을 설치했을 때 파이썬의 내장 함수가 코드 자동 완
성 목록에 표시되는 것을 확인했습니다. 이처럼 언어 확장 기능에는 해당 언어에 특
화된 스니펫이 대부분 들어 있습니다. 스니펫 확장 기능만 따로 보고 싶다면 마켓플
레이스에서 @category:"snippets"를 검색해 보세요.[2]

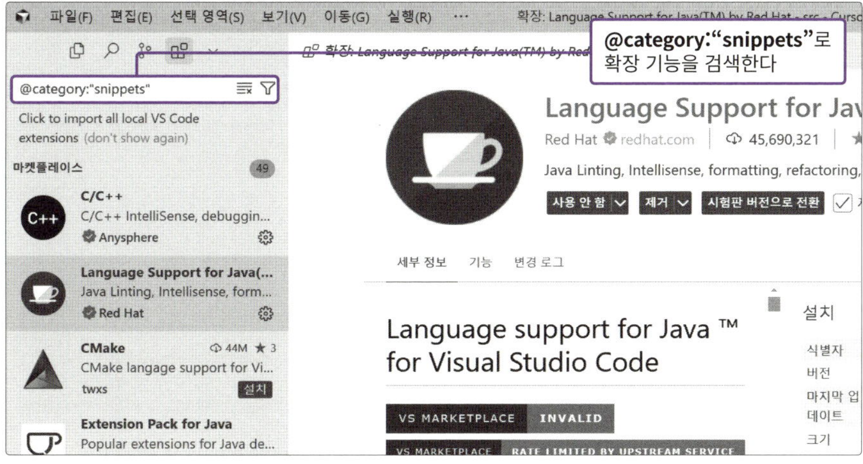

많은 프로그래밍 언어에는 반복 처리를 위한 for문, 조건 분기를 위한 if문 등 공
통된 코드가 있습니다. 하지만 각 언어에 맞는 스니펫을 설치하면 이름이 같은
스니펫이라도 다르게 입력됩니다.

---

2   (옮긴이) 커서는 VS Code에서 파생된 편집기지만 마이크로소프트에서 VS Code 마켓플레이스 접근
     을 Visual Studio 전용으로 제한하고 있습니다. 이에 커서는 Open VSX 마켓플레이스를 별도로 만들
     어 사용하고 있습니다. 커서 v1.1.3 이후에는 Open VSX로 전환했으며 마켓플레이스에 없는 확장 기
     능은 별도로 .vsix 파일을 직접 받아서 설치할 수 있습니다. @category:"snippets"로는 검색되지 않으
     나 Language Support for Java로 직접 검색하면 커서 마켓플레이스에서 설치할 수 있습니다.

나만의 스니펫 만들기

자주 사용하는 문자열을 나만의 스니펫으로 등록할 수도 있습니다. 나만의 스니펫을 만들기 위해서는 메뉴에서 **파일 > 기본 설정**(macOS의 경우 Cursor > 기본 설정) **> 코드 조각 구성** 순으로 클릭합니다.

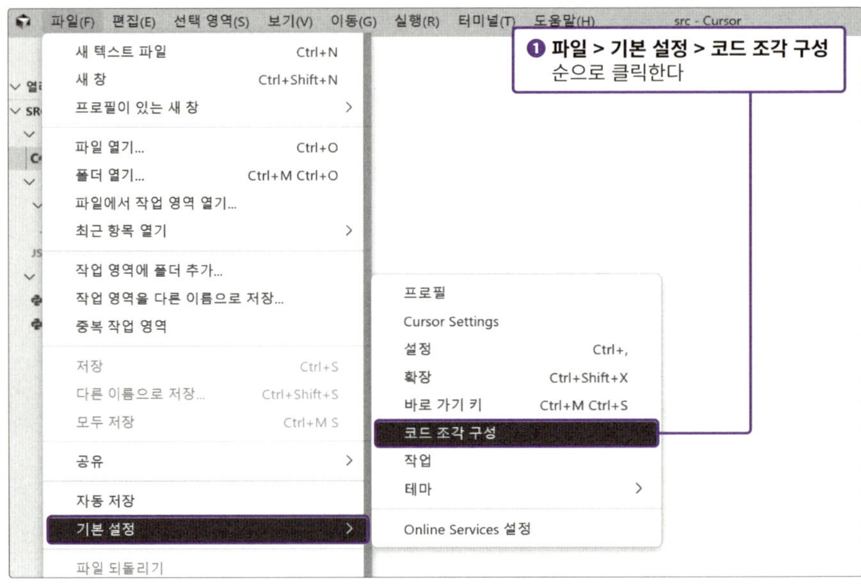

다음으로 어떤 언어에서 사용할 스니펫을 만들지 고릅니다. 새 전역 코드 조각 파일을 클릭하면 모든 파일에서 사용할 수 있는 스니펫을 만들 수 있지만 이번에

는 javascript (JavaScript)를 클릭합니다. 언어를 선택하면 스니펫을 정의하기 위
한 JSON 파일이 편집기에서 열립니다.

```
 1  {
 2      // Place your snippets for javascript here. Each snippet is defined under a snippet name
 3      // description. The prefix is what is used to trigger the snippet and the body will be ex
 4      // $1, $2 for tab stops, $0 for the final cursor position, and ${1:label}, ${2:another} f
 5      // same ids are connected.
 6      // Example:
 7      // "Print to console": {
 8      //   "prefix": "log",
 9      //   "body": [
10      //     "console.log('$1');",
11      //     "$2"
12      //   ],
13      //   "description": "Log output to console"
```

javascript.json의 주석에 "Print to console"이라는 스니펫을 만드는 방법이 예
시로 있습니다. 각 항목에 어떤 값을 입력해야 하는지 살펴보겠습니다.

"prefix"는 스니펫을 활성화하는 문자열입니다. 이 예에서는 "log"를 입력하면 코
드 자동 완성 목록에 "Print to console" 스니펫이 나타납니다.

"body"에는 스니펫으로 등록할 내용을 작성합니다. 값을 쉼표로 구분해 여러 줄
에 스니펫을 등록할 수 있습니다. $1, $2라고 적힌 부분은 플레이스홀더라고 불리
며 스니펫이 입력되었을 때 커서가 이동하는 위치를 나타냅니다. 처음에는 $1로
커서가 이동하고 Tab 키를 누르면 $2로 이동합니다. 나중에 스니펫에 수정할 부
분이 있다면 플레이스홀더로 지정해 두는 것이 좋습니다.

"description"에는 스니펫에 대한 간단한 설명을 보여 줍니다. 코드 완성 후보로
스니펫을 제안할 때 설명이 표시됩니다.

다음은 자바스크립트에서 화살표 함수 표현식을 사용해 함수를 정의하는 스니펫입니
다. 함수 이름, 인수, 함수 본체 세 부분을 플레이스홀더로 설정했습니다.

```json
"Arrow Function": {
    "prefix": "arrow",
    "body": [
        "const ${1:functionName} = (${2:arguments}) => {",
        "$3",
        "};"
    ],
    "description": "arrow function"
}
```

javascript.json을 저장한 후 자바스크립트 파일에 arrow를 입력해 봅시다. 조금 전에 작성한 스니펫이 코드 자동 완성 후보로 표시됩니다.

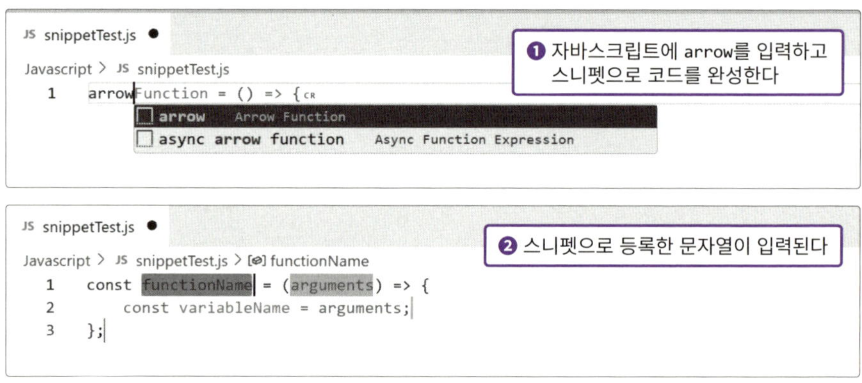

section **7**

💡 코드 사이를 빠르게
이동하기

#퀵오픈 #정의확인

파일 간 정의와 참조를 자유롭게 이동하기

다른 파일로 이동하는 기능과 참조를 잘 사용하면 대규모 프로그램에서도 필요한 정보를 쉽게 찾을 수 있습니다.

파일로 이동 명령을 사용해 빠르게 파일 열기

프로그램 개발 규모가 일정 수준 이상 커지면 한 파일에서 정의한 함수나 메서드를 다른 파일에서 사용해야 하므로 여러 파일을 오가며 편집하는 것이 필수적입니다. 그럴 때 탐색기 뷰에서 필요한 파일을 찾을 수도 있지만 커서에는 파일로 이동(Quick Open)이라는 편리한 기능이 있습니다.

파일을 빠르게 열려면 Ctrl + P 키를 눌러 **파일로 이동** 명령을 실행합니다. 화면 위의 입력 창에 최근에 열었던 파일 목록이 표시됩니다. 파일명을 검색하거나 ↑ ↓ 키로 파일을 선택한 후 Enter 키를 누르면 해당 파일이 편집기에서 열립니다.

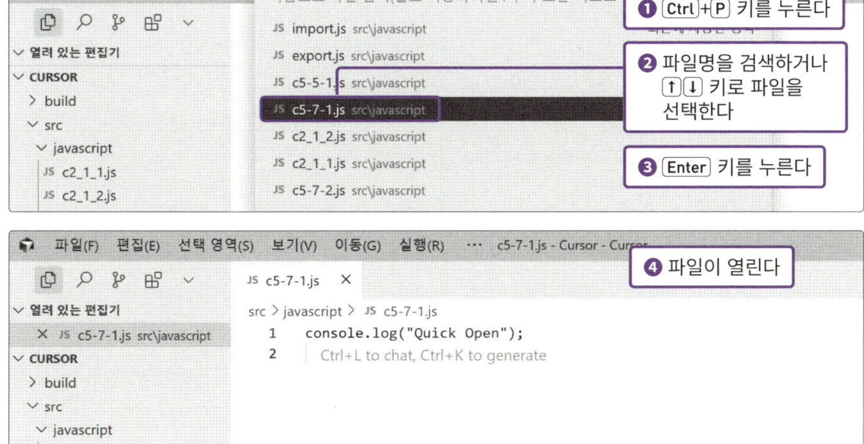

🔑 **파일로 이동**　　⊞ Ctrl + P 　 Ａ command + P

정의를 빠르게 확인하기

커서는 코딩 중 변수, 함수, 메서드의 정의를 확인할 수 있는 다양한 기능을 제공합니다. 여기서는 세 가지 방법을 소개하겠습니다. 상황에 따라 구분하여 사용하세요.

첫 번째, 편집기에서 정의 부분으로 이동하는 방법입니다. 정의를 확인하고 싶은 부분에 커서를 가져가 우클릭 후 **정의로 이동**을 클릭하거나 F12 키(macOS의 경우 command + F12 키)를 누르면 정의된 위치로 이동합니다. 정의 부분이 현재 열려 있는 파일에 없다면 새 편집기 탭에서 파일이 열립니다. 이 방법은 정의를 자세히 확인하거나 수정할 때 유용합니다.

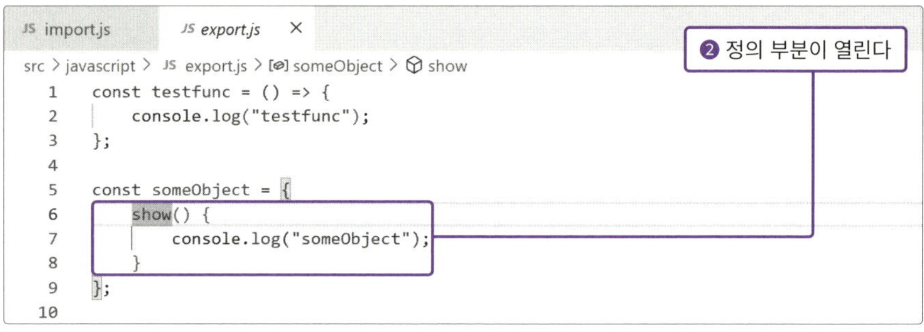

두 번째, 편집기 탭을 전환하지 않고 정의를 확인할 수 있는 피킹이라는 방법입니다. 현재 사용 중인 편집기 안에 작은 창이 열리고 그 안에 정의가 표시됩니다. 피킹을 표시하려면 **우클릭 〉 피킹 〉 정의 피킹**을 클릭하거나 Alt + F12 키를 누르면 됩니다. 피킹 창 안에서도 파일을 편집할 수 있으므로 정의를 편리하게 수정할 수 있습니다.

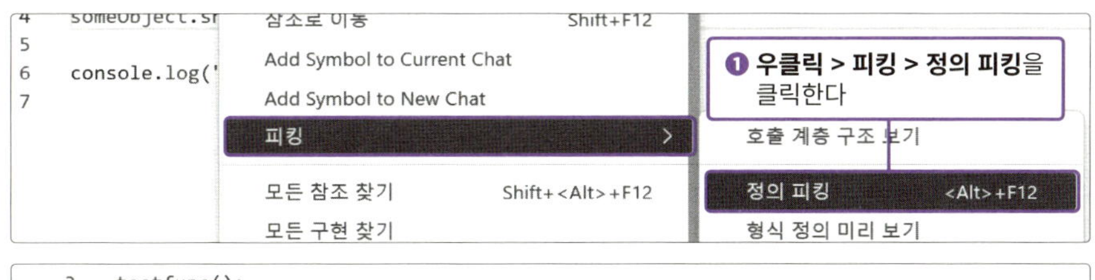

피킹 창을 닫을 때는 창 오른쪽 위의 **닫기 아이콘**을 클릭하거나 Esc 키를 누릅니다.

세 번째, Ctrl 키를 누르면서 심볼에 커서를 가져가서 정의를 미리 보기로 확인하는 방법입니다. 정의 부분을 따로 열지 않고 확인만 하고 싶을 때 유용합니다.

참조를 빠르게 확인하기

대규모 프로그램을 개발할 때는 함수나 메서드의 정의를 확인하는 것뿐만 아니라 어디에서 호출되는지 파악하는 것도 중요합니다. 함수나 메서드가 어디에서 참조되는지 확인하는 방법을 알아봅시다.

함수나 메서드 위에 커서를 올리고 우클릭한 후 **피킹 〉 호출 계층 구조 보기**를 클릭하면 피킹 창에 해당 항목을 참조하는 위치가 한눈에 표시됩니다. 단, C# 등의 언어에서는 폴더 내 모든 파일에서의 참조가 표시되지만 자바스크립트 같은 언어에서는 현재 열려 있는 편집기 내에서의 참조만 표시되는 등 언어에 따라 참조가 표시되는 범위가 다르다는 점에 주의해야 합니다. **호출 계층 구조 보기**는 메서드의 정의 부분과 참조하는 부분 어디에서나 실행할 수 있습니다.

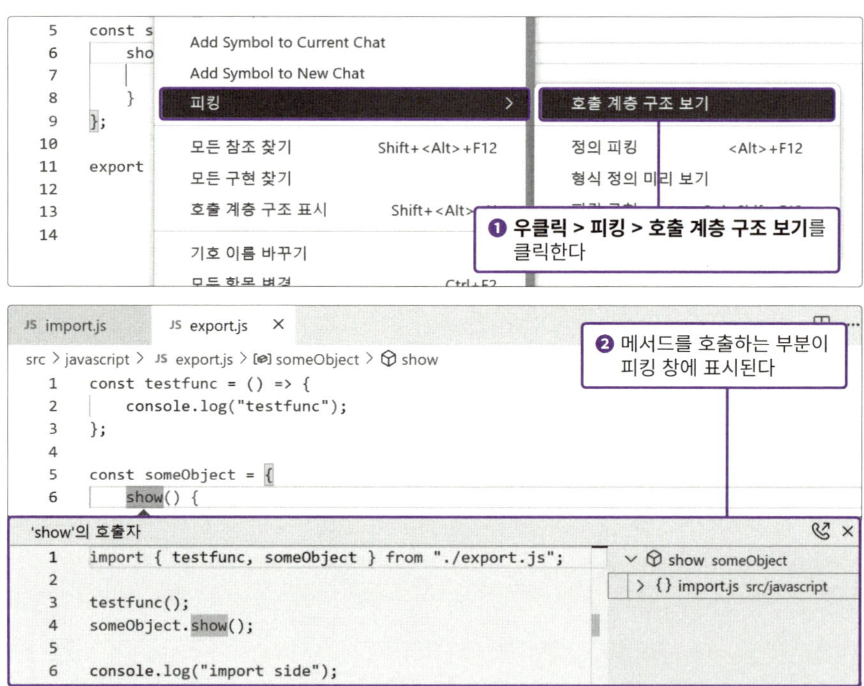

함수 정의 부분을 우클릭해 **참조로 이동**을 클릭하거나 Shift + F12 키를 누르면 편집기가 전환되며 참조하는 곳으로 이동합니다. **호출 계층 구조 보기**와 마찬가지로 C# 같은 일부 언어를 제외하고는 편집기에서 열려 있는 파일의 참조 위치만

표시됩니다. 이때 참조 위치가 한 곳이면 바로 이동하지만 여러 곳이라면 모든 참조 위치가 피킹 창에 표시됩니다.

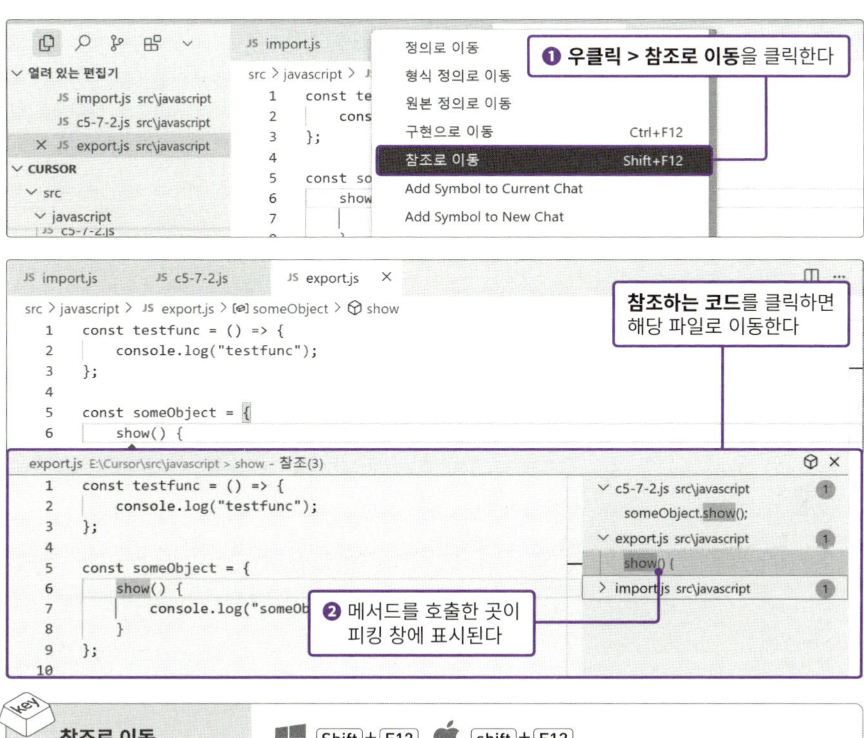

참조로 이동   [Shift]+[F12]   [shift]+[F12]

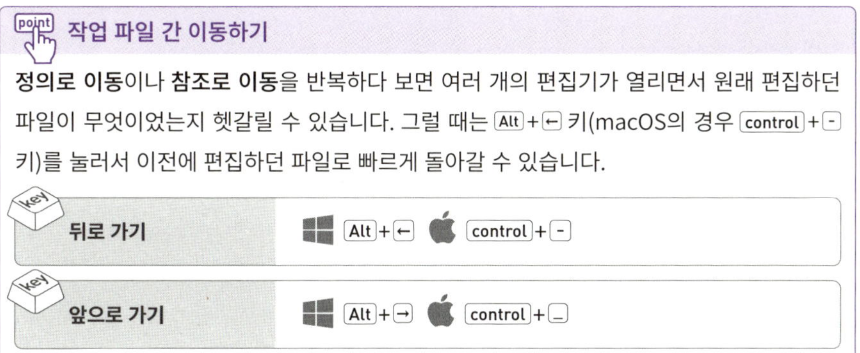

작업 파일 간 이동하기

정의로 이동이나 **참조로 이동**을 반복하다 보면 여러 개의 편집기가 열리면서 원래 편집하던 파일이 무엇이었는지 헷갈릴 수 있습니다. 그럴 때는 [Alt]+[←] 키(macOS의 경우 [control]+[-] 키)를 눌러서 이전에 편집하던 파일로 빠르게 돌아갈 수 있습니다.

뒤로 가기   [Alt]+[←]   [control]+[-]

앞으로 가기   [Alt]+[→]   [control]+[_]

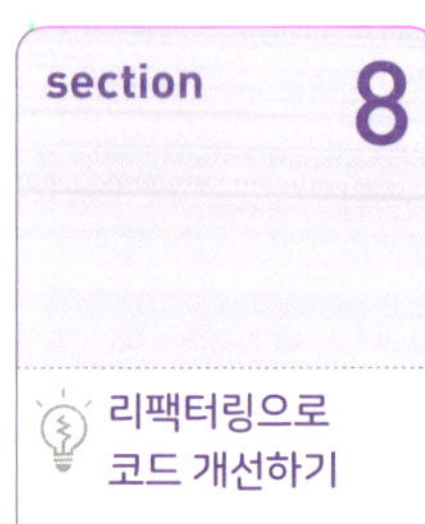

#빠른수정 #퀵픽스 #코드개선

코드 개선을 위한 테크닉

커서를 사용하면 프로그램의 동작을 변경하지 않고도 내부 구조를 정리하는 리팩터링을 손쉽게 할 수 있습니다.

빠른 수정 제안 수락하기

프로그램이 정상적으로 작동하더라도 내부 코드가 최적화되어 있다고 할 수는 없습니다. 불필요한 코드나 특정 개발자만 이해할 수 있는 복잡한 코드가 남아 있으면 프로그램의 효율성이 저하되거나 유지 관리가 어려워질 수 있습니다. 따라서 개발 과정에서는 보통 프로그램의 외부 동작에는 영향을 주지 않으면서 내부 코드를 개선하는 리팩터링을 진행합니다.

커서에는 리팩터링을 지원하는 다양한 기능이 있습니다. 그중 가장 기본적인 기능이 코드에서 개선이 필요한 부분을 찾아 수정안을 제안하는 빠른 수정(Quick Fix)입니다.

실행되지 않는 코드(접근할 수 없는 코드)는 다음 화면처럼 흐리게 표시됩니다.

```
JS c5-8-1.js    ×

src > javascript > JS c5-8-1.js > ...
  1 ∨ function retrnImmediatly() {
  2       return ;
  3       console.log('실행되지 않는다');
  4   }
  5   │ Ctrl+L to chat, Ctrl+K to generate
  6
  7
  8
```


흐리게 표시된 코드에 커서를 올리면 **빠른 수정**이라는 문구가 나타납니다. 이를 클릭하면 접근할 수 없는 코드를 제거하라는 제안이 표시됩니다. **접근할 수 없는 코드 제거**를 클릭하거나 Enter 키를 누르면 제안된 작업이 실행되어 코드가 삭제됩니다.

커서가 제안한 **접근할 수 없는 코드 제거** 같은 빠른 수정안을 리팩터링 액션이라고 합니다. 빠른 수정은 단축키로도 호출할 수 있습니다.

Command K로 함수화하기

코딩할 때 다른 부분에서 재사용할 수 있는 코드는 함수나 메서드로 만들어 두는 경우가 많습니다. 앞에서 언급한 Command K를 사용하면 코드 블록을 함수나 메서드로 쉽게 추출할 수 있습니다.

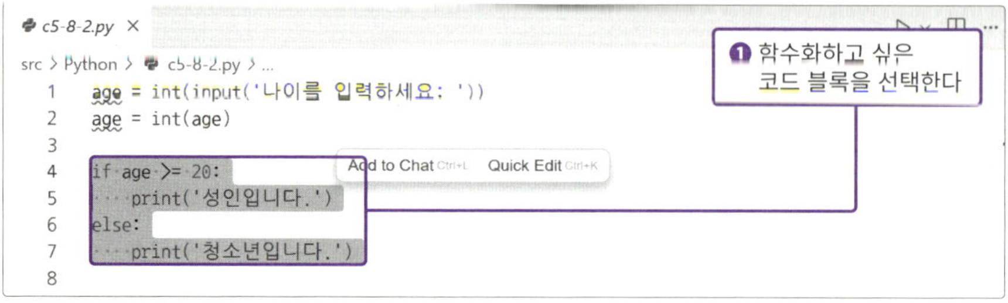

c5-8-2.py
src > Python > c5-8-2.py > ...
1 age = int(input('나이를 입력하세요: '))
2 age = int(age)
3
4 if age >= 20:
5   print('성인입니다.')
6 else:
7   print('청소년입니다.')
8
Add to Chat Ctrl+L   Quick Edit Ctrl+K
❶ 함수화하고 싶은
코드 블록을 선택한다

c5-8-2.py
src > Python > c5-8-2.py > ...
1 age = int(input('나이를 입력하세요: '))
2 age = int(age)
3
메서드를 추출해 줘
Auto
Edit Selection
4 if age >= 20:
5   print('성인입니다.')
6 else:
7   print('청소년입니다.')
❷ Ctrl+K 키를 누른다
❸ "메서드를 추출해 줘"라고
입력하고 Enter 키를 누른다

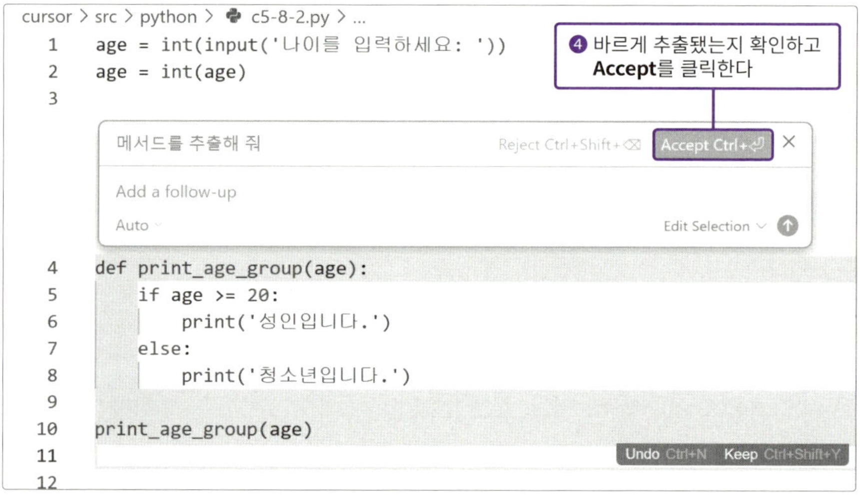

cursor > src > python > c5-8-2.py > ...
1 age = int(input('나이를 입력하세요: '))
2 age = int(age)
3
메서드를 추출해 줘   Reject Ctrl+Shift+⌫   Accept Ctrl+↵   ×
Add a follow-up
Auto   Edit Selection
4 def print_age_group(age):
5   if age >= 20:
6   print('성인입니다.')
7   else:
8   print('청소년입니다.')
9
10 print_age_group(age)
11
12
Undo Ctrl+N   Keep Ctrl+Shift+Y
❹ 바르게 추출됐는지 확인하고
Accept를 클릭한다

cursor > src > python > c5-8-2.py > ...
1 age = int(input('나이를 입력하세요: '))
2 age = int(age)
3
4 def print_age_group(age):
5   if age >= 20:
6   print('성인입니다.')
7   else:
8   print('청소년입니다.')
9
10 print_age_group(age)
11 Ctrl+L to chat, Ctrl+K to generate
❺ 선택한 코드 블록이 함수화된다

기호 이름 바꾸기

기존 변수나 함수 이름을 나중에 바꿀 때 이를 참조하는 모든 부분에서 이름을 함께 수정하지 않으면 오류가 발생할 수 있습니다. 이러한 문제를 해결하려면 기호 이름 바꾸기 기능을 사용하세요. 언어에 따라 적용 범위가 다를 수 있지만 이 기능을 사용하면 변수나 함수 이름을 바꿀 때 해당 변수를 참조하는 부분에서도 이름이 변경됩니다. 이름을 바꾸려는 위치에 커서를 올린 후 **우클릭 〉 기호 이름 바꾸기**를 클릭하거나 F2 키를 누르면 됩니다.

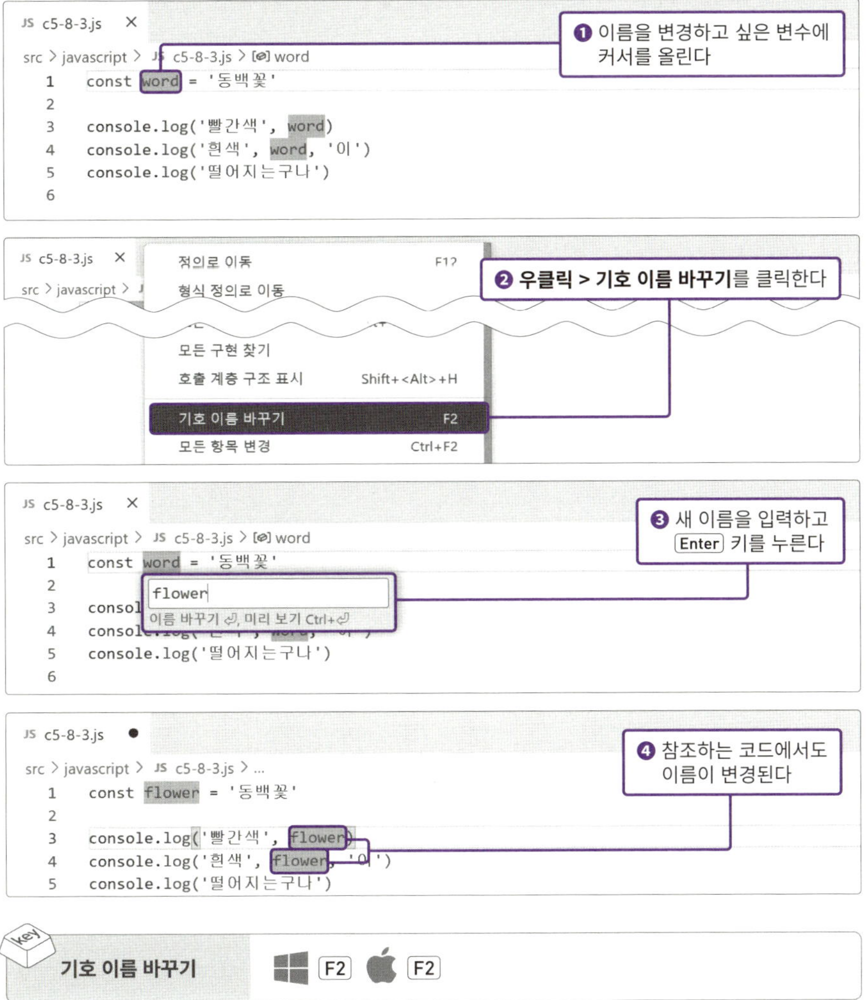

key 기호 이름 바꾸기	⊞ F2 F2

참고로 새 이름을 입력할 때 [Ctrl]+[Enter] 키를 누르면 파일이 어떻게 바뀌는지 미리 보기로 확인할 수 있습니다.

> **point 프로그래밍 언어에 따라 이용할 수 있는 기능이 다른 이유**
>
> 커서는 처음부터 모든 프로그래밍 언어를 지원하지 않습니다. 다양한 언어의 프로그래밍 지원 기능은 확장 기능이므로 따로 설치해야 합니다. 모든 언어를 지원하려면 막대한 자원이 필요하기에 필요한 언어의 확장 기능만 골라 설치하는 것이 더 효율적이기 때문입니다.
>
> 각 언어의 프로그래밍 지원 기능을 분리해 구현하는 구조를 **언어 서버**라고 합니다. 다음 그림에서 볼 수 있듯 커서라는 클라이언트는 HTML 관련 기능은 HTML Language Server에서, 파이썬 관련 기능은 Python Language Server에서 각각 처리하는 방식으로 언어별 서버를 활용합니다.
>
> 자바스크립트나 C#처럼 사용하는 언어에 따라 인텔리센스로 자동 완성되는 항목이나 **참조로 이동**(192쪽 참고) 기능을 통해 표시되는 참조 범위가 다를 수 있습니다. 커서가 언어마다 서로 다른 **언어 서버**를 사용하기 때문입니다.
>
> 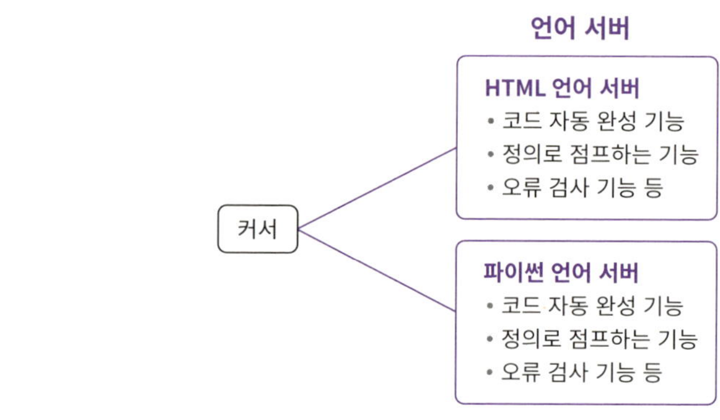
>

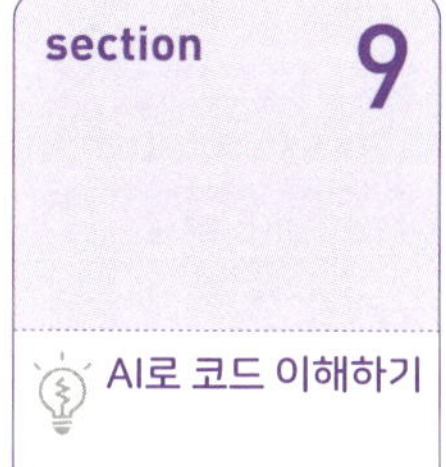

AI에 소스 코드 설명을 요청하기

AI로 코드 이해하기   챗 기능으로 폴더 내 파일을 참고해 설명과 개선된 코드를 만들어 봅시다.

AI로 앱 설명하기

생성한 앱에 대한 설명을 AI 챗 기능으로 만들어 봅시다. AI는 현재 열려 있는 폴더 내의 파일을 기반으로 소스 코드를 설명하거나 개선안 등을 생성해 줍니다. 이전에는 사용자가 직접 코드베이스 검색을 요청해야 했지만 현재는 맥락에 따라 AI가 더 능동적으로 코드베이스와 상호 작용할 수 있게 되었습니다.

여기서는 156쪽에서 생성한 앱을 초보자용으로 설명하라고 요청하겠습니다.

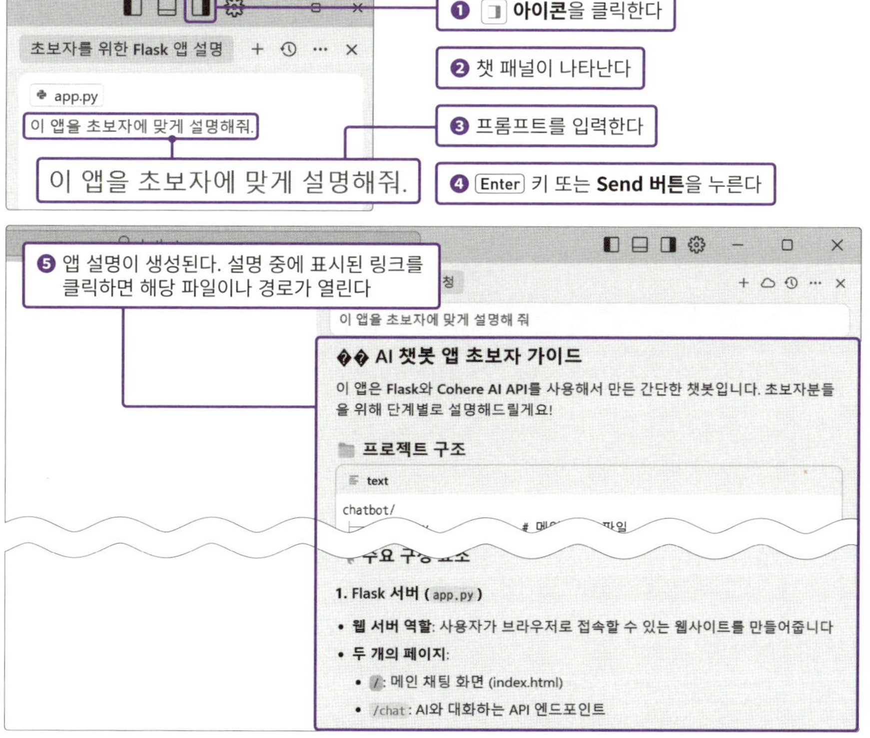

참조할 파일에서 제외히고 싶은 파일이 있다면 5쪽에서 설명한 것처럼 **Cursor Settings**를 열어 설정하세요. **Indexing & Docs** 탭에서 **Ignore Files in .cursorignore**의 **Edit**를 클릭 하여 인덱싱에서 제외할 파일을 직접 지정합니다. 코드베이스 인덱싱은 AI가 코드베이스를 더 정확하게 이해하고 참조할 수 있게 해 주는 시스템입니다.

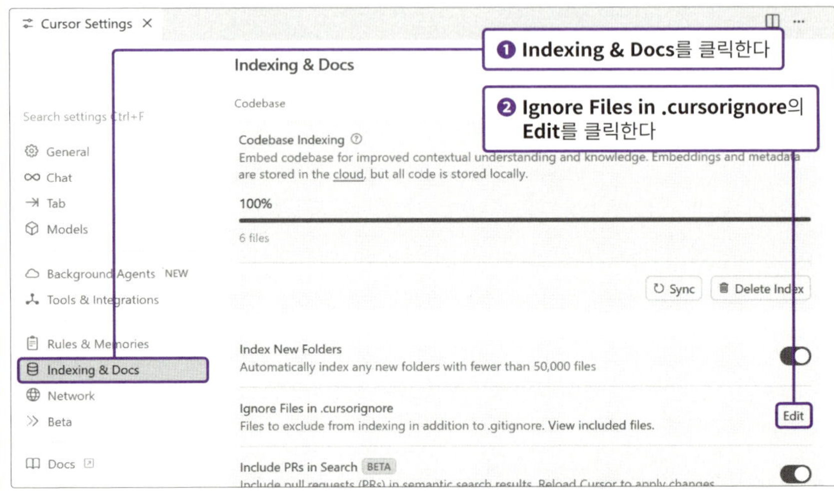

.cursorignore 파일이 열리면 2줄 다음 줄에 제외하고 싶은 확장자나 파일 이름을 *.확장 자(파일명)로 입력한 뒤 저장하세요. 이 파일은 커서가 인덱싱하지 않아야 할 파일이나 디렉 토리를 지정하는 데 사용됩니다. 마지막으로 **Codebase Indexing**의 **Sync**를 클릭하면 해당 파일이 제외됩니다.

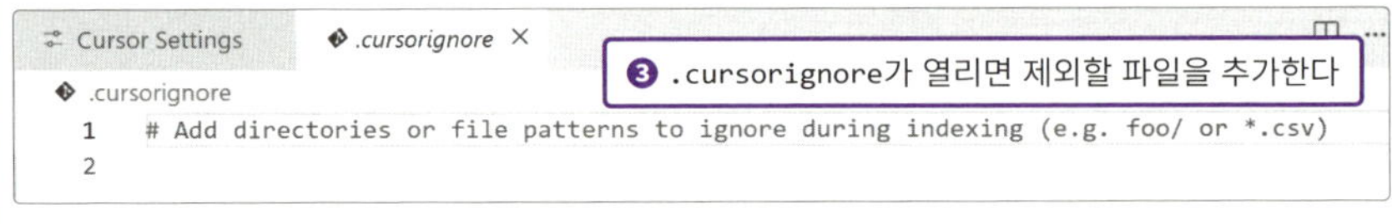

10

#AI챗기능 #깃허브

README 생성을 요청하기

코드베이스로
README
생성하기

깃허브 등에 소스 코드를 공개할 때 README를 작성하는 경우가 많습니다.
소스 코드를 기반으로 README를 만들어 봅시다.

AI 챗으로 README 생성하기

소스 코드를 깃허브에 공개하면서 해당 소스 코드에 포함된 기능 또는 사용 방법
등을 정리한 README 파일을 작성하는 경우가 많습니다. 커서에서는 AI 기능을
활용해 README 파일을 생성할 수 있습니다.

참조할 파일을 정한 뒤 README를 생성해 보겠습니다. 입력 창 위에 있는 채
팅 창에서 @ Add Context를 클릭해 파일을 추가하거나, 파일을 드래그 앤 드롭
하거나, 코드를 선택한 후 우클릭해 Add Symbol to New Chat을 클릭하면 파일
을 AI 챗 패널에 추가할 수 있습니다. @을 클릭하면 추가된 파일과 추가할 수 있
는 파일로 나뉘어 표시됩니다. 추가된 파일은 Added에 표시됩니다.

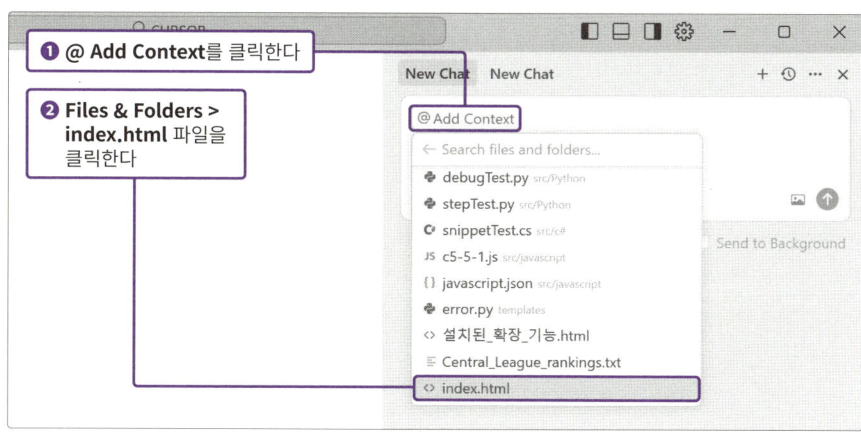

파일을 추가했으면 프롬프트를 입력하고 Enter 키를 눌러 주세요.

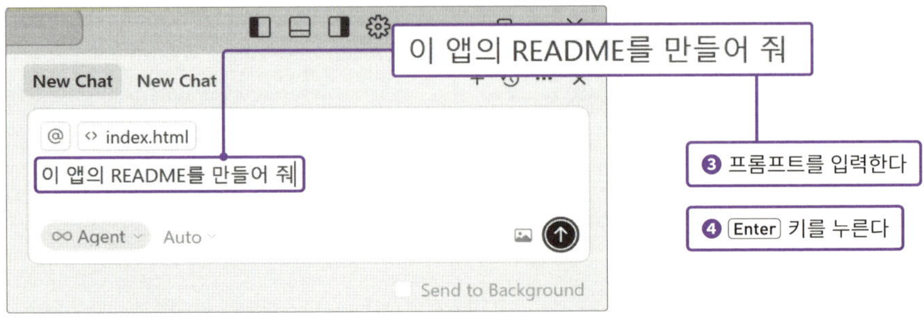

소스 코드에 기반한 README 파일을 생성합니다. README가 생성되면 Keep을 클릭해 반영하세요.

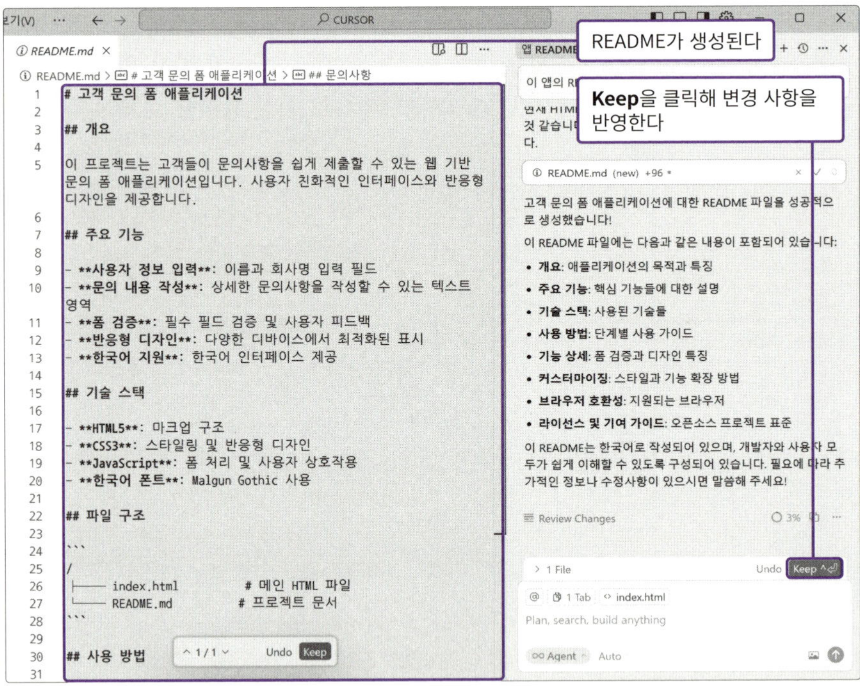

파일을 추가하지 않았다면 비슷한 형태의 README를 만들어 보세요. 다만 AI에 정보를 적게 제공하면 앱 내용에 맞는 설명을 생성하기 어려울 수 있습니다. AI로 문서를 만들 때는 필요한 정보를 충분히 전달하고 만들어진 문장을 검토하여 내용이 올바른지 확인하는 것이 중요합니다.

커서에서 깃 사용해 보기

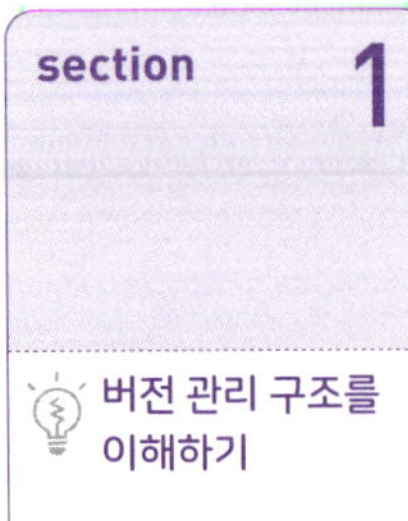

#빠른수정 #퀵픽스 #코드개선

버전 관리 시스템 깃 알아보기

커서(Cursor)의 소스 제어 뷰를 다루기 전에 깃(Git)과 버전 관리 등 기본 용어를 설명합니다.

깃의 특징과 장점

커서에는 깃으로 버전 관리를 할 수 있는 기능이 있습니다. 액티비티 바에 있는 소스 제어가 바로 이 기능입니다. 깃은 원래 프로그램 개발에서 널리 사용되어 왔지만 최근에는 웹 개발에서도 활발히 활용되면서 이름이 많이 알려졌습니다.

여러 사람이 함께 프로그램을 개발할 때 누가 어떤 파일을 어떻게 변경했는지 기록하지 않으면 혼란이 생기기 쉽습니다. 이러한 문제를 해결하기 위해 깃 같은 버전 관리 시스템이 개발되었습니다. 버전 관리 시스템은 파일의 변경 이력을 체계적으로 저장해 문제 발생 시 원인을 빠르게 파악할 수 있고 필요 시 이전 버전으로도 복원할 수 있습니다.

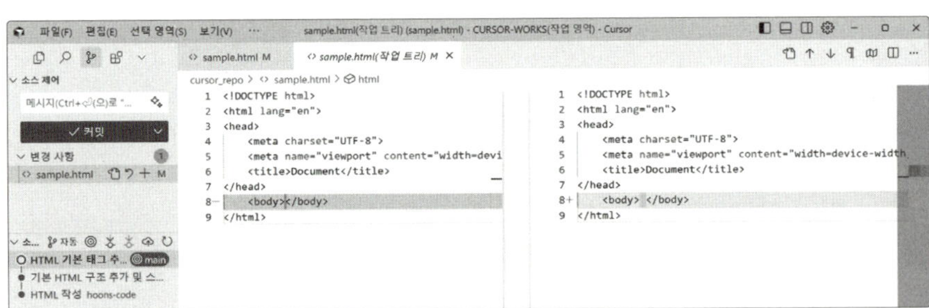

커서의 소스 제어 뷰

버전 관리 기본 지식

깃은 기본 사용법만 익히면 크게 어렵지 않습니다. 하지만 작동 원리를 이해하지 못하면 예상치 못한 문제가 발생할 수 있습니다. 따라서 먼저 깃의 기본 작동 원리와 개념을 살펴보겠습니다.

깃을 사용하려면 가장 먼저 리포지터리(repository, 저장소)가 필요합니다. 컴퓨터 내부에 위치한 리포지터리는 로컬 리포지터리라고 불리며 여기에 저장된 파일들이 버전 관리됩니다. 로컬 리포지터리라는 용어가 낯설 수 있지만 일반 폴더에 변경 이력을 저장하는 숨김 영역이 추가되었다고 생각하면 됩니다.

로컬 리포지터리(폴더)

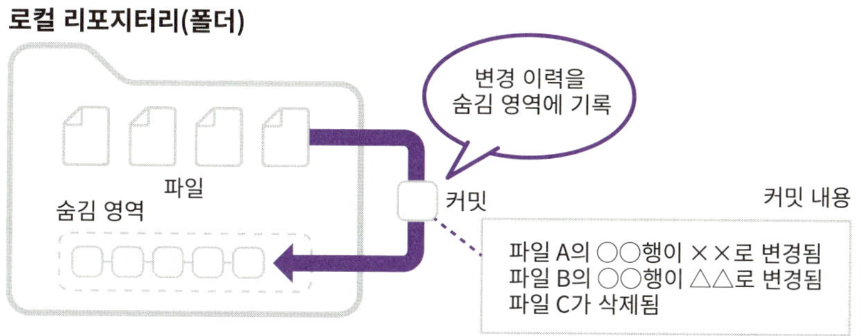

변경 이력을 숨김 영역에 기록하는 작업을 커밋이라고 하며 숨김 영역에 기록된 변경 이력 자체도 커밋이라고 합니다. 깃을 처음 사용할 때 고민하는 부분 중 하나가 커밋의 빈도(단위)입니다. 정해진 규칙은 없지만 커밋하지 않은 변경 사항은 다양한 이유로 사라질 수 있기 때문에(다른 사람이 변경해서 바뀌거나 이전 상태로 되돌아가는 등) 최소 하루에 한 번 정도는 커밋하기를 권장합니다.

깃에는 공동 작업을 위한 기능도 있습니다. 네트워크상에 원격 리포지터리를 만들어 각 작업자의 로컬 리포지터리와 동기화하는 방식입니다. 드롭박스(Dropbox) 같은 파일 공유 서비스는 파일을 저장하면 자동으로 동기화되지만 깃에서는 푸시(push) 또는 풀(pull)을 직접 실행해야 동기화됩니다.

깃에서는 숨김 영역 내의 변경 이력(커밋)만 동기화된다는 점도 주의해야 합니다. 이러한 이유로 커밋하지 않은 파일은 사라질 수 있습니다.

마지막으로 깃의 기본 개념 중 분기(branch, 브랜치)에 대해 설명하겠습니다. 분기란 변경 내역의 흐름을 분기하는 기능입니다. 예를 들어 앱에 새 기능을 추가하는 작업을 위한 분기를 만들었다가 새 기능이 제대로 작동하지 않으면 분기를 통째로 버릴 수 있습니다. 반대로 기능이 잘 작동하면 분기를 병합(merge)하면 됩니다.

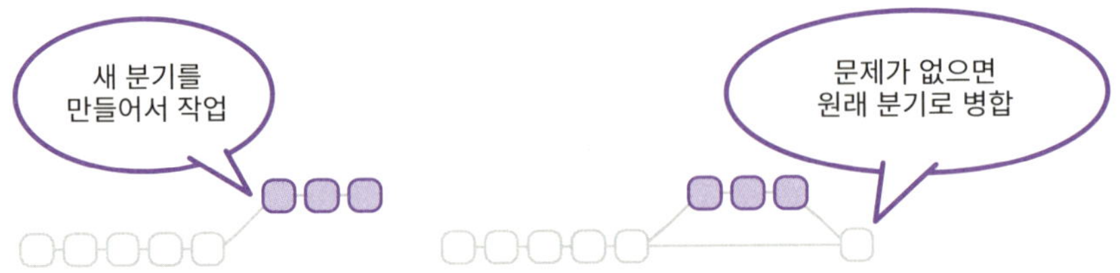

깃 분기는 아주 손쉽게 사용할 수 있는 기능입니다. 작업 중에는 여러 분기가 동시에 생성되기도 합니다. 이어서 설명할 깃허브(GitHub)에서는 분기를 병합하기 전에 동료 개발자들에게 변경 사항 검토를 요청하는 풀 리퀘스트(pull request) 기능을 함께 사용합니다.

깃과 깃허브

깃과 함께 깃허브에 대해 들어 본 사람도 많을 것입니다. 깃허브는 원격 리포지터리를 만들 수 있는 온라인 서비스입니다. 직접 원격 리포지터리를 만들려면 깃 서버를 구축해야 하지만 깃허브를 이용하면 리포지터리 이름만 정하면 됩니다.

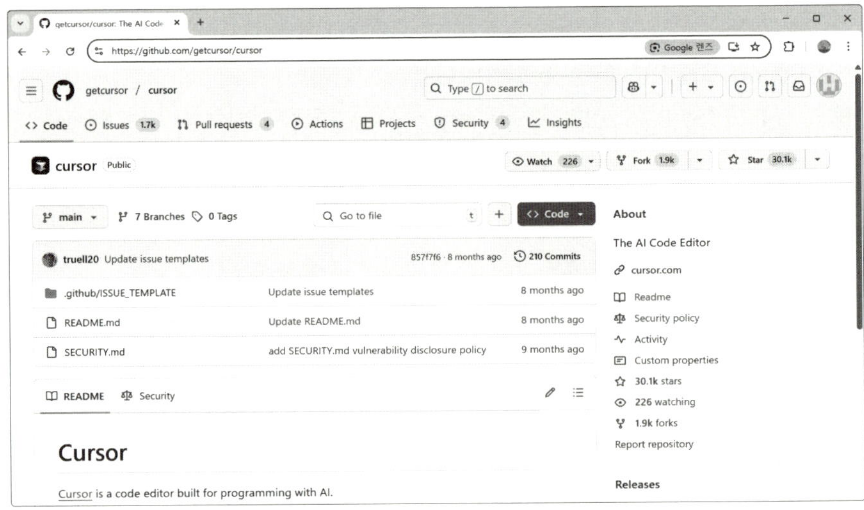

깃허브의 커서 리포지터리

무료 요금제에서도 공개 여부와 관계없이 리포지터리를 무제한으로 생성할 수 있어서 대부분의 오픈 소스 프로젝트가 깃허브에 있습니다. 커서와 커서의 기반이 된 편집기 VS Code 역시 깃허브에서 관리되는 오픈 소스 프로젝트입니다.

깃허브는 단순한 파일 저장소를 넘어 개발자들이 소프트웨어 문제를 논의할 수 있는 이슈 기능, 변경 사항의 타당성을 검토하는 풀 리퀘스트, 코드 리뷰 등 다양한 협업 도구를 제공합니다.

소스 제어 뷰에서 할 수 있는 작업

커서의 소스 제어 뷰는 깃과 깃허브를 활용한 다양한 기능을 제공합니다.

깃 관련 기능

- 로컬 리포지터리 생성
- 커밋
- 원격 리포지터리로 푸시/풀
- 변경된 부분 확인
- 분기 생성 및 전환
- 충돌 해결
- 차이점 표시
- 타임라인 확인

깃허브 관련 기능

- 원격 리포지터리에서 클론(clone) 생성
- 풀 리퀘스트
- 이슈 활용
- 가상 파일 시스템

위와 같이 대부분의 작업을 커서에서 수행할 수 있습니다. 각 기능의 구체적인 사용법은 천천히 설명하고 주요 특징을 먼저 살펴보겠습니다.

커서의 버전 관리 기능 중 모든 사용자가 특히 유용하다고 느낄 만한 것은 변경 사항을 강조하여 표시하는 기능입니다. 이 기능을 이용하면 커밋 이후 어느 파일에서 어떤 부분이 변경되었는지 쉽게 확인하며 작업할 수 있습니다.

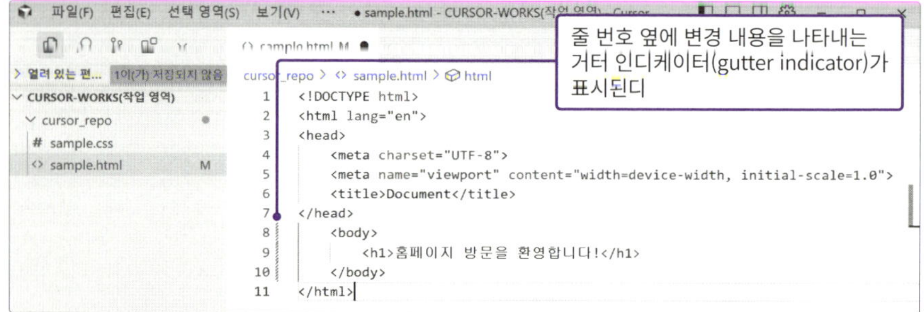

차이점을 표시하는 기능도 도움이 됩니다. 커서에는 파일의 차이점을 표시하는 diff 기능이 있습니다.

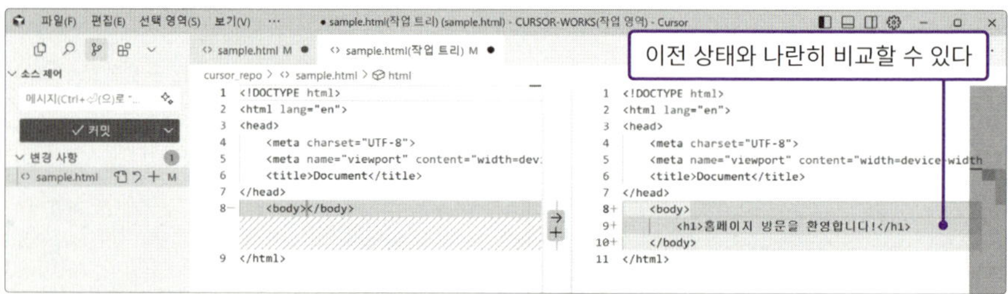

원격 리포지터리에서 가져올 때 변경 내용이 일치하지 않으면 **충돌**이 발생할 수 있습니다. 커서는 충돌 문제도 해결할 수 있습니다.

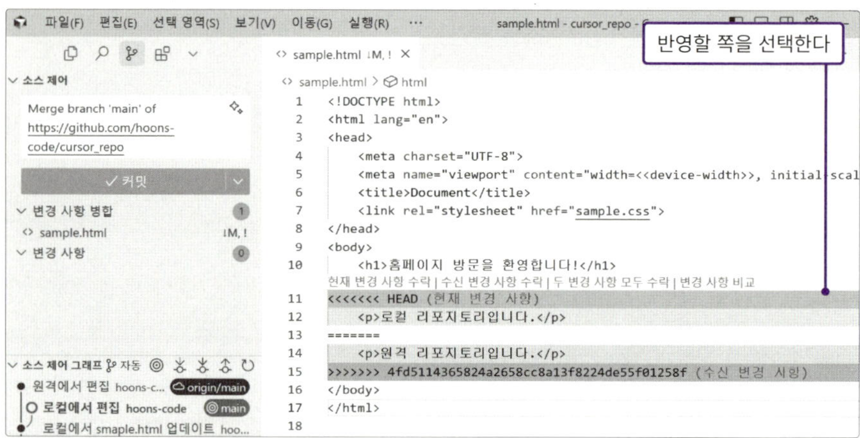

GitHub Pull Requests 확장 기능을 사용해 깃허브용 기능을 추가할 수 있습니다.

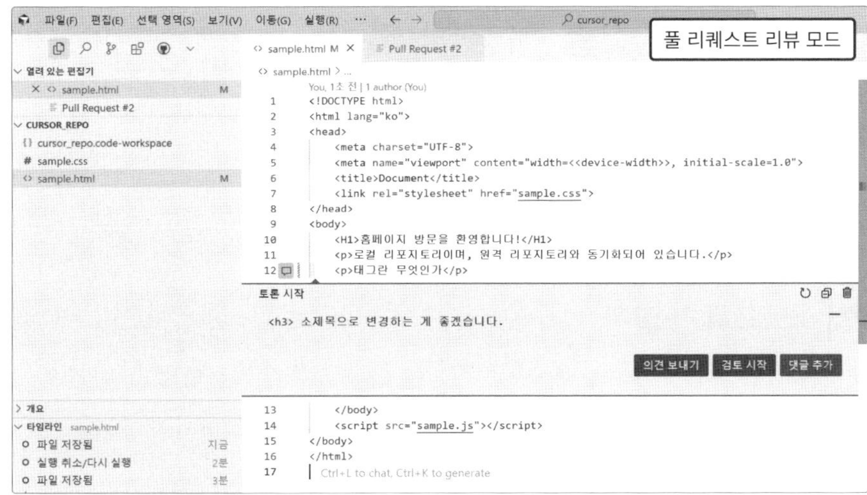

GitLens 확장 기능은 기본 깃 관리 기능을 더욱 강화합니다. 화면이 변경되므로
6.10절까지는 설치하지 않은 상태로 설명하지만 깃에 익숙해지면 꼭 설치해 보
세요.

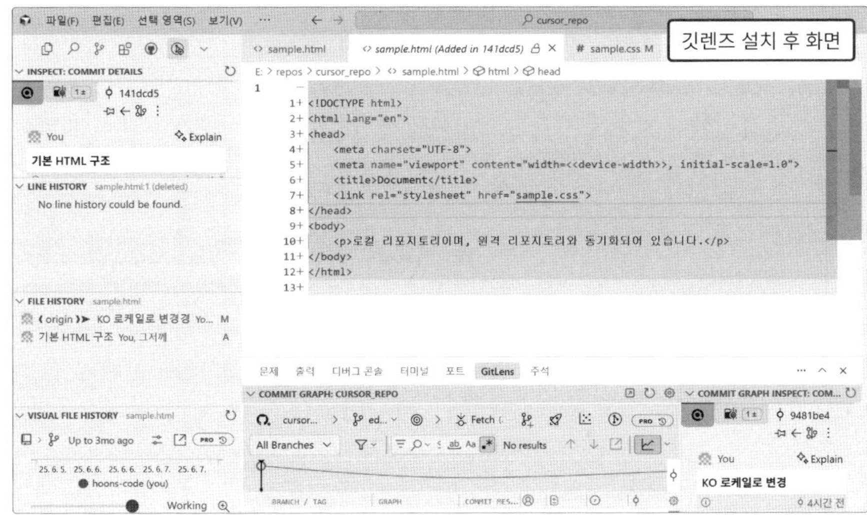

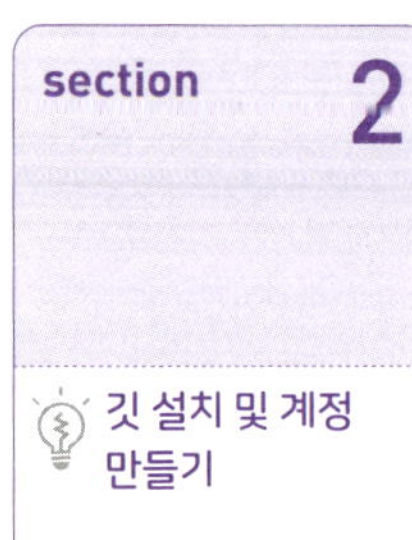

#사전준비 #깃기본지식

깃을 사용해 보기

깃과 깃허브를 사용하려면 깃 소프트웨어를 설치하고 깃허브 계정을 만들어야 합니다.

깃 소프트웨어 설치

운영체제 환경에 깃 소프트웨어가 설치되어 있지 않다면 커서의 소스 제어 뷰에 깃을 설치하라는 메시지와 함께 다운로드 버튼이 표시됩니다.

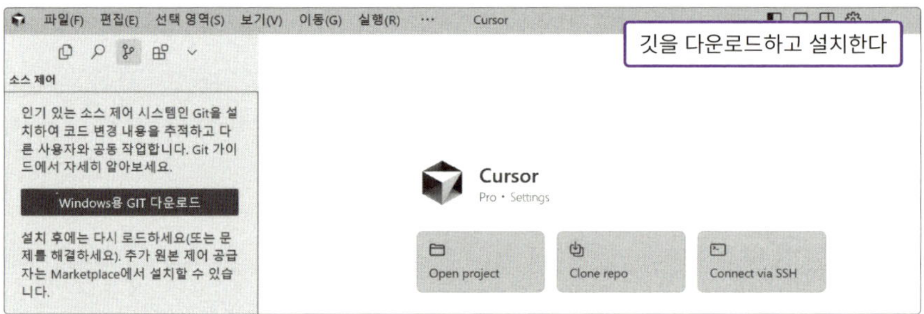

깃 공식 홈페이지에 접속해 깃 소프트웨어를 설치하세요. macOS에는 깃이 설치되어 있지만 오래된 버전일 수 있습니다. 최신 버전이 필요하면 별도로 설치하세요.

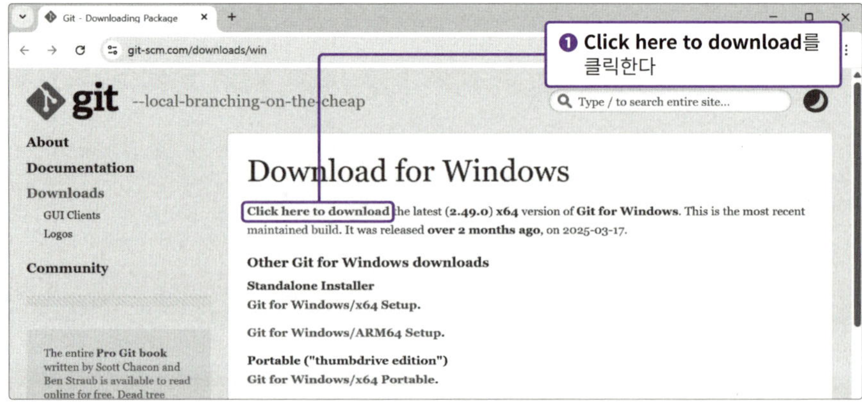

https://git-scm.com

다운로드한 파일을 더블클릭하면 설치가 시작됩니다. 설치 중 다양한 옵션을 설정할 수 있습니다. 보통은 초기 설정으로 진행해도 문제가 없습니다. 회사에서 사용한다면 권장 설정을 확인하세요.

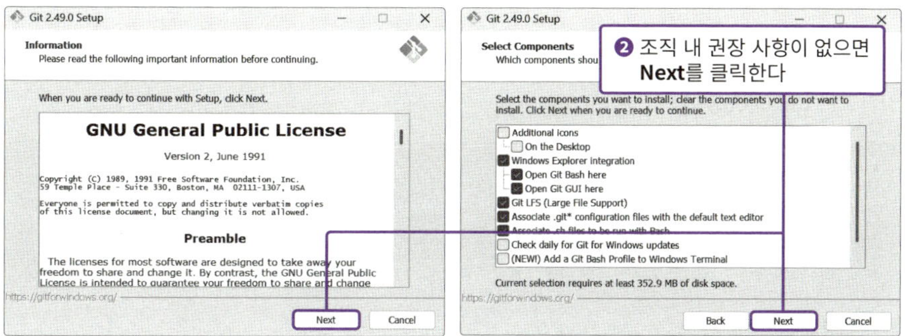

깃을 설치할 때 표시되는 옵션 중에서 주의할 설정은 줄 바꿈(Line Ending)입니다. 운영체제에 따라 줄 바꿈 방식이 다르기 때문에 변환이 필요할 수 있습니다. 예를 들어 윈도에서는 CR과 LF 두 문자를 함께 사용하지만 macOS나 리눅스에서는 LF 한 문자만 사용합니다. 참고로 커서는 CRLF와 LF 형식을 모두 지원합니다.

기본 설정 Checkout Windows-style, commit Unix-style line endings는 윈도에서 CRLF로 파일을 체크아웃하고 커밋 시에는 LF로 자동 변환하는 방식입니다.

대부분은 이 설정으로 충분하지만 애플리케이션 설정 파일처럼 줄 바꿈 코드가 변경되면 문제가 생길 수도 있습니다. 그럴 때는 자동 변환을 하지 않는 Checkout as-is, commit as-is를 선택하는 것이 좋습니다. 또한 .gitattributes 파일을 리포지터리 맨 위에 두면 각 리포지터리마다 개별적으로 줄 바꿈 설정을 관리할 수도 있습니다.

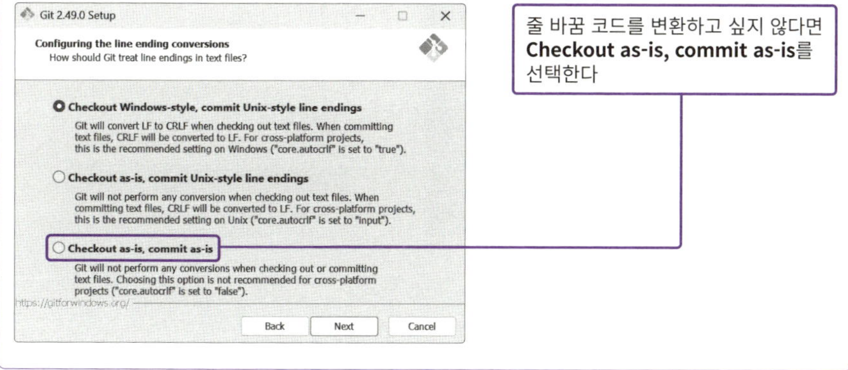

깃허브 계정 만들기

다음은 깃허브를 이용하기 위한 계정을 만들어 봅시다. 컴퓨터 내에서 깃만 사용한다면 깃허브는 불필요하지만 공동 작업을 위해 사용하는 경우가 많으므로 미리 준비해 두는 것을 추천합니다. 계정을 만들 때(Sign Up) 필요한 것은 이메일 주소뿐입니다.

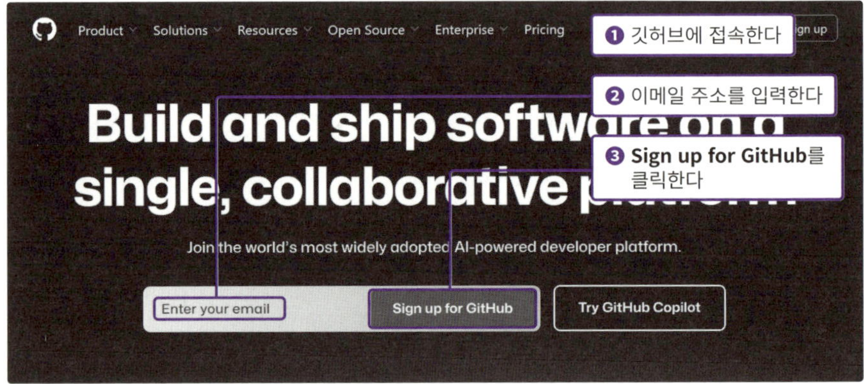

비밀번호와 계정 이름을 결정한 후 로봇이 아님을 인증하면 계정이 만들어집니다. 사용자 인증 이메일이 도착하면 링크를 클릭해 인증하세요.

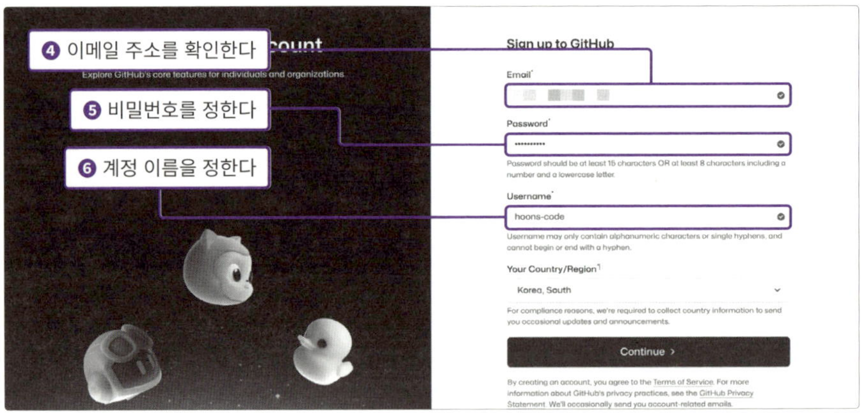

깃과 깃허브 사용자 이름 통일하기

깃을 사용할 때는 누가 **변경했는지** 기록하기 위해 사용자 이름을 지정해야 합니다. 깃허브와 함께 사용한다면 계정 이름과 일치시키기를 권장합니다.

깃을 설정하려면 윈도에서는 Git for Windows와 함께 제공되는 Git Bash(깃 배시)를 실행합니다. 깃 배시는 윈도에서 리눅스 스타일의 명령줄 조작을 실현하는 도구입니다. macOS의 경우 터미널을 실행하고 세 번째 그림의 ④번부터 진행합니다.

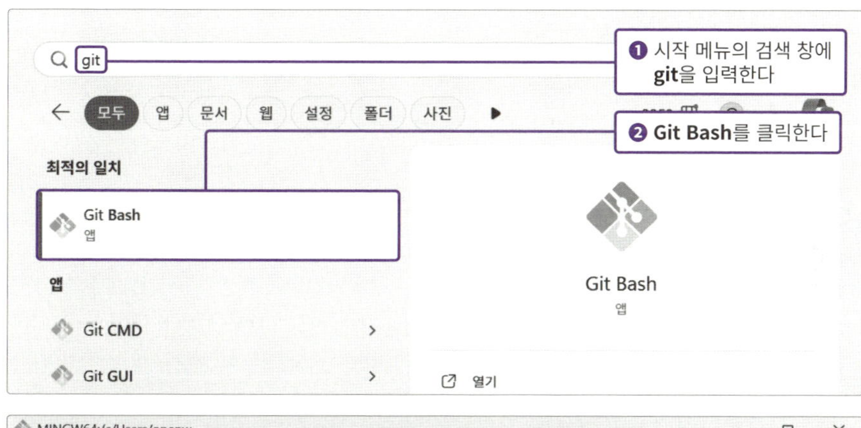

깃 배시에 다음 두 명령을 입력하세요. 틀리지 않도록 주의하세요.

```
git config --global user.name "사용자 이름"
git config --global user.email 이메일 주소
```

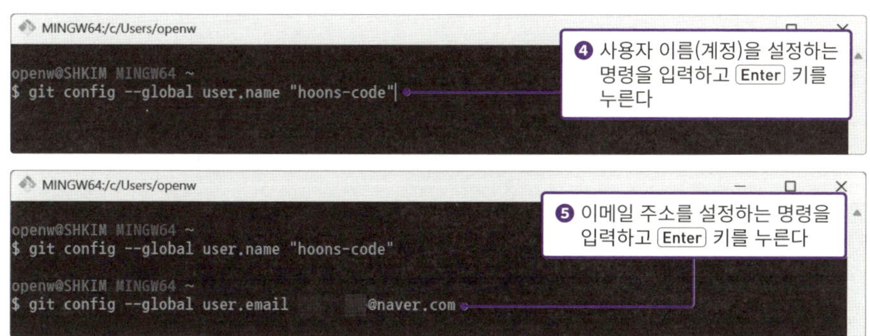

이제 깃을 사용할 준비가 되었습니다. 깃은 원래 깃 배시 같은 명령줄 도구를 통해 커밋, 풀, 푸시 등의 작업을 명령어로 수행하는 방식입니다. 하지만 커서의 소스 제어 뷰를 이용하면 마우스로 간편하게 처리할 수 있습니다.

깃 명령어의 범위는 매우 넓습니다. 이 책에서는 앞서 살펴본 사용자 설정을 중심으로 깃 배시에서의 기본 조작만 다뤘습니다. 명령줄 도구 사용이 익숙하지 않다면 깃허브 데스크톱이나 소스트리(Sourcetree) 같은 GUI 도구를 활용하는 것도 좋은 방법입니다.

- 깃허브 데스크톱
  🌐 https://desktop.github.com

- 소스트리
  🌐 https://www.sourcetreeapp.com

> **point GUI로 깃을 사용하는 깃허브 데스크톱**
>
> 깃을 사용해야 하지만 명령줄 도구에 익숙하지 않거나 팀원들에게 명령줄 사용법부터 가르칠 시간이 부족하다면 깃허브 데스크톱을 추천합니다. 깃허브 데스크톱은 깃허브에서 무료로 배포하는 GUI 깃 클라이언트입니다. 간결한 인터페이스에도 불구하고 로컬 리포지터리 생성, 원격 리포지터리 클론, 푸시/풀, 분기 생성/전환/병합 등 주요 작업을 대부분 처리할 수 있습니다.
>
> 깃허브 공식 툴이므로 깃허브와 잘 연동되며 설정을 고민할 필요도 거의 없습니다. 깃을 처음 사용하는 사람도 기본 사용법은 빠르게 익힐 수 있습니다.

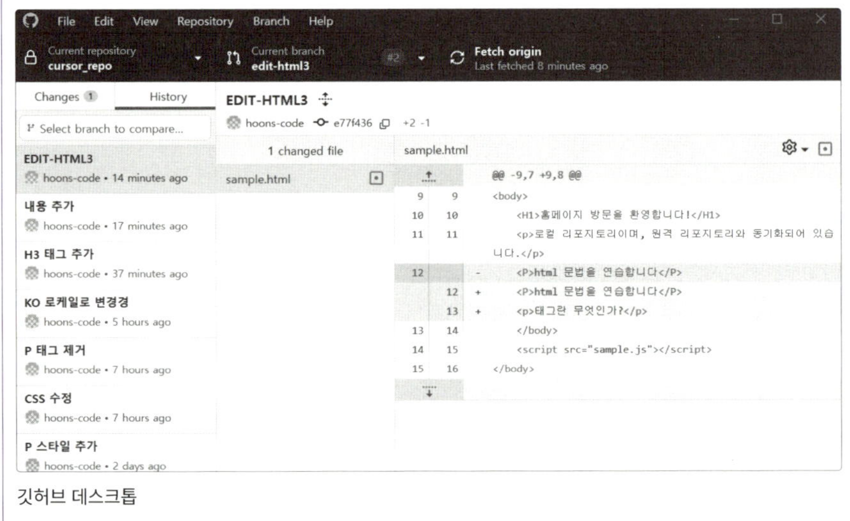

깃허브 데스크톱

#기본기능 #깃의기본

로컬 리포지터리 생성하기

스스로 하는
버전 관리

로컬 리포지터리를 생성하고 커서의 소스 제어 뷰를 이용해 봅시다.

로컬 리포지터리 생성하기

커서에서 로컬 리포지터리를 생성해 보겠습니다. 먼저 탐색기(macOS의 경우 Finder)를 열어 PC에서 원하는 위치에 로컬 리포지터리로 사용할 폴더를 하나 만듭니다. 폴더 이름은 무엇이든 상관없지만 오류를 피하려면 영문자와 숫자만 사용하는 것이 좋습니다. 여기서는 E 드라이브에 cursor_repo라는 폴더를 만들겠습니다. (사용자 환경에 따라 다를 수 있으니 원하는 위치에 폴더를 만들면 됩니다.) 다음 단계로 넘어가기 전에 폴더의 위치를 기억해 두세요.

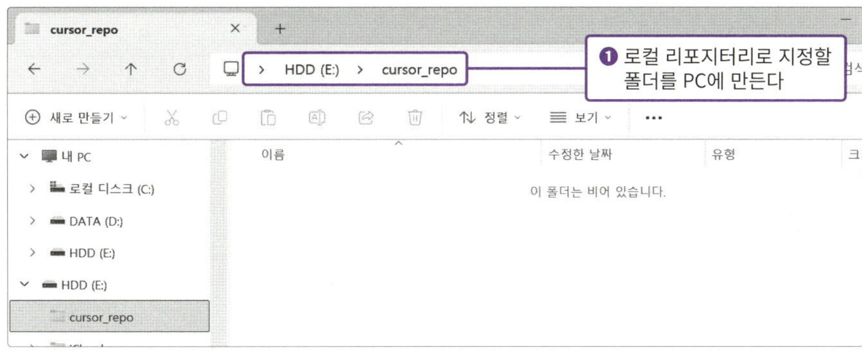

커서를 실행합니다. 메뉴에서 **파일 > 작업 영역에 폴더 추가**를 클릭하고 앞에서 만든 cursor_repo 폴더를 추가합니다.

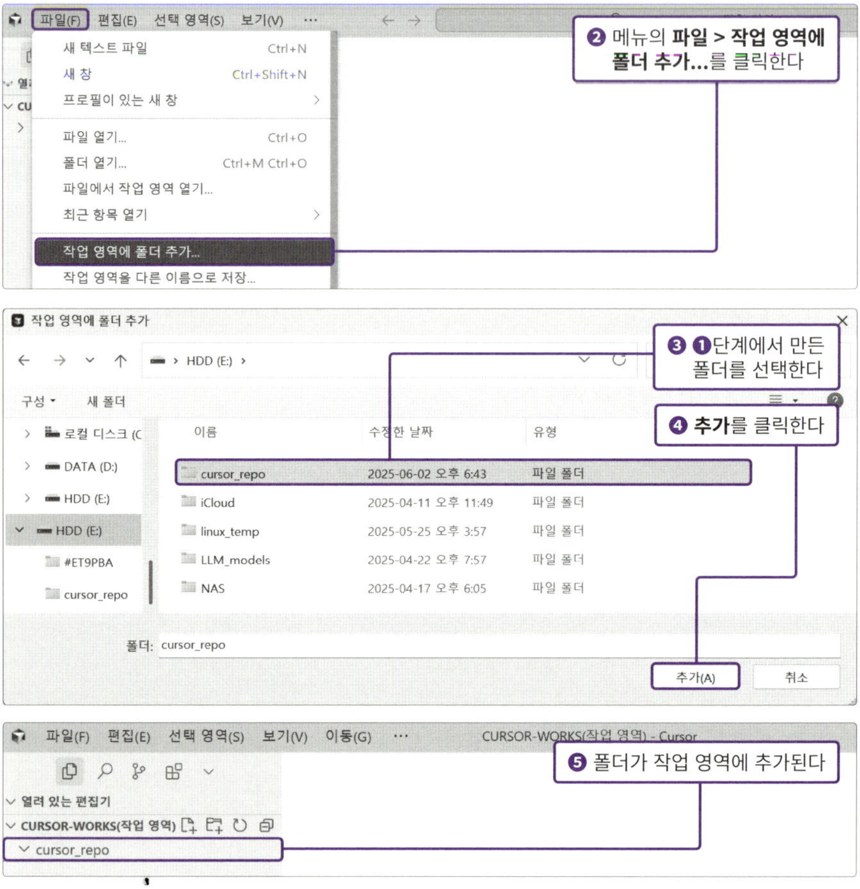

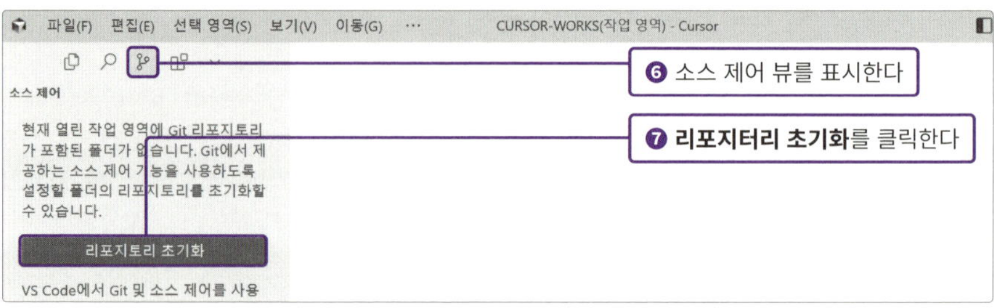

커서에 cursor_repo 폴더를 추가한 후 **리포지터리 초기화**를 실행합니다. 리포지터리 초기화란 선택한 폴더 안에 **.git**이라는 이름의 숨김 폴더를 만드는 작업입니다. 숨김 폴더를 만들면 해당 폴더를 로컬 리포지터리로 사용할 수 있습니다. 참고로 작업 영역에 여러 폴더가 있는 상태에서 리포지터리 초기화를 실행하면 모든 폴더가 로컬 리포지터리로 설정됩니다.

    chapter 6 **커서에서 깃 사용해 보기**

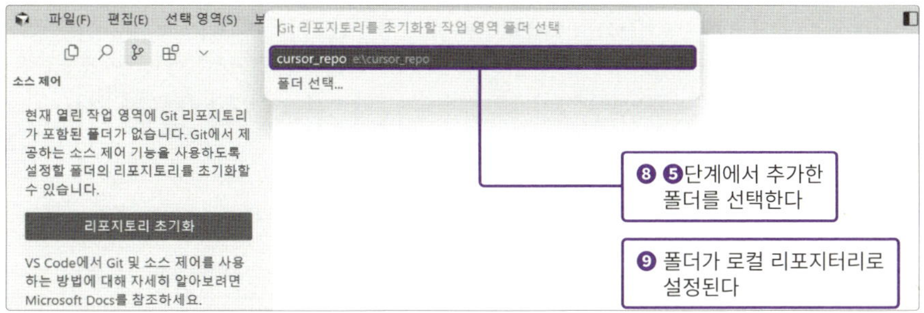

위 작업을 마친 후 로컬 리포지터리로 설정한 cursor_repo 폴더를 탐색기로 열면 겉보기에는 여전히 비어 있어 아무 변화도 없는 것처럼 보일 수 있습니다. 이럴 때는 다음과 같이 설정을 바꿔 숨겨진 파일 및 폴더가 표시되도록 설정을 변경하면 .git이라는 숨김 폴더가 만들어진 것을 확인할 수 있습니다.

이 폴더는 커밋 정보를 저장하는 영역이므로 깃을 사용하는 동안 실수로 편집하거나 삭제하지 않도록 주의해야 합니다. 숨김 폴더를 확인했다면 같은 방법으로 설정을 되돌려 숨김 폴더가 표시되지 않도록 하기를 권장합니다.

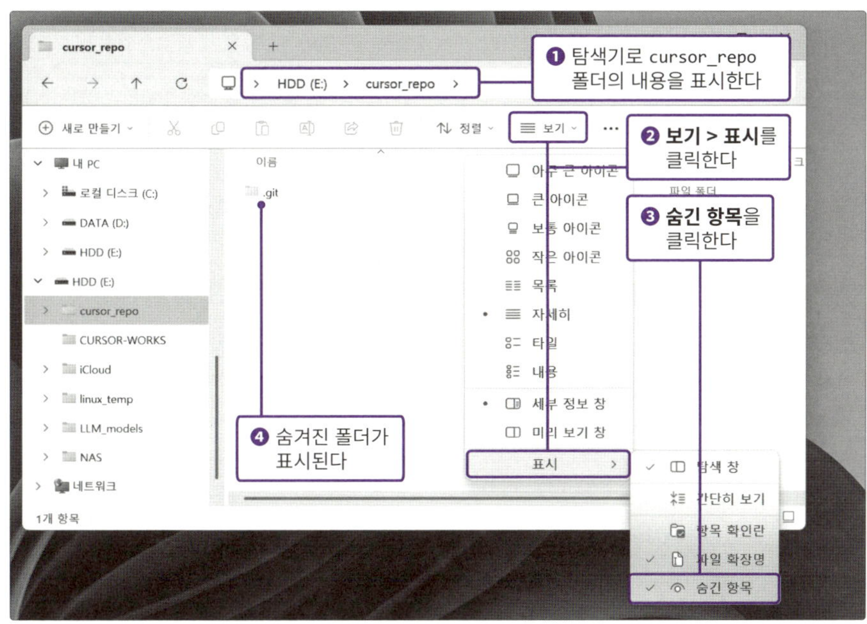

macOS의 경우 Finder에서 command + shift + . 키를 누르면 숨겨진 폴더의 표시 및 숨기기를 전환할 수 있습니다.

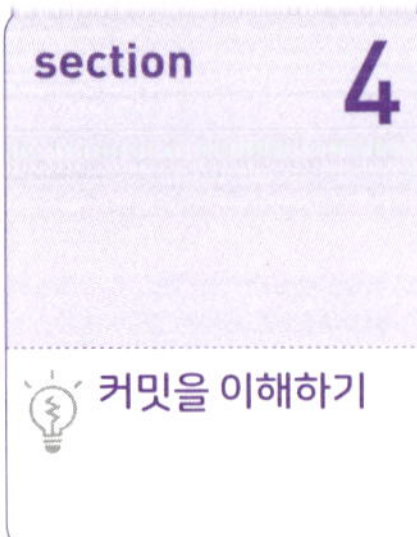

로컬 리포지터리에서 작업하기

커서의 소스 제어 뷰를 이용해 로컬 리포지터리의 기본 조작 방법을 알아봅시다.

파일 생성 후 커밋하기

이제 로컬 리포지터리 안에서 작업을 진행해 봅시다. 로컬 리포지터리에서 작업한다고 해도 파일을 생성하거나 편집하는 등 일반 폴더에서 작업할 때와 다르지 않습니다.

cursor_repo 폴더 안에 sample.html 파일을 하나 만들어 봅시다.

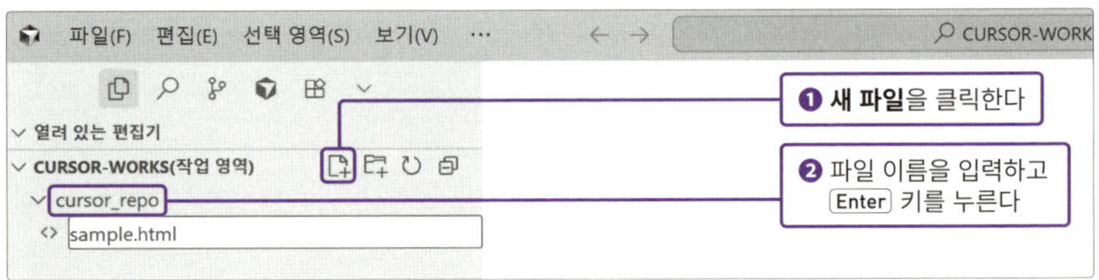

생성한 파일을 보면 탐색기 뷰와 탭에 U라고 표시되어 있습니다. U는 Untracked File(추적되지 않은 파일)의 머리글자로 해당 파일이 아직 커밋되지 않아 깃의 관리 대상이 아님을 나타냅니다.

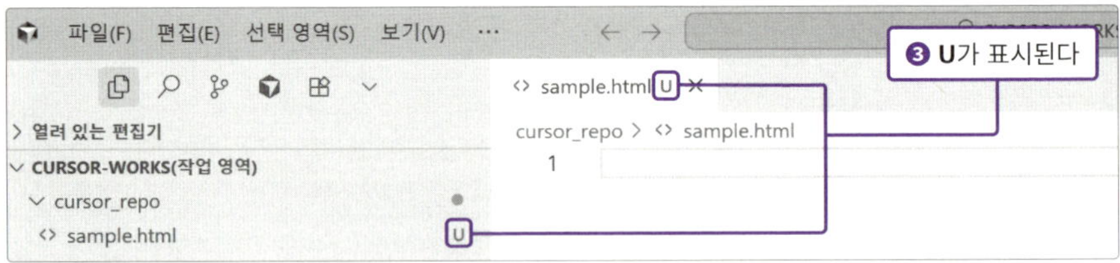

파일을 생성한 단계에서 커밋해 봅시다. 소스 제어 뷰로 전환하면 **변경 사항**에 sample.html이 표시되어 있습니다. 이 파일을 커밋에 포함시키려면 **변경 내용을 스테이징**하는 작업이 필요합니다. 즉, 커밋할 파일을 직접 선택해야 합니다.

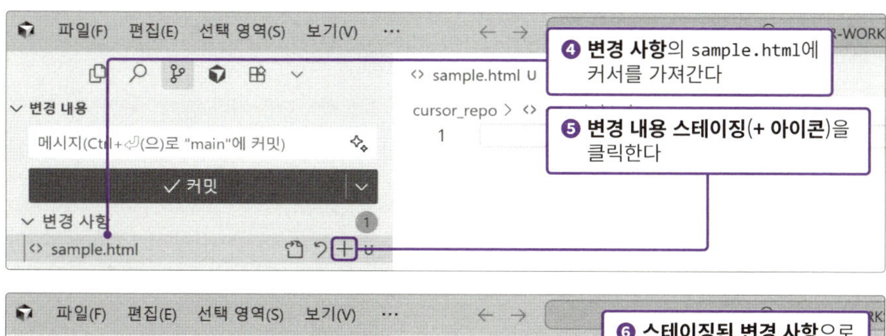

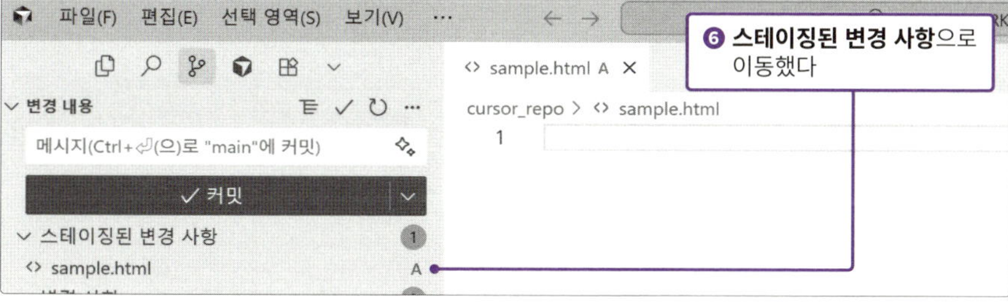

변경 사항을 스테이징했다면 입력 창에 커밋 메시지를 입력하고 커밋을 클릭합니다. 커밋 메시지는 변경 내용을 짧고 명확하게 작성합니다. 여기서는 HTML 생성이라고 입력합니다.

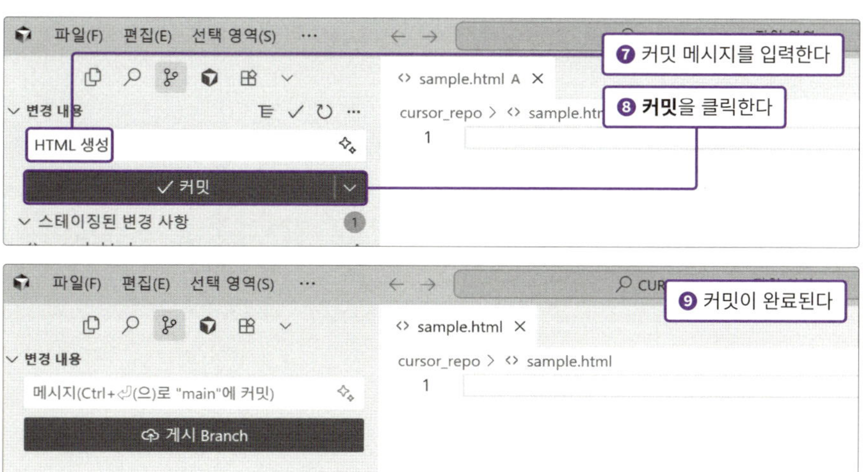

커밋되면 소스 제어 뷰에서 **변경 사항**과 **스테이징된 변경 사항**이 사라집니다. 새롭게 표시된 **게시 Branch** 버튼은 로컬 리포지터리를 깃허브에 공개하기 위한 것입니다. 이에 대해서는 나중에 설명하겠습니다.

AI로 커밋 메시지 생성하기

Generate Commit Message를 이용하면 AI에 커밋 메시지 생성을 요청할 수 있습니다. 앞서 설명한 대로 커밋 메시지는 커밋의 변경 내용을 요약해야 합니다. 매번 직접 작성하는 것이 의외로 번거로울 수 있습니다. 특히 커밋을 자주 하고 신중하게 코드를 관리하는 사람일수록 더 그렇습니다. AI를 사용하면 이러한 번거로움이 줄어듭니다. 다음 순서를 따라 커밋 메시지를 생성해 봅시다.

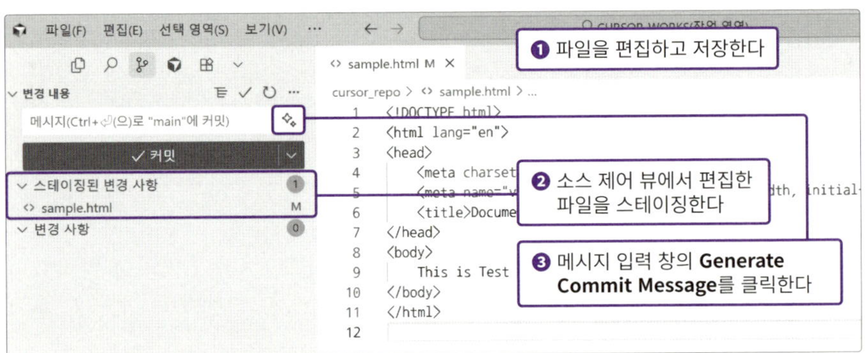

커밋 메시지가 생성됩니다. 새로 작성한 sample.html의 변경 내용이 커밋 메시지에 잘 반영되었습니다.

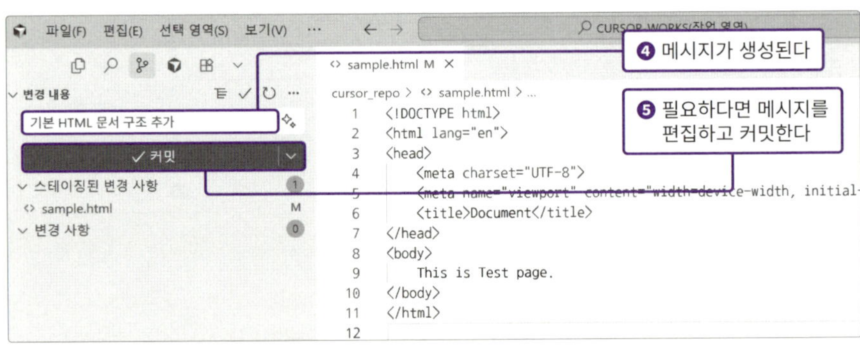

AI 챗 패널에서 커밋 메시지 생성하기

AI 챗 패널에서도 커밋 메시지를 생성할 수 있습니다. 현재 변경 내용에 대한 커밋 메시지를 생성해 달라고 프롬프트를 입력해 봅시다. 이때 @Commit (Diff of Working State)을 사용하여 스테이징 전의 변경을 AI에 참조하게 할 수 있습니다.

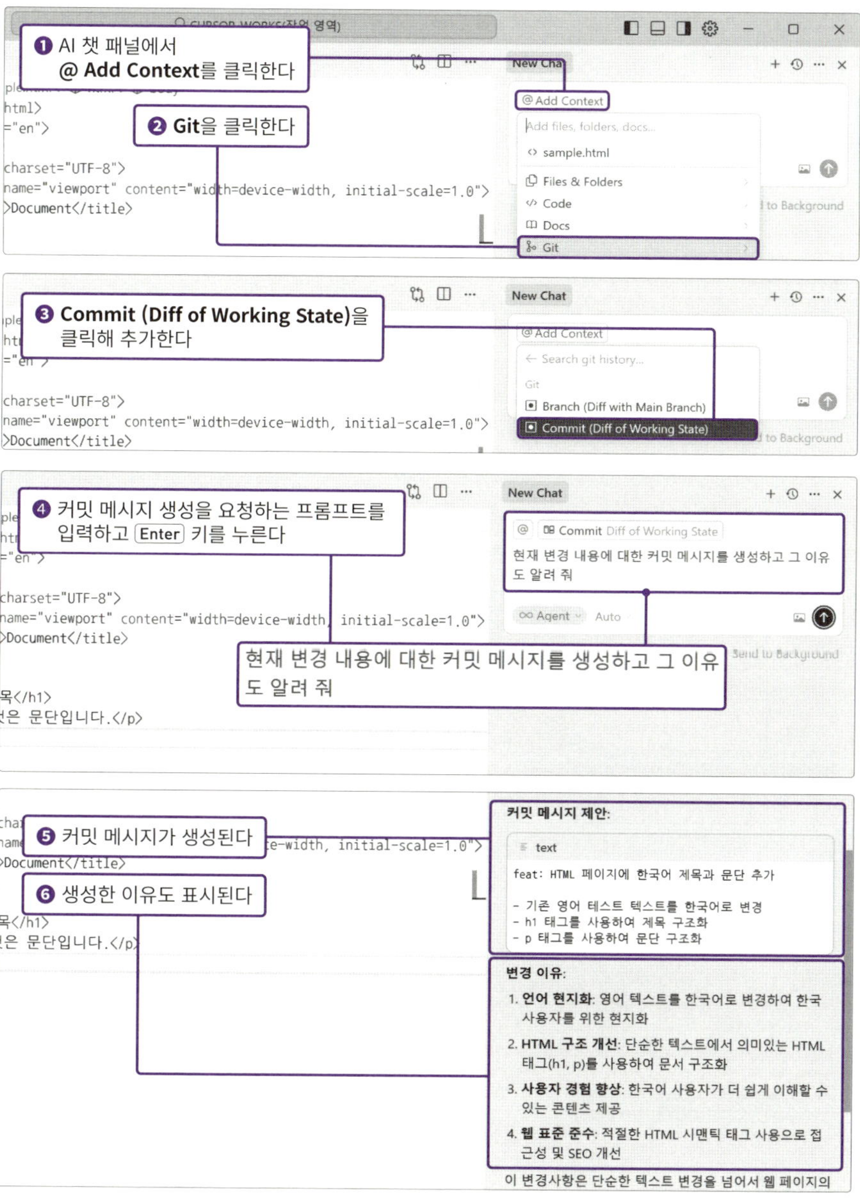

파일 편집 후 커밋하기

이번에는 `sample.html`의 내용을 작성한 후 커밋해 보겠습니다. Emmet 기능을 이용해 기본 HTML을 작성합니다. (빈 문서에 !를 입력하면 뜨는 팝업에서 Enter 키를 누른다.) 변경한 파일을 저장하면 소스 제어 뷰의 **변경 사항**에 파일이 표시됩니다. 이번에는 Modified(수정됨)를 의미하는 M 표시가 붙어 있습니다.

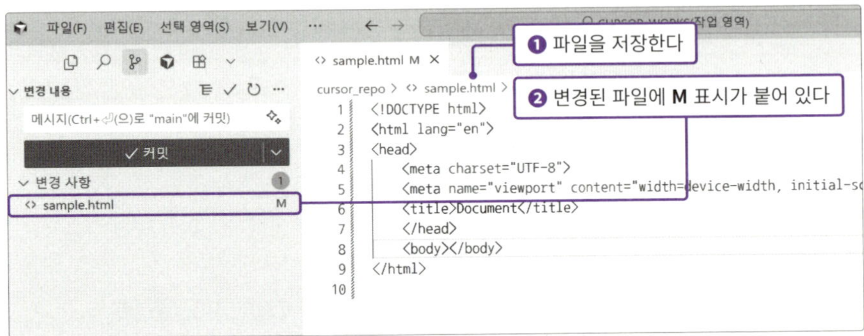

커밋 방법은 같습니다. 변경 내용을 스테이징하고 커밋 메시지를 추가한 후 커밋합니다.

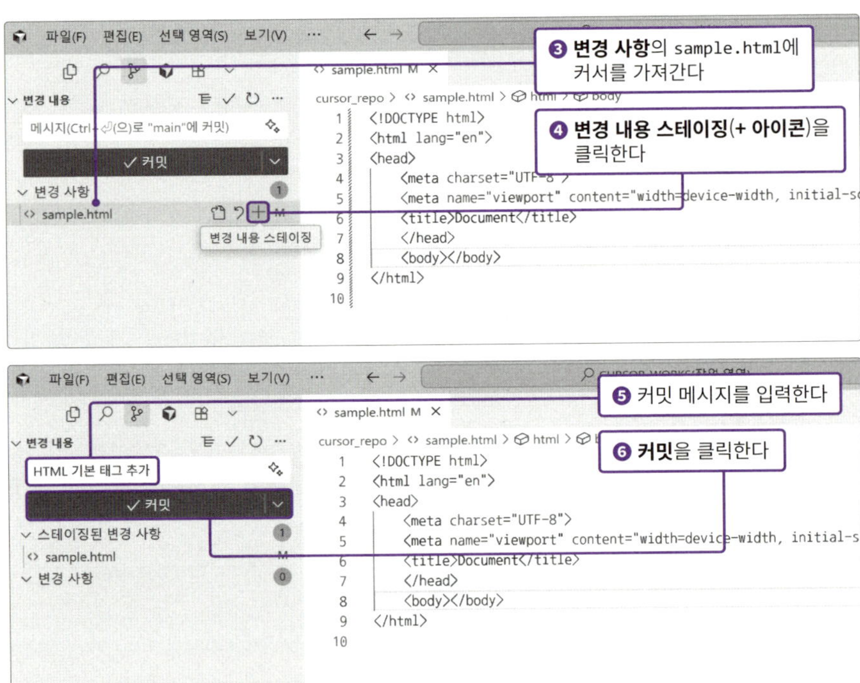

     chapter 6 **커서에서 깃 사용해 보기**

타임라인에서 변경 이력 확인하기

커밋을 해도 화면상에서는 변화가 거의 없기 때문에 제대로 커밋이 되었는지 불안할 수 있습니다. 이럴 때 커밋 이력은 탐색기(소스 제어 뷰가 아님)의 타임라인에서 확인하면 됩니다.

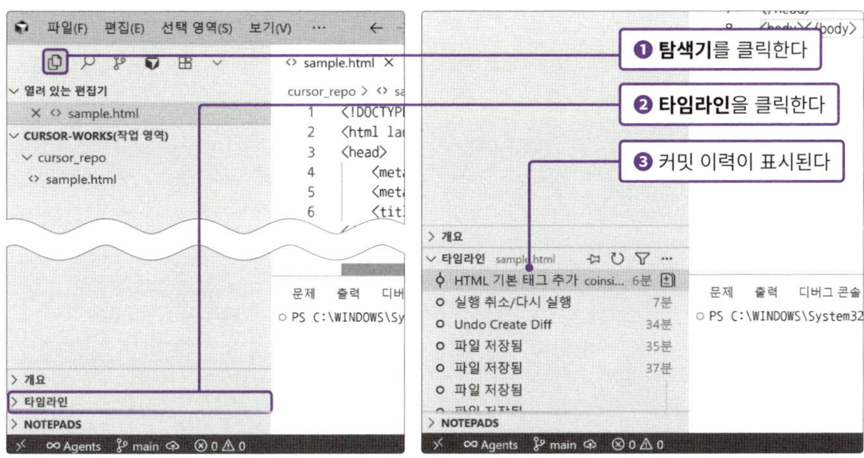

타임라인의 커밋을 클릭하면 해당 커밋의 변경 내용이 표시됩니다. 어떤 부분이 어떻게 바뀌었는지 확인할 수 있습니다.

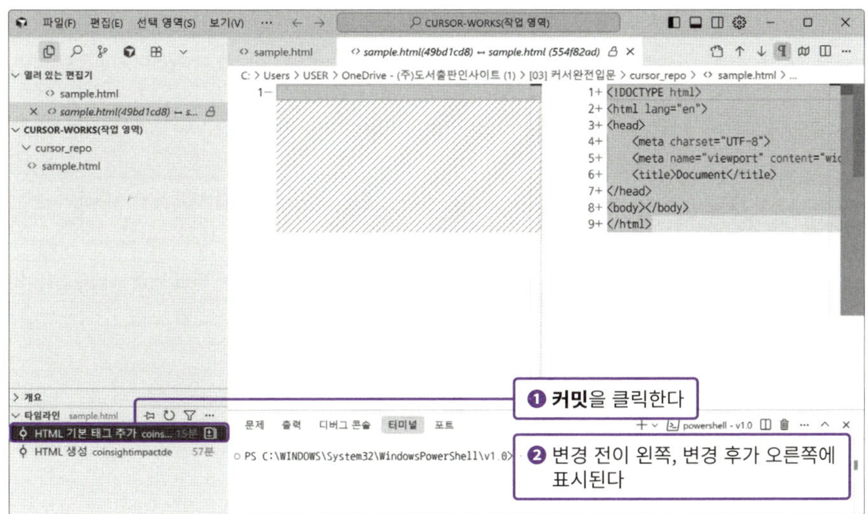

여러 변경 사항을 한 번에 커밋하기

다음은 여러 변경 사항을 한 번에 커밋해 봅시다. 여기서는 sample.css를 작성하고 sample.html에 link 태그를 추가해 커밋하겠습니다.

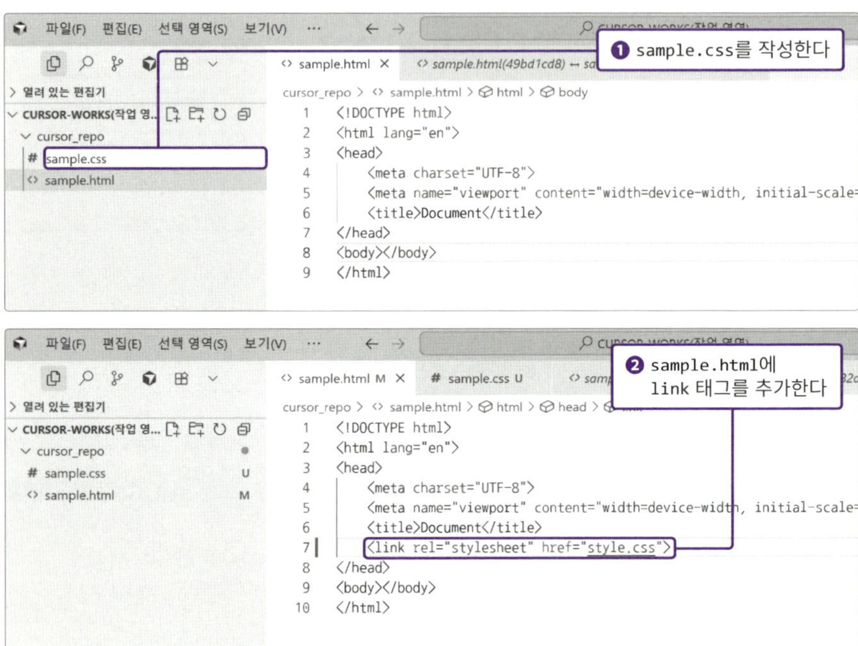

소스 제어 뷰로 전환하면 여러 파일이 표시됩니다. 변경된 파일을 모두 커밋하고 싶을 때는 변경 사항에서 **모든 변경 내용 스테이징**을 클릭하세요.

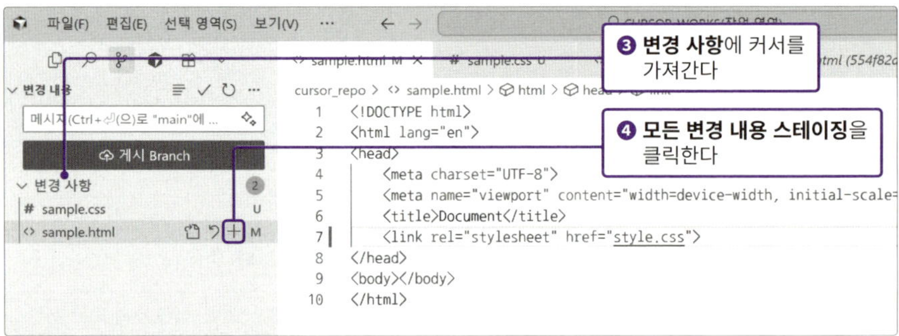

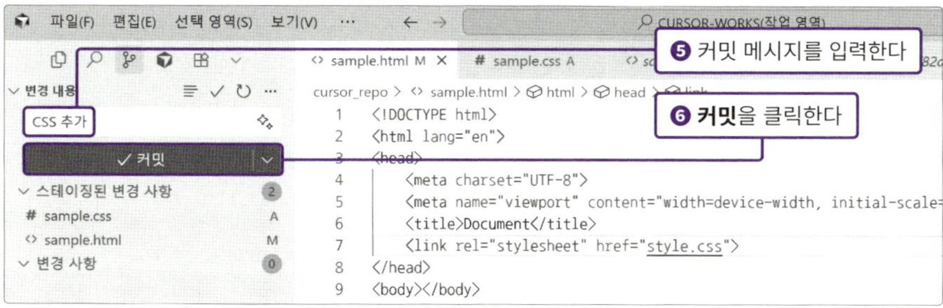

이제 sample.css와 sample.html의 변경 내용이 CSS 추가라는 메시지와 함께 커밋
되었습니다.

커밋 전의 변경 내용을 삭제하기

파일을 실수로 변경해서 커밋 상태 이전으로 되돌리고 싶을 때는 **변경 내용을 삭제**
하면 됩니다. 소스 제어 뷰에서 되돌리고 싶은 파일을 선택한 후 다음과 같이 따
라하세요.

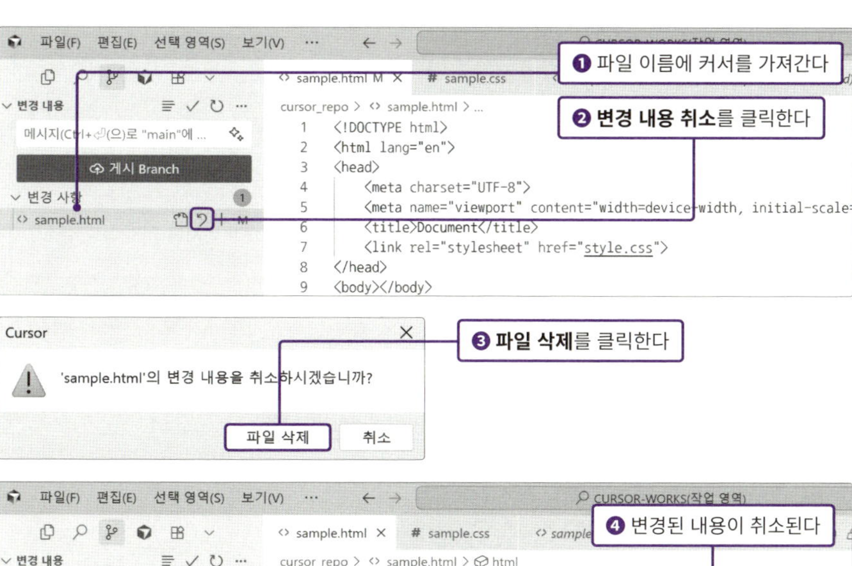

마지막 커밋 취소하기

이미 커밋한 변경 사항을 취소할 수도 있습니다. 소스 제어 뷰를 표시하고 커밋 〉
마지막 커밋 실행 취소를 클릭하면 커밋 이전 상태로 되돌릴 수 있습니다. 여러
개의 커밋을 취소하려면 이 과정을 반복하면 됩니다.

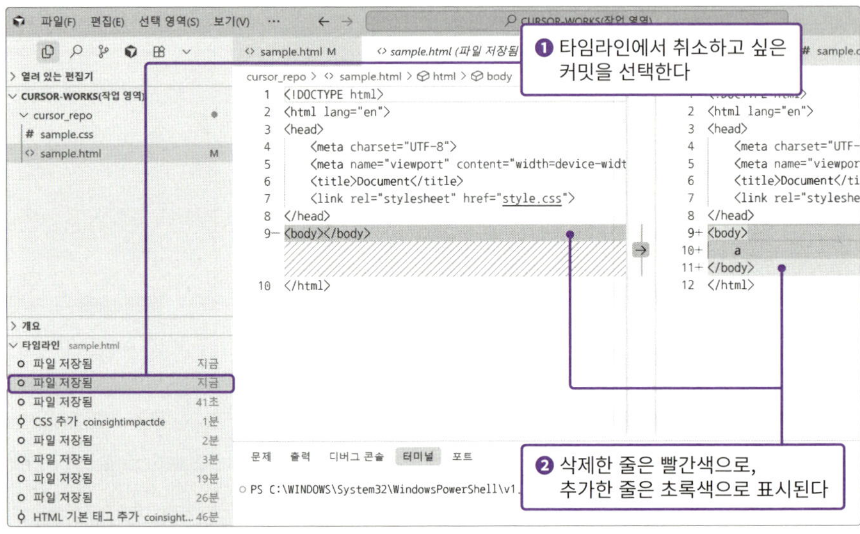

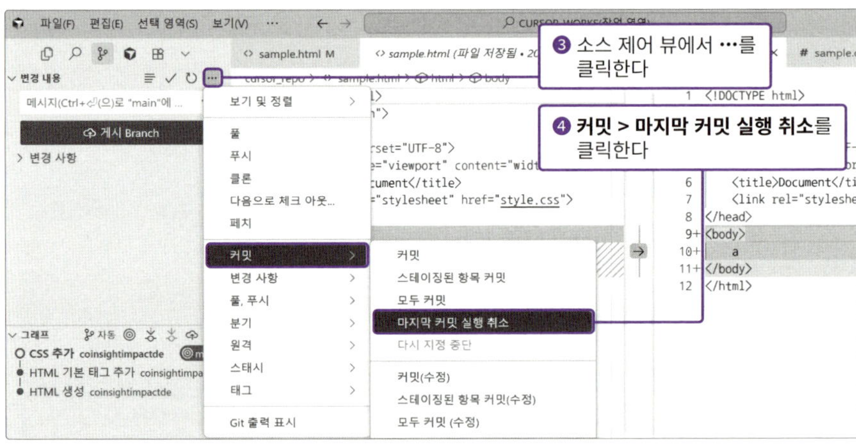

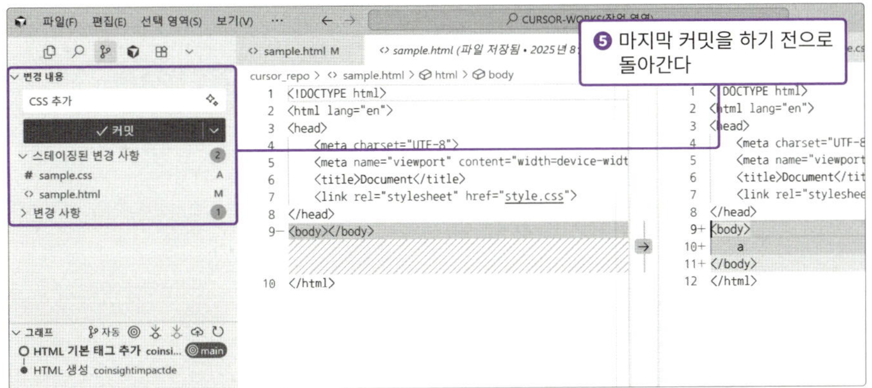

위의 순서를 따른 결과 마지막 커밋을 하기 전 파일이 스테이징된 상태로 돌아갔습니다. 스테이징 이전 상태로 되돌리려면 파일 이름 위로 커서를 이동시키면 나타나는 ―(변경 내용 스테이징 취소)를 클릭하세요.

> **point 오피스 파일도 깃으로 버전 관리**
>
> 엑셀이나 워드 같은 오피스 파일노 깃으로 버선을 관리할 수 있습니나. 아시만 주의해야 할 점은 ~$로 시작하는 숨김 파일의 처리입니다. 숨김 파일은 오피스 파일을 열어 작업하는 동안 생성되고 파일을 닫으면 사라집니다.
>
> 이러한 임시 파일이 커밋에 포함되면 여러 문제가 발생할 수 있으므로 제외할 파일(.gitignore)로 등록해 두는 것이 좋습니다. 다음은 등록하는 예입니다.
>
> ```
> ~$*.doc*
> ~$*.xls*
> ~$*.ppt*
> ```

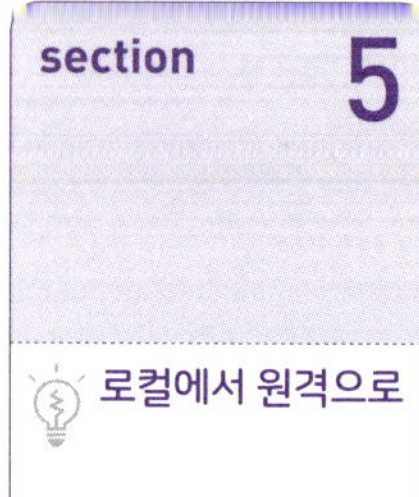

#기본기능 #깃의기본

로컬 리포지터리를 깃허브에 공개하기

로컬에서 원격으로 다른 사람과 공동 작업을 하려면 로컬 리포지터리를 깃허브에 공개해 원격 리포지터리를 생성합니다.

커서와 깃허브 연동하기

소스 제어 뷰에 게시 Branch 버튼이 표시되었던 것을 기억하시나요? 이 버튼을 클릭하면 로컬 리포지터리를 기반으로 깃허브에 원격 리포지터리를 생성할 수 있습니다. 이 작업을 게시 또는 발행(publish)이라고 합니다. 이후 작업은 깃허브 계정을 만들고 웹 브라우저에 로그인한 상태에서 진행해야 합니다.

처음 게시할 때는 커서와 깃허브를 연동하는 화면이 표시됩니다.

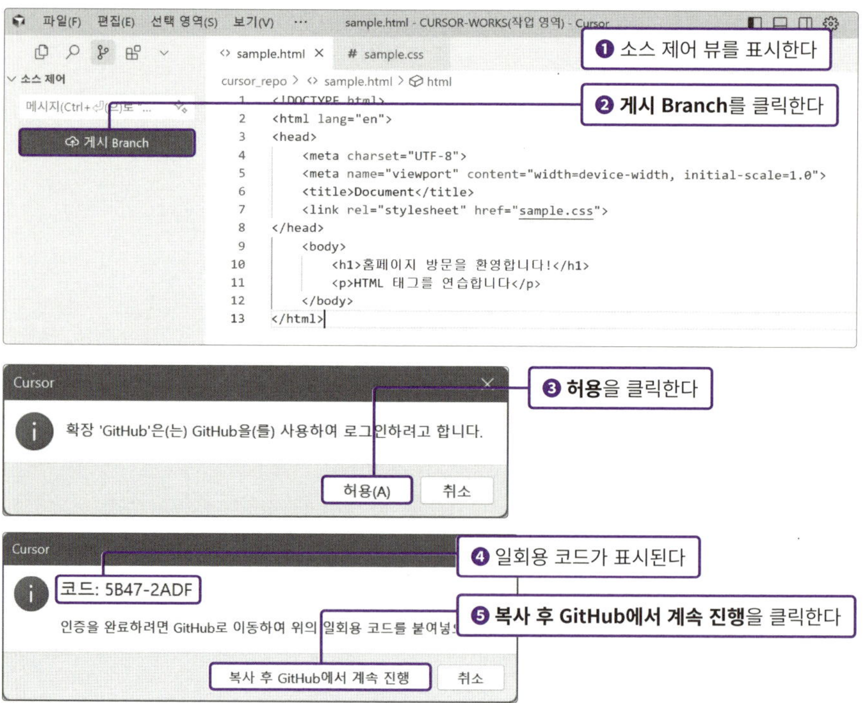

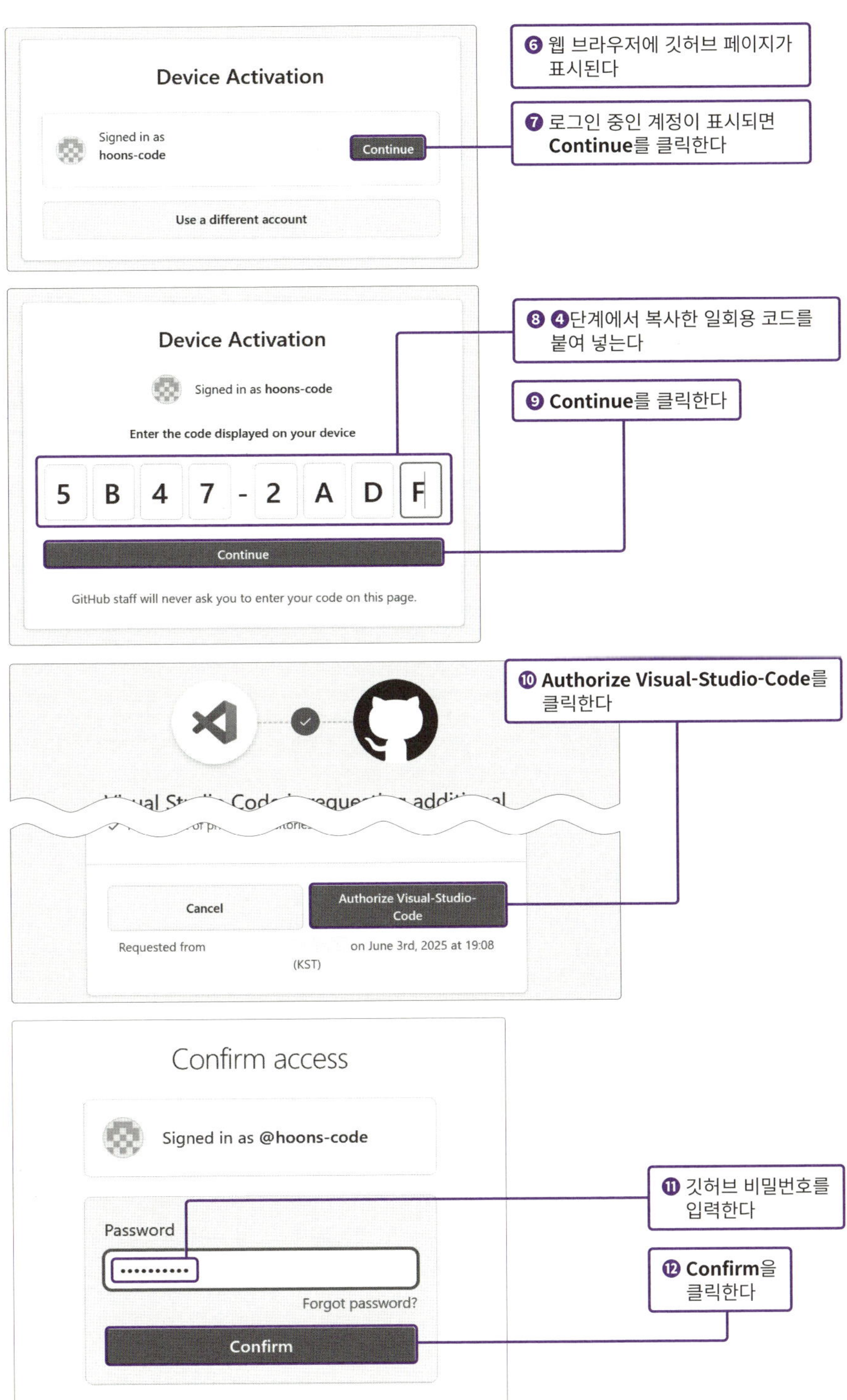

❻ 웹 브라우저에 깃허브 페이지가 표시된다

❼ 로그인 중인 계정이 표시되면 **Continue**를 클릭한다

❽ ❹단계에서 복사한 일회용 코드를 붙여 넣는다

❾ **Continue**를 클릭한다

❿ **Authorize Visual-Studio-Code**를 클릭한다

⓫ 깃허브 비밀번호를 입력한다

⓬ **Confirm**을 클릭한다

깃허브에 게시하기

이제 준비가 완료되었으니 다시 게시 Branch를 클릭해 봅시다. 원격 리포지터리를 비공개(private)로 할지 공개(public)로 할지 선택할 수 있으니 원하는 것을 고르세요.

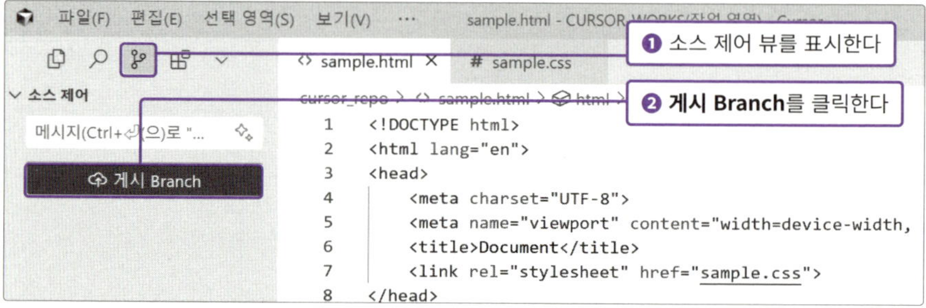

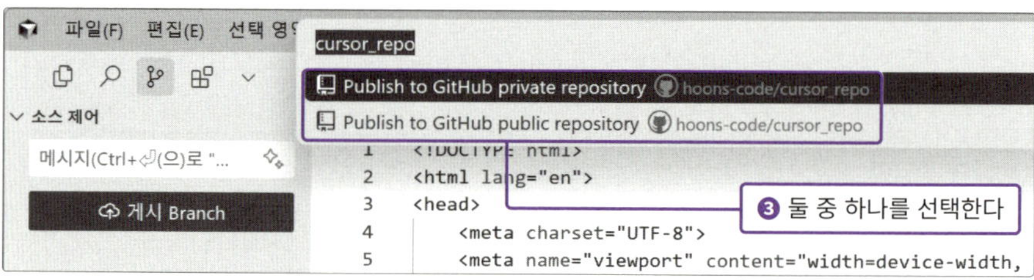

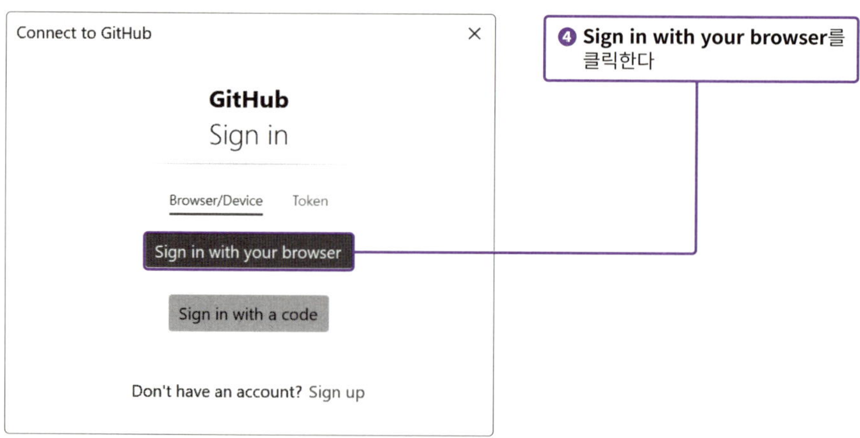

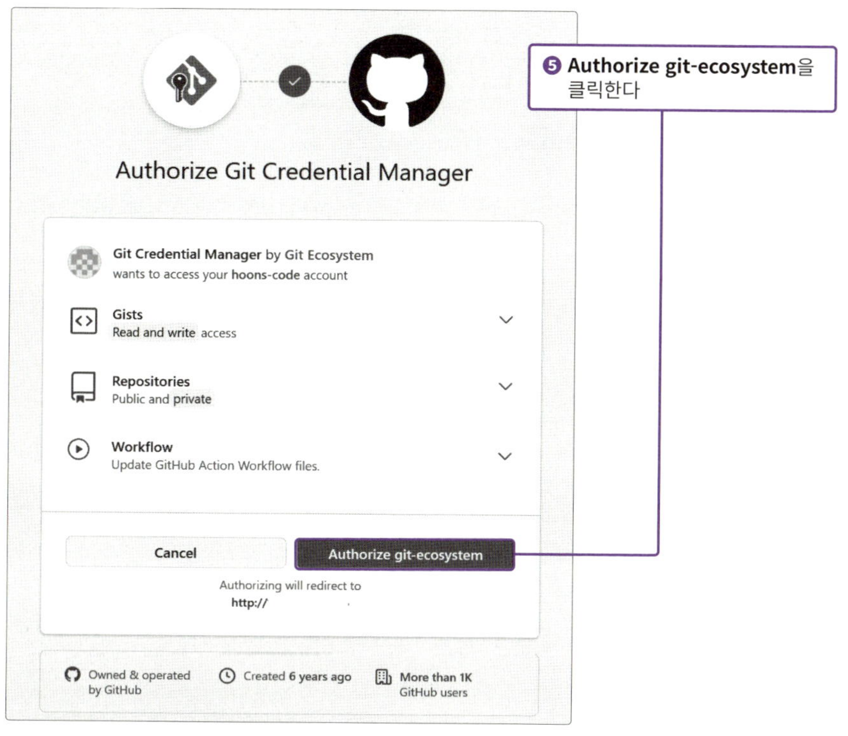

❺ **Authorize git-ecosystem**을 클릭한다

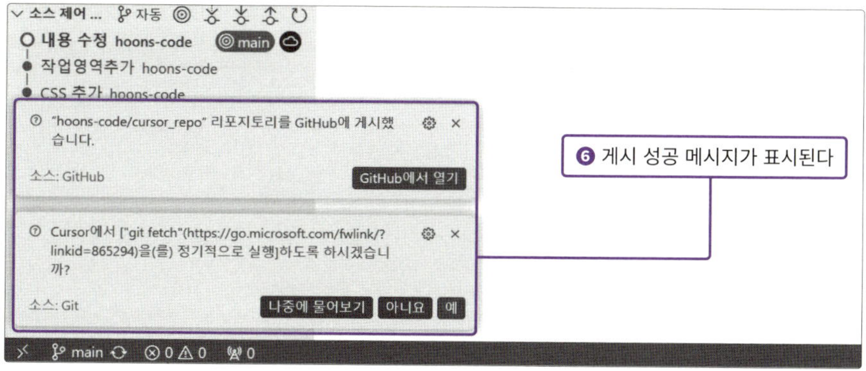

❻ 게시 성공 메시지가 표시된다

게시에 성공했다는 메시지가 표시됩니다. 정기적으로 깃 페치를 실행하시겠습니까? 라는 메시지가 나타나면 **예**를 클릭하세요. 깃 페치는 원격 리포지터리의 업데이트 내용을 확인하는 명령입니다.

#기본기능 #깃의기본

원격 리포지터리를 그대로 복제하기

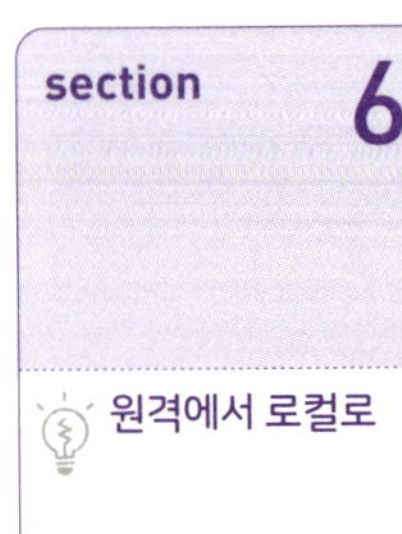

원격에서 로컬로

이미 존재하는 원격 리포지터리를 복제하여 로컬 리포지터리를 만드는 것을 클론이라고 합니다.

깃허브에서 복제하기

앞서 로컬 리포지터리를 깃허브에 게시하는 방법을 설명했습니다. 하지만 깃허브의 원격 리포지터리를 다른 사람이 먼저 만들었다면 해당 리포지터리와 연동되는 로컬 리포지터리를 만들어서 작업할 수도 있습니다. 원격 리포지터리를 통째로 복사해 로컬 리포지터리를 생성하는 것을 클론(Clone)이라고 합니다.

여기서는 앞서 깃허브에 게시한 원격 리포지터리(https://github.com/계정명/cursor_repo)를 복제하겠습니다. 로컬 리포지터리가 여러 개면 혼란스러울 수 있으니 cursor_repo 폴더를 삭제한 후 다음과 같이 따라 해 주세요.

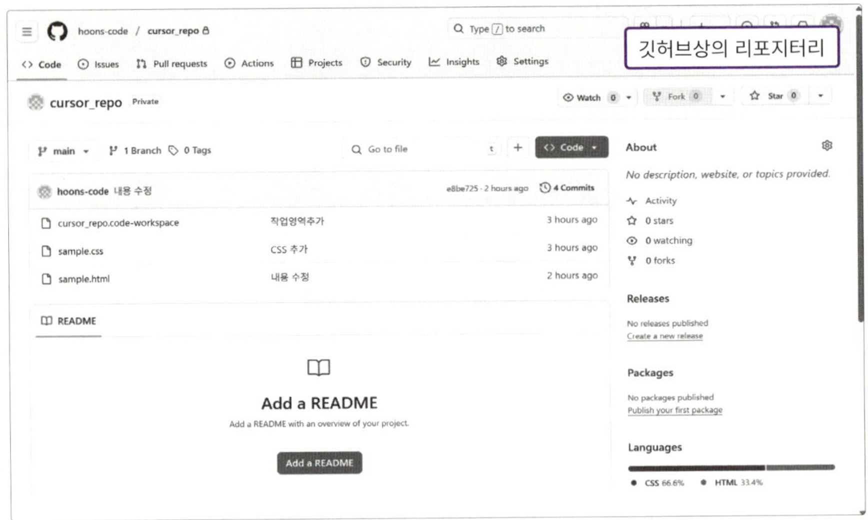

폴더가 닫힌 상태에서 커서의 탐색기를 열면 **리포지터리 복제** 버튼이 표시됩니다. 이 버튼을 클릭해 복제하려는 리포지터리를 선택하세요. 깃허브 연동 설정이 아직 완료되지 않았다면 이 단계에서 로그인 화면이 표시될 수 있습니다. 212쪽을 참고해 연결 설정을 마무리하세요.

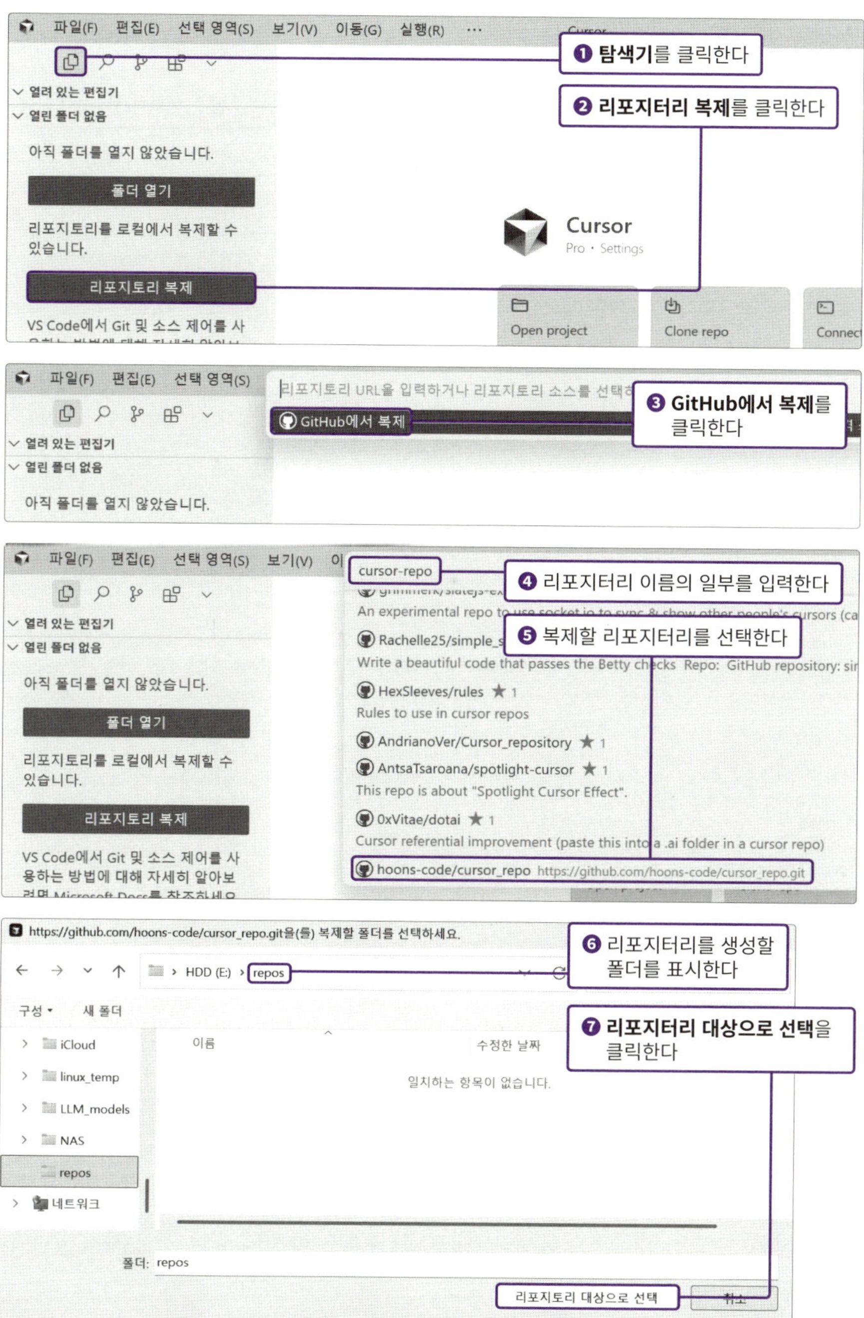

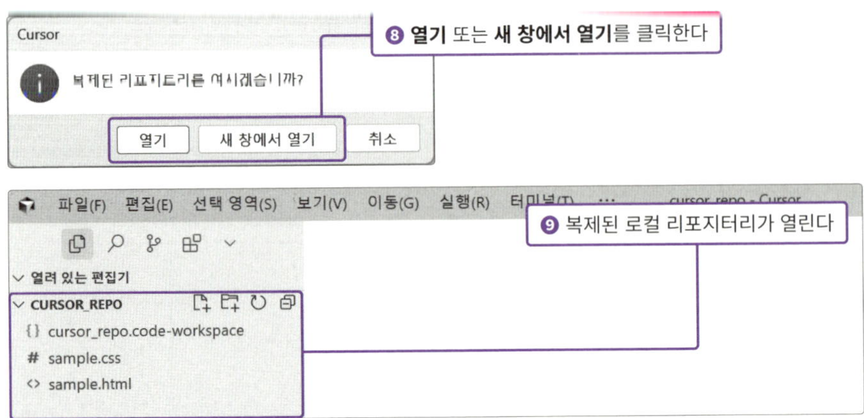

조금 전 선택한 폴더에 cursor_repo 폴더가 만들어졌고 그 안에 sample.html과 sample.css도 저장되어 있습니다.

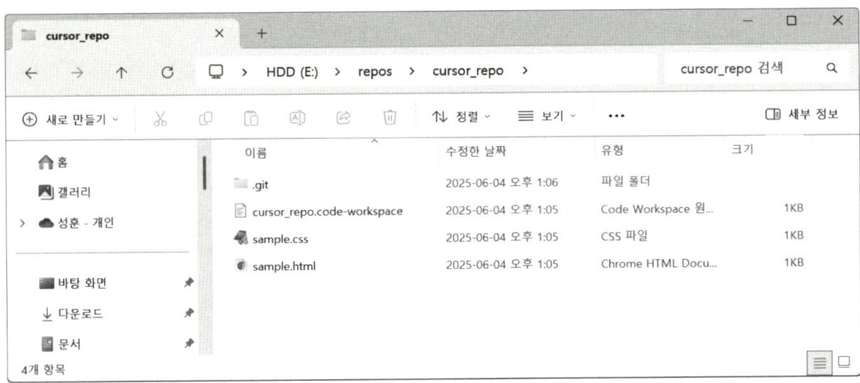

오해가 없도록 미리 설명하자면 원격 리포지터리를 클론하는 작업은 여러 번 할 필요가 없습니다. 앞으로는 클론으로 생성된 로컬 리포지터리에서 작업을 진행하면 됩니다. 커서에서 폴더를 닫았더라도 폴더 열기 기능을 사용하면 해당 로컬 리포지터리를 다시 열어서 작업할 수 있습니다.

원격 리포지터리의 변경 사항 가져오기

클론한 로컬 리포지터리에서도 커밋 등의 작동 방식은 같습니다. 다만 이제부터는 자신의 커밋을 정기적으로 푸시(내보내기)하고 동시에 공동 작업자가 수행한 커밋을 풀(가져오기)해야 합니다.

시험 삼아 깃허브상에서 원격 리포지터리의 파일을 편집해 봅시다. 리포지터리 페이지(232쪽 참고)에서 sample.html을 클릭하면 파일이 열립니다. 여기서 연필 아이콘을 클릭하면 파일을 편집할 수 있습니다.

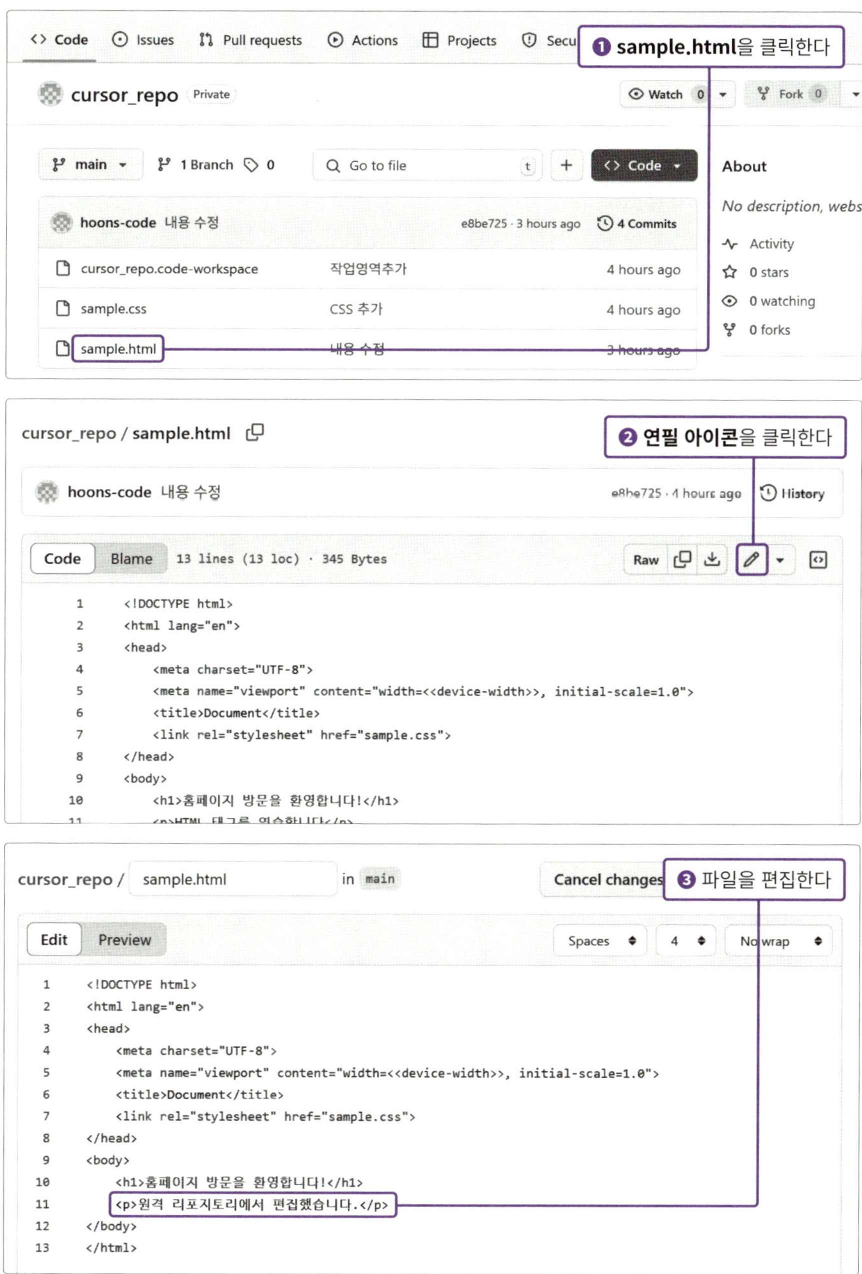

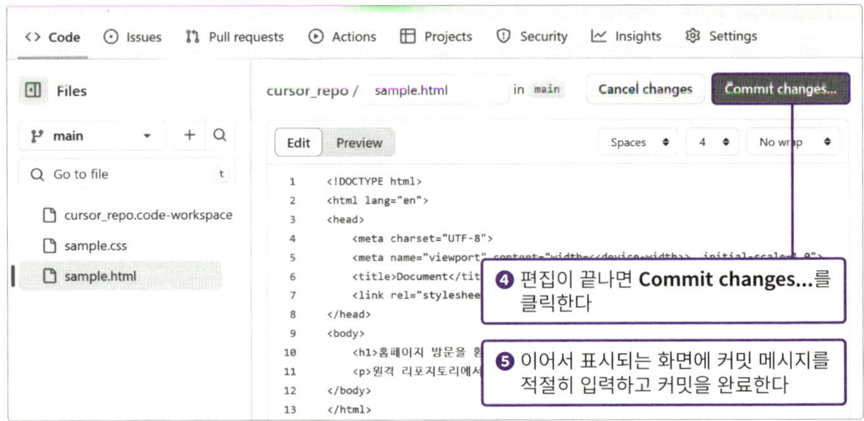

커밋을 완료하면 원격 리포지터리의 sample.html이 업데이트됩니다. 이때 커서의 상태 표시줄에는 업데이트 아이콘 옆에 1↓0↑가 표시되어 있습니다. 이는 풀할 커밋이 1개이고 푸시할 커밋은 0개라는 뜻입니다. **아이콘을 클릭하면 풀 및 푸시가 실행됩니다.**

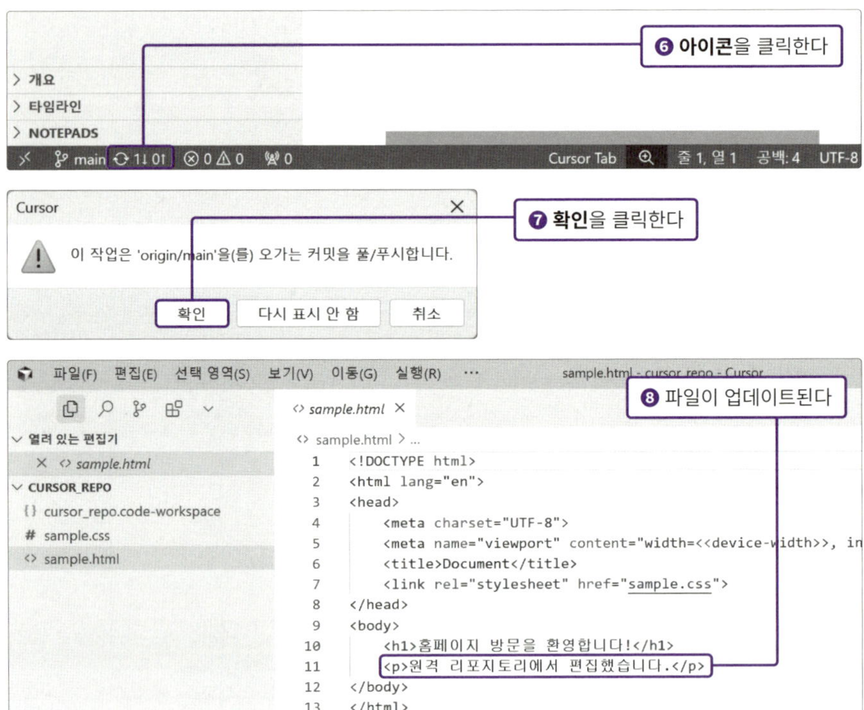

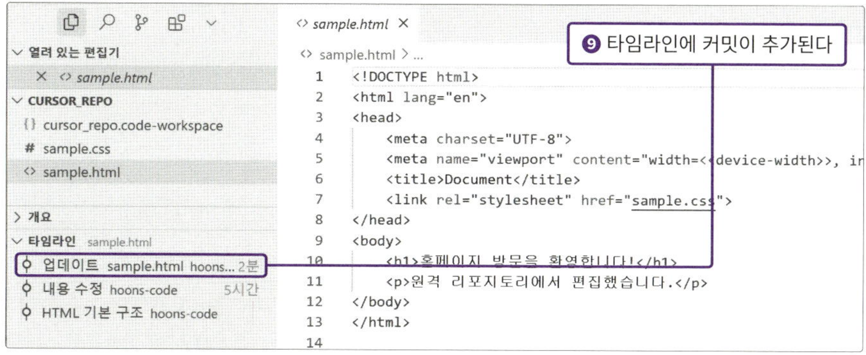

로컬 리포지터리의 변경 사항 내보내기

다음은 로컬 리포지터리에서 커밋한 파일을 푸시해 봅시다. 풀 작업과 마찬가지로 상태 표시줄의 아이콘을 클릭해 푸시할 수도 있습니다.

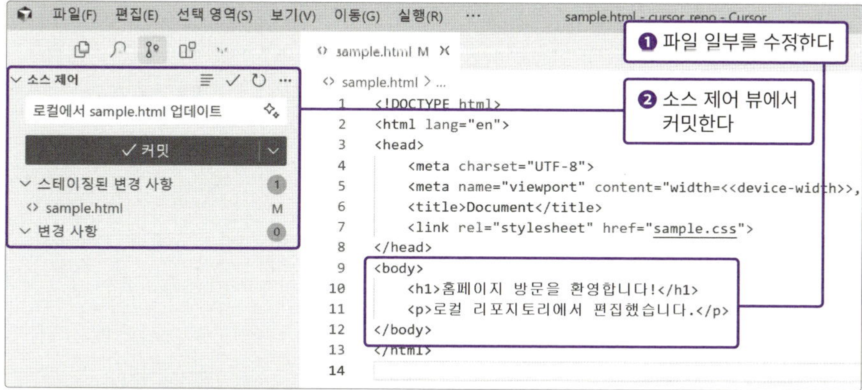

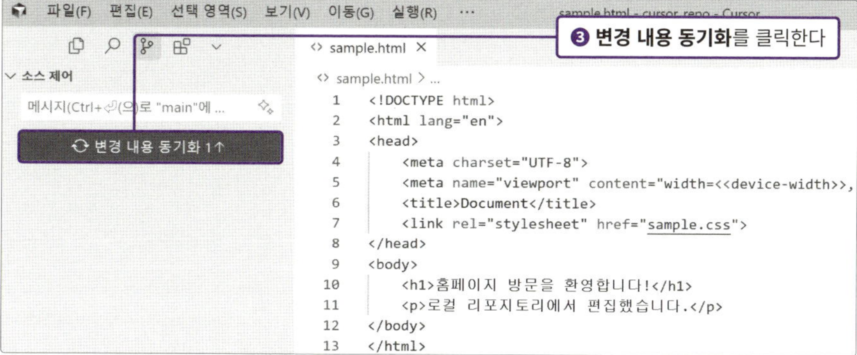

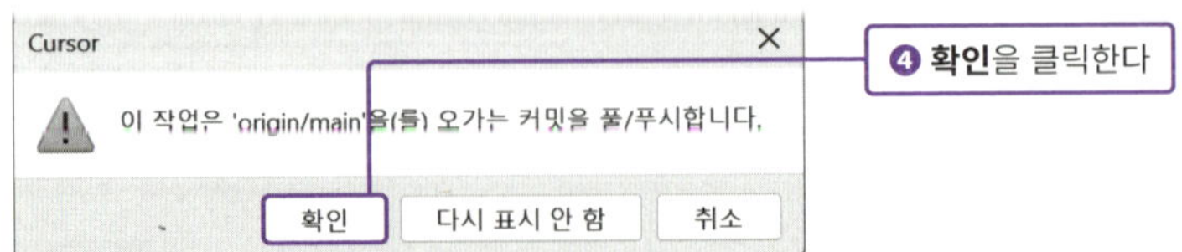

풀 또는 푸시할 때마다 확인 메시지가 나타납니다. 매번 확인할 필요는 없으니 익숙해지면 **다시 표시 안 함**을 클릭하세요. 푸시가 완료되면 깃허브 원격 리포지 터리에서 파일이 업데이트된 것을 확인할 수 있습니다.

이번처럼 풀한 다음에 변경하고 다시 푸시할 때는 문제가 발생하지 않지만 여러 변경 사항이 동시에 일어난다면 충돌이 일어날 수 있습니다. 7절에서 충돌이 일어날 때 해결하는 방법을 설명하겠습니다.

충돌을 해결하기

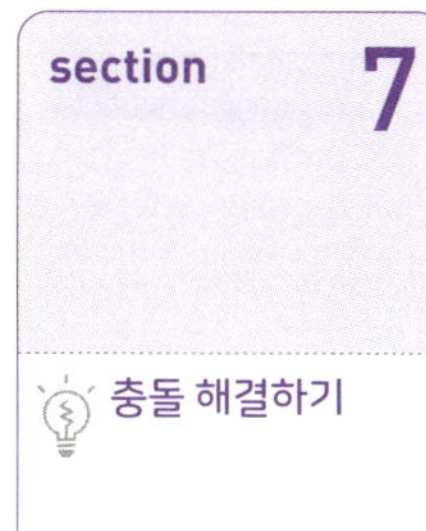

충돌 해결하기

여러 사람이 같은 파일의 같은 부분을 변경한다면 충돌이 발생할 수 있습니다. 커서에서 이 문제를 해결하는 방법을 설명하겠습니다.

충돌

여러 사람이 함께 작업할 때 같은 파일을 서로 다르게 변경할 수 있습니다. 같은 파일이라도 변경된 위치가 다르면 깃에서 잘 병합해 주지만 이를 판단할 수 없을 때는 충돌(Conflict)이 발생합니다.

실제로 충돌을 일으켜 보겠습니다. 커서에서 로컬 리포지터리의 sample.html 파일을 편집하고 커밋만 하세요. 동기화(푸시/풀)는 하지 않고 그대로 둡니다.

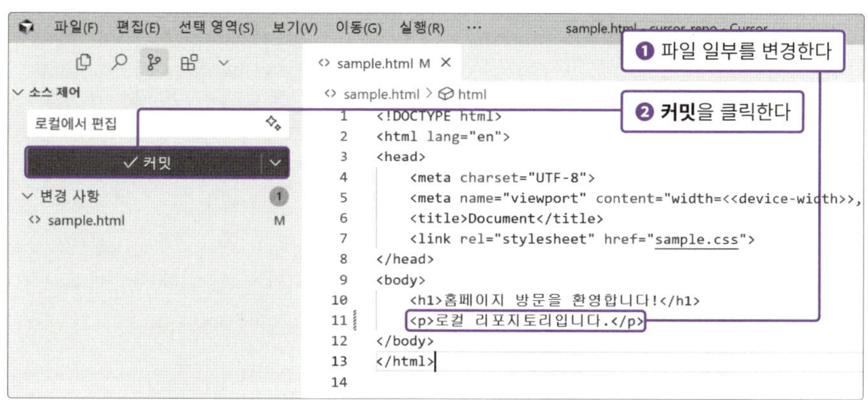

다음으로 깃허브의 원격 리포지터리에서 같은 파일의 같은 부분을 변경합니다.

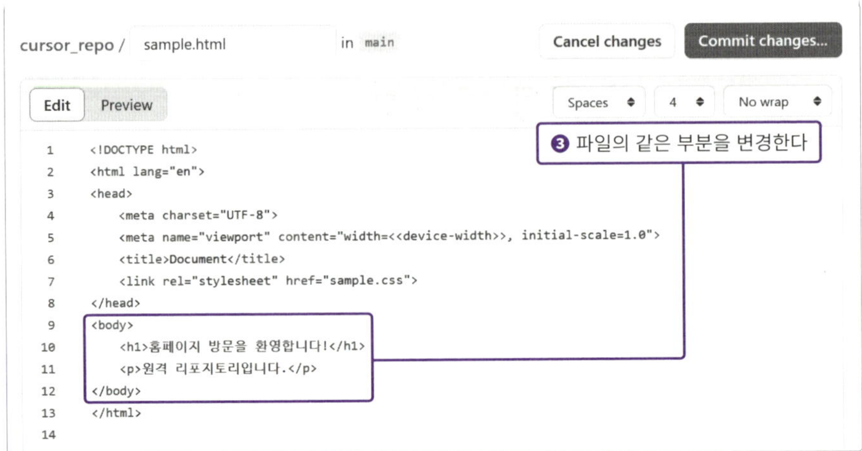

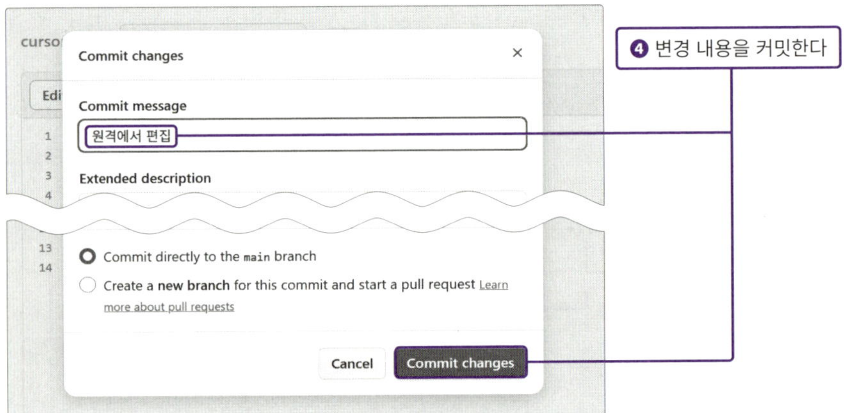

같은 부분에 대해 다른 변경 내용을 커밋했습니다. 커밋한 상태에서 동기화(풀/푸시)를 실행하면 충돌이 발생하고 대상 파일이 자동으로 열립니다.

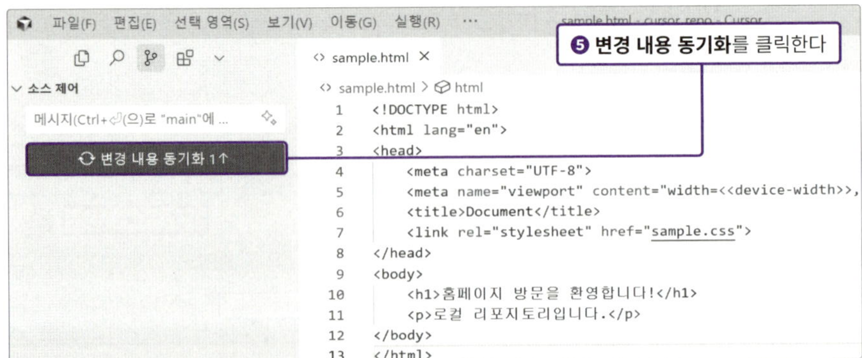

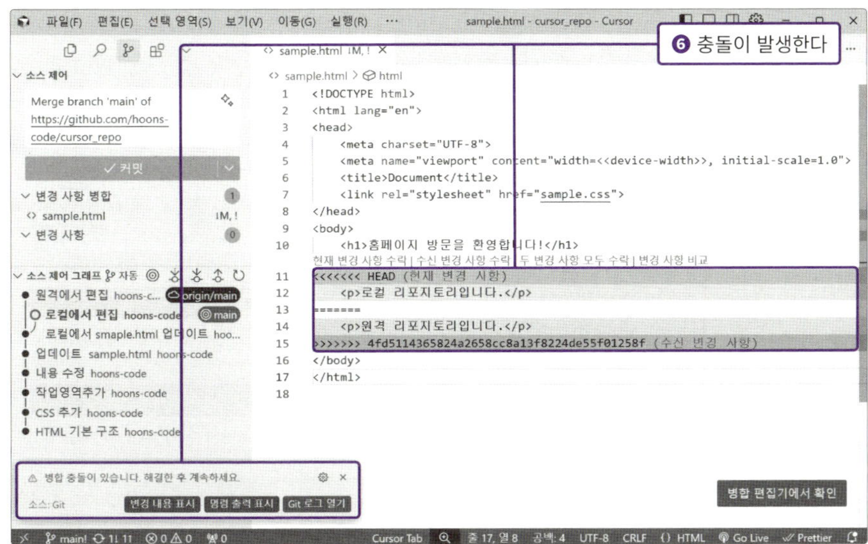

충돌 해결하기

충돌이 발생한 부분은 로컬 리포지터리 변경 내용이 위(현재 변경 사항)에, 원격 리포지터리의 변경 내용이 아래(수신 변경 사항)에 표시됩니다. 이 부분을 수정하여 올바른 상태로 만든 후 커밋합니다.

```
1   <!DOCTYPE html>
2   <html lang="en">
3   <head>
4       <meta charset="UTF-8">
5       <meta name="viewport" content="width=<<device-width>>, initial-scale=1.0">
6       <title>Document</title>
7       <link rel="stylesheet" href="sample.css">
8   </head>
9   <body>
10      <h1>홈페이지 방문을 환영합니다!</h1>
    현재 변경 사항 수락 | 수신 변경 사항 수락 | 두 변경 사항 모두 수락 | 변경 사항 비교
11  <<<<<<< HEAD (현재 변경 사항)
12      <p>로컬 리포지토리입니다.</p>
13  =======
14      <p>원격 리포지토리입니다.</p>
15  >>>>>>> 4fd5114365824a2658cc8a13f8224de55f01258f (수신 변경 사항)
16  </body>
17  </html>
18
```


충돌이 발생한 부분 위에 옅은 회색으로 네 가지 선택지가 표시됩니다. 이를 클릭하면 충돌을 해결할 수 있습니다.

- 현재 변경 사항 수락(로컬 변경을 유지)
- 수신 변경 사항 수락(원격 변경을 유지)
- 두 변경 사항 모두 수락(로컬와 원격의 변경을 모두 반영)
- 변경 사항 비교(변경된 부분을 확인)

두 변경 사항 모두 수락을 클릭하면 다음과 같이 두 변경 사항이 모두 남습니다.

```
 9    <body>
10        <h1>홈페이지 방문을 환영합니다!</h1>
11        <p>로컬 리포지토리입니다.</p>
12        <p>원격 리포지토리입니다.</p>
13    </body>
14    </html>
```


충돌이 해결된 것으로 보고 커밋을 진행하겠습니다. 파일을 저장한 다음 소스 제어 뷰에 있는 **변경 사항 병합** 아래에 있는 파일을 스테이징하세요.

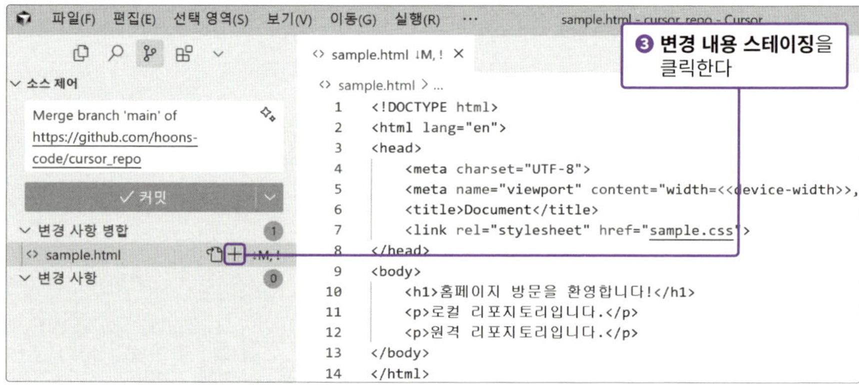

이미 Merge branch…라는 커밋 메시지가 들어 있으므로 그대로 커밋하고 원격 리포지터리와 동기화합니다.

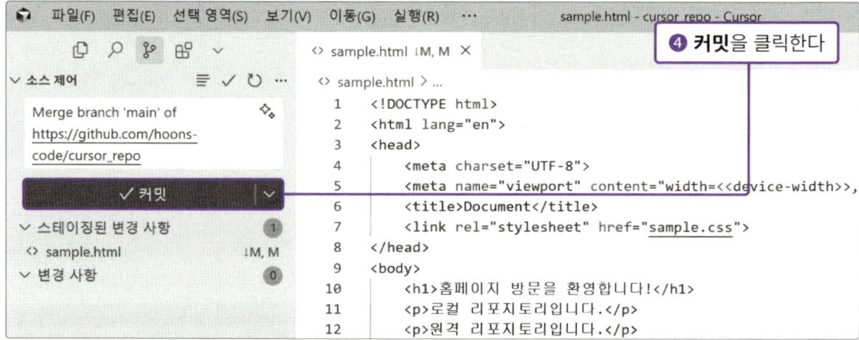

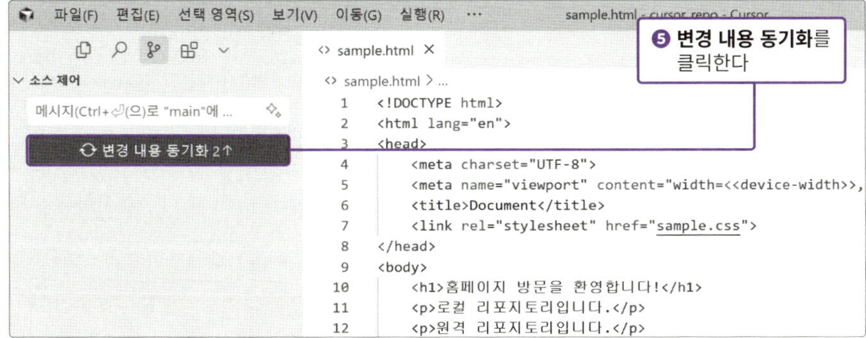

이제 충돌이 해결되고 로컬과 원격 리포지터리가 같은 상태가 되었습니다. 소스 제어 그래프를 보면 로컬과 원격 리포지터리 양쪽의 커밋과 병합 커밋(Merge branch)을 확인할 수 있습니다.

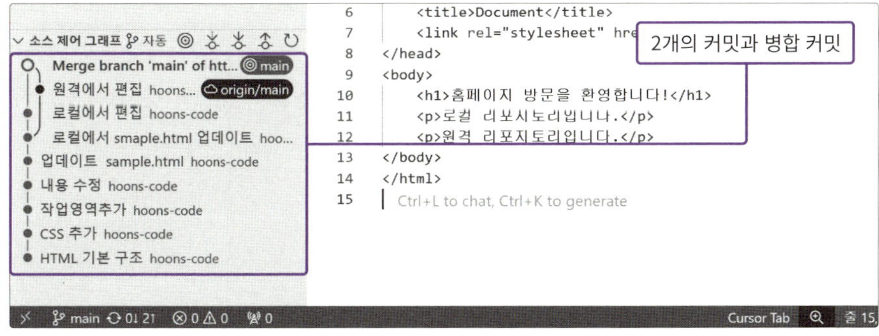

AI로 충돌 해결하기

지금까지 살펴본 바와 같이 원격 리포지터리와 로컬 리포지터리 사이에서 발생하는 충돌은 직접 해결할 수도 있지만 AI의 도움을 받을 수도 있습니다. 충돌을 직접 해결할 때는 보통 한 쪽의 변경 사항을 유지하거나 모든 변경 사항을 유지하는 등 다소 기계적으로 접근하게 됩니다. 하지만 AI를 사용하면 원격 및 로컬의 모든 변경 내용을 고려해 더 나은 해결 방법을 제시해 준다는 점이 큰 차이입니다.

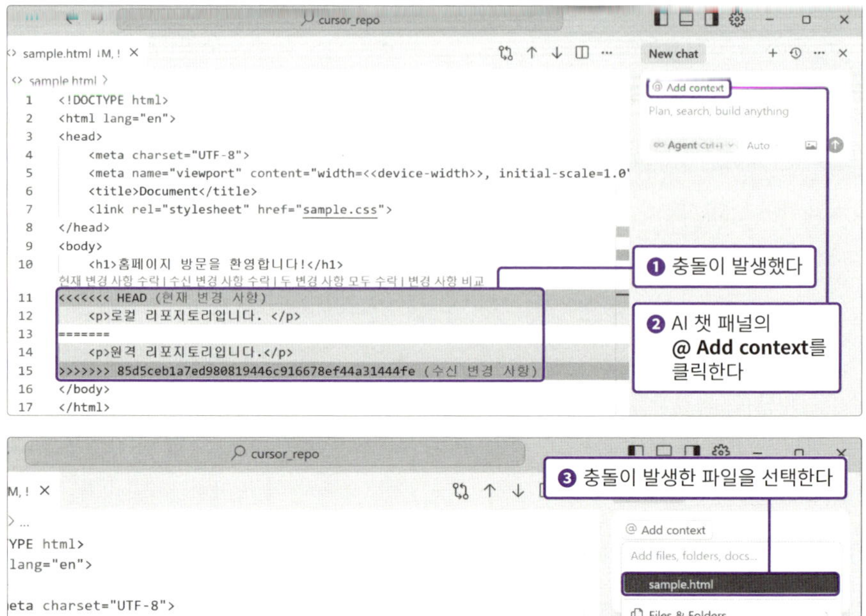

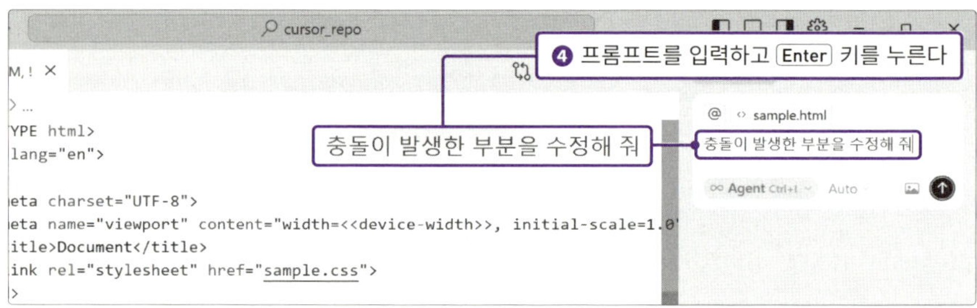

대상 파일을 지정한 후 다음과 같은 프롬프트를 입력하고 실행합니다.

프롬프트를 실행하면 AI 챗 패널과 편집기에서 충돌 해결을 위한 AI의 제안을 확인할 수 있습니다. 충돌이 발생하여 수정이 필요한 부분은 빨간색으로, AI가 제안하는 해결 방법은 초록색으로 표시됩니다. 이번 예에서는 240쪽과 마찬가지로 <body> 내부의 일부 문자열이 충돌하고 있습니다. AI는 문맥을 읽고 및으로 연결하여 두 메시지를 통합할 것을 제안합니다.

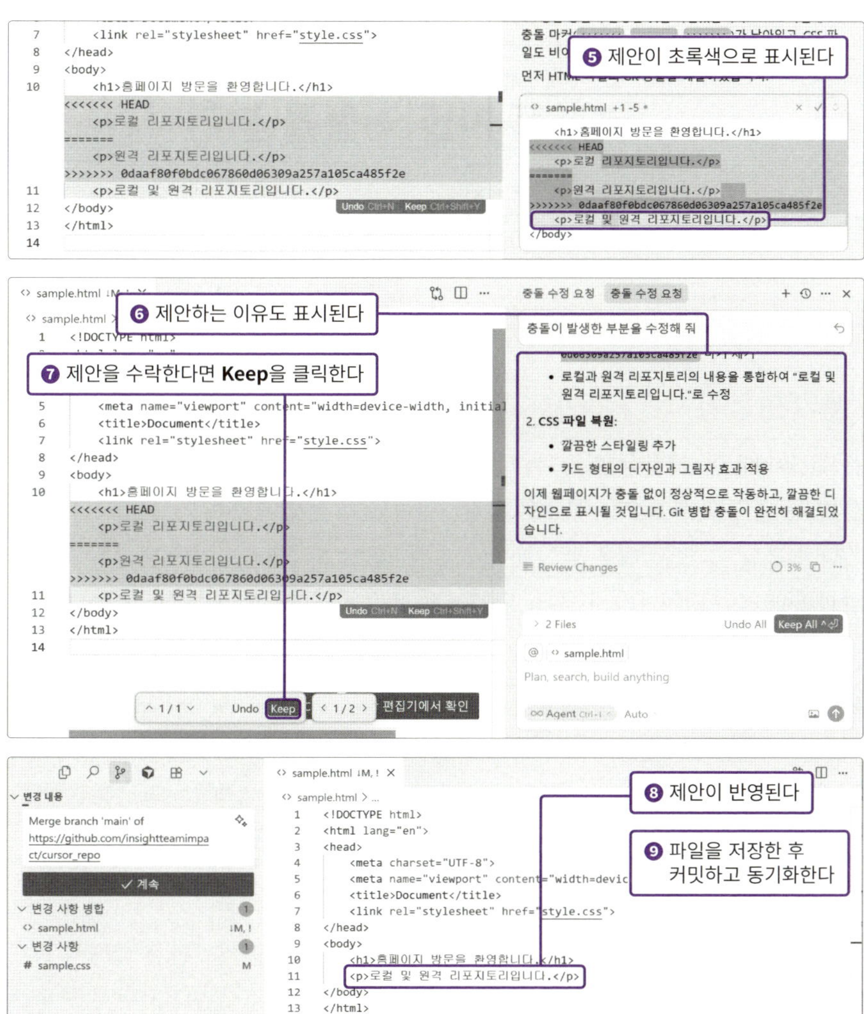
⑤ 제안이 초록색으로 표시된다
⑥ 제안하는 이유도 표시된다
⑦ 제안을 수락한다면 Keep을 클릭한다
⑧ 제안이 반영된다
⑨ 파일을 저장한 후 커밋하고 동기화한다
충돌이 발생한 부분을 수정해 줘
로컬과 원격 리포지토리의 내용을 통합하여 "로컬 및 원격 리포지토리입니다."로 수정
2. CSS 파일 복원:
깔끔한 스타일링 추가
카드 형태의 디자인과 그림자 효과 적용
이제 웹페이지가 충돌 없이 정상적으로 작동하고, 깔끔한 디자인으로 표시될 것입니다. Git 병합 충돌이 완전히 해결되었습니다.
변경 내용
Merge branch 'main' of https://github.com/insightteamimpact/cursor_repo
✓ 계속
변경 사항 병합
sample.html
변경 사항
sample.css

#기본기능 #분기

분기로 커밋 이력을 분기하기

분기 생성에서
병합까지

큰 기능을 추가할 때는 분기를 생성하여 작업하는 경우가 있습니다. 여기서는 분기의 기본 작동법을 설명합니다.

분기 만들기

분기(branch)는 커밋 이력을 여러 갈래로 나누어 관리하는 기능입니다. 프로젝트에 큰 변경 사항을 적용할 때 분기를 만들면 변경 내용을 분기 단위로 채택하거나 삭제할 수 있어 매우 편리합니다. 이번에는 CSS 편집을 위한 별도의 분기를 만들어 분기의 기본 작동 방식을 알아보겠습니다.

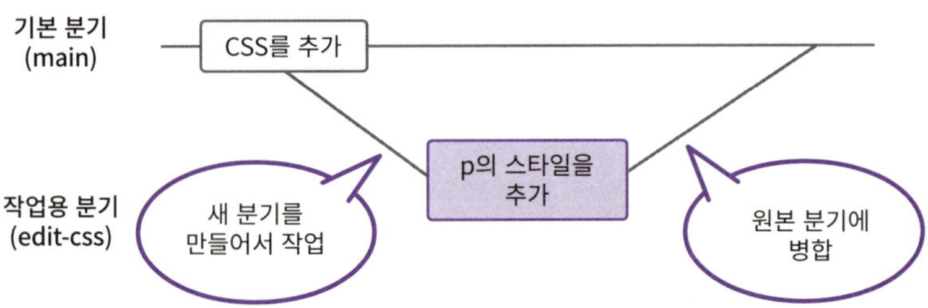

분기를 만들거나 전환할 때는 가능한 한 모든 변경 사항을 커밋한 상태에서 진행하세요. 그렇지 않으면 커밋하지 않은 변경 사항이 사라질 수 있습니다(변경 사항을 임시로 저장하는 기능도 있지만 사용법이 어렵습니다).

커서의 상태 표시줄에 현재 분기가 표시되어 있습니다. 분기를 생성하거나 전환할 때는 이곳을 클릭합니다. 소스 제어 뷰의 메뉴 또는 명령 팔레트에서도 조작할 수 있지만 상태 표시줄에서 조작하는 것이 가장 간편합니다.

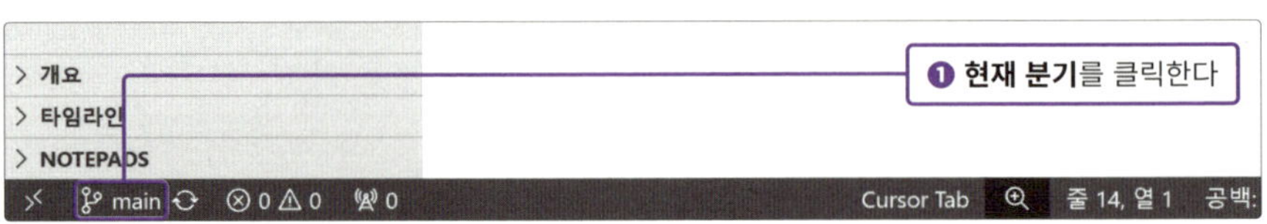

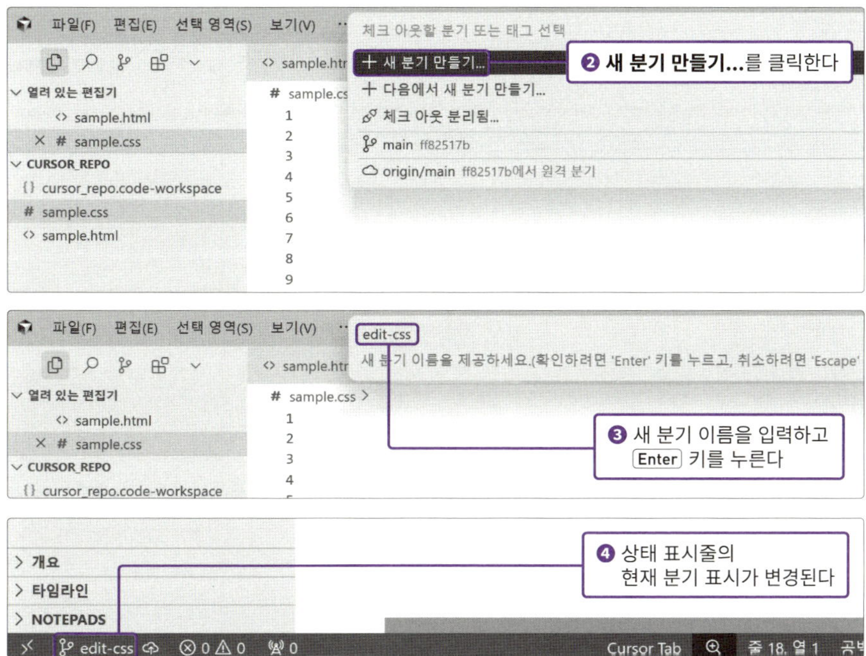

이 상태에서 `sample.css`를 편집하고 커밋해 봅시다. 여기서는 맨 위에 p 태그 스타일을 추가했습니다.

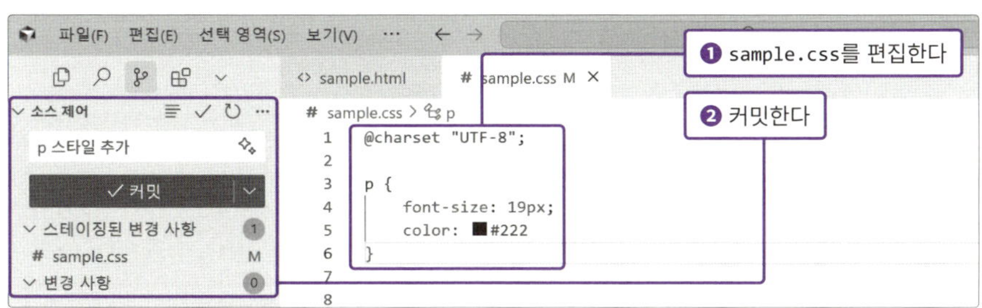

분기 병합하기

아직 한 번밖에 커밋하지 않았지만 CSS 편집이 완료되었다고 가정하고 기본 분기에 병합(merge)해 봅시다. 먼저 edit-css 분기에서 기본 분기인 main 분기로 전환합니다.

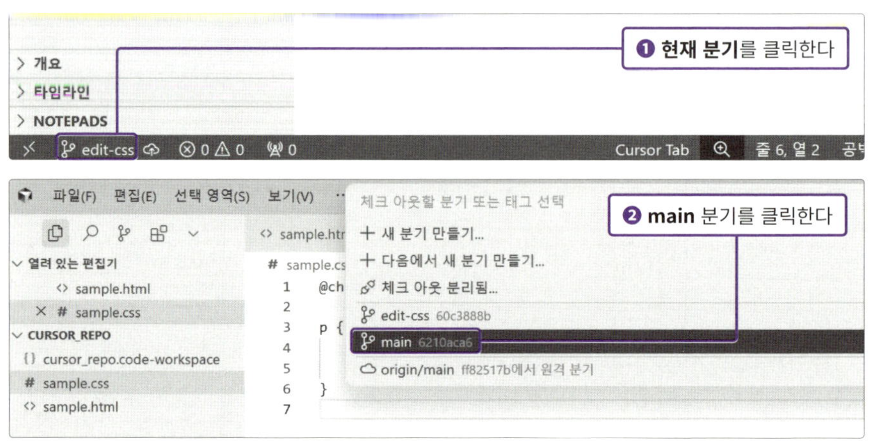

main 분기로 전환하면 방금 전 `sample.css`에서 커밋한 내용이 사라집니다. 아직 병합하기 전이라 `edit-css` 분기에서 변경한 내용이 반영되지 않았기 때문입니다.

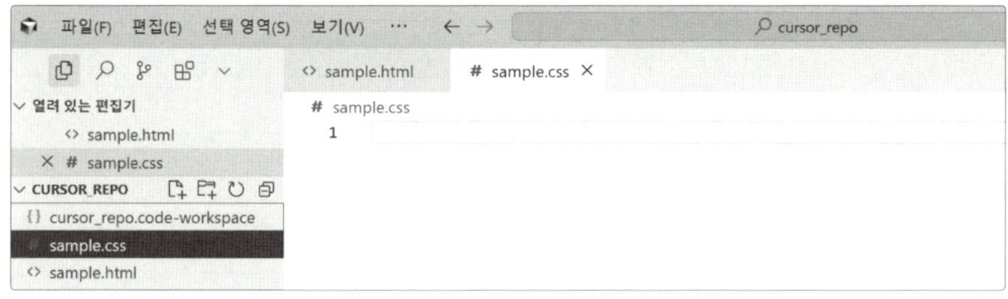

소스 제어 뷰 메뉴에서 **분기 > 병합**을 클릭합니다.

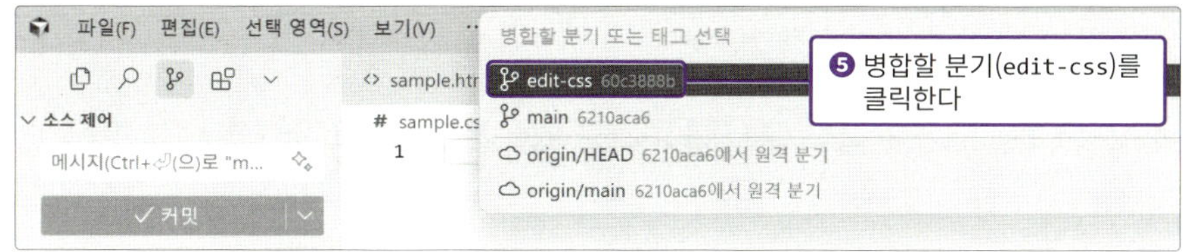

edit-css 분기를 main 분기에 병합한 결과 edit-css 분기에서 추가한 sample.css 의 변경 내용이 반영되었습니다.

> **point 명령 팔레트에서 깃 실행하기**
>
> 깃 명령어에 익숙한 사람이라면 명령 팔레트를 사용하는 편이 더 편리할 수 있습니다. 명령 팔레트에 **merge** 또는 **git** 등의 키워드를 입력하면 깃 작업을 실행할 수 있습니다.
>
> 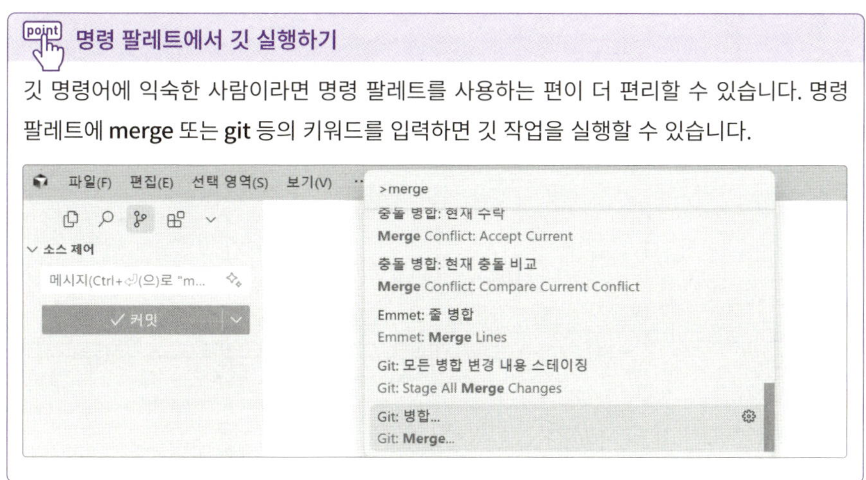
>

풀 리퀘스트로 분기를 병합하기

풀 리퀘스트로
리뷰 요청하기

풀 리퀘스트는 깃허브의 기능 중 하나입니다. 이 기능을 사용하면 분기를 병합하기 전에 공동 개발자에게 검토를 요청할 수 있습니다.

풀 리퀘스트

앞서 문제가 없으면 분기를 병합한다고 설명했습니다. 다만 여러 사람이 공동으로 개발했다면 문제가 **없다**는 사실을 논의해야 합니다. 이를 위한 기능이 바로 풀 리퀘스트(Pull Request)입니다. 이는 깃이 아닌 깃허브의 기능으로 분기를 병합하기 전에 잠시 보류해 둡니다. 리뷰 결과를 확인한 후 문제가 없다고 판단되면 병합합니다.

다음은 깃허브의 풀 리퀘스트 예시입니다. 예시이므로 혼자서 리뷰하고 수정 및 병합하지만 보통은 여러 사람이 함께 리뷰를 진행합니다.

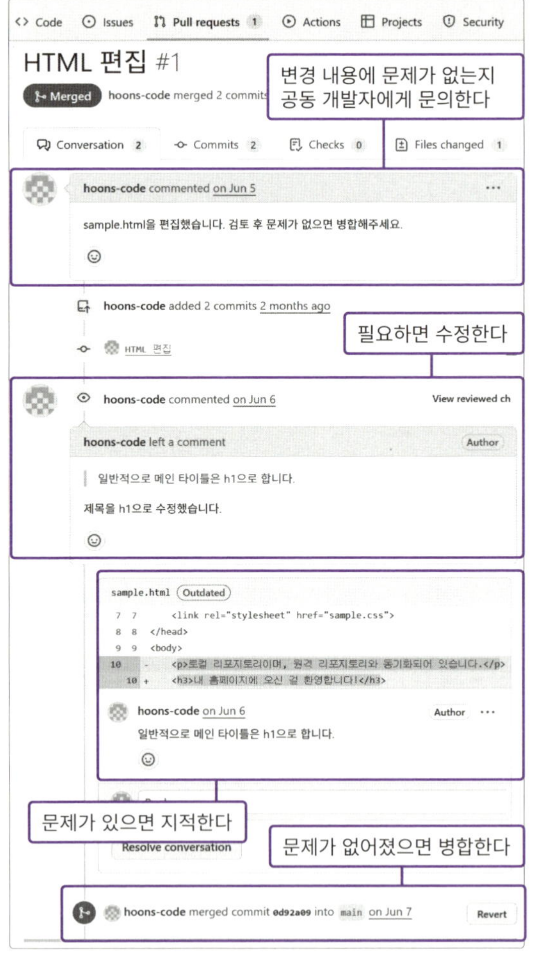

일반적으로 풀 리퀘스트는 깃허브 웹 페이지를 이용하지만 GitHub Pull Requests
확장 기능을 설치하면 커서에서도 풀 리퀘스트를 이용할 수 있습니다.

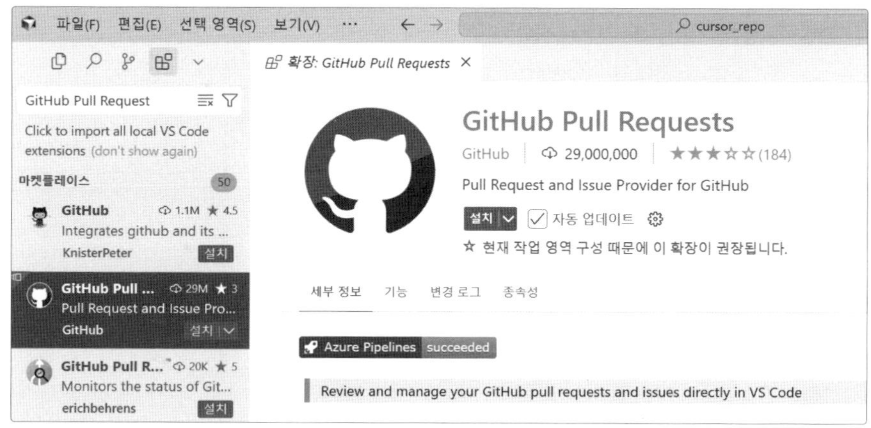

마켓플레이스에서 GitHub Pull Requests를 검색한다

GitHub Pull Requests 확장 기능을 설치하면 액티비티 바에 깃허브 아이콘이 추가
됩니다. 이 아이콘을 클릭할 때 표시되는 깃허브 뷰에서 커서와 깃허브 간의 연동
설정을 진행합니다. 연동 설정 방법은 6.5절에서 설명한 내용과 거의 같습니다.

이미 깃허브에 로컬 리포지터리를 게시해 봤다면(연동 설정이 완료된 경우) 확
장 기능을 설치한 직후부터 사용할 수 있습니다.

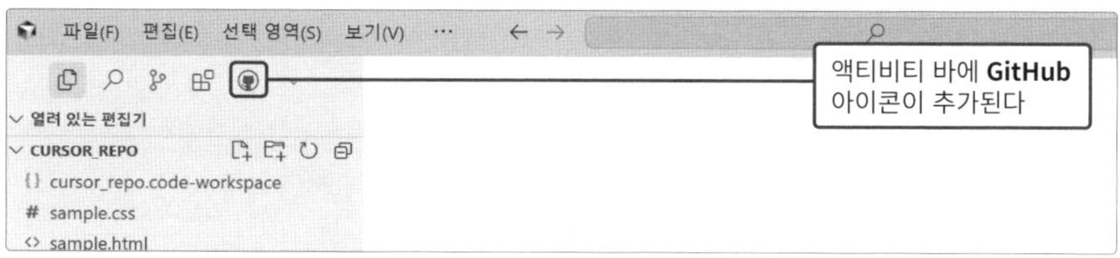

깃허브 뷰의 PULL REQUESTS 부분에서 현재 열려 있는 리포지터리의 풀 리퀘스
트를 생성하거나 상황을 확인할 수 있습니다. ISSUES 부분에서는 리포지터리의
문제를 확인할 수 있지만 이 책에서는 설명을 생략합니다.

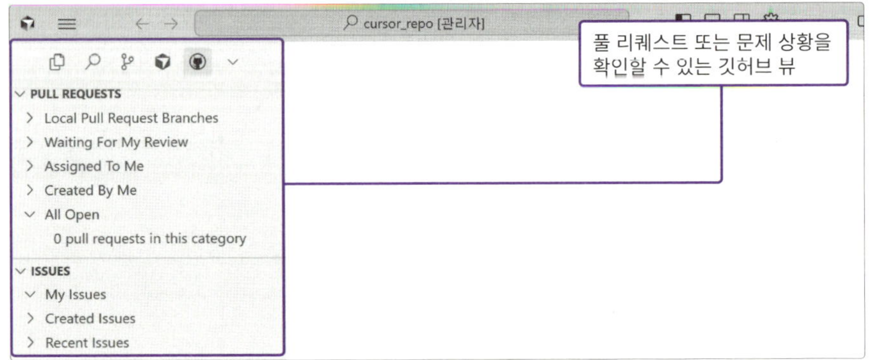

풀 리퀘스트 작성하기

풀 리퀘스트를 작성하려면 우선 작업용 분기를 만들고 분기에 추가한 변경 내용을 커밋합니다. 다음 그림을 따라 만들어 봅시다.

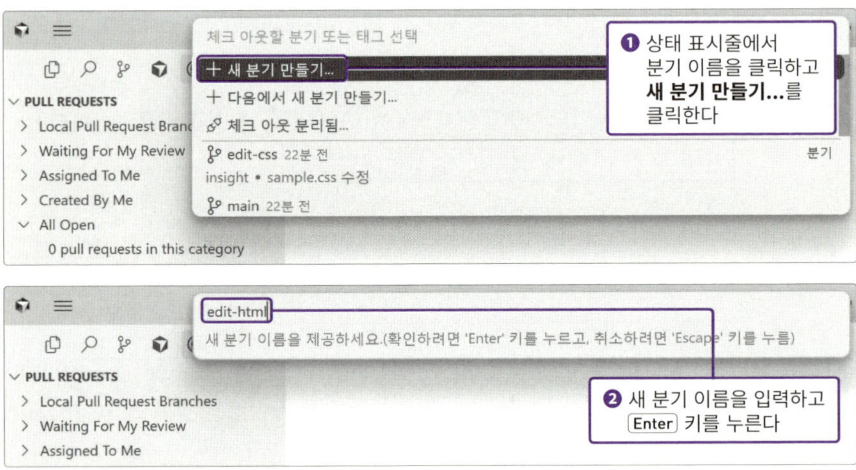

파일을 편집하고 커밋합니다.

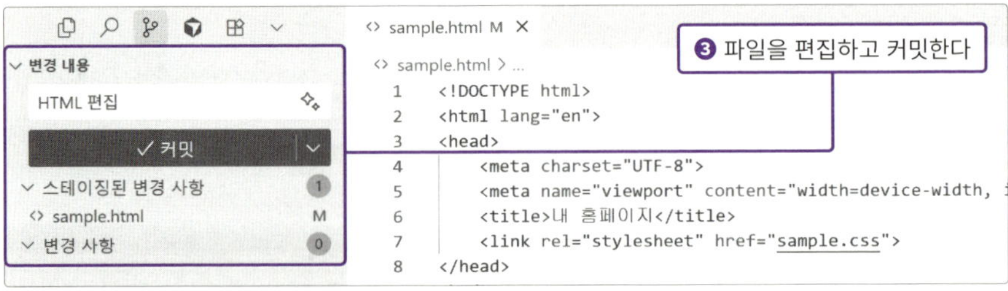

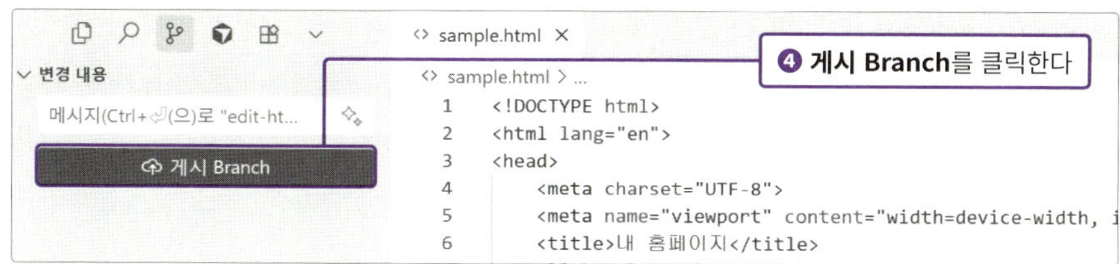

모든 작업이 끝나고 커밋을 완료했다면 풀 리퀘스트를 만들어 봅시다. 깃허브 뷰에서 작동합니다.

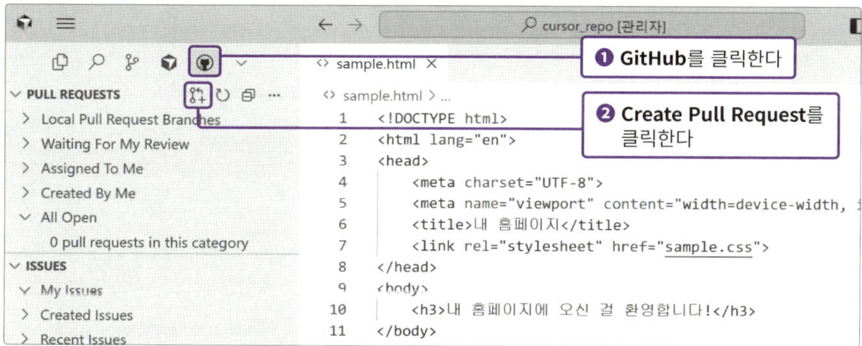

만들기 뷰가 표시됩니다. 기본 분기와 추가할 분기가 맞는지 확인하고 설명을 입력합니다.

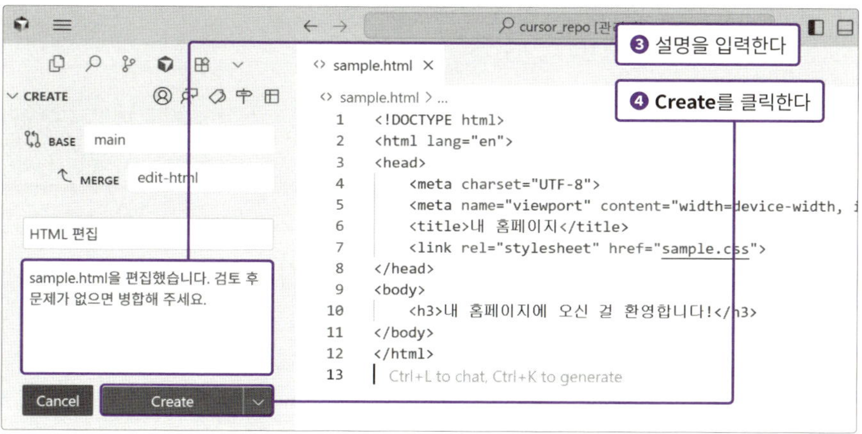

새 탭이 열리며 그 안에 풀 리퀘스트 정보가 표시됩니다. 이후에는 이 화면에서 댓글을 달거나, 댓글에 답글을 달거나, 분기를 병합하는 등의 작업이 이루어지므

로 작업이 끝날 때까지 이 탭을 닫지 마세요.

　참고로 풀 리퀘스트 정보가 표시된 탭은 액티비티 바에 있는 GitHub 아이콘을 클릭해 나타나는 뷰에서 PULL REQUESTS 〉 Created By Me 〉 (풀 리퀘스트 제목) 을 펼친 뒤 Description을 클릭하면 다시 표시할 수 있습니다.

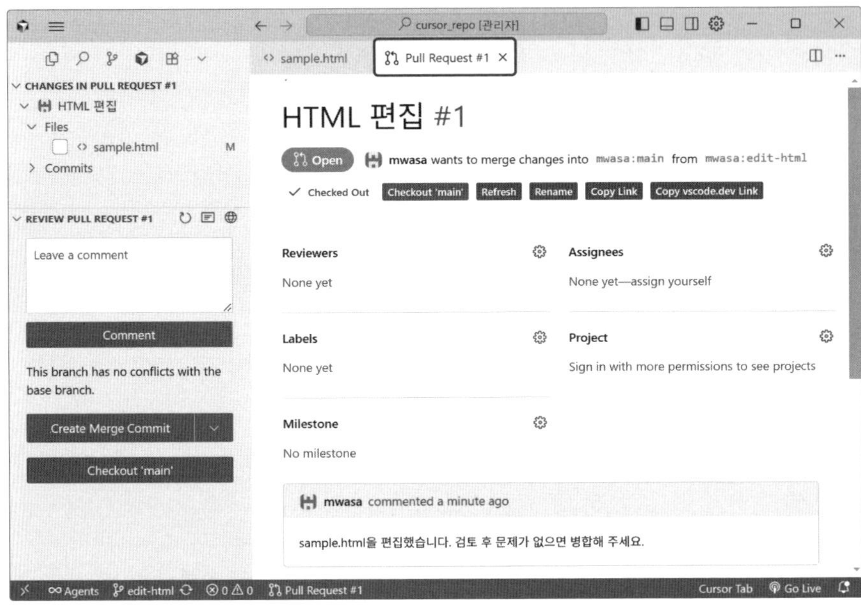

이 단계에서 깃허브의 리포지터리를 표시하면 풀 리퀘스트(Pull requests)가 추가 된 것을 확인할 수 있습니다.

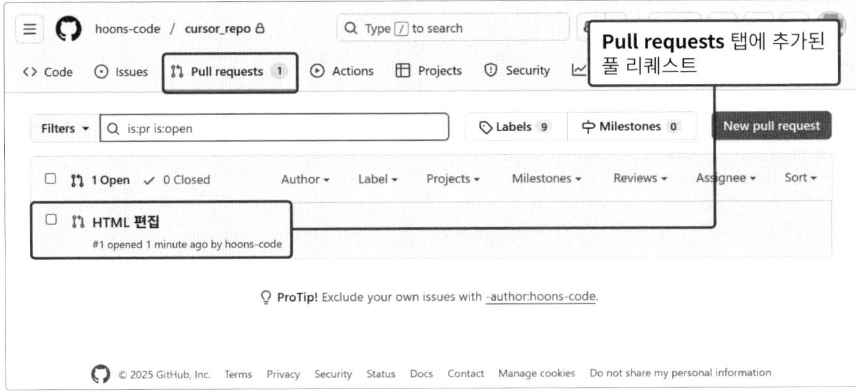

제안된 변경 사항 검토하기

풀 리퀘스트에서 제안된 변경 사항을 확인하는 작업을 리뷰라고 합니다. 풀 리퀘스트를 만들면 커서는 리뷰 모드로 전환되고 파일에 댓글을 달 수 있습니다.

특정 줄에 댓글을 달려면 줄 번호 옆에 커서를 올릴 때 표시되는 ＋를 클릭하세요.

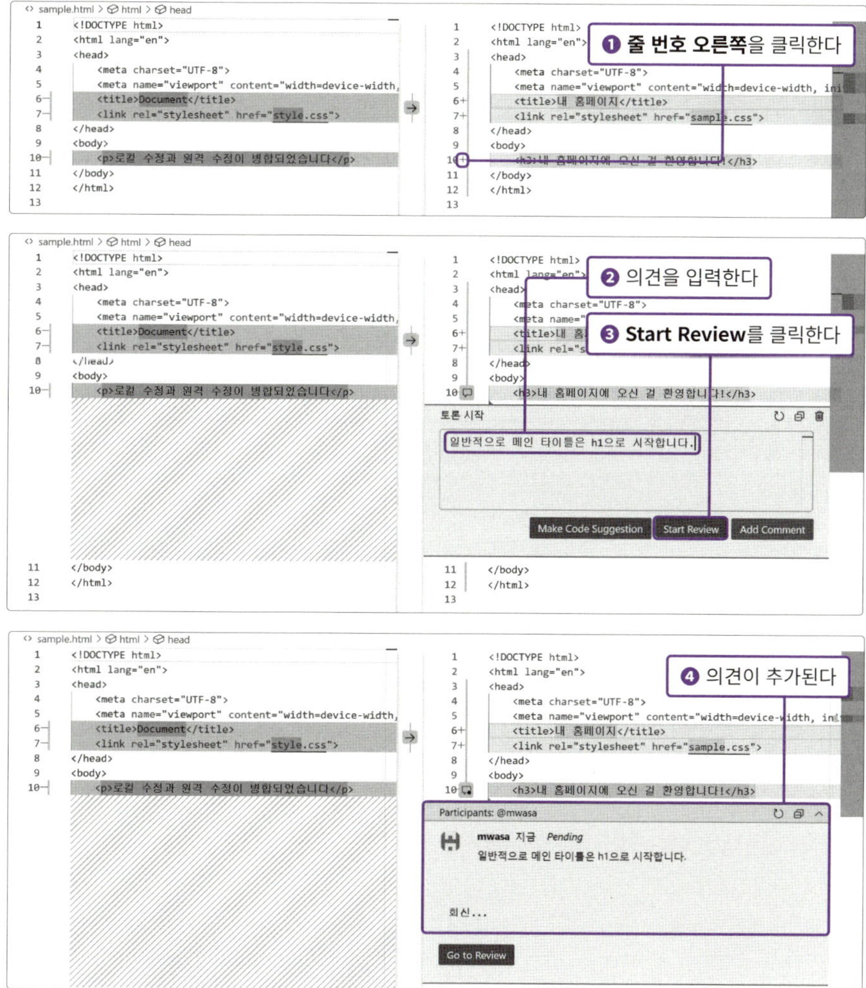

검토 의견은 깃허브와 동기화되므로 공동 작업자도 확인할 수 있습니다.

검토 의견에 대응하기

검토 의견(Review Comment)을 확인하고 수정한 내용이 타당하다면 파일을 수정합니다. 지금까지 해 온 것처럼 풀 리퀘스트의 분기에서 파일을 수정하고 저장한 다음 커밋합니다.

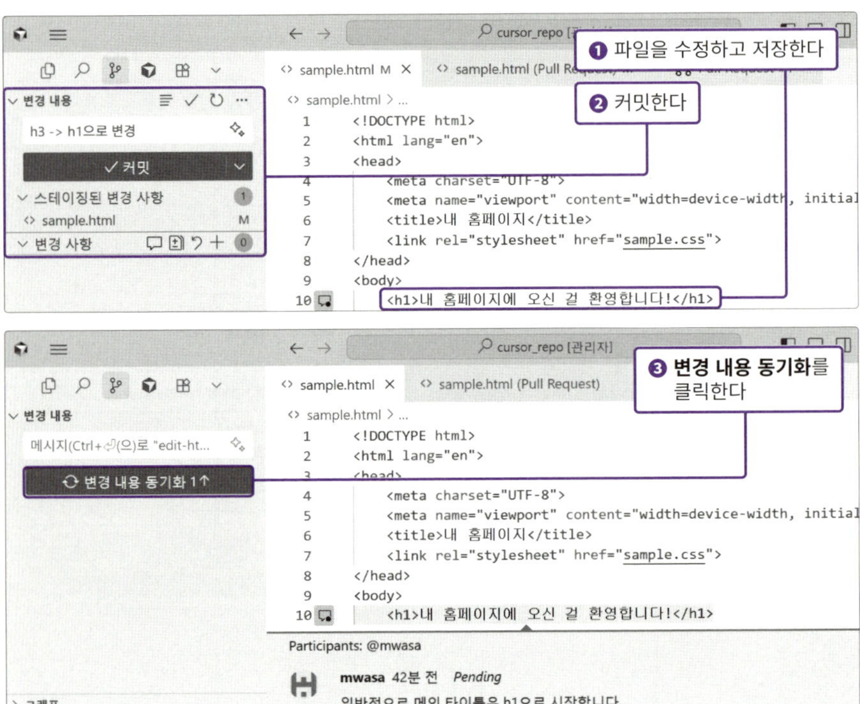

수정한 내용을 답글로 달아 둡니다. 풀 리퀘스트 Description 화면에 보이는 해당 의견에서 Quote reply 버튼을 클릭하고 수정한 내용을 입력합니다.

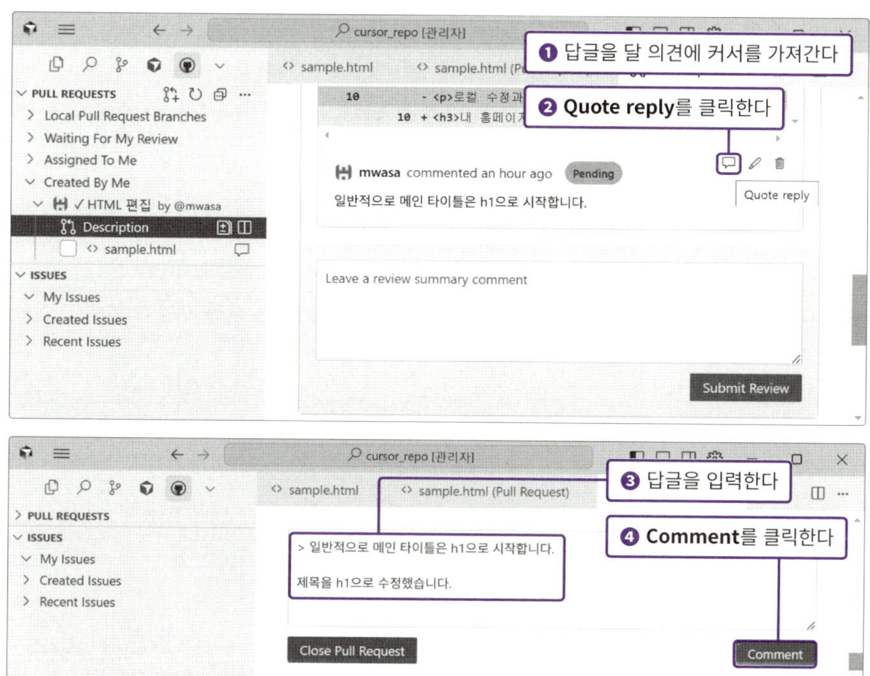

회신한 답글은 풀 리퀘스트 정보 화면에서도, 254쪽에서 소개한 깃허브 화면에서도 확인할 수 있습니다.

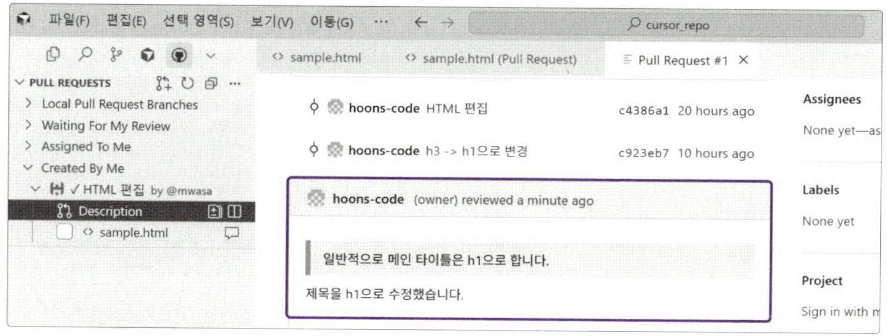

AI로 변경 내용 평가하기

메인 분기에 병합하기 전 풀 리퀘스트 과정에서 수정한 내용이 정말 타당한지 다시 확인하고 평가하는 것이 좋습니다. 가능하다면 병합 전에 객관적인 피드백을 받아 정확도를 높이고 싶을 수 있습니다. 이는 혼자 작업할 때뿐만 아니라 여러 사람이 함께 작업할 때도 마찬가지일 것입니다. 변경 내용을 리뷰할 때는 하나하나 눈으로 확인해도 되지만 AI를 활용하는 방법도 있습니다.

풀 리퀘스트의 마지막 단계인 AI를 활용해 변경 내용을 리뷰하는 방법을 설명하겠습니다.

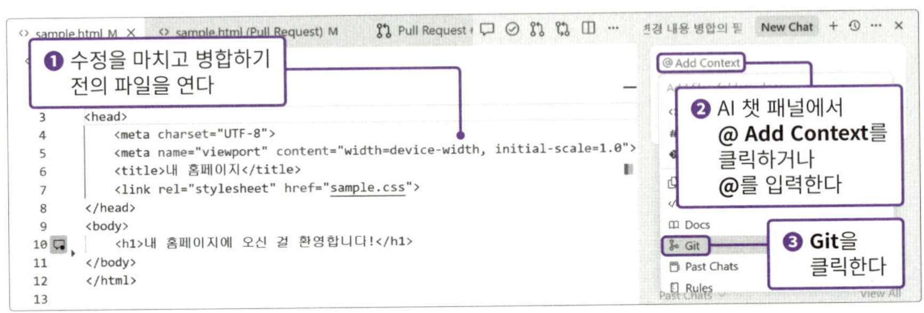

우선 AI 챗 패널에서 @Git 〉 Branch (Diff with Main Branch)를 클릭해 작업 중인 분기와 기본 분기와의 차이를 AI에 알려 줍니다.

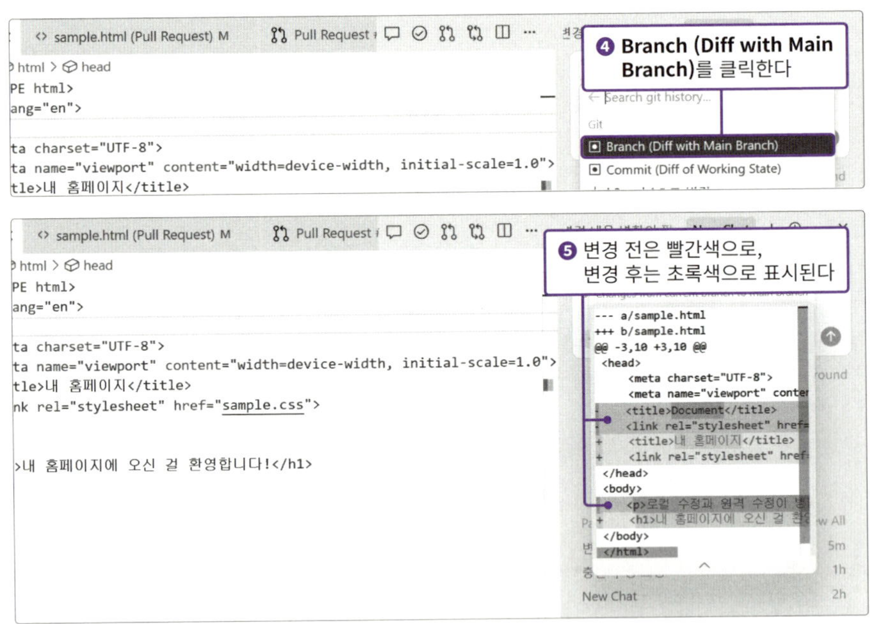

다음과 같이 프롬프트를 입력하고 실행합니다. 여기서는 변경한 부분의 타당성을 평가하고 그 근거를 요청했습니다.

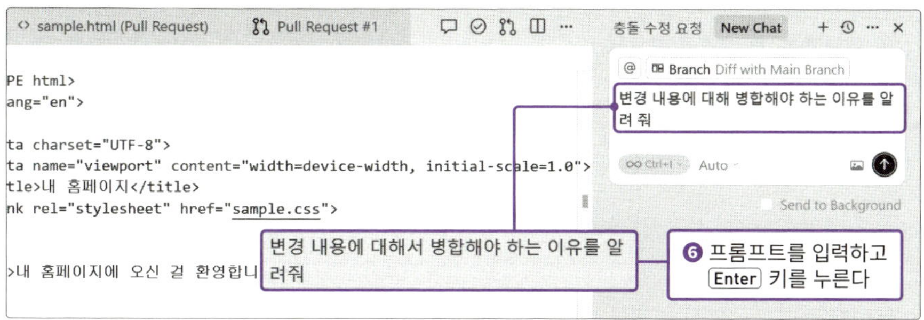

프롬프트를 실행하면 변경된 부분과 변경 내용을 고려한 AI의 판단이 명확히 나타납니다. 이때 해당 결론에 이른 이유와 함께 분기 전체를 개선하기 위한 조언이나 추가 제안이 표시될 때도 있습니다.

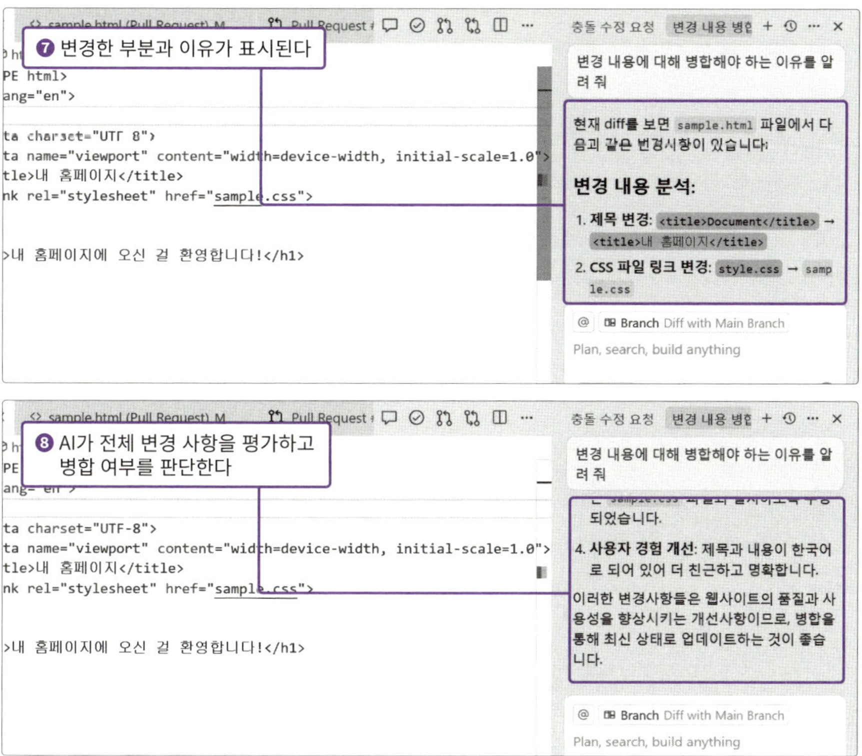

변경 사항에 초점을 맞춰 검토하도록 프롬프트를 실행했지만 대상 파일 전체에 대한 평가 및 판단이라고 할 수 있는 응답을 받았습니다. 따라서 여기서는 AI가 응답한 내용을 꼼꼼히 읽고 최종 병합을 진행하기를 권장합니다.

풀 리퀘스트 병합하기

변경 사항에 문제가 없음을 확인했으니 풀 리퀘스트를 병합합시다. 풀 리퀘스트 정보 화면에서 Merge Pull Request를 클릭하세요.

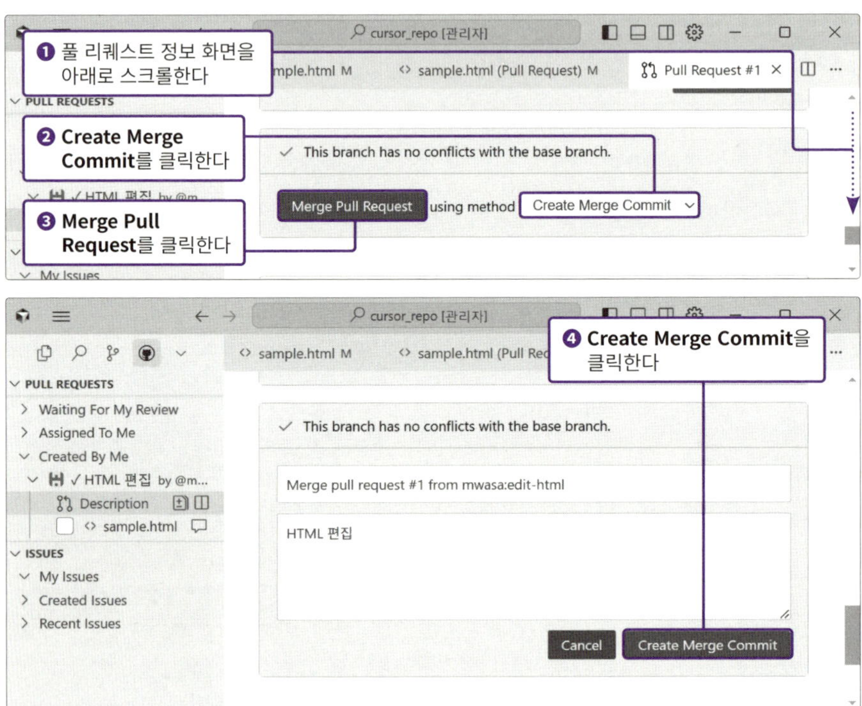

병합이 완료되면 풀 리퀘스트에 사용했던 분기는 더 이상 필요 없으므로 삭제합니다. 여기서는 풀 리퀘스트 정보 화면에서 분기를 삭제하는 방법을 설명했지만 소스 제어 뷰에서 ⋯ 버튼을 클릭 후 분기 〉 분기 삭제를 클릭하는 방법도 있습니다.

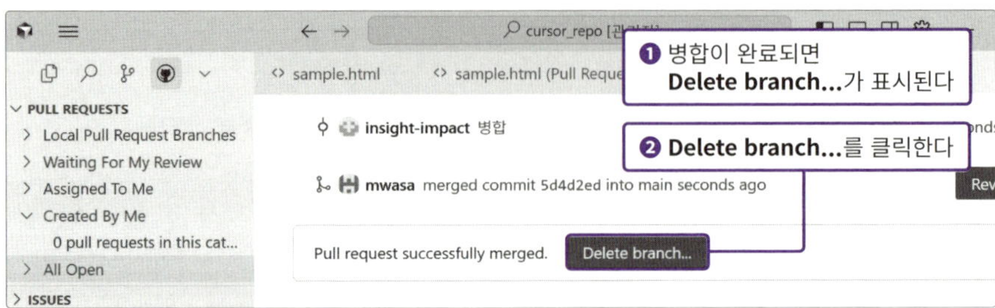

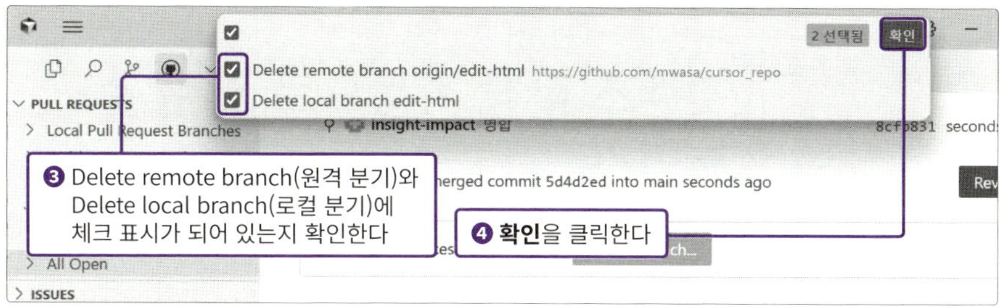

이로써 풀 리퀘스트부터 분기 병합까지의 작업을 모두 마쳤습니다. 풀 리퀘스트 정보 화면 위에는 Merged 아이콘과 함께 병합이 완료되었음을 나타내는 메시지가 표시됩니다. 이와 동일한 아이콘과 메시지는 깃허브 화면에서도 표시됩니다.

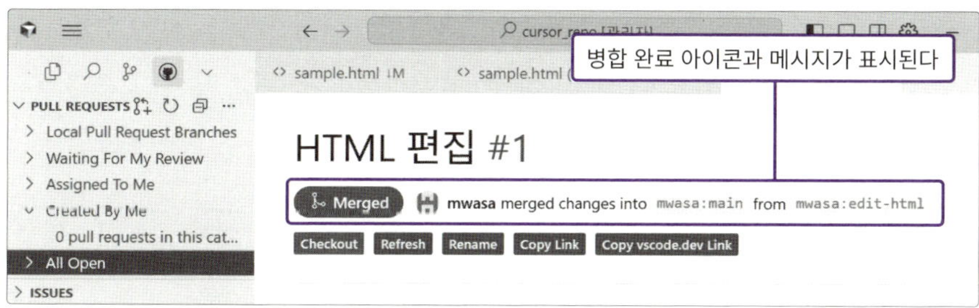

깃허브로 공동 작업할 때는 풀 리퀘스트 없이 분기를 병합하는 경우가 드뭅니다. 대부분은 풀 리퀘스트를 통해 의견을 주고받으며 작업을 진행합니다. 이 책은 커서에서 풀 리퀘스트를 사용하는 방법만 다루지만 깃허브 웹사이트에서의 사용법도 직접 경험해 보시길 바랍니다. 화면 구성은 다르지만 변경 사항을 리뷰하고 수정한 뒤 커밋하고 마지막으로 병합하여 분기를 삭제하는 과정은 동일합니다.

#확장기능 #깃의기본

깃렌즈 확장 기능으로 깃 활용도 높이기

💡 깃을 더 효율적으로 사용하기

깃렌즈(GitLens)는 깃을 보조하는 데 매우 유용한 확장 기능입니다. 깃에 익숙해지면 꼭 사용해 보세요.

깃렌즈 확장 기능 소개

기본 소스 제어 뷰를 사용할 때 현재 위치에서 커밋 내역을 확인하거나 분기를 전환할 수 없어 불편을 느낄 수 있습니다. 이러한 불편함을 해소해 주는 것이 바로 깃렌즈 확장 기능입니다. 이 확장 기능을 설치하면 소스 제어 뷰가 대폭 강화됩니다.

마켓플레이스에서 GitLens를 검색한다

깃렌즈가 설치되면 액티비티 바에 GitLens 아이콘과 GitLens Inspect 아이콘이 추가됩니다.

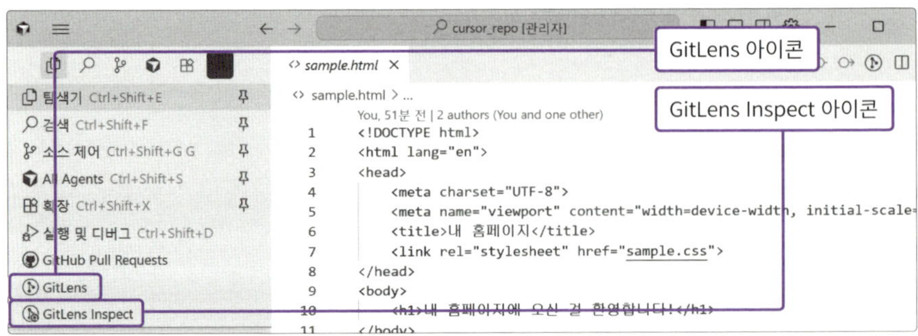

다만 이 두 개의 뷰에서 할 수 있는 일은 제한적입니다. 깃렌즈 확장 기능의 핵심은 주로 소스 제어 뷰에 추가되는 깃렌즈 뷰에 집중되어 있습니다.

참고로 커서나 다른 확장 기능의 설정에 따르면 앞서 설명한 두 개의 뷰와 소스 제어 뷰에 추가된 깃렌즈 뷰를 표시할 때 깃허브와 연동해야 할 수 있습니다. 이 과정은 213쪽에서 설명한 방식을 참고해 진행하면 됩니다.

액티비티 바의 **GitLens**를 클릭하면 표시되는 뷰

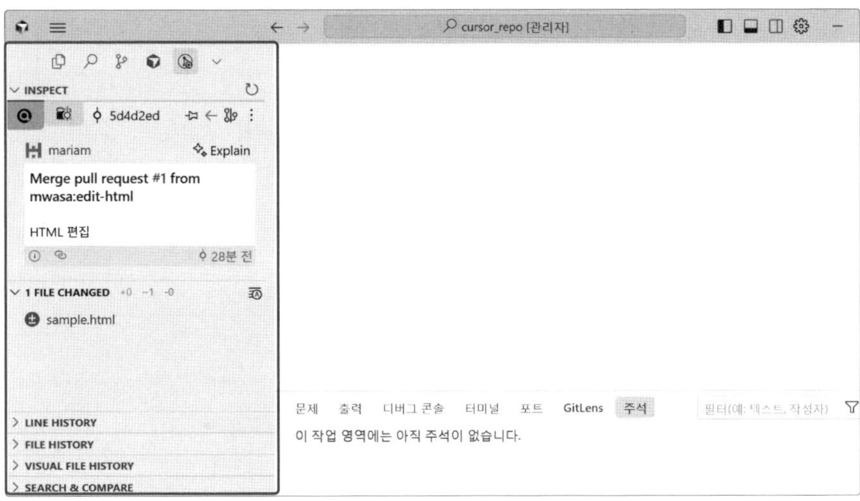

액티비티 바의 **GitLens Inspect**를 클릭하면 표시되는 뷰

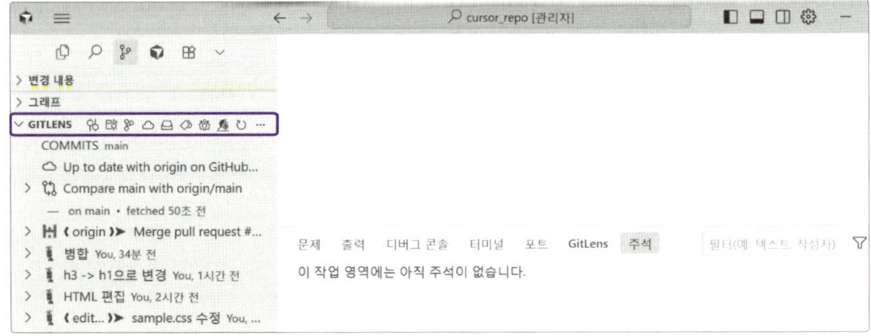

소스 제어 뷰의 **GITLENS**를 클릭하면 뷰 전환 버튼이 표시된다

다음은 깃렌즈 뷰에서 전환할 수 있는 뷰 중 자주 사용되는 뷰입니다.

뷰 이름	기능
COMMITS(커밋)	전체 커밋 이력을 확인할 수 있다.
BRANCHES(분기)	분기 목록을 표시하고 전환할 수 있다.
REMOTES(리모트)	원격 리포지터리의 정보를 확인하고 설정할 수 있다.
STASHES(스태시)	스태시(변경 내용을 일시적으로 저장하는 기능)를 이용할 수 있다.
TAGS(택)	커밋에 추가한 태그 목록을 표시할 수 있다.
SEARCH & COMPARE (검색 & 비교)	커밋을 키워드로 검색할 수 있다.

뷰 전환/분리하기

깃렌즈 뷰에 표시된 각 버튼을 클릭하면 뷰의 내용을 전환할 수 있습니다. 또한 Refresh(새로고침) 버튼을 클릭하면 뷰에 표시된 정보가 최신 상태로 업데이트됩니다.

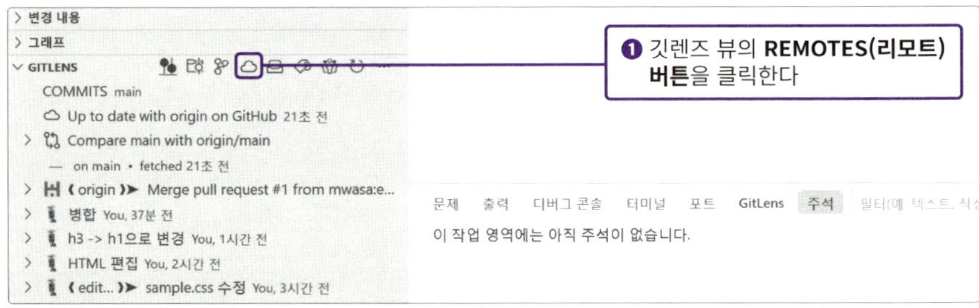

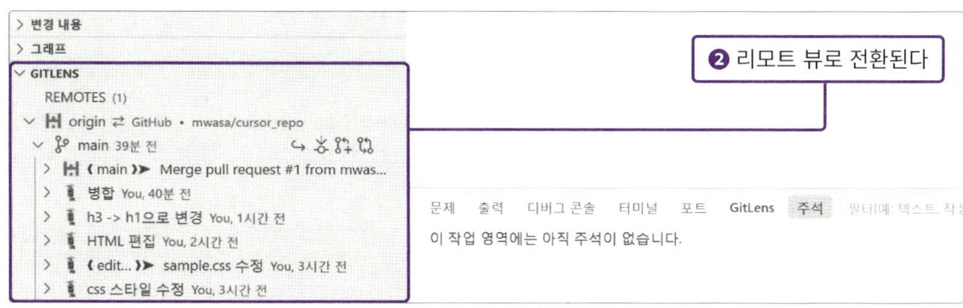

깃렌즈 뷰에서 전환할 수 있는 모든 뷰가 버튼으로 표시되는 것은 아닙니다. 처음에는 일부 버튼이 숨겨져 있으니 숨겨진 버튼을 표시하려면 다음과 같이 따라 하세요. 여기서는 숨겨진 Search & Compare(검색 & 비교) 뷰 버튼을 표시하는 방법을 설명합니다.

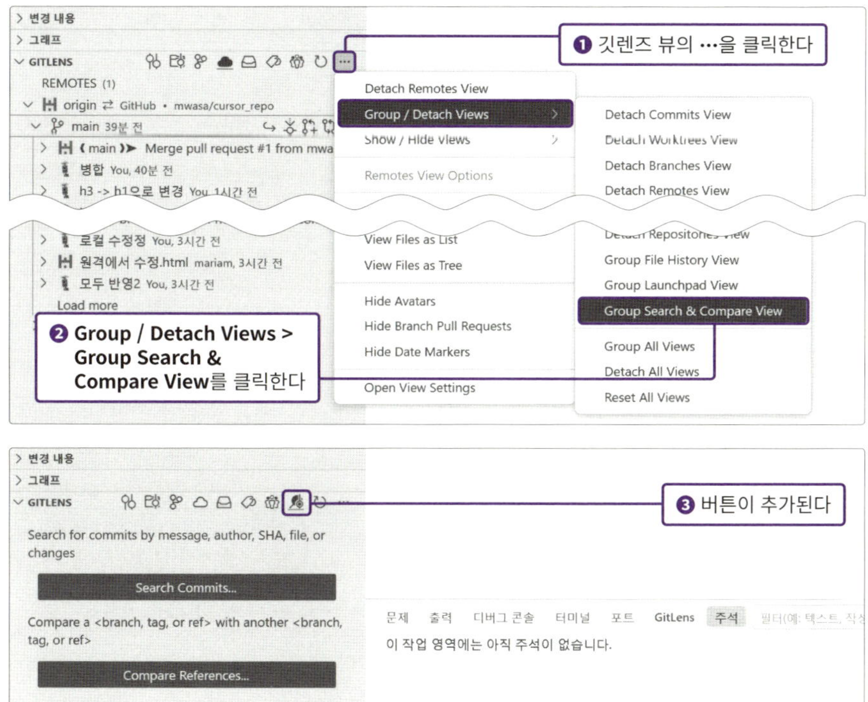

이제부터 깃렌즈의 주요 기능을 확인해 봅시다.

커밋 이력 확인하기

커밋 뷰를 사용하면 소스 제어 뷰에서 커밋 이력을 확인할 수 있습니다. 타임라인 뷰에는 선택한 파일에 대한 커밋 이력만 볼 수 있었지만 커밋 뷰에는 모든 커밋 이력이 표시됩니다.

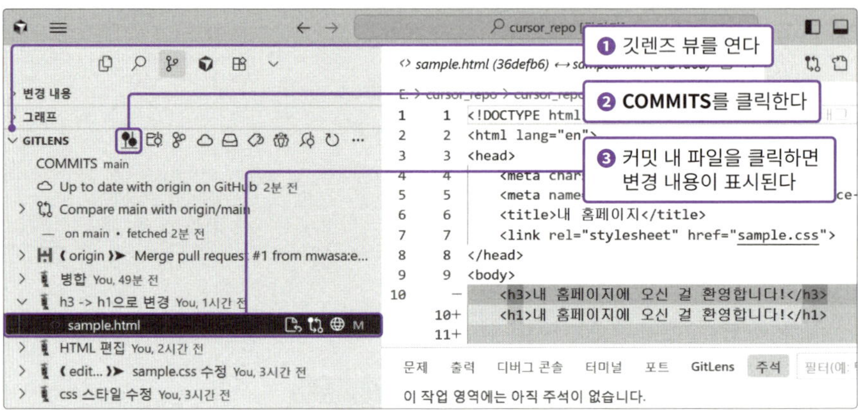

언뜻 보면 타임라인 뷰와 비슷하지만 타임라인 뷰는 변경 단위로, 커밋 뷰는 말 그대로 커밋 단위로 이력이 표시된다는 차이점이 있습니다.

분기 목록 표시하기

브랜치(Branches) 뷰에서는 분기 목록을 표시하는 것은 물론 전환이나 생성, 풀 리퀘스트도 진행할 수 있습니다.

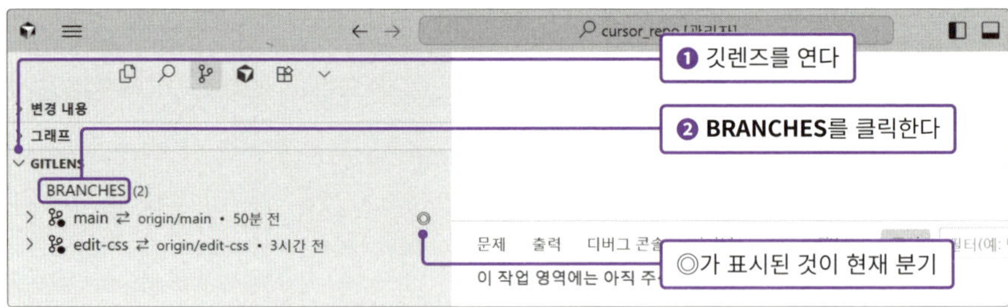

전환하고 싶은 분기로 커서를 가져가서 Switch to Another Branch를 클릭하면 선택한 분기로 전환할 수 있습니다.

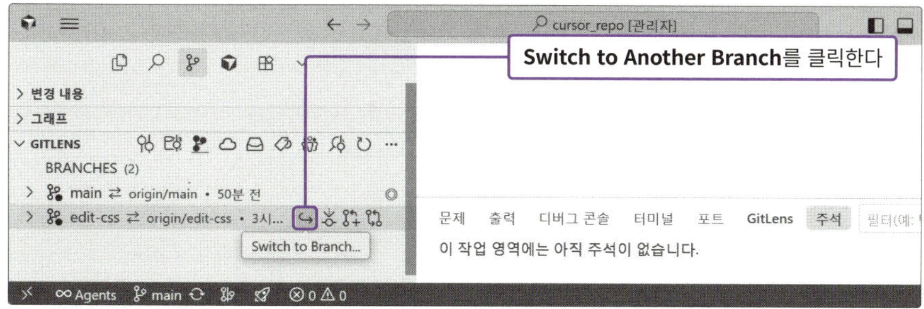

분기에 커서를 가져가면 표시되는 버튼을 클릭해 새로 만든 분기를 게시하거나
풀 리퀘스트를 새로 만들 수도 있습니다.

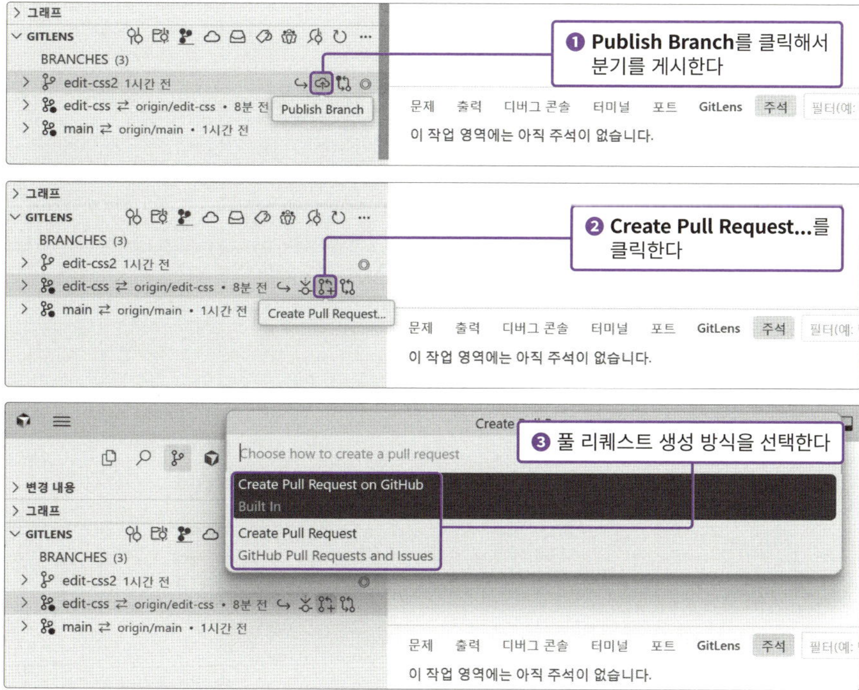

마지막으로 명령 팔레트에서 선택할 항목은 풀 리퀘스트 생성을 깃허브 웹 페이
지에서 할 것인지(Built-in), GitHub Pull Requests and Issues 확장 기능을 이용할
것인지 정해야 합니다. 어느 쪽이든 원하는 방식을 선택하면 됩니다.

커밋 검색하기

커밋이 늘어나서 원하는 커밋을 찾기 어려워지면 검색 & 비교 뷰를 사용해 봅시다.
커밋 메시지나 커밋한 사용자 이름으로 검색할 수 있습니다.

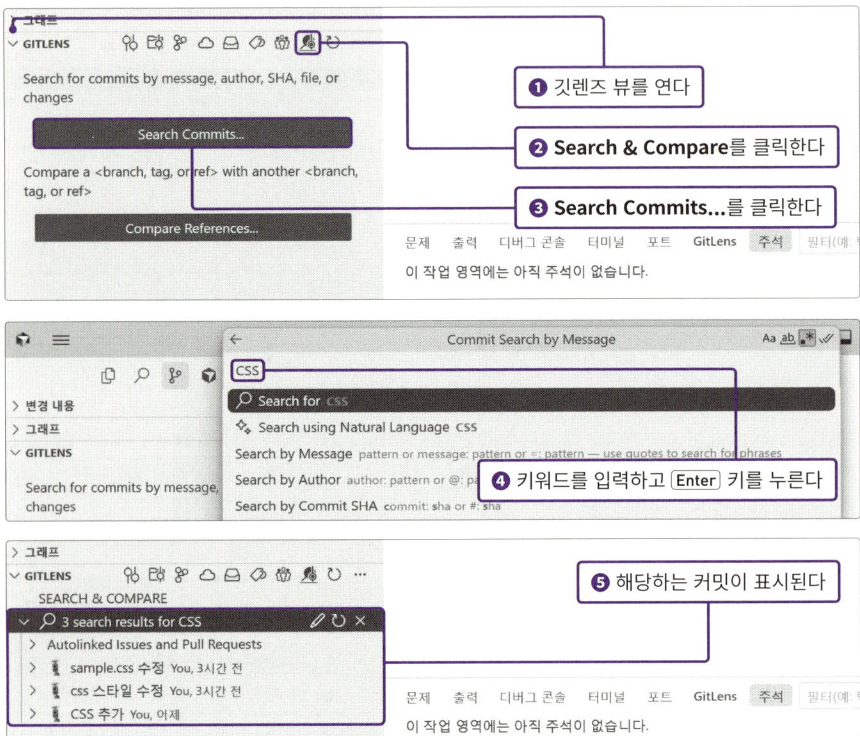

새로 검색하고 싶을 때는 Dismiss를 클릭합니다.

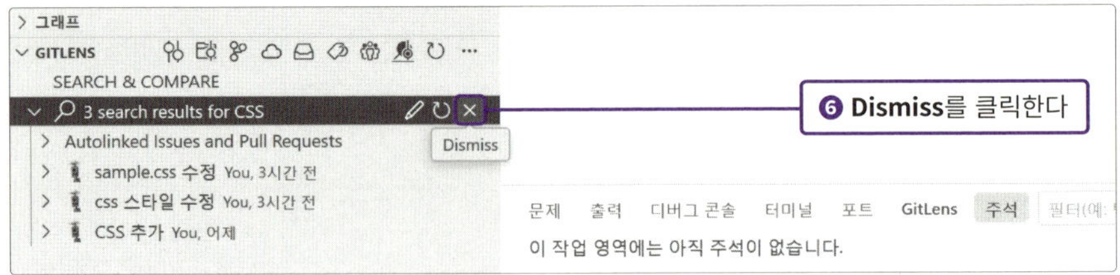

줄별 변경 정보 표시하기

파일을 살펴보다가 우연히 이상한 부분을 발견하면 누가 언제 이렇게 바꾸었는지 알고 싶어질 때가 있습니다. 이럴 때 유용한 기능이 바로 Current Line Blame입니다.

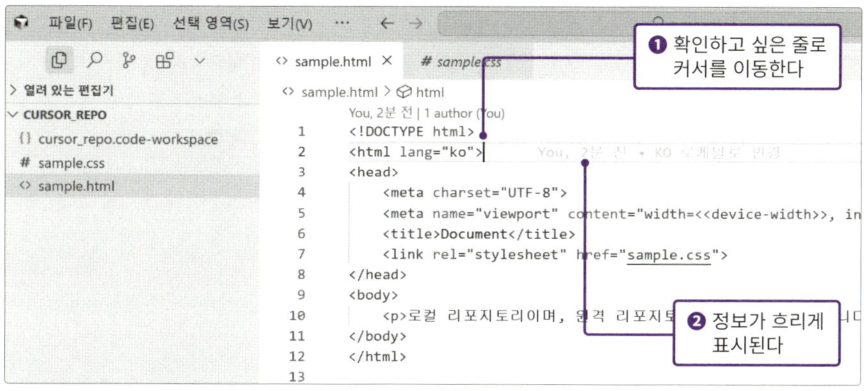

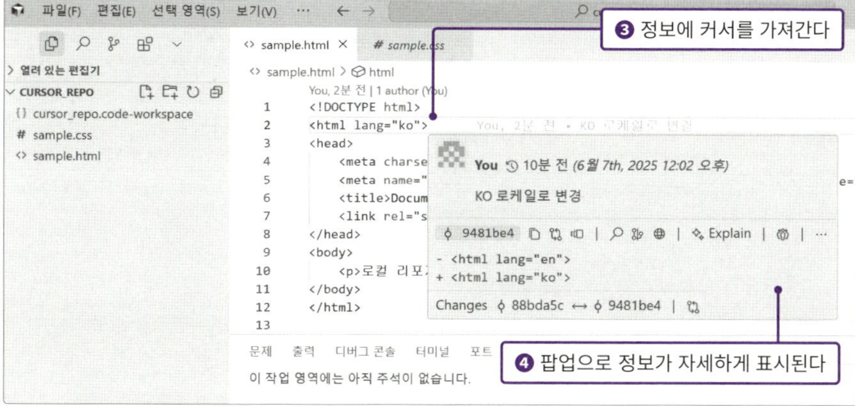

이 기능을 사용하면 해당 줄에서 어떤 커밋으로 변경이 이루어졌는지, 어떤 내용이 수정되었는지, 누가 언제 변경했는지(본인이 변경했다면 You로 표시됨) 등의 정보를 확인할 수 있습니다.

Blame 기능은 깃 명령어나 깃허브에도 있지만 확인하는 과정이 다소 번거로웠습니다. 깃렌즈를 사용하면 이러한 정보를 편집기에서 바로 확인할 수 있어 훨씬 편리합니다.

부록

주요 단축키 목록

기본 기능

Windows	Mac	설명
Ctrl+Shift+P	command+shift+P	명령 팔레트 열기
Ctrl+P	command+P	빠른 열기
Ctrl+,	command+,	사용자 설정 화면 열기
Ctrl+M→Ctrl+S	command+R→command+S	바로 가기 키 열기
Ctrl+Shift+W	command+shift+W	커서 닫기

기본 편집 작업

Windows	Mac	설명
Ctrl+X	command+X	잘라내기
Ctrl+C	command+C	복사
Alt+↑ 또는 ↓	option+↑ 또는 ↓	커서가 있는 줄을 위 또는 아래로 이동
Shift+Alt+↑ 또는 ↓	shift+option+↑ 또는 ↓	커서가 있는 줄을 위 또는 아래로 복사
Ctrl+Enter	command+enter	아래에 줄 삽입
Ctrl+Shift+Enter	command+shift+enter	위에 줄 삽입
Ctrl+Shift+\	command+shift+\	대응하는 괄호로 이동
Ctrl+] 또는 [	command+] 또는 [	들여쓰기 또는 내어쓰기
Home 또는 End	fn+← 또는 →	줄의 맨 앞 또는 맨 뒤로 이동
Ctrl+Home 또는 End	command+↑ 또는 ↓	파일의 처음 또는 마지막 줄로 이동
Ctrl+↑ 또는 ↓	ctrl+fn+↑ 또는 ↓	줄 단위로 스크롤
Alt+PageUp 또는 PageDown	command+fn+↑ 또는 ↓	페이지 단위로 스크롤
Ctrl+Shift+[	command+option+[	코드 블록 접기
Ctrl+Shift+]	command+option+]	코드 블록 펼치기
Ctrl+/	command+/	줄을 주석으로 전환
Alt+Z	option+Z	자동 줄 바꿈 설정 전환

찾기, 바꾸기

Windows	Mac	설명
Ctrl+F	command+F	찾기
Ctrl+H	option+command+F	바꾸기
F3	command+G	다음 검색 결과로 이동

| Shift + F3 | command + shift + G | 이전 검색 결과로 이동 |
| Alt + Enter | command + enter | 편집기에서 결과 확인 |

멀티 커서와 선택

Windows	Mac	설명
Alt + 클릭	option + 클릭	커서 추가
Ctrl + Alt + ↑ 또는 ↓	option + command + ↑ 또는 ↓	위 또는 아래에 커서 삽입
Ctrl + U	command + U	마지막 커서 조작 취소
Ctrl + Shift + L	command + shift + L	선택한 텍스트가 AI 패널의 컨텍스트로 추가
Ctrl + F2	command + F2	커서 위치에 있는 단어와 같은 단어 모두 선택
Shift + Alt + → 또는 ←	ctrl + shift + command + → 또는 ←	선택 영역 확장 또는 축소
Shift + Alt + 마우스 드래그	shift + option + 마우스 드래그	사각형(컬럼) 선택

내비게이션

Windows	Mac	설명
Ctrl + T	command + T	작업 영역 내의 심볼로 이동
Ctrl + G	control + G	원하는 줄로 이동
Ctrl + Shift + O	command + shift + O	파일 내의 심볼로 이동
F8 또는 Shift + F8	F8 또는 shift + F8	다음 또는 이전 오류로 이동
Alt + → 또는 ←	ctrl + _ 또는 ctrl + -	앞으로 이동하기 또는 뒤로 돌아가기

편집기 관리

Windows	Mac	설명
Ctrl + W	command + W	탭 닫기
Ctrl + M → Ctrl + W	command + R → command + W	모든 탭 닫기
Ctrl + Shift + T	command + shift + T	닫은 탭 다시 열기
Ctrl + M → F	command + R → F	폴더 닫기
Ctrl + \	ctrl + option + command + \	편집기 분할
Ctrl + 1 또는 2 또는 3	command + 1 또는 2 또는 3	번호에 해당하는 편집기 그룹으로 포커스 이동
Ctrl + M → Ctrl + ← 또는 →	command + ← 또는 command + →	좌우의 편집기 그룹으로 포커스 이동
Ctrl + Shift + PageUp 또는 PageDown	command + shift + ← 또는 →	탭을 좌우로 이동
Ctrl + PageUp 또는 PageDown	option + command + ← 또는 →	탭 전환

파일 관리

Windows	Mac	설명
Ctrl + N	command + N	제목 없는 새 텍스트 파일 만들기
Ctrl + O	command + O	파일 열기

Windows	Mac	설명
Ctrl+R	control+R	최근 항목 열기
Ctrl+S	command+S	파일 서상
Ctrl+M→S	command+option+S	모든 파일 저장
Ctrl+M→P	command+R→P	파일 경로 복사
Ctrl+M→R	command+R→R	파일을 탐색기에서 열기

표시

Windows	Mac	설명
F11	control+command+F	전체 화면 전환
Shift+Alt+0	option+command+0	편집기 레이아웃 전환
Ctrl+ + 또는 -	command+shift+ + 또는 command+ -	확대 또는 축소
Ctrl+B	command+B	사이드바 표시 전환
Ctrl+Shift+E	command+shift+E	탐색기 뷰 열기
Ctrl+Shift+F	command+shift+F	검색 뷰 열기
Ctrl+Shift+G	control+shift+G	소스 제어 뷰 열기 또는 포커스 이동
Ctrl+Shift+D	command+shift+D	실행 및 디버그 뷰 열기 또는 포커스 이동
Ctrl+Shift+X	command+shift+X	확장 뷰 열기 또는 포커스 이동
Ctrl+Shift+H	command+shift+H	검색(바꾸기) 뷰 열기
Ctrl+Shift+U	command+shift+U	출력 패널 열기
Ctrl+Shift+V	command+shift+V	마크다운 미리 보기 열기
Ctrl+M→Z	command+R→Z	젠 모드 전환

주요 AI 기능 단축키 목록

Windows	Mac	설명
Ctrl+Alt+B	command+option+B	AI 패널 표시
Tab	tab	커서 탭에서 제안 수락
Esc	esc	커서 탭에서 제안 거절
Ctrl+K	command+K	Command K 기능 실행
Esc	esc	Command K 기능 닫기
Ctrl+L	command+L	편집기에서 선택 시 채팅 시작
Ctrl+Shift+Backspace	command+option+delete	AI 생성 중단
Ctrl+Enter	command+return	프롬프트 입력 시 프로젝트 전체를 참조
Ctrl+Alt+P	command+option+P	프롬프트 입력 시 참조할 파일 등 추가
Ctrl+N	command+N	새 AI 챗 패널 열기